GÉOGRAPHIE
ANCIENNE
HISTORIQUE ET COMPARÉE
DES GAULES
CISALPINE ET TRANSALPINE

SUIVIE

DE L'ANALYSE GÉOGRAPHIQUE DES ITINÉRAIRES ANCIENS,

ET ACCOMPAGNÉE

D'UN ATLAS DE NEUF CARTES;

PAR M. LE BARON WALCKENAER,
MEMBRE DE L'INSTITUT DE FRANCE
(ACADÉMIE DES INSCRIPTIONS ET BELLES-LETTRES).

TOME SECOND.

A PARIS,
LIBRAIRIE DE P. DUFART,
RUE DES SAINTS-PÈRES, N° 1;

A St.-PETERSBOURG, CHEZ J.-F. HAUER ET Cie.

1839.

GÉOGRAPHIE
ANCIENNE
HISTORIQUE ET COMPARÉE
DES GAULES
CISALPINE ET TRANSALPINE.

TOME II.

DE L'IMPRIMERIE DE CRAPELET,
RUE DE VAUGIRARD, N° 9.

GÉOGRAPHIE
ANCIENNE
HISTORIQUE ET COMPARÉE
DES GAULES
CISALPINE ET TRANSALPINE.

DEUXIÈME PARTIE.

(SUITE.)

CHAPITRE III.

Depuis l'an 49 avant J.-C. ou 704 de Rome, époque du commencement de la guerre civile, jusqu'à l'an 27 avant J.-C. ou 726 de Rome, époque où Auguste tint les états de la Gaule.

§. I. *Gaule transalpine.*

Durant les temps de troubles et de guerre civile, on voit souvent se succéder dans un pays des divisions passagères, nécessitées par des besoins politiques, et des circonstances impérieuses, ou enfin décidées par les partis qui déchirent un État, et qui éprouvent le besoin d'innover pour retenir un pouvoir usurpé, ou quelquefois par le seul désir d'exercer une puissance qu'ils prévoient être de courte durée. L'histoire ne daigne que faiblement s'occuper de ces réglemens momentanés, qui souvent sont révoqués avant d'être exécutés, et la géographie, qui, dans les actions des hommes, ne recueille que celles qui ont influé d'une manière directe sur le sort des nations, les passe entièrement sous silence. Cependant ce serait satisfaire d'une manière imparfaite au sujet que nous traitons, que de ne pas faire connaître les moindres variations qui ont eu lieu dans les divisions générales des Gaules, et dont il est resté quelques traces dans l'histoire.

Ammien Marcellin, qui écrivait vers la fin du IVe siècle, de 364 à 380, est un auteur qui se complaît dans les détails géographiques. Il avait fait la guerre dans la Gaule transalpine, et il en donne une description fort détaillée. Dans un endroit de cette description, voici comme il s'exprime : « Toutes « les Gaules, après la conquête, furent partagées par « César, dictateur, en quatre parties : la Narbon- « naise, qui contenait la Viennoise et la Lyonnaise ; « l'Aquitaine ne formait qu'une seule partie : les « Germanies inférieure et supérieure et les Belgiques « étaient divisées en deux juridictions [1]. » Ammien Marcellin s'exprime ici selon l'usage établi de son temps pour les divisions de la Gaule ; mais, pour le

---

[1] Ammian. Marcell., lib. xv, cap. 11, tom. 1, p. 71, edit. Erfurdt. Lipsiæ, 1808, in-8°. « Regebantur autem Galliæ omnes, jam inde « uti crebritate bellorum urgenti cessere Julio dictatori, potestate « in partes divisa quatuor : quarum Narbonensis una, Viennensem « intra se continebat, et Lugdunensem ; altera Aquitanis præerat « universis : superiorem et inferiorem Germaniam, Belgasque duæ « jurisdictiones iisdem rexere temporibus. »

temps dont il parle, il n'aurait pu être aussi concis, et il aurait fallu dire que César mit sous un seul gouvernement la Province romaine et la Celtique; sous un autre l'Aquitaine, entre la Garonne et les Pyrénées; et que la Belgique, proprement dite, fut divisée en deux gouvernemens, dont l'un devait comprendre les *Morini*, les *Nervii*, les *Atrebates*, les *Ambiani*, les *Bellovaci*, les *Veromandui*, les *Suessones*, les *Remi*, les *Catalauni*, les *Treviri*, les *Mediomatrici*, les *Veruni*, les *Leuci*, et l'autre, tout le pays situé entre les Vosges et le Rhin, et tout le reste de la Belgique qui n'était pas compris dans le gouvernement précédent.

Il y a bien des erreurs dans ce passage d'Ammien Marcellin, si l'on en croit tous les commentateurs et tous les géographes modernes qui ont écrit sur la Gaule [1].

Ils disent que la Gaule, du temps de César, n'a jamais été divisée en plusieurs juridictions, et qu'elle était gouvernée par un seul préteur; que ce que dit Ammien Marcellin est relatif à la division sous Auguste; que jamais la Lyonnaise ou la Celtique n'a été réunie à la Narbonnaise; et qu'enfin les deux Germanies eurent, dès le commencement de l'arrangement d'Auguste, un légat particulier, différent de celui de la Belgique, et que la division fut de six provinces, et non de quatre.

Mais si réellement César a établi cette division, toutes ces critiques tombent d'elles-mêmes, et le

---

[1] Voyez la note de Valois, dans son édit. d'Ammien Marcellin, p. 103, et Ammian. Marcellin., *Notæ integræ*, dans l'édit. de Wagner ou d'Erfurdt, tom. II, p. 162, note 6. — D'Anville, *Notice*, p. 8.

texte d'Ammien Marcellin serait exact dans toutes ses parties.

Or, on doit observer que César, durant les cinq ans qui s'écoulèrent depuis le commencement de la guerre civile, 49 ans avant J.-C., jusqu'à sa mort, en l'an 44, n'a pas dû laisser la Gaule transalpine entièrement sans gouvernement. A la vérité, Cicéron nous dit que César, après avoir conquis la Gaule, n'eut pas le temps de l'organiser d'une manière ferme et stable : *Bellum in Gallia gestum est : domitæ sunt à Cæsare maximæ nationes, sed nondum legibus, nondum jure certo, nondum satis firma pace devincti*[1]. Par ce mot de *Gallia*, il ne peut être ici question que de la *Gallia comata*, c'est-à-dire la Gaule, à l'exclusion de la Province romaine, soumise et organisée avant l'arrivée de César. Mais Suétone nous apprend, cependant, que César donna à cette partie de la Gaule, nouvellement soumise, la forme d'une province ; qu'il y envoya des lieutenans, et leur imposa une contribution annuelle : *Omnem Galliam quæ a saltu Pyrenæo, Alpibusque et monte Gebenna, fluminibus Rheno et Rhodano continetur, in provinciæ formam redegit, eique quadringenties in singulos annos stipendii nomine imposuit.*

Puis en 708, César nomma gouverneur de ce pays Claude-Tibère Néron, père de l'empereur Tibère ; et en 709, il lui donna ordre d'y conduire des colonies : nous savons qu'en effet Narbonne et Arles reçurent à cette époque des colonies romaines, et il est probable qu'il en fut de même de la ville d'Orange, *Arausio*.

---

[1] Cicero, *in Oratione de provinc. consul*, p. 510.

Si donc, comme le dit Cicéron, César n'eut pas le temps d'organiser la Gaule transalpine d'une manière stable, de lui donner des institutions et des lois propres à y établir la paix, à y affermir la puissance romaine, pourtant il est certain qu'il s'occupa fortement de l'administration de ce pays, surtout pour établir la levée régulière des impôts, et prévenir les révoltes. Mais pour atteindre ce but, César se trouvait forcé de partager ce pays d'une manière très inégale, parce qu'une partie était entièrement subjuguée, tandis que d'autres ne l'étaient qu'imparfaitement, et il devait, d'après la situation où étaient alors les Gaules, adopter précisément la division que nous indique Ammien Marcellin. En effet, il était convenable de réunir en un seul gouvernement toute la portion de la Gaule bien soumise aux Romains, c'est-à-dire la Narbonnaise et la Celtique. Il fallait donner le commandement d'une autre partie des forces destinées à contenir la Gaule, à celui qui se trouvait chargé de commander aux Aquitains indomptés. Il était nécessaire aussi de partager en deux les forces envoyées dans cette redoutable Belgique, et de confier à un seul gouverneur toute la défense des frontières bordées par le Rhin, et de donner à un autre le soin d'en imposer à tous ces Belges que César avait eu tant de peine à vaincre. Si on admettait ce texte d'Ammien Marcellin comme exact, on expliquerait alors la prétendue méprise de Strabon [1], qui attribue à César exactement la même division des Gaules. Il résulterait de cet auteur

---

[1] Strabo, lib. IV, p. 177.

qu'Auguste ne fit d'abord d'autre changement à cette division, que d'agrandir l'Aquitaine, et de l'étendre jusqu'à la Garonne en l'augmentant de quatorze peuples; et c'est en faisant allusion à cette première division de César, que Pline [1] aura étendu la Belgique jusqu'à l'Escaut. Si, après tous ces rapprochemens, on observe encore qu'Ammien Marcellin a bien soin de nous dire que Jules César fit ce partage en vertu de sa puissance dictatoriale, *Julio dictatori potestate*, on sera convaincu que c'est à tort qu'on a accusé cet auteur d'erreur, et que la division dont il nous parle a réellement eu lieu; mais elle ne fut pas de longue durée. Trois ans après, et l'année même de sa mort, César avait réuni la Province romaine ou la Gaule narbonnaise, à l'Espagne, et en avait formé un seul gouvernement, qu'il donna à Lépide [2]. Ainsi nous voilà en quelque sorte revenus, sous ce rapport, comme à l'époque de Scylax, où l'Ibérie se trouvait mêlée relativement aux habitans avec les parties méridionales de la Gaule, mélange qui eut encore lieu sous Constantin, par la création des diocèses : la Gaule, l'Ibérie et l'île de Bretagne, formant alors une seule préfecture gouvernée par un seul magistrat.

Lorsque les triumvirs se partagèrent les provinces, l'année qui suivit la mort de César, en l'an 43, cet arrangement fut continué. Lépide retint l'Espagne et la Narbonnaise, et le reste de la Gaule fut donné à Antoine. Cette même année on conduisit, par ordre du Sénat, une colonie au confluent de la Saône

---

[1] Plinius, lib. IV, cap. 17.
[2] Dio Cassius, lib. XLIII, p. 240.

et du Rhône, sous le commandement de L. Plancus [1]. Cette colonie bâtit ou agrandit la ville de *Lugdunum*, Lyon, depuis si célèbre, et qui devint par la suite la capitale d'une province à laquelle elle donna son nom. Cette province renferma une grande portion de l'ancienne Celtique.

Bientôt Antoine, ayant enlevé le commandement à Lépide, réunit, l'an 41 avant J.-C., les Gaules et l'Espagne sous sa puissance [2]; ces contrées lui furent enlevées par Auguste, qui combattit encore, soit par lui-même, soit par ses lieutenans, les Aquitains, les Morins, et d'autres peuples de la Gaule [3]. Enfin, l'an 27 avant J.-C., Auguste tint à Narbonne les états de toute la Gaule; il en régla l'administration, et fit une nouvelle division qui forme une mémorable époque dans la géographie de cette contrée. Avant de nous en occuper, il est nécessaire de remarquer que, dix ans avant, Marcus Agrippa avait fait alliance avec les Germains d'au-delà du Rhin, et qu'il avait permis aux *Ubii* de s'établir dans la Gaule. Cette nation, qui, dès le temps de César, par ses fréquentations avec les Gaulois, avait déjà contracté les mêmes mœurs et les mêmes habitudes [4], était persécutée par les *Cattes*, ses voisins; elle paraît donc s'être transportée tout entière de l'autre côté du Rhin, et avoir occupé un territoire que la destruc-

---

[1] Dio Cassius, lib. XLVI, 50. — Senecæ *Epistol.*, lib. XIV, 91.

[2] Appian., *de Bello civili*, lib. XLV, p. 700. — *Recueil des Hist. de Fr.*, tom. I, p. 459.

[3] Appian., *ibid*.

[4] Cæsar, lib. IV, cap 3. « Et ipsi (Ubii) propter propinquitatem, « gallicis sunt moribus adsuefacti. » Confér. cap. 16; lib. VI, cap. 10, 29; lib. II, cap. 54. — Tacit., *Hist.*, lib. IV, cap. 28.

tion des *Eburones*, et la dépopulation produite par des guerres continuelles, avait laissé désert[1]. La capitale des *Ubii* fut nommée *oppidum Ubiorum* avant d'avoir reçu la colonie qui lui fit donner le nom d'*Agrippina*; la position de *Colonia Agrippina* à Cologne moderne est prouvée par la route de la Table et de l'Itinéraire qui conduisait le long du Rhin[2]. *Colonia Agrippina* est du petit nombre des villes de la Gaule dont nous possédons des médailles, et dont le nom est mentionné sur des inscriptions[3]. Les *Ubii* paraissent avoir successivement occupé tout le pays situé entre la Roer et le Rhin, qui se trouve borné au nord par une ligne tirée depuis l'embouchure de la Roer à Ruremonde jusqu'à Crevelt; et par les montagnes qui, au midi, formaient la limite des *Treviri*; et, à l'orient, par le Rhin.

Voilà tout ce que nous fournit ce court période sur les divisions des peuples en général : quant aux lieux de la Gaule qui se trouvent pour la première fois mentionnés dans l'histoire pendant cet intervalle de temps, le plus remarquable après *Lugdunum*, Lyon, est *Cularone*, et nous avons déjà eu occasion de déterminer la position de ce lieu[4], pour la première fois mentionné dans une lettre de Plancus

---

[1] Strabo, lib. IV, p. 194. — Tacit., *Annal.*, lib. XII, cap. 27; *ibid.*, *Hist.*, lib. IV, cap. 28; *de Moribus Germanor.*, cap. 28; *Annal.*, lib. I, cap. 36, 37 et 39. — Plinius, lib. IV, cap. 17. — Paulus Orosius, lib. VI, cap. 8. — Gruter., *Inscript.*, p. 170; n° 2; *Recueil des Hist. de Fr.*, tom. I, p. 143.

[2] Voyez l'*Analyse des Itinéraires*, tom. III de cet ouvrage.

[3] Mionnet, *Descript. des Médailles*, t. I. — Muratori, *Inscript.*, tom. I, p. MXX.

[4] Voyez ci-dessus, part. II, ch. 2, tom. I, p. 265.

à Cicéron. Dans deux lettres précédentes du même, qu'on peut rapporter au mois de mai de l'an 43 avant J.-C., il est dit qu'Antoine est arrivé à *Forum Julii* avec son armée, et que Lépide campe à *Forum Voconii*, qui est à 24 milles de *Forum Julii*[1]. C'est pour la première fois qu'il est fait mention de ces deux lieux, et Plancus indique parfaitement leurs distances respectives, qui s'accordent aussi avec celles qui sont données par l'Itinéraire et la Table, lesquelles déterminent la position de *Forum Voconii* à un lieu nommé Le Canet, et celle de *Forum Julii* à Fréjus, par le moyen des routes qui aboutissent et se rattachent à *Aquæ Sextiæ*, Aix; *Reii*, Rez; et *Antipolis*, Antibes[2]. La position de *Forum Julii* à Fréjus se trouve encore démontrée par les mesures de Ptolémée et par les ruines du port construit par les Romains, dont Pline et Tacite ont parlé[3]. Ces ruines prouvent que les attérissemens des sables, charriés par l'Argens, ont empiété sur la mer environ 500 toises. Une lettre de Lépide, écrite à peu près en même temps à Cicéron, confirme encore la lettre de Plancus.

« Je suis arrivé, dit Lépide dans cette lettre, sans
« m'arrêter, à *Forum Voconii*; j'ai placé mon camp

---

[1] *Epistol. Planci ad Ciceronem*, lib. x, epistol. 15 et 17.

[2] *Analyse des Itinéraires*, tom. III de cet ouvrage.

[3] Bouche, *Hist. de Provence*, liv. III, chap. 4. — Papon, *Hist. de Provence*, tom. 1, p. 56. — Tacitus, *Annal.*, II, cap. 11. — Strabo, lib. IV, p. 184. — Mela, lib. II, cap. 5. — Plin., *Hist. nat.*, lib. III, cap. 4. — Ptolemæus, lib. II, cap. 8. — Muratori, *Inscript.*, tom. 1, p. 461, n° 3; p. 642, n° 6. — Honoré Bouche, *Chorogr. de la Provence*, tom. 1, p. 247. — Gérardin, *Hist. de Fréjus*. — Zacharie, *Excurs. litterar.*, p. 54. — Texier, *Mémoire sur Fréjus*.

« un peu au-delà, sur les bords du fleuve *Argenteus*.
« Le 11 des calendes de juin, de mon camp, au *Pons*
« *Argenteus*. »

Il est très évident, ainsi que l'a bien vu d'Anville, que l'*Argenteus fluvius* est la rivière d'Argents qui coule un peu à l'est de Canet ou de *Forum Voconii*, et que Pline indique aussi comme coulant à Fréjus, parce qu'elle passe en effet à peu de distance à l'ouest de cette ville. Ainsi donc le *Pons Argenteus* est bien placé à l'endroit où la route romaine qui, de *Forum Voconii* conduisait à Fréjus, coupait la rivière Argents; or, encore aujourd'hui, le pont qui sert à la route moderne se trouve sur la même direction, entre Vidauban et Les Arcs. Ceci confirme l'exactitude des mesures qui portent *Forum Voconii* à Canet : en effet, nous avons vu que Plancus écrit à Cicéron que Lépide campait à *Forum Voconii*, tandis que ce dernier nous apprend que c'était un peu plus loin, au *Pons Argenteus*. Pour que Plancus, qui était bien instruit, se soit exprimé de cette manière, il faut que ces deux lieux aient été très rapprochés. Ils seraient, au contraire, très éloignés l'un de l'autre, si on plaçait *Forum Voconii* à Gonfaron, comme le veut d'Anville[1], d'après un vague rapport de noms, mais contre le résultat positif des mesures. Pline donne à *Forum Voconii* le titre de ville latine[2].
Il paraît que l'*Argenteus fluvius* que Ptolémée[3] place entre *Olbia* et *Forum Julium*, ne peut être considéré comme le même que l'*Argenteus fluvius* de Lé-

---

[1] D'Anville, *Notice de la Gaule*, p. 323.
[2] Plin., III, 5.
[3] Ptolemæus, *Geogr.*, lib. III.

pide et de Pline ; du moins le géographe grec éloigne trop ce fleuve de *Forum Julium*, et le rapproche trop d'*Olbia* pour que cela soit ainsi : d'ailleurs ses mesures portent son *Argenteus fluvius* à la plage d'Argentière et à la rivière de ce nom [1]. La colonie qui fut établie à *Forum Julii* en l'an 710, et le port de cette ville, qui fut très fréquenté, font que Pline ajoute à son nom le titre d'*Octavanorum colonia, quæ Pacensis appellatur et Classica*. Tacite la nomme *Navale Augusti* et *Colonia vetus et illustris* [2].

§. II. *Gaule cisalpine*.

C'est dans la Gaule cisalpine que, pendant cette courte période, les divers partis se livrèrent les principaux combats qui devaient décider des destinées de l'empire [3] romain ; mais le récit de ces événemens ne présente rien de nouveau pour la géographie. Nous observerons seulement qu'après César la Gaule cisalpine fut toujours une province séparée de la transalpine, et ne fut plus accordée à un seul. Dans une lettre de Galba à Cicéron, il est aussi fait mention, pour la première fois, d'un lieu nommé *Forum*

---

[1] Voyez l'*Analyse des mesures de Ptolémée pour les côtes méridionales de la Gaule*, tom. III de cet ouvrage.

[2] *Plancus ad Cicer.*, x, 15, 16. — Plin., III, 5. — Mela, II, 5. — Ptolem., II, 10. — Tacit., *Annal.*, II, 63 ; IV, 5. — *Hist.*, 343. — *Agricol.* 1. — M. Texier a levé le plan des ruines antiques de Fréjus.

[3] Plutarchus, in *Bruto*, p. 993. — Tit. Liv., *Epitome*, lib. CXVIII et CXIX. — Velleius Paterculus, cap. 60 à 63. — Dionis Cassii. lib. XLV. — Cicero, *Philippica* IV, p. 614. — Id., *Philippica* XIII. — Id., *Epistol. ad familiares*, lib. VI, VIII et X. — Plutarchus, in *Cicerone*, et in *Marco Antonio*. — Appianus, *de Bello civili*.

Gallorum, près duquel le consul Hirtius Pansa défit l'armée d'Antoine. Frontin et Appien confirment aussi la lettre de Galba [1]. *Forum Gallorum* se trouve placé, dans la Table de Peutinger, sur la route directe et parfaitement droite qui conduit de *Mutina*, Modène, à *Bononia*, Bologne, et les mesures de cette route déterminent la position de ce *Forum* à San-Donino, et tout près de Castel-Franco ou Urbino [2].

[1] *Epistola Galbæ ad Ciceronem,* apud Cicero, *Epistol. familiar.,* epistol. 30. — Frontinus, *Stratagem.*, lib. II, cap. 5. — Appian., *Civil. bellor.*, lib. III, 68 et suiv.

[2] Voyez l'*Analyse des Itinéraires*, tom. III de cet ouvrage.

CHAPITRE IV.

Depuis l'an 27 avant J.-C. jusqu'à l'an 8 après J.-C., ou depuis la première division de la Gaule par Auguste, jusqu'à la création des deux commandemens ou provinces militaires, nommées la première et la seconde Germanie.

§. I. *Préliminaires.*

Les nations les plus policées de l'univers, les plus belles, les plus riches et les plus fertiles contrées de l'Europe, de l'Asie et de l'Afrique, réunies, pendant quarante ans, sous un gouvernement juste et bienfaisant; tous les États qui s'étaient illustrés par des faits éclatans, ou par les productions du génie, autrefois continuellement divisés, désormais unis par les mêmes lois, et par la même volonté, ne formant plus que les branches diverses d'une même famille; tels sont les caractères principaux qui distinguent de tous les autres règnes le règne d'Auguste, et le rendent le plus mémorable de tous ceux que nous offrent les annales du genre humain.

Cette époque est aussi, après celle de César, la plus importante que nous ayons à traiter.

Toute la vaste chaîne des Alpes, auparavant connue seulement dans les parties voisines des passages qui servaient de communication entre les deux Gaules, fut soumise, soit par les armées, soit par la sage politique d'Auguste. Les noms des petits peuples qui, depuis des siècles, étaient mystérieusement cachés dans les vallées escarpées formées par ces montagnes, paraissent, pour la première fois, au grand jour de l'histoire¹.

Les limites de la Gaule transalpine franchissent l'île des Bataves, et sont reculées jusqu'au bras septentrional du Rhin².

Les frontières de l'Empire, marquées par ce fleuve, sont fortifiées et affermies par des forts établis de distance en distance³.

Les nations belliqueuses de la Germanie, autrefois toujours menaçantes, sont réduites à se défendre sur leur propre territoire; et des colonies de Sicambres et de Germains sont transportées dans les Gaules, et consentent à vivre sous la domination des lois romaines⁴. L'Aquitaine est domptée, ainsi que tous les peuples des Pyrénées⁵.

Toutes les séditions, toutes les révoltes qui troublaient la tranquillité des Gaules sont apaisées ou réprimées, et l'on y envoie plusieurs colonies romaines qui contribuent à les rendre florissantes⁶ ; mais Lyon, une de ces colonies, les éclipse toutes, et reçoit l'en-

---

¹ Dio Cassius, lib. LIV, p. 558. — *Recueil des Hist. de Fr.*, tom. I, p. 522 et 536. — Paulus Orosius, cap. 12. — *Recueil des Hist. de Fr.*, tom. I, p. 596.

² Velleius Paterculus, cap. 105. — *Recueil des Hist. de Fr.*, tom. I, p. 370.

³ Florus, lib. IV, cap. 12. — Eutropius, lib. VII, p. 547.

⁴ Horatius, lib. IV, od. 14, vers. 49. — Tit. Liv., *Epitome*, lib. CXXXVII et CXXXIX. — Suetonius, in *Tiberio*, cap. 9, et *Vita Cæsari Augusti*, cap. 21. — Tacit., *Annal.*, lib. XII, cap. 39. — Eutropius, lib. VI, p. 571. — Aurelius Victor., *August.*, cap. 1.

⁵ Tibullus, lib. I, eleg. 8, vers. 1. — Appian., lib. IV, p. 611.

⁶ Dio Cassius, lib. LIII, p. 528. — Suetonius, in *Tiberio Nerone Cæsare*, cap. 9. — Strabo, lib. IV, p. 178; trad. fr., tom. II, p. 5 et 92. — Dio Cassius, lib. LIV, p. 537.

cens et les vœux de tous les peuples des Gaules en faveur d'Auguste [1].

Des routes sont percées et pratiquées par les soins du sage Agrippa, et les provinces les plus reculées peuvent facilement communiquer entre elles et avec l'Italie [2].

Enfin l'administration des Gaules est définitivement organisée; des divisions nouvelles, et conformes à la géographie naturelle, sont établies d'une manière stable [3].

Tels sont les détails qui distinguent les deux époques qui vont suivre; la connaissance des peuples des Alpes en est le trait principal, et les nouveaux détails géographiques qu'elle peut nous fournir sont les premiers dont nous devions nous occuper, conformément au plan que nous avons adopté de déterminer d'abord l'emplacement des peuples d'après l'ordre des temps selon lequel ils ont commencé à figurer dans l'histoire. Quoiqu'un grand nombre de ces peuples soient situés hors des contrées soumises à nos recherches, et auxquelles appartient spécialement le nom de Gaule, cependant les chaînes de montagnes qu'habitaient ces peuples renferment les Gaules dans leurs vastes contours, et devraient en faire partie si on ne consultait que ce que demande la géographie naturelle. D'ailleurs il est nécessaire de connaître ces montagnes pour fixer avec précision les limites des

---

[1] Strabo, lib. IV, p. 192. — Dionysius Halicarnassius, ex *Epitome* lib. CXXXVII. — Suetonius, in *Claudio Cæsare*.

[2] Strabo, lib. IV, p. 207; tom. II, p. 101, de la trad. française.

[3] Dio Cassius, lib. LIII, p. 717. — Tit. Liv., *Epitome*, lib. CXXXIV. — Appian., *de Bello civili*, lib. V.

deux Gaules, qui avaient avec les habitans leurs vallées escarpées des frontières communes. On sait qu'en géographie, une position n'est certaine qu'autant qu'on s'est aussi assuré de l'exactitude de celles qui l'avoisinent.

Après avoir fixé l'emplacement des peuples alpins soumis, et, en quelque sorte, découverts par Auguste, nous ferons connaître les grandes divisions qu'il établit dans les deux Gaules.

Mais, avant tout, il est nécessaire de déterminer quels furent, non seulement pendant le siècle d'Auguste, mais pendant toute la période de temps que nous traitons, les limites respectives des deux Gaules; c'est-à-dire d'assigner, parmi les peuples dont nous avons déjà fixé la position et l'étendue, ceux qui appartenaient aux deux Gaules et à l'Italie proprement dite; ceux qui appartenaient à la Gaule transalpine ou à la Gaule cisalpine; c'est-à-dire, à la Gaule dans la signification la plus ordinaire de ce nom, ou à l'Italie dans son sens le plus général.

§. II. *Limites des deux Gaules.*

Pline et Strabon [1], ainsi que Ptolémée [2], indiquent le fleuve *Arsia,* la rivière Arsa, comme une des extrémités orientales de la Gaule cisalpine; l'autre extrémité, de ce côté, se terminait autrefois à *Æsis fluvius,* ou l'Esino moderne, ou même à Ancône; mais nous avons déjà observé que, du temps de César et postérieurement, cette limite était fixée au *Rubico* ou

---

[1] Plinius, lib. III, cap. 5, 19 et 21. — Strabo, lib. IV.

[2] Ptolemæus, lib. III, cap. 1, p. 70; édit. de Bertius : « Arsia fluvius finis Italiæ. » — Columella, *de Re rustica*, lib. VII, cap. 2.

Rigone, et nous avons cité en témoignage Cicéron dans sa sixième Philippique, Plutarque dans sa Vie de Jules César, Jules César même, Suétone, Appien, Lucain et Ptolémée [1] : Strabon, surtout, nous dit par deux fois [2] que les anciennes limites de la Gaule cisalpine étaient autrefois l'*Æsis fluvius*, et qu'ensuite ces limites avaient été fixées au *Rubico*. Cependant Mela [3], qui écrivait sous Claude, met encore *Ancona* sur la limite de la Cisalpine ; et Pline, se contredisant lui-même, dit que le rivage de cette partie de la Gaule connue sous le nom de Gaule togée, *Gallia togata*, commence à partir d'*Ancona* : Strabon dit aussi que la Celtique ou Gaule est entre les Alpes, la mer Adriatique et les Apennins, et s'étend jusqu'à *Ariminum* et *Ancona* [4].

Pour expliquer ceci, il faut se rappeler ce que j'ai dit précédemment. Les Gaulois occupaient primitivement tout le *Picenum*, qui comprenait non seulement la marche d'Ancône, mais encore le duché d'Urbin. Polybe nous apprend que les Gaulois *Se-*

---

[1] Cicero, *Philippica* 6. — Plutarchus, in *Cæsare*. — Appianus, *de Bello civili*, lib. ii. — Suetonius, in *Vita Cæsaris*, cap. 30. — Cæsar, *Comment. de Bello civili*, 1. — Lucanus, lib. i. — Ptolemæus, lib. ii.

[2] Strabo, lib. v, p. 157 et 160, ou p. 217 de l'édit. de Cas., tom. ii, p. 159, de la trad. fr.

[3] Mela, ii, 4 : « Ancon inter gallicas italicasque gentes quasi terminus interest. » — Sur Ancona, voyez encore César, *de Bello civili*, lib. i. — Cicero, *Epistol. ad famil.*, lib. xvi, epist. 12, in *Philippica* 12. — Tit. Liv., lib. xli. — Tacitus, *Annal.*, lib. iii. — Silius, lib. viii. — Lucanus, lib. ii. — Juvenalis, *Satyr.* 3.

[4] Strabo, lib. v, p. 211 ; et tom. ii, p. 110, de la trad. fr. — Plin., lib. iii, cap. 14 : « Ab Ancona gallica ora incipit, togatæ Galliæ « cognomine ; » et lib. iii, cap. 15, il place les limites de la huitième région près d'Ariminie. — Conférez Procop., *Rer. Got.*, ii.

nones furent entièrement expulsés de ce pays par les Romains, qui s'en emparèrent et le partagèrent entre eux. Il fut donc, par le fait, retranché de la Gaule cisalpine, ou des contrées possédées en Italie par les Gaulois. La limite septentrionale de ce territoire, qui leur avait été enlevé, et qui se trouvait près d'*Ariminum*, Rimini, fut aussi celle de la Gaule cisalpine; mais lorsque cette dernière contrée eut été entièrement conquise par les Romains, et soumise à leur gouvernement, aussi bien que la portion qui avait appartenu aux *Senones*, elle ne changea point de nom; de sorte que, par ce nom de *Gallia cisalpina*, on pouvait entendre tout le pays primitivement désigné ainsi, ou seulement celui qui fut possédé en dernier lieu par les Gaulois, et à l'exclusion du territoire des *Senones*. Dans le premier sens, la limite de la Gaule cisalpine était au *Rubico;* dans le second, à *Ancona* ou à l'*Æsis*, la rivière Ésino, qui est à côté: en effet, Strabon nous apprend que le sénat tantôt resserra les limites de la Cisalpine jusqu'au Rubicon, et tantôt les prolongea jusqu'à Ancône[1]. Ainsi l'histoire, les décisions de l'autorité suprême, l'usage, ayant souvent varié dans la détermination de ces limites, il n'est pas étonnant que les auteurs aient aussi varié, et se soient contredits en copiant différentes autorités, et en n'ayant pas soin de distinguer les temps. Cette

---

[1] Strabo, lib. v, p. 227; tom. II, p. 176, de la trad. fr. Strabon, dans cet endroit, se fondant sur ce que toute l'Italie (c'est-à-dire l'Italie romaine) est reculée jusqu'aux Alpes, ne veut pas qu'on s'occupe de ces limites, et semble ne plus vouloir admettre que des divisions fondées sur l'origine des peuples; il veut, par cette raison, placer Ravenne dans l'Ombrie, parce qu'elle est peuplée d'Ombriens.

erreur était d'autant plus facile à commettre, que cette portion de l'ancienne Cisalpine, qui avait appartenu aux *Senones*, quoique réunie au *Picenum*, et ne faisant plus partie de la Gaule, forma cependant un district particulier qui, en mémoire de ses premiers maîtres, fut appelé la Campagne gauloise, *ager Gallicus* [1]. Or il paraissait peu naturel de ne pas comprendre dans la Gaule la Campagne gauloise ; mais, dès le temps de Jules César, la limite de la Gaule cisalpine resta définitivement fixée au *Rubico*. Lors donc que nous nous occuperons par la suite de la Senonie ou de la Campagne gauloise, le lecteur est prié de se souvenir que c'est par la raison que ce district fit autrefois partie de la Gaule cisalpine, et non parce qu'il en dépendait aux époques dont nous traitons.

Sur la côte occidentale, les frontières de la Cisalpine, que nous avons vues du temps de César s'étendre jusqu'à l'Arno, se trouvèrent sous Auguste beaucoup plus resserrées, et prirent une limite déterminée par la géographie naturelle, en commençant au *Macra fluvius*, la Magra [2]. Sur cette même côte, plus à l'occident, le Var séparait la Gaule transalpine de la Ligurie ou de l'Italie [3]. On doit observer que les Mar-

---

[1] Cicero, in *Catilin.*, or. II, cap. 3 : « Delectum in agro Piceno « et Gallico Q. Metellus habuit » ; et cap. 12 : « In agrum Gallica- « num Picenumque præmisi. » — Varro, *de Re rust.*, lib. I, c. 14, et surtout cap. 2 : « Ager Gallicus Romanis vocatur qui viritim cis « Ariminum datus est ultra agrum Picentinum. » — Collumella, lib. III, cap. 3 : « Et in Faventino agro, et in Gallico, qui nunc « Piceno contribuitur. »

[2] Plinius, lib. III, cap. 5 ou 6.

[3] « Le Var sépare la Gaule de l'Italie. » Strabon, liv. IV, p. 184 ; tom. II, p. 23, de la trad. franç. — Mela, lib. II, cap. 4 : « Sed

seillais, qui, du temps d'Auguste, avaient encore le droit de régir eux-mêmes les villes qui se trouvaient dans leur dépendance ¹, possédaient à l'orient du Var un petit territoire au pied des Alpes, comprenant *Nicæa*, Nice, et *Monœci portus*, ou Monaco des modernes. Aussi Strabon a-t-il bien soin d'observer que Nice est dans l'Italie, quoique dans la dépendance des Marseillais, et faisant partie de la Province romaine dans la Gaule transalpine ²; et Mela s'accorde avec le géographe grec, lorsque, d'une part, il place Nice dans sa description de la province ou de la *Gallia narbonnensis*, tandis que, dans le chapitre précédent, il donne le Var pour limite à l'Italie, et renferme par conséquent Nice dans cette dernière contrée [3]. Mais par la suite, et lors de la création d'une province particulière sous le nom d'Alpes maritimes, la Gaule fut prolongée jusqu'à l'extrémité de ce territoire des Marseillais, qui formait une sorte d'enclave en Italie; ainsi la Gaule eut pour limites, non le Var, mais les sommets les plus élevés de cette portion des Alpes qui commence à l'orient du Var, et prend sa direction vers le nord. Alors *Nicæa*, Nice, et *Monœci portus*, Monaco, firent réellement partie de la Gaule, mais ce changement est postérieur au

« Varum quia Italia finit aliquando notius. » — Plin., *Hist. nat.*, lib. III, cap. 23; tom. 1, p. 301, édit. de Brottier. — Ptolemæus, lib. III, cap. 1, p. 67.

¹ Strabo, lib. IV, p. 181; trad. franç., tom. II, p. 15 : « Ni Marseille, ni les villes qui en dépendent, ne sont soumises aux gouverneurs que Rome envoie dans la Narbonnaise. »

² Strabo, lib. IV, p. 180-184; tom. II, p. 15 et 23, de la trad. fr.

³ Mela, lib. II, cap. 5. — Étienne de Bysance répète la même chose, d'après Mela; mais, du temps d'Étienne de Bysance, Nice était bien dans la Gaule, mais non dans la Narbonnaise.

règne d'Auguste. Pendant toute sa durée, le Var fut considéré comme la frontière de l'Italie et de la Gaule.

Voilà tout ce que j'avais à dire relativement aux limites de la Cisalpine sur les côtes : il ne reste plus qu'à déterminer celles de l'intérieur des terres pour le période de temps dont nous traitons.

Observons d'abord que lorsque les peuples des Alpes eurent été domptés par Auguste, ils ne furent point soumis aux magistrats qui gouvernaient les Gaules transalpines et cisalpines. Les uns, tels que ceux du royaume de Cottius, et même les *Vocontii*, plus avant dans la Gaule, se gouvernaient, comme les Marseillais, par leurs propres lois ; d'autres étaient régis par des officiers particuliers choisis dans l'ordre équestre [1].

Aussi Strabon et Pline décrivent-ils les peuples de la vaste chaîne des Alpes, comme formant en quelque sorte une division à part qui n'appartient ni à la Gaule transalpine ni à l'Italie [2]. Cependant Strabon, Pline et Ptolémée placent le royaume de Cottius, les *Centrones* et les autres peuples des Alpes que nous avons décrits dans la période précédente, dans l'Italie [3], et Ptolémée met la vallée Pennine dans la Gaule, puisqu'il place dans cette contrée les sources du Rhône. Ainsi donc, tout le pays occupé par les peuples indépendans des Alpes, sous Jules César,

---

[1] Strabo, lib. iv, p. 203.

[2] *Ibid.*, lib. iv, p. 204, 205, 28. — Plin., lib. xxxiv, cap. 2, « in « Centronum Alpino tractu ; » lib. xi, cap. 97, « Centronicæ Alpes « Vatusicum caseum mittunt. »

[3] Ptolemæus, Strabo, *loc. cit.*, Plinius, iii, 24.

jusqu'à l'extrémité de la vallée Pennine, fut, après la conquête d'Auguste, considéré, par les géographes, comme faisant partie de l'Italie. Ces montagnes furent regardées comme d'immenses blocs dans la dépendance de cette contrée, et les plus hauts sommets de cette vaste chaîne, bornes naturelles, et le point de séparation des eaux, ne furent point pris d'abord pour limites comme cela eut lieu depuis.

A l'orient des sources du Rhône dans la *Rhétie* et dans la *Norique*, un grand nombre de petits peuples habitans cette même chaîne des Alpes dont nous n'avons point encore parlé, avaient des limites communes avec la Cisalpine. Il faut donc, ainsi que je l'ai observé, pour compléter le tableau géographique de cette contrée, présenter celui de la vaste chaîne des Alpes qui l'entourait.

§. III. *Peuples des Alpes, au temps d'Auguste* [1].

Malgré le grand nombre de guerres livrées aux montagnards de la Ligurie, et quoique ces Alpes eussent été les premières soumises à la puissance romaine, cependant Dion nous apprend qu'Auguste eut encore à subjuguer les *Lygies comati* ou *Ligures capillati* [2] ; ce qui se trouve confirmé par Sextus Rufus, qui met au nombre des pays réunis par les empereurs à l'empire romain, les Alpes maritimes

---

[1] Conférez, pour la lecture de cette partie, la Carte des frontières de France en Dauphiné, par Bourcet; celle de Cassini, celle de Bacler d'Albe, pour les campagnes de Bonaparte; Lombardie de Zannoni, quatre feuilles; et la carte de Raimond.

[2] Dion., lib. LIV, cap. 24, p. 522 et 538. — Sextus Rufus, in *Eutropio*; Verheyk, in-8°, 1762.

et les Alpes cottiennes. Pline, qui parle des *Ligures capillati*, les place immédiatement au-dessus de *Cemenelium*, Cimiers[1], et de *Nicæa*, Nice; ils paraissent avoir occupé le val de Teniers et les vallées circonvoisines, tandis que les *Ligures montani*, que Pline met non loin des *Vagienni* ou de la Città di Bene, ont dû être situés au nord des *Capillati* et dans les environs du col de la Bochetta au-dessus de Gênes; mais, ainsi que je l'ai déjà remarqué, on donnait à ces surnoms de *Capillati* et de *Montani* une signification plus vague et beaucoup plus étendue : les *Capillati* étaient les Ligures qui habitaient près du rivage, lesquels portaient une longue chevelure, par opposition aux *Montani* qui vivaient plus reculés dans les montagnes et qui coupaient leurs cheveux[2]. Ces peuples, après avoir été domptés par Auguste, furent joints à l'état de Cottius[3].

Il est très remarquable que le puissant et sage Auguste, maître du monde civilisé, aima mieux faire alliance avec un des chefs principaux de ces peuples alpins, et se servir de son influence pour obtenir l'affection et les services de ces courageux montagnards, que d'avoir sans cesse à les combattre, ou de se mettre dans la nécessité de les exterminer. Ainsi,

---

[1] Plinius, lib. III, cap. 7, p. 268; édit. de Brottier, cap. 20.

[2] Lucanus, *Pharsalia*, lib. I, vers. 442 :

> *Et nunc tonse Ligur, quondam per colla decora*
> *Crinibus effusis toti prælate Comatæ.*

Pline emploie aussi ces noms dans ce sens; il dit, lib. III, cap. 20 : « Capillatorumque plura genera. » Voyez ci-dessus, part. I, ch. 7, tom. I, p. 162 et 163.

[3] Ammian. Marcellin., lib. XV.

non seulement Auguste conserva à Cottius l'autorité dont il jouissait, mais il augmenta son petit État de plusieurs peuples circonvoisins. Il y eut donc entre la Gaule et l'Italie un royaume particulier qui dura depuis le temps d'Auguste jusqu'à celui de Néron, qui le réunit à l'empire romain après la mort de Cottius [1]. Cette singularité géographique et historique mérite toute notre attention, puisque non seulement une portion des Alpes reçut le nom du roi de ce petit État, mais que ce nom, comme portion de la Cisalpine, a subsisté jusque dans le XIe siècle. La recherche de l'étendue et des limites de ce petit royaume appartient donc spécialement au sujet que nous traitons, et au période de temps dont nous nous occupons.

C'est Cottius même, le premier et le seul roi de ce petit État [2] (car son père Donnus n'en posséda jamais qu'une partie), qui nous fournit sur ce sujet le plus de détails. Cottius fit pratiquer, pour le passage des Romains dans les Gaules, une route [3] par la vallée de Suse, plus sûre et plus commode que celle qu'on prenait ordinairement par le val de Fenes-

---

[1] Suetonius, in *Neronis vita*, cap. 18. — Sextus Aurelius Victor, in *Nerone*. — Sextus Rufus, *Eutropius*, lib. VII. — Paulus Diaconus, *Hist. miscell.*, lib. VIII. — Vopiscus, in *Aureliano*.

[2] Conférez la Chronique grecque dont l'auteur n'est pas connu, citée par Cluverius, *Italia antiqua*, lib. I, cap. 12, tom. I, p. 91, n° 30.

[3] Ammian. Marcellin., lib. XV, cap. 10 : « Rex Cottius.... molibus « magnis extruxit ad vicem memorabilis muneris compendiarias « medias inter Alpes. » Le même historien nous apprend que ce fut aussi à Suse que fut enterré le roi Cottius : « Hujus sepulcrum « quem itinera struxisse retulimus Segusione est, moenibus proxi- « mum. »

trelles, et il érigea au bas des Alpes un arc de triomphe près de Suse, où se trouvent mentionnés tous les petits peuples habitans des vallées voisines réunis sous sa domination; cet arc existe encore, et il a été figuré et gravé par Muratori, Maffei, Massazza et Albanis Beaumont [1]. C'est d'après ce monument (un des plus intéressans qui existent pour la Géographie) que nous décrirons le royaume de Cottius; mais avant d'en donner l'explication géographique, recueillons les lumières que nous fournissent les auteurs anciens sur les limites de ce petit État, avant et après Auguste.

Pline et Strabon [2] terminent les Alpes et l'Italie à un lieu nommé *Scingomagus*, situé dans l'Etat de Cottius, lieu qui est aussi mentionné par Agathemère. Strabon nous dit que *Scingomagus* était à 27 milles d'*Ocelo*; et en mesurant sur la carte, à partir d'Uxeaux, près de Fenestrelles [3], et en suivant la route par le col Servières, nous arrivons à Servières, pour *Scingomagus*, un peu à l'est et tout près de Briançon. Strabon nomme en effet *Scingomagus*, conjointement avec Briançon, *Brigantio*. Ainsi l'Italie se terminait à *Ocelum*, Usseaux, près de Fenestrelles, lorsque César entreprit la conquête des Gaules [4]. Mais après la pacification des Alpes, le

---

[1] Muratori, *Novus thesaurus veterum inscriptionum*, tom. II, in-folio, 1740, p. 1095, tab. 2 et 3. — Maffei, *Musæum veronense*. — Massazza, *l'Arco antico di Susa descritto e disegnato*, in-folio; Torino, 1750, p. 10. — Albanis Beaumont, *Description des Alpes grecques et cottiennes*, tom. I, p. 264.

[2] Strabo, lib. IV, p. 179. — Plinius, *Hist. nat.*, lib. II, cap. 108. — Agathemerus, lib. I, p. 11; *Geogr. minor.*; edit. Hudson, tom. II.

[3] Voyez l'*Analyse des Itinéraires*, tom. III de cet ouvrage.

[4] Cæsar, *de Bello gallico*, lib. I, cap. 10.

territoire de *Donnus*, père de Cottius, qui s'étendait jusqu'à Briançon, fut réputé appartenir à l'Italie. Ainsi Servières et Briançon paraissent avoir été les bornes de l'Italie et de l'État de Cottius, avant qu'Auguste n'eût réuni à cet État les *Caturiges* et d'autres peuples. En effet, nous savons qu'Auguste ne fit jamais la guerre au roi Cottius, et nous voyons les noms des *Caturiges* parmi ceux de l'inscription du trophée des Alpes que Pline nous a conservés, et qui renferme la liste des peuples alpins domptés par Auguste [1] : ces mêmes *Caturiges* se trouvent d'un autre côté aussi mentionnés sur l'arc de Suse, comme sujets du roi Cottius; donc, Auguste les avait réunis aux autres domaines de ce roi [2] : nous en avons encore une preuve dans Strabon, qui comprend *Ebrodunum*, Embrun, ville des *Caturiges*, dans l'État de Cottius, et qui étend les frontières de cet État jusqu'aux limites des *Vocontii* [3]. L'État de *Cottius* ayant toujours été considéré comme partie intégrante de l'Italie, les *Caturiges* y furent par cette raison quelquefois compris, quoique leurs limites excédassent celles qui avaient été assignées à cette contrée. Voilà pourquoi Pline ne met pas les *Octodurenses*, les *Centrones*, les *Caturiges*, et les villes cottiennes, au nombre des peuples de la Gaule, mais qu'il les nomme avec les *Vagienni* [4], au nombre des peuples des Alpes auxquels on avait accordé le droit de villes

---

[1] Plinius, lib. III, cap. 20.
[2] Muratori, *Inscript.*, p. 1095.
[3] Strabo, lib. IV, p. 179, 204.
[4] Les Vagienni, peuple ligure, et évidemment en Italie, étaient issus des Caturiges suivant Pline ; ce qui était encore un motif de plus pour placer les Caturiges en Italie. Voy. Plinius, lib. III, c. 20.

latines, et c'est aussi par cette raison que Ptolémée place en Italie ces mêmes *Caturiges*, auxquels il donne *Ebrodunum*, Embrun, pour capitale [1]. Lors de la formation d'une province dans la Gaule transalpine, sous le nom d'Alpes maritimes et longtemps après le période dont nous traitons, les limites de l'Italie furent définies avec plus d'exactitude. On ne leur attribua plus une aussi grande étendue vers l'orient, mais elles ne furent pas aussi restreintes à l'occident qu'elles l'étaient du temps de César, ni même du temps de Pline et de Strabon. L'Itinéraire d'Antonin, celui de Jérusalem et la Table, nous démontrent que ces limites furent fixées au passage de la Durance, à *Rama*, aujourd'hui Casse-Rom [2]. Quant à l'État de Cottius, avant les concessions faites par Auguste, il paraît représenté par les *Segusiani* de Ptolémée [3], et avoir renfermé le Briançonnais, le val de Fenestrelles, et les vallées d'Oulx et de Suse; dans cette dernière vallée, un lieu nommé *Fines* dans les Itinéraires, dont les mesures déterminent la position à Avigliana moderne [4], marque quelles ont toujours été les limites orientales de ce petit État dans cette vallée; ces limites étaient encore celles des diocèses de la Maurienne et de Turin, en 588, ainsi que le constatent des titres authentiques cités par Durandi et Besson [5]. Telle était l'étendue de l'État

---

[1] Ptolemæus, lib. III, cap. I.
[2] Voyez l'*Analyse des Itinéraires*, tome III de cet ouvrage.
[3] Ptolemæus, *Geogr.*, lib. III, cap. I.
[4] Voyez l'*Analyse des Itinéraires*, tom. III de cet ouvrage.
[5] Durandi, *Notizia dell'antico Piemonte traspadano, o sia marca di Torino o d'Italia*, p. 86. — Besson, *des divers Diocèses de Savoie*, p. 478.

dont Cottius hérita de son père Donnus, et que Strabon[1] désigne sous le titre de *domaine de Donnus*. Examinons actuellement, d'après l'inscription de Suse, quelles furent les limites de ce même État, après les concessions faites par Auguste, et tâchons de déterminer l'emplacement des différens peuples qui en faisaient partie.

L'inscription de Suse commence ainsi :

IMP. CÆSARI AUGUSTO. DIV. F. PONTIFICI MAXUMO TRIBUNIC. POTESTATE XV IMP. XIII M. JULIUS REGI DONNI F(*ilius*)[2] PRÆFECTI CEIVITATIUM QUÆ SUSCRIPTÆ SUNT.

Suivent ensuite les noms des peuples que nous nommerons, et dont nous déterminerons les positions selon l'ordre que nous donne l'inscription.

Segoviorum, Seguginorum.—On s'est imaginé que les *Segovii* et les *Segusini* ou *Segugini* étaient le même peuple répété deux fois, mais c'était supposer que Cottius ne connaissait point ses propres États. Les *Segusini* habitaient la vallée de Suse, et nous avons vu que de ce côté le domaine de Cottius se terminait à Avigliana. Ptolémée les nomme *Segusiani* et leur donne pour capitale *Segusio*[3], dont la position à Suse moderne est démontrée par les mesures de l'Itinéraire et de la Table pour la voie romaine qui part de Turin, et qui aboutit à *Vienna* ou à *Dea*, Die, ou enfin à *Ebrodunum*, Embrun[4]. Cependant il faut observer que, dans l'inscription de

---

[1] Strabo, lib. IV, p. 204; tom. II, p. 92, de la trad. fr.
[2] « Marcus Julius, regis Donni filius. » Ainsi Cottius prend le nom de Julius en mémoire de Jules César, et se dit fils du roi Donnus.
[3] Ptolemæus, *Geogr.*, lib. III, cap. 1.
[4] Voyez l'*Analyse des Itinéraires*, tom. III de cet ouvrage.

Cottius, les *Segusini* sont pris dans un sens plus restreint que dans Ptolémée, et dans d'autres auteurs, qui ont fait abstraction de beaucoup de petits peuples mentionnés ici. Les *Segusini* de l'inscription doivent être strictement renfermés dans la vallée de Suse, et paraissent s'être étendus seulement à l'ouest, à un lieu nommé Finil, qui était la limite de trois peuples différens, les *Segusini*, les *Segovii* et les *Savincatii*.

Les *Segovini* ou *Segovii*, qui sont les premiers peuples mentionnés dans l'inscription, occupaient la vallée de Sésane et le col Sestrières; leur nom, et l'emplacement de leur chef-lieu, se retrouvent dans Seguin, Segouin ou Segovin moderne. C'est à tort que d'Anville a voulu placer dans cet endroit le *Scingomagus* de la Table, qui était près de Briançon, ainsi que le prouve la mesure donnée par Strabon. Seguin ou Chamlas-Seguin, est nommé *villa Segovina*, ou *Segoüina*, dans les anciens titres du Dauphiné; on trouve aussi dans le val di Sesana un lieu nommé Sause, qui est *Siga* dans les anciens titres; mais Rovillier, dès le commencement du VIIIe siècle, avait la suprématie dans cette vallée, et *villa Segoüina* et *Sisa* sont mentionnées comme étant du ressort de *Raudenovillianum*[1].

Belacorum. — Les *Belaci* étaient situés dans la vallée de Bardonache, à l'ouest de celle de Suse; on retrouve le nom des *Belaci* dans un lieu de cette vallée nommé *Belac*[2] dans les titres du XIe siècle, dont on a fait depuis *Beulas*; dans des titres postérieurs, on a mal latinisé ce nom, et il s'est converti en celui de

---

[1] Durandi, *Piemonte traspadano*, p. 31, part. 1, in-4°; 1803.
[2] *Ibid.*, p. 52.

Bedularium, ou *Beolarium;* il se nomme aujourd'hui Beaulard ou Bolard [1].

Caturigum. — Les *Caturiges*, proprement dits, se trouvaient renfermés dans la vallée de Chorges et d'Embrun ; nous avons précédemment déterminé leurs limites, qui se terminaient à l'ouest, à Blaynie, le *Fines* de l'Itinéraire, et à l'est, à Casse-Rom ou *Rama* [2].

Medullorum. — Il est impossible d'indiquer plus exactement que ne l'a fait Strabon la position des *Medulli* [3] : « Après les *Vocontii*, les *Iconii*, les *Tri-« corii*, dit-il, sont les *Medulli*. Ils occupent la partie « des montagnes la plus élevée, qui forme, dit-on, « une montée de 100 stades ; il faut en parcourir au-« tant pour descendre ensuite jusqu'aux frontières « de l'Italie. Dans les endroits enfoncés du sommet « de ces montagnes, il se forme un grand lac, et l'on « y trouve de plus deux sources à peu de distance « l'une de l'autre. L'une de ces sources donne nais-« sance à la *Durias*. » Strabon ajoute ailleurs que les *Medulli* sont fort au-dessus de la jonction de l'Isère avec le Rhône. Enfin Ptolémée place les *Medulli* immédiatement au nord des Allobroges [4]. Toutes ces indications nous démontrent que les *Medulli* étaient

---

[1] Durandi écrit Beaulard, et Bacler d'Albe, sur sa carte, Bolard.

[2] Voyez ci-dessus, tom. I, p. 227, 539, 541 à 543. — Cæsar, *Comment. de Bello gallico*, lib. I, cap. 10. — Plin., lib. III, cap. 17. — Ptolemæus, *Geogr.*, lib. II.

[3] Strabo, lib. IV, p. 203; tom. II, p. 90, de la trad. française. En nous servant de cette traduction, nous avons été obligé de la rectifier. Les savans traducteurs ont commis un contresens en faisant dire à Strabon que les montagnes des *Medulli* ont 100 stades de hauteur perpendiculaire.

[4] Ptolemæus, *Geogr.*, lib. II, cap. 5, p. 55, de l'édit. de Bertius.

dans la Maurienne : dans la partie nord de cette vallée est un lieu nommé Miolans, appelé *castrum Medullum* dans le moyen âge [1] ; c'est dans cette partie de la vallée, qui se dirige du nord au midi, que l'on doit restreindre les *Medulli* proprement dits, tandis que les *Garoceli* de César, ou les *Adunates* de notre inscription, occupaient cette autre partie de la Maurienne qui se dirige de l'ouest à l'est, dans un sens contraire au premier, depuis le village de Saint-Michel, jusqu'aux sources de l'Arc. Les lacs dont parle Strabon sont évidemment ceux qui se trouvent sur le mont Cenis ; la montée et la descente des Alpes, dont Strabon donne la mesure, est celle du Petit-Saint-Bernard ; et on mesure juste 200 stades olympiques, à partir de Scez jusqu'à la fin de la descente, à 7 milles à l'ouest d'Aoste. Vitruve [2] a aussi parlé des *Medulli*, en remarquant les goîtres que leur font contracter les eaux dont ils font usage. Il est à peine concevable que d'Anville, qui avait si bien reconnu et assigné l'emplacement des *Medulli* dans sa carte de *Gallia antiqua*, publiée en 1760 [3], ait, dans sa Carte gravée en 1777 pour l'édition du Strabon de Bréquigny et pour celui d'Oxford [4], placé ce peuple à Meuillon, un peu à l'est de Vaison, dans le district autrefois nommé les Baronies [5] : rien

---

[1] Il est appelé *castrum Medullionis* dans l'*Italia medii œvi* de Carena, carte manuscrite de ma collection qui décèle dans son auteur une grande érudition.

[2] Vitruvius, lib. VIII, cap. 3.

[3] D'Anville, *Notice*, p. 450, et carte de *Gallia antiqua*.

[4] Voyez le Strabon de Bréquigny, in-4°, tom. I. — Strabon d'Oxford, tom I.

[5] Meuillon se nommait aussi Medullum dans les titres anciens du Dauphiné. On peut voir l'étendue et les limites du district nommé

n'est plus contraire au texte même de Strabon que cette opinion : elle contrarie également le texte de Ptolémée, qui place à la vérité les *Medulli* dans la Gaule et non en Italie, parce qu'ils habitaient sur le penchant de la vallée formée par le Rhône, et qu'ils étaient près des Allobroges.

Tebaviorum. — Les *Tebavii* étaient à l'ouest des *Medulli*, dans la vallée formée par la petite rivière qui se rend dans l'Isère, et qui passe à Allevard. On trouve dans cette vallée les noms de Tueve, Thyes et Tavio, qui conservent évidemment le nom des *Tebaviones*; ils avaient au midi les *Brodontii* de l'inscription du trophée des Alpes, ainsi que nous le prouverons bientôt.

Adanatium. — Les *Adanates* étaient à l'est des *Medulli*, et occupaient cette autre moitié de la Maurienne qui se dirige de l'est à l'ouest. Modana, le chef-lieu de cette partie de la vallée, a été appelé *Adana* dans le moyen âge. Ces peuples des Alpes ne possédaient souvent qu'un seul petit canton, et peut-être les *Garoceli*, que nous avons démontré [1] être situés encore plus à l'est, aux environs d'Auxois, ou d'*Ocelum* et de Lans-le-Bourg, habitaient-ils la Maurienne en même temps que les *Adanates* et les *Medulli*, formant, sans se confondre, trois tribus ou peuplades différentes.

Savincatium. — Les *Savincatii* habitaient le val d'Oulx, où leur nom se retrouve encore dans celui de

---

les Baronies dans la Carte du Dauphiné, par Jaillot, en 1728. — Sanson avait très bien vu que les Medulli devaient être dans la Maurienne. Voyez sa *Description de la France*, tirée de Ptolémée, p. 7, in-folio; Paris, 1661.

[1] Voyez ci-dessus, part. II, ch. 2, tom. I, p. 542.

l'ancienne terre de Sauvenceaux [1], à la droite de la Doria, ils occupaient tout le haut de la vallée, où on lit les noms de Sapet et de Salbetram.

Egdinorum. — Les *Egdini* sont évidemment les mêmes que les *Ectini* du trophée des Alpes, et doivent être placés dans le val Saint-Étienne, formé par la rivière *Tinea* ou Tinier; ils s'étendaient depuis les sources de cette rivière, jusqu'à l'endroit où le Var reçoit un torrent considérable, nommé le Chaos, qui sépare le diocèse de Glandèves de celui de Nice. Au nord des *Ectini*, et de l'autre côté de la chaîne, habitaient les *Veneni*, mentionnés par Pline [2], dont on retrouve le nom et la position dans Vinadio moderne, aux sources de la Stura.

Veaminorum. — D'Anville [3] place les *Veamini* dans le haut et bas Torameneos [4], dont le nom, suivant lui, est *Toreamina* dans les titres. Ces peuples sont aussi mentionnés dans le trophée des Alpes [5].

Venicamorum. — Les *Venicamori* étaient placés dans la vallée formée par les sources de la Vraïda et de la Maïra, aux environs du col Morin ou Maurin et du col Lautaret. Une bulle du pape Calixte II, en 1120, du cartulaire de l'église d'Oulx, fait mention d'une paroisse nommée Santa Maria di Comerio, près du col Lautaret [6].

---

[1] Durandi, *Notizia del antico Piemonte traspadano*, p. 47.

[2] Plinius, *Hist. nat.*, lib. III, cap. 7, tom. I, p. 149, édit. Hard.

[3] D'Anville, *Notice*, p. 682. — Papon, dans son *Hist. de Provence*, tom. I, p. 111, adopte l'opinion de d'Anville.

[4] Ce lieu est écrit Thorame sur nos cartes, dont Bacler d'Albe a fait Thoraine. On dit dans le pays Thorames haute et Thorames basse.

[5] Plinius, lib. III, cap. 20 (24), tom. I, p. 177, édit. Hard.

[6] Durandi, *Piemonte cispadano antico*, p. 34.

Dans les vallées formées par la Serie et la Sasse, qui se jettent dans la Durance un peu au-dessus de Sisteron, des monumens historiques qui remontent à l'âge romain, nous font connaître un peuple nommé *Jemerii*, dont le nom ne figure pas dans l'inscription telle que Pline l'a rapportée. Vaumielles-lès-Jaumes, et surtout un lieu nommé Saint-Jemmes, retracent le nom et la position des *Jemerii*. Ils étaient au midi des *Caturiges*. Dans une charte citée par Durandi, il est question d'un certain Guido de Carrieris, qui vend un pré près du lieu nommé *de Jemmis*, vers *Villarium*, et près de la rivière[1] : *Jemmis* est Saint-Jemmes, *Villarium* est Valluvoire, et la rivière est la Durance ou la Sasse.

Vesubianorum. — Les *Vesubiani*, qui paraissent les mêmes que les *Esubiani* de Pline, occupaient la vallée formée par la Vesubia, rivière qui prend sa source près du col Finestre, et qui se jette dans le Var près de Livenza.

Quadiatium. — Il paraît que c'est faute d'avoir observé une partie de la première lettre du nom de ce peuple, que plusieurs antiquaires ont lu Ovadatium, mais qu'il faut lire Quadatium. Les *Quadiatii* étaient les habitans de la vallée de Queyras : dans les anciennes chartes, la vallée à la gauche de la Guille est appelée *Quadratium*.

Les *Quariates* de Pline[2] ne doivent pas être confondus avec les *Quadatii* ou *Quadiates* de l'inscrip-

---

[1] Durandi, *Piemonte cispadano*, p. 34. — Cette charte est de l'an 1325 : « In loco ubi dicitur de Jemmis, versus Villarium et prope « flumen. »

[2] Plin., lib. III, cap. 5, tom. I, p. 147, édit. Hard., in-folio.

tion de Cottius [1], ni, comme le veulent quelques auteurs, avec les *Quari* ou *Cavari* de Strabon [2], qui sont les *Cavares*, et on ne doit pas leur attribuer la vallée de Queyras, comme le veut d'Anville [3]. Pline nomme ce peuple immédiatement après les *Suetri* et avant les *Adunicates*. On doit, je crois, d'après cette indication, les placer dans les environs de Forcalquier; j'ai prouvé ailleurs que ce lieu ne pouvait être le *forum Neronis*, comme on le prétend [4]; son nom me paraît provenir de *forum* ou de *fons Quariatium*, les plus anciens titres le nomment *fons Calquerius*.

On voit, d'après ce détail, que l'État de Cottius renfermait toutes les vallées qui se trouvent entre la Vesubia et les sources du Var, et qu'il s'étendait jusqu'à la source de la rivière d'Arc, qui arrose la Maurienne. A l'est, les plus hauts sommets des Alpes, et en général la ligne tracée par la séparation des courans d'eau, lui formait une barrière naturelle. Sous ce point de vue, le royaume de Cottius était en grande partie situé dans la Gaule transalpine; mais il anticipait sur l'Italie, puisqu'il comprenait aussi le val de Pragelas, jusqu'à Ocello, et le val de Suse jusqu'à Avigliana, et une partie du val de Blino et de Maïra, près du col Lautaret. A l'ouest, les frontières de ce petit royaume étaient formées par les montagnes qui bordent l'Isère, la Drac et la Durance;

---

[1] Durandi, *delle Antiche città di Pedona, di Caburro, etc.*, p. 63. — Id., *Piemonte cispadano antico*, p. 13 et 15.

[2] Strabo, lib. IV, p. 185, édit. Cas.; tom. II, p. 25, de la trad. fr.

[3] D'Anville, *Notice de la Gaule*, p. 536.

[4] Voyez ci-après, et l'*Analyse des Itinéraires*, tom. III de cet ouvrage.

celles qui bordent au midi la vallée de Barcelonette, et celles qui accompagnent le Verdon à l'ouest, jusqu'aux sources du Var, achevaient la limite. Ce territoire comprend presque toute la province connue depuis sous le nom d'Alpes maritimes, à la réserve de quelques districts au midi et à l'est, et renferme en entier les diocèses modernes de Glandève et d'Embrun, et les parties septentrionales de celui de Nice et de Senez [1].

Pline dit qu'on ne trouve pas, dans l'inscription du trophée des Alpes, les douze villes [2] ou peuplades de Cottius, parce qu'elles n'étaient point ennemies; mais nous voyons que, dans l'inscription de Cottius, il y a quatorze peuples au lieu de douze, et que les *Caturiges*, les *Medulli* et les *Egdini*, se retrouvent dans les deux inscriptions : ce qui prouve, ainsi que je l'ai déjà observé, qu'ils sont au nombre des peuples qu'Auguste avait domptés, et qu'il réunit au royaume de Cottius. D'autres petits peuples, non mentionnés dans l'inscription de Cottius, mais dont on retrouve les noms dans celle du trophée des Alpes et dans d'autres, ont évidemment fait partie de ce petit État. La fin même de l'inscription de Cottius, *et civitates quæ sub eo præfecto fuerunt,* prouve que les cantons les moins considérables sont passés sous silence, et que le dénombrement n'est pas complet.

De ce nombre sont les *Brigiani,* mentionnés dans l'inscription des Alpes [3], et placés dans cette inscrip-

---

[1] Voyez, pour ces limites, la carte insérée dans le tome III de la *Gallia christiana*, p. 1051, 1240 et 1250 de ce volume. — *Instrumenta*, p. 178.

[2] Plinius, *Hist. nat.*, lib. III, c. 20 (24); mais une édition porte xv.

[3] Plin., *Hist. nat.*, lib. III, c. 20 (24), tom. I, p. 177, édit. Hard.

tion près des *Caturiges*; ils paraissent avoir occupé une partie de la vallée de Briançon, en tirant vers l'ouest. Une inscription avec ces mots, ORD. BRIG., confirme cette position [1]. Si les *Nemaloni* ou *Nemalones* occupaient les environs de Miolan, dans la vallée de Barcelonette, où on les place par conjecture, ils étaient sujets du roi Cottius ; il en était de même des *Oratelli*, qui doivent être mis à l'est d'Embrun, entre la montagne d'Orel ou Aurel, et le lieu nommé Orres, dans le vallon de Boscodon et de Crevouls [2] : peut-être aussi faut-il comprendre parmi les peuples dépendans de Cottius les *Acitavones*, qui paraissent avoir habité la montagne de La Vanoise, aux sources de l'Isère [3]. Les autres peuples de ce côté des Alpes étaient presque tous limitrophes de l'État de Cottius.

Au nord-ouest de cet État, se trouvaient les *Siconii* ou plutôt *Sconii* de Strabon, que ce géographe nomme deux fois [4], et dont il indique très bien la situation entre les *Tricorii* et les *Medulli*, et au nord des *Caturiges* et des *Vocontii* : ce qui nous porte

---

[1] Bouche, *Chorogr. de Provence*, IV, c. 3. — Wesseling, *Itinér.*, p. 341.

[2] Durandi, *Piemonte cispadano antico*, p. 27 et 62, ainsi que Papon, *Hist. de Provence*, tom. 1, p. 115, placent les Oratelli à Utel ou Hutel, au-dessus du confluent de la Vesubia et de la Tinea ; mais cet emplacement les rapproche trop des *Vesubiani*, avec lesquels alors ils se confondent.

[3] L'ordre géographique serait troublé, si l'on retournait vers le nord pour placer les Acitavones dans le Faucigny, comme le veut d'Anville, et d'après lui Albanis Beaumont, tom. 1, p. 53. — C'est à tort qu'on a voulu confondre, sur l'autorité d'un seul manuscrit, les Acitavones et les Centrones.

[4] Strabo, lib. IV, p. 185 et 203 ; trad. franç., lib. IV, cap. 1 et 6, tom. II, p. 25 et 90.

dans le val d'Oysans pour la demeure des *Siconii*. Honoré Bouche, le président de Boissieu, et après eux d'Anville, ont été conduits à placer les *Uceni* dans le val d'Oysans, d'après une certaine analogie qu'ils ont cru trouver entre le nom ancien et le nom moderne; mais ils ont oublié que le nom d'Oysans, en latin, dans les titres du xiie siècle[1], est *Asincium* ou *Sincium*, à l'ablatif *Sincio* : ce nom et celui de la rivière Vincon, qui traverse cette vallée, ont un rapport évident avec le nom d'*Iconii* ou *Siconii*.

Les *Uceni*, que Pline[2] indique aussi, entre les *Medulli* et les *Caturiges*, me paraissent avoir habité la vallée au nord des *Siconii*, dans la petite vallée d'Oz, et aussi celle de Huez.

Mais au nord de cette vallée d'Oz, je détermine avec plus de certitude la demeure d'un peuple dont jusqu'ici la position a été inconnue, ce sont les *Brodontii* de Pline, qu'on a voulu à tort confondre avec les *Bodontici*, parce qu'on ne savait où les placer. Je retrouve leur nom dans celui d'une montagne nommée Brodon[3], une des plus considérables qui forment la vallée d'Olle : ainsi les *Brodontii* occupaient tout le haut de cette vallée et celles qui en sont voisines.

---

[1] Durandi, *Piemonte cispadano antico*, p. 14.

[2] Plin., *Hist. nat.*, lib. iii, cap. 20 (24), tom. i, p. 177, édit. Hard.

[3] Voyez la Carte des limites de la France et de la Sardaigne, levée sous Bourcet, maréchal-de-camp, et dressée par Villaret, 1760. — La feuille qui donne le nom de *Brodon*, et sur laquelle on trouve écrit *montagne de Brodon* et *cime de Brodon*, est la feuille vii c; elle est intitulée : *Carte géométrique de la montagne et combe d'Olle, pour servir à la limitation des territoires de Vaujany en Dauphiné, et de Saint-Colomban-des-Villards en Maurienne.*

Au nord des *Medulli*, c'est-à-dire au nord de l'État de Cottius, étaient les *Eguituri*; ils occupaient, je le présume, le district nommé Entre-Deux Guyers [1] : c'est au nord de ces *Eguituri* que je pense qu'il convient de placer les *Edenates* [2], dans le val d'Eynan; c'est à tort qu'on a voulu confondre ce peuple avec les *Adanates* de l'inscription de Cottius.

Les *Magelli* étaient, à l'est, limitrophes de l'État de Cottius; ils habitaient le val de Saint-Martin, entre le Pelice, la Ghison et la Lemina, dans le val Dubiasca, au midi de cette portion de l'État de Cottius qui s'étendait dans la vallée de Suse. Deux lieux très anciens, nommés, dans les chartes du IXe siècle, *curte Macello* et *loco Macello*, et dans d'autres, *Magedellum*, ont conservé le nom de ce peuple. Macello se trouve encore sur nos cartes modernes un peu à l'est de San Martino, ainsi que Majers, qui est *Magellum* [3], près de Prali. Si les *Sogiontii* de Pline étaient, comme je le présume, possesseurs du territoire aux environs de Sigonce, au nord-est de Forcalquier, ils se trouvaient situés à l'ouest de l'État de Cottius. Une inscription trouvée en 1757, dans les environs de Vienne [4], fait mention de CIVITAS

---

[1] Peut-être vaudrait-il mieux placer les *Eguituri* aux environs d'Égouares, au confluent de la Durance et de l'Ubaye, à l'ouest de Savines; alors ils se trouveraient renfermés dans le territoire des Caturiges, et feraient partie de l'État de Cottius. — Durandi, *Piemonte cispadano*, p. 27, place ces peuples dans le territoire de Gatters, à quatre milles de l'embouchure du Var; ce lieu est nommé, dans les titres de 1200, *castrum de Guatteriis*.

[2] Ptolemæus, lib. III, cap. 1.

[3] Majers ou Magers se trouve sur la Carte de Bacler d'Albe, près de Prali; Macello est placé dans la Carte de la Lombardie, par Zannoni.

[4] Plin., lib. III, cap. 20 (24), édit. Hard., tom. I, p. 177. — Donati, *Suppl. veter. inscript.*, p. 342.

SOGIONTIORUM. Les *Pedyli* [1] de Strabon occupaient, je le présume, les environs de Piégu, un peu à l'est de Tallard. Les éditeurs du Strabon ont changé ce nom de *Pedyli* en celui de *Medulli*, sans même avertir de cette variante; mais l'édition de ce géographe dernièrement publiée à Oxford a conservé la leçon des meilleurs manuscrits. Dans les pays de hautes montagnes, un village, séparé par des hauteurs presque inaccessibles de tout le territoire qui l'environne, forme souvent un petit peuple à part, qui a un nom distinct, des mœurs, et des habitudes, qui lui sont particulières.

Enfin, au midi des sources du Var, et par conséquent aussi au midi du royaume de Cottius, habitaient les *Brigantii* et les *Beritini*; ils faisaient probablement partie des *Vediantii* et des *Nerusii* : la position et l'existence des *Brigantii* est prouvée par plusieurs inscriptions trouvées à Briançonnet, qui en font mention; c'est donc à Briançonnet, près des sources de l'Esteron, et à l'est de Castellane, au sud d'Entrevaux, qu'il faut placer ces *Brigantii*, différens des *Brigiani* précédemment mentionnés [2]. Les *Beritini* habitaient la vallée de Saint-Pierre et de Pène, où a été trouvée l'inscription antique qui constate leur existence, et dès lors on a connu l'origine véritable du surnom de *Leis Beritins* [3], donné de temps immémorial aux habitans de cette vallée qui est située au sud-est d'Entrevaux, et qui a la vallée de Seroz à l'est.

---

[1] Strabo, lib. IV, tom. I, p. 256, édit. d'Oxford, in-folio; tom. II, p. 25, de la trad. franç., et p. 285 de l'édit. d'Almeloween.

[2] Papon, *Hist. de Provence*, tom. I, p. 80; et ci-dessus, p. 36.

[3] Papon, tom. I, p. 108 et 109. — Voyez ci-dessus, p. 36.

Il n'y a aucun doute sur la position des *Vergunni*[1], que l'on place avec raison à Vergon, à l'ouest d'Entrevaux-sur-Vaix, et qui est nommé *de Vergunnis* dans les actes du moyen âge[2].

Les *Nemanturi*, qui ne nous sont connus que par l'énumération rapide de Pline, peuvent se placer aux environs de Demandols[3]. Les *Adunicates*[4] possédaient peut-être les environs d'Aiglun, nommé *Agliduno* dans les titres du moyen âge[5], ou les environs de la montagne d'Andon. Les *Triulatti* paraissent avoir habité les bords du Var, entre Guillaume et Entrevaux, où l'on trouve les rivières Tueli, près de Guillaume, et la cime d'Alette, près d'Entrevaux[6]. Les *Gallitæ* paraissent avoir occupé le confluent de l'Esteron et du Var, aux environs de l'endroit nommé Gillette[7]. Les *Velauni* étaient, suivant moi, plus à l'ouest, aux environs du lieu nommé Vevelause, sur les bords du Verdon, au nord de Castellane; ils se trouvent ainsi placés au nord des *Suetri*, comme le demande le texte de

---

[1] Plin., *Hist. nat.*, cap. 20 (24), tom. I, p. 177, édit. Hard. — Strabo, lib. IV, p. 180. — Tit. Liv., XXVIII, 46; XI, 4, epit. 40. — Plut., *Vit. Paul. Æmil.*, cap. 6. — Dion. Cass., apud Tzetz, *ad Lycophr.*, v. 1312. — Florus, II, 3.

[2] Honoré Bouche, *Chorographie de la Provence*, in-fol., t. I, p. 176.

[3] Plin., *Hist. nat.*, lib. III, 20 (24), tom. I, p. 177, édit. Hard. — Demandols est au-dessus de Castellane; c'est aussi le sentiment de Durandi, *Piemonte cispadano*, p. 27.

[4] Plin., *Hist. nat.*, lib. III, cap. 5, tom. I, p. 147, édit. Hard. — Papon, tom. I, p. 118, place les Adunicates à Audaon et Caille.

[5] *Gallia christiana*, tom. III. — *Instrum.*, p. 187.

[6] Durandi, *Piemonte cispadano*, p. 26, les place à Triola, dans la vallée formée par la Roya. Je ne trouve Triola sur aucune carte, mais seulement Aivola; cette position nous ferait entrer en Italie, et Pline ne paraît pas franchir la chaîne des Alpes.

[7] Plin., *loco cit.*; Durandi, *Piemonte cispadano antico*, p. 26.

Pline¹. Les *Ligauni*, que le même auteur place au-dessus des *Oxybii*, se trouvent occuper les environs de Saint-Vallier, de Callian et de Fayen².

C'est en décrivant la Province romaine que Pline nomme les *Avantici* et les *Bodiontici*³; mais il observe lui-même qu'ils furent ajoutés par Galba à la liste des peuples des Alpes, et il leur donne *Dinia* pour capitale. Comme *Dinia* est devenu chef-lieu d'un diocèse, son identité de position avec Digne moderne se trouve prouvée par une suite de monumens historiques, au défaut des mesures des itinéraires anciens, où ce lieu ne se trouve pas mentionné. Les *Avantici* et les *Bodiontici* réunis sont donc représentés par le diocèse de Digne, qui détermine leurs limites. L'autorité de Pline, au sujet de ces deux peuples, dont *Dinia* était la capitale, est ici irréfragable, puisque cet auteur cite un rôle dressé sous l'empereur Galba; mais ces petits peuples sont tellement entassés les uns sur les autres, que cela ne détruit pas le texte de Ptolémée⁴, qui donne *Dinia* pour capitale aux *Sentii*; car à l'époque où il écrivait, les *Avantici* et les *Bodiontici* auront été renfermés dans le territoire des *Sentii*; mais, primitivement au temps de Pline, on doit restreindre ces derniers au diocèse de Senez, et leur donner *Sanitium*, Senez, pour capitale.

¹ Plin., *Hist. nat.*, lib. III, c. 5, t. I, p. 147, édit. Hard. — Honoré Bouche, et d'Anville d'après lui, *Notice*, p. 684, placent ces peuples dans le comté de Beuil; mais sans aucune vraisemblance, puisque Beuil est nommé *Bellio* dans les anciennes archives de Provence.
² Plin., lib. III, cap. 5, tom. I, p. 146, édit. Hard. — Voyez ci-dessus, tom. I, p. 537.
³ *Id.*, lib. III, cap. 5, tom. I, p. 148, édit. Hard.
⁴ Ptolemæus, lib. II, cap. 5, p. 51, édit. Merc., ou p. 56, édit. Bert.

Si à tous les peuples que je viens de nommer on ajoute les *Suetri*, les *Nerusii*, les *Vedantii*, dont j'ai déjà fait connaître la position, qui habitaient le rivage, et occupaient en entier les diocèses de Grasse et de Vence, et la partie méridionale de celui de Nice, on aura, dans un très grand détail, le tableau complet de toutes les nations ou peuplades qui formèrent depuis une province particulière sous le nom d'*Alpes maritimæ*[1].

Il s'agit actuellement de faire connaître les autres peuples qui habitaient le nord et l'est de la vaste chaîne de montagnes qui fait l'objet de nos recherches. L'empereur Auguste, après avoir soumis tous ces peuples, avait élevé un monument sur le rivage de la Ligurie, où se termine la chaîne des Alpes; ce monument, connu sous le nom de *tropæa Augusti*, était placé dans le lieu nommé La Turbia; ce monument figure comme position géographique dans les Tables de Ptolémée[2], et subsistait encore en partie du temps de Cluvier. Cet auteur rapporte le commencement de l'inscription qu'on montrait de son temps à La Turbia : elle a été donnée en entier par Pline[3], et les dates qu'elle renferme prouvent que ce monument fut érigé un an après celui de l'Arc de Suse. L'inscription qui s'y trouvait contenait une liste

[1] Voyez ci-dessus, tom. I, p. 183 et 185. Je n'ai point parlé des *Caudellenses*, que Papon mentionne d'après une inscription trouvée à Cadenet, en 1778. — Voyez Papon, *Histoire de Marseille*, tom. I, p. 128. — J'ai des doutes sur cette inscription.

[2] Ptolem., *Geogr.*, lib. III, p. 68 (61), édit. Bert.

[3] Plin., lib. III, cap. 20. — Cluverius, *Italia antiqua*, tom. I, p. 64. — Il devient évident qu'il y a un I effacé dans l'arc de Suse, et qu'il faut lire Tribunic. Potestate XVI Holstenius, Honoré Bouche et autres, ont confondu ces deux inscriptions. La méprise est forte.

complète des peuples des Alpes domptés par Auguste, liste que Pline nous a conservée. Elle nous donne les peuples selon un ordre presque géographique, et par cette raison nous allons la rapporter en entier, de même que nous avons fait pour l'arc de Cottius. Comme le plus souvent une des plus fortes preuves de la position des peuples mentionnés dans cette inscription est le rang et la place qu'ils tiennent dans l'ordre de la nomenclature, ce serait affaiblir ces preuves que de déranger cet ordre pour en adopter un plus rigoureusement géographique. Le lecteur voudra donc bien se transporter de la partie occidentale des Alpes que je viens de faire connaître dans la partie orientale; et comme je me verrai forcé pour expliquer, sans en rien omettre, cette inscription, de franchir les limites de la Gaule cisalpine, je passerai rapidement sur chaque peuple.

IMPERATORI CÆSARI DIVI F. AUGUSTO
PONT. MAX. IMP. XIIII TRIBUNIC. POTEST. XVII.
S. P. Q. R.
QUOD EJUS DUCTU. AUSPICIISQUE
GENTES ALPINÆ OMNES. QUÆ A MARI
SUPERO AD INFERUM PERTINEBANT.
SUB IMPERIUM P. R. REDACTÆ SUNT [1].
« GENTES ALPINÆ DEVICTÆ. »

[1] Tout ce commencement est figuré ici comme dans Cluverius, *Italia antiqua*, tom. 1, p. 64 ; mais cet auteur judicieux observe que cette inscription était moderne, et aura été refaite, d'après Pline, lorsque l'ancienne s'est trouvée détruite. Alors, c'est peut-être cette inscription qu'il faut corriger, et il faut lire Tribun. Potest. xvi au lieu de xvii; car Pline a omis l'année. Je laisse ce point à débattre aux chronologistes; le reste est semblable à Pline. L'ancienne inscription a été détruite par les Lombards; ce qui restait de la nouvelle l'a été par le maréchal de Villars. Il ne reste plus actuelle-

Ensuite les peuples sont nommés dans l'ordre suivant :

Triumpilini. — Les habitans du val Troppia ou Trompia, à l'est du lac d'Iseo. On a trouvé dans cette vallée des inscriptions qui constatent qu'elle fut le séjour des *Triumpilini*, et que l'idole adorée par ses peuples, se nommait *Tyllinus* [1]; le culte de cette idole a sans doute donné naissance au nom de val Telline que porte une des vallées voisines. La ressemblance du nom des *Triumpilini*, avec le nom moderne de Trompia, est évidente. On a découvert à Labone, dans le val Trompia, une inscription qui constate que, du temps des Romains, les mines de fer qui sont près de ces lieux étaient exploitées comme elles l'étaient encore il y a un siècle; cette inscription est ainsi conçue : C. MONTOERIO M. LABONI METALLARIORUM PREFECTIS ; ainsi l'origine romaine du nom, et la position du village de Labone, se trouvent constatées [2]. Une inscription, trouvée à *Brixia*, Brescia (tom. II, p. 1089, n° 2), fait mention des *Triumpilini* et des *Benacenses ;* il est évident, d'après cela, que ces derniers habitaient les petites vallées à l'ouest du lac Garda ou *Benacus lacus*, dans

---

ment qu'une partie du nom des Triumpilini. — Voyez Millin, *Voyage dans les départemens méridionaux*, tom. II, p. 581. — Joffred, *Hist. de Nîmes*, et Honoré Bouche, *Chorographie de Provence*, tom. I, p. 99. — Plin., *Hist. nat.*, lib. III, cap. 24 (20).

[1] P. Gagliardi, *Parere intorno all' antico stato dei Cenomanni ed a' loro confini*, dans le Recueil de Sambuca, *Raccolte di Memorie sobra gli Cenomanni*, p. 114.

[2] Sambuca, p. 300. — La lettre du P. Gagliardi, qui contient un voyage à pied aux sources de la rivière Mella, est curieuse même pour la géographie moderne.

le district nommé, sur nos cartes modernes, Riviera, depuis Riva jusqu'à Salo.

Camuni. — Les habitans du val Camonica, audessus du lac Iseo. Deux inscriptions, trouvées dans le val Camonica, l'une à Civeda, et l'autre à Eseno, sur lesquelles se trouve le nom de *Camuni,* ne laissent aucun doute sur la position de ce peuple [1]. On observera que cette énumération commence par le centre même des Alpes, probablement selon l'ordre de la conquête. Strabon fait aussi mention des *Camuni;* il les place avec raison près des *Lepontii,* et les met au nombre des nations rhétiques [2].

Venostes. — Dans le val di Venosta des Italiens, le Winthgau Thal des Allemands [3]. Une inscription, trouvée à Parenzo, mal lue et mieux rapportée par Siauve, semble indiquer, sous le nom de *Majanis,* le lieu nommé aujourd'hui Marano, à l'entrée de cette vallée, comme la limite de la Gaule cisalpine.

---

[1] Cluverius, *Italia antiqua,* tom. 1, p. 104.

[2] Strabo, *Geogr.*, lib. IV, p. 206; trad. franç., lib. IV, cap. 6, tom. II, p. 96. — Dion., lib. LIV, cap. 20, p. 749.

[3] Voyez Siauve, *Lettera sopra l'iscrizione di consulo Mutiano,* p. 21. — Cluverius, en transcrivant le texte de Pline pour l'inscription des Alpes, en a retranché le mot *Venostes* comme un double emploi, quoiqu'il se trouve dans tous les manuscrits de cet ancien. Cluverius ne fait donc nulle part mention des *Venostes* dans son *Italia antiqua.* — D'Anville, à l'exemple de Cluverius, dans sa carte d'*Italia antiqua,* avait confondu les Vennones avec les Venostes, et avait placé, de même que Cluverius, les Vennones dans le val di Venosta. Je possède une épreuve de son *Italia antiqua* qui est ainsi, et où les Suanetes se trouvent placés dans le val Telline; mais ensuite d'Anville changea d'avis, et plaça les Vennones dans le val Telline, en effaçant le nom de Suanetes, qui n'existe plus sur sa carte; il effaça pareillement le mot de Vennones dans le val de Venosta, et y fit graver celui de Venostes. Ces variations, dans une des cartes les plus importantes de d'Anville,

Vennones ou *Vennonetes*. — Un passage de Dion nous apprend que les *Vennones* étaient à côté des *Camuni*. Il nous dit que ces deux nations prirent les armes contre les Romains, et qu'elles furent vaincues et subjuguées par Publius Sirius; d'un autre côté, Pline nous apprend ailleurs qu'ils étaient voisins des sources du Rhône et des *Sarunetes* : toutes ces indications déterminent la position des *Vennones* dans le val Telline. Strabon la confirme lorsqu'il nous dit que les *Vennones* sont au-dessus de la ville de Côme, vers l'orient[2]. Ptolémée[3] nomme les *Vennones* ou *Vennonetes* au nombre des nations rhétiques ; il s'accorde en cela avec Pline. Mais Strabon[4] et Dion semblent les considérer comme un peuple à part et distinct des *Rhœti* et des *Vendelici*. A l'orient des *Camuni* étaient les *Stœni* et les *Stunici* de Tite-Live, et les *Bechuni* de Ptolémée, dont nous avons déjà déterminé l'emplacement : les premiers, dans le val Vestone, les seconds, dans le val Stenico, où était *Sarraca*, leur capitale, qui est Sarca moderne[5].

Breuni. — C'est ainsi qu'ils sont nommés dans Strabon, qui les place à tort dans l'Illyrie[6], mais qui a raison de les nommer avec les *Genaunes*. Ho-

n'ont point été remarquées par M. Barbier du Bocage, qui a publié un Catalogue de ses œuvres.

[1] Dion., lib. LIV, cap. 20, p. 749. — Dans Pline, Vennonetes.
[2] Strabo, lib. IV, p. 204. — Plin., lib. III, cap. 24 (20).
[3] Ptolemæus, *Geogr.*, lib. II, cap. 12, p. 61 (55), édit. Bert.
[4] Strabo, *Geogr.*, lib. IV, p. 204 et 206; tom. II, p. 92 et 96. — Dion., *loco citato*.
[5] Voyez ci-dessus, part. I, ch. 7, tom. I, p. 169 à 174.
[6] Strabo, *Geogr.*, lib. IV, p. 206 ; trad. franç., liv. IV, chap. 6, tom. II, p. 96.

race s'accorde avec l'inscription et avec Strabon ; et au sujet des peuples des Alpes domptés par Drusus, il mentionne les *Breuni* avec les *Genaunes* et les *Vindelici*[1] ; Florus, parlant de la même expédition, désigne les *Preuni* sous le nom de *Brenni*, et les *Genaunes* ou *Genones*, sous celui de *Senones*[2]. Ces peuples barbares étaient si peu connus des Romains avant la conquête, qu'il n'est pas étonnant de trouver leurs noms différemment prononcés par les différens auteurs, et il n'est pas besoin de corriger ici le texte de Florus pour l'accorder avec les textes d'Horace et de Strabon ; car nous verrons bientôt que les lieux habités par les *Genaunes* offrent aussi des indices du nom de *Senones*. Du reste, Florus, de même qu'Horace et Strabon, nomme aussi les *Vindelici* avec les *Breuni* et les *Genaunes*. Jornandes[3], Cassiodore[4], Fortunatus et autres auteurs du moyen âge, donnent aux *Breuni* le nom de *Breones*. Il n'est pas douteux que les *Breuni* ou *Brenni* n'occupassent les environs du grand Brenner, au-dessus de Trente, entre Sterzingue, Inspruck et Brixen, entre l'In et Merano. Dans les actes de saint Corbiniens, écrits par Aribon,

---

[1] Horatius *Od.*, lib. IV, ode 4.

[2] « Noricis animos dabant Alpes, atque nives quo bellum posset ascendere. Sed omnes illius cardinis populos, *Brennos*, *Senones* atque *Vindelicos*, per privignum suum Claudium Drusum perpacavit. » Florus, *Hist.*, lib. IV, cap. 12.

[3] En parlant des troupes auxiliaires qui combattirent Attila, sous la conduite d'Aétius : « His enim adfuere auxiliares Franci, Sarmatæ, Armoricani, Litiani, Burgundiones, Saxones, Riparioli, *Briones* quondam milites romani. » Jornandes, *de Rebus geticis*.

[4] « Ut si revera mancipia ejus *Breones* irrationabiliter cognoveris abstulisse, quia militaribus officiis assueti, civilitatem premere dicuntur armati, etc. » Cassiodor., *Variæ*, lib. I, epist. 2.

il est dit¹ que « l'homme de Dieu, se rendant à Rome, « parvint d'abord chez les *Breones*, et peu après dans « le château de Trente. » Ainsi donc, les *Breones* étaient situés au nord de Trente. Venantius Fortunatus nous indique encore mieux la situation des *Breones* ou *Breuni* dans les vers dont voici la traduction² : « Si vous avez dessein de vous rendre dans la « contrée voisine des *Breones*, traversez les Alpes, si « le Bavarois ne vous empêche pas; ensuite, entrez « dans la vallée où l'Inn roule ses ondes avec rapidité : « de là vous irez visiter le temple où repose saint Va-« lentin. » C'est à Merano ou Marano qu'on voyait le tombeau de saint Valentin³ : ainsi c'est donc immédiatement au nord de Merano et dans les vallées formées par l'Eisack et par l'Inn que se trouvaient les *Brenni*. Venantius Fortunatus dit encore, dans sa préface de Grégoire de Tours, que l'Inn passe à *Breonium;* le nom de Brenner⁴, que porte cette partie de la chaîne des Alpes, est évidemment celui des anciens *Breuni,* ou *Brenni,* suivant Florus, qui paraît se conformer avec plus d'exactitude à l'étymologie tudesque du nom de ce peuple. Cette position s'accorde avec la marche que Drusus a tenue dans son

---

¹ Cap. 10, 11 et 12 : « In ipso autem itinere Romam pergendo cum « in Breones pervenit; » et plus bas : « cum autem ad Tridentanum « castrum vir Dei pervenit. »

² *Si vacat ire viam, neque Bajoarius obstat,*
Qua vicina sedent Breonum loca, perge per Alpem,
Ingrediens rapido qua gurgite volvitur Ænus,
Inde Valentini benedicti templa require.

³ Voyez Tartarotti, *Memorie antiche di Roveretto;* 1754.

⁴ Voyez la Carte du Tyrol, par le Dépôt de la guerre, en six feuilles, nᵒˢ 1, 2, 3 et 4.

expédition, et avec les textes d'Horace, de Strabon, de Florus et de Ptolémée, qui tous se réunissent pour nous faire considérer les *Brenni* comme occupant les plus hauts sommets des Alpes, et comme situés près des *Vendéliciens*. La position assignée aux *Breuni* par d'Anville, au-dessus du lac Majeur, et dans le val Blegno [1], qu'il nomme val Braunie, ne saurait soutenir un instant d'examen : elle n'a pas besoin d'être réfutée, puisqu'elle contrarie également l'histoire, et les textes de tous les auteurs anciens qui ont parlé de ces peuples. Ptolémée n'a point confondu, comme on l'a prétendu, les *Bechuni* et les *Brenni*; il les mentionne séparément [2]. Il faut se garder aussi de confondre les *Breuni*, ou *Brenni*, ou *Brioni*, ou *Breoni*, avec les *Breuci*, mentionnés par Ptolémée [3], Pline [4], Strabon [5] et Suétone [6], et que tous ces auteurs s'accordent à placer dans la *Pannonie*. Terminons en observant que dans les diverses vallées attribuées aux *Breuni*, on trouve à l'est de Brixen le lieu nommé Brunecken ou Prunecken, qui rappelle sensiblement celui de *Breuni* [7].

Isarci. — Ils étaient situés entre les deux rivières

---

[1] D'Anville, *Géographie ancienne*, Table, p. 226, écrit val Braunia ; mais il est écrit val Blegno sur les cartes modernes; voyez la Carte de la Suisse, par Weiss. — D'Anville, au reste, a pris cette opinion à Honoré Bouche, qui peut-être l'a empruntée d'un autre.

[2] Ptolem., *Geogr.*, III, 1; II, 13, p. 61, et 70, édit. Bert.

[3] Ptolemæus, lib. II, cap. 16.

[4] Plin., lib. III, cap. 28, tom. I, p. 180, édit. Hard.

[5] Strabo, lib. VIII.

[6] Sueton., in *Tiberio*, cap. 9.

[7] Si l'on se déterminait à considérer comme des peuples différens les *Brenni* et les *Breuni*, les *Senones* et les *Genaunes*, leurs positions feraient de même exactement assigner les *Breuni* à Brunecken, les *Senones* à Zénone.

Sarca, dont l'une se rend dans le lac Garda, et l'autre dans la petite rivière Arno, qui coule dans le lac Idreo.

Genaunes. — Tous les manuscrits de Pline que le père Hardouin[1] a consultés portent *Genaunes.* Dans quelques éditions de cet auteur, les deux premières lettres se trouvent retranchées, et on lit *Naunes.* D'Anville fait un autre peuple de cette variante, et place les *Naunes* dans le val di Non[2], et les *Genaunes* au-dessus du lac Lugano. Enfin, dans sa Carte de l'*Orbis romanus*[3] il substitue le nom d'*Anaunes* à celui des *Naunes.* La vérité est qu'il n'est question dans aucun auteur ancien des *Naunes* ni des *Anaunes;* mais ces diverses altérations du mot *Genaunes* qui ont eu lieu dans le moyen âge et qui se sont glissées dans quelques éditions de Pline, nous indiquent la position de ces peuples d'une manière certaine. Nous savons, par les actes des Martyrs et autres documens historiques, que l'*Anagnis castrum*[4] est Nano, dans le val de Non, au nord de Denn[5], et que le val de Non a formé un district sous le nom d'*Anaunia*[6]; enfin par contraction on

---

[1] Plinius, lib. III, cap. 24, tom. I, p. 177, édit. Hard.

[2] Voyez d'Anville, *Italia antiqua*, carte, et *Géogr. ancienne*, nomenclature.

[3] D'Anville, *Orbis romanus, pars occidentalis*, carte, et tom. II, p. 706, de ses *OEuvres;* Paris, 1834, in-4°.

[4] Voyez la feuille 5 de la grande Carte du Tyrol.

[5] Paul Diacre, dans son Histoire des Lombards, parle aussi de l'Anagnis castrum, *Langobardicar. rerum*, lib. III, cap. 9 : « His « diebus, advenientibus Francis, Anagnis castrum, quod super Tri- « dentum in confinio Italiæ positum est. » — Voyez aussi Cluverius, *Italia antiqua*, tom. I, p. 106, n° 40.

[6] Tartarotti, *Memorie antiche di Roveretto*, p. 5, 7 et 8, in-4°; Venezia, 1754.

a dit *Naunia*, et le château de Nano a aussi été appelé *Naunum* en latin : ainsi donc les *Genaunes*, qui sont les *Anaunes* et les *Naunes* du moyen âge, occupaient le val de Non. Ils faisaient partie, ainsi que nous le verrons bientôt, des peuples compris sous le nom de *Bechuni* dans Ptolémée[1], et l'*Anaunium* de cet auteur, qu'il faut placer à Castel Nano, était leur capitale. Mais, je le répète, aucun auteur classique n'a parlé des *Anaunes* ni des *Naunes*, tandis que les *Genaunes* de Pline, ou de l'inscription des Alpes, sont aussi mentionnés par Horace, dans ces vers remarquables relatifs à cette même expédition qui fit connaître les peuples des Alpes et les réunit à l'empire romain.

> *Vindelici didicere nuper*
> *Quid Marte possis? Milite nam tuo*
> *Drusus Genaunos, implacidum genus,*
> *Brennosque veloces, et arces*
> *Alpibus impositas tremendis,*
> *Dejecit acer plus vice simplici.*
> *Major Neronum mox grave prælium*
> *Commisit, immanesque Rhætos*
> *Auspiciis pepulit secundis.*
>
> HORAT., lib. IV, od. 14.

« Auguste ! les *Vindelici* ont éprouvé à quel
« point est redoutable la puissance de tes armes, que
« Mars favorise. Drusus avec tes légions a abattu
« les belliqueux *Genaunes*, les agiles *Brennes*, et
« leurs citadelles qui couronnaient les sommets les
« plus escarpés des Alpes. Ensuite, sous tes heureux

---

[1] Ptolemæus, *Geogr.*, lib. III, cap. 1, p. 70, édit. Bert.

« auspices, Tibère a livré encore aux *Rhætes* de plus
« terribles combats¹. »

J'ai déjà observé que les *Senones* de Florus² étaient
les *Genaunes* d'Horace et de l'inscription, puisque
cet historien parle de la même expédition qu'Horace
et que l'inscription, et que, de plus, il place de même
qu'Horace et que l'inscription, les *Senones* entre
les *Breuni* ou *Brenni*, et les *Vindelici*. En effet,
au nord de Nano, on trouve un lieu nommé Zenone
ou Senone, qui justifie le nom de *Senones*, préféré
par Florus à celui de *Genones*, de même que le nom
du mont Brenner autorise la leçon de *Brenni* pour
Breuni qui se trouve dans son texte³. Mais j'avoue
que je ne puis revenir de mon étonnement lorsque
je vois les plus savans commentateurs de Florus et de
Velleius Paterculus⁴, confondre les *Senones* de Florus
avec les *Semnones* des bords de l'Elbe, mentionnés
par Patercule, au sujet de l'expédition de Tibère en
Germanie. Une telle méprise démontre combien cette
partie de l'intéressante histoire du siècle d'Auguste a
été jusqu'ici mal connue, faute d'avoir approfondi
suffisamment la géographie ancienne des Alpes.

La position des *Genaunes*, dans le val de Non,

---

¹ Horat. *Od.*, lib. IV, ode 4, dit encore :
> *Videre Rhæti bella sub Alpibus*
> *Drusum gerentem, et Vindelici.*

C'est cette ode que Scaliger regarde comme la plus belle d'Horace ;
c'est la première qui fut faite sur l'expédition de Drusus. Horace
chante, dans l'ode 14, l'expédition de Tibère, qui eut lieu après.
Ces deux odes sont précieuses pour l'histoire.

² Florus.

³ Quelques éditeurs d'Horace, dans l'ode que je viens de citer,
lisent aussi *Brennos* au lieu de *Breunos*.

⁴ Velleius Paterculus.

s'accorde avec le récit de l'historien Dion, le plus détaillé, et le plus exact, de tous les auteurs anciens pour ce qui concerne le siècle d'Auguste; il nous dit que Tibère s'embarqua avec une flotte sur le lac Garda, épouvanta ces peuples barbares, et ensuite « que Drusus mit en fuite les nations rhétiques près des Alpes tridentines [1]. » Or c'est précisément Drusus qu'Horace célèbre comme le vainqueur des *Genaunes* [2]. On sait aussi, par Dion, que ce fut Publius Silicus (et non pas Tibère, ni Drusus) qui fut chargé par Auguste de soumettre la partie occidentale des Alpes septentrionales, dans laquelle se trouve le lac Lugano [3]. Il subjugua de ce côté les *Vennones* et les *Camuni;* mais dans le récit de son expédition, qui eut lieu à la même époque que celle de Drusus, il n'est nullement question des *Genaunes* (ni des *Naunes*, ni des *Anaunes*). Drusus, aussitôt après avoir dompté les peuples de la *Rhétie* et de la *Vindélicie*, au nord de Trente, vers l'an 15 de J.-C., fit pratiquer une route qui conduisait jusqu'au Danube, route qui fut depuis nommée *via Claudia Augusta*, parce qu'elle fut consolidée par l'empereur Claude, fils de Drusus; ceci est prouvé par deux inscriptions, dont l'une a été trouvée à Maretsch, près Bolzano, dans le Tyrol, et l'autre dans un village nommé Cismaggiore, à 6 milles au nord-est de Feltre [4]. Cette dernière inscription nous apprend

---

[1] Dio, *Hist.*, lib. LIV.

[2] Et aussi des Rhætes; voyez la citation de l'ode 4, lib. IV.

[3] Dio, lib. LIV, cap. 20, p. 749, édit. de Reimar.

[4] Il conte Aurelio Guarnieri, *Dissertazione intorno al corso dell' antica via Claudia della città di Attino, fino al fiume Danubio,*

encore que la réparation de cette route par Claude eut lieu l'an 47 de J.-C., et qu'elle avait 350 milles romains depuis *Altinum* jusqu'au bord du Danube; or cette mesure est exactement celle que fournit l'Itinéraire romain pour la route qui, d'*Altinum,* Attino, conduisait à *Opitergium,* Oderzo, Feltre, *Tridentum,* Trente, *pons Drusi,* Botzen, et *Martreio,* Martrey, et qui aboutissait enfin à *Augusta Vindelicorum,* Ausbourg [1] : si nous en croyons Orosius, ce fut Pison qui acheva la conquête de la Vindélicie [2].

Diverses inscriptions ont aussi été trouvées dans le val de Non [3], qui nous révèlent la position et l'existence de plusieurs bourgs ou forteresses, du temps des Romains, renfermés chez les *Genaunes.* Tels sont les *Vettiani,* qui nous sont connus par un monument découvert à Vezzano. C'est encore d'autres inscriptions trouvées sur place qui nous apprennent que nous devons inscrire chez les *Genaunes,* le *castellum Vervassium,* à Vervo, et le *castellum Tublinatium,* à Toblino. J'ai déjà observé qu'*Anaunium,* aujourd'hui Castel Nano, était la capitale de tout ce district [4].

Focunates. — Aux environs de Focogna, au con-

in-4°; Bassano, 1789, p. 101 et 106, tab. 2, p. 27. — Voyez encore *Novelle letterarie di Firenze;* 3 novembre 1786, n° 44, p. 693. — *Giornale veneziano di Formaleoni,* n° 25; mese di decembre 1786.

[1] Voyez l'*Analyse des Itinéraires,* tom. III de cet ouvrage.
[2] Orosius, lib. VI, cap. 21.
[3] Tartarotti, *Memorie antiche di Roveretto,* p. 50 et 52.
[4] Une inscription mal lue d'abord, mais mieux rapportée par Siauve, *Lettera sopra l' iscrizione del console Muciano,* p. 21, semble démontrer que la Gaule cisalpine s'étendait jusqu'à Merano, à l'entrée du val Venosta.

fluent de la Tosa et de la Lanza, un peu au midi de Duomo d'Ossola, et entre les deux branches du lac Majeur. La conjecture de ceux qui placent les *Focunates* dans le Faucigny, au midi du lac de Genève, ne saurait se soutenir, et trouble l'ordre géographique que conserve ici l'inscription ; nous avons d'ailleurs prouvé que le Faucigny était habité par les *Nantuates*.

Viennent ensuite dans l'inscription les *nations vindéliciennes*, vers lesquelles l'ordre de l'énumération des peuples nous a toujours dirigé : elles sont au nombre de quatre.

Vindelicorum gentes quatuor : Consuanetes, Rucinates, Licates, Catenates.

La position des *Licates* sur les bords de la Lech et dans les environs d'Augsbourg ne saurait être douteuse puisque Ptolémée [1], non seulement s'accorde avec l'inscription pour les placer dans la *Vindélicie*, mais il nous dit qu'ils habitaient près du *Lycum fluvium*, qui bien certainement est la Lech. Ptolémée attribue *Augusta Vindelicorum* aux *Licates* : la position de cette ancienne ville à Augsbourg moderne se trouve démontrée par les mesures d'une route de la Table, qui part de *Mediolanum*, Milan [2]. Il est même probable que la ville de *Damasia*, attribuée par Strabon aux *Licatii*, est la même que celle qui prit depuis le nom d'Auguste [3].

[1] Ptolemæus, *Geogr.*, lib. II, cap. 13, p. 61.
[2] Voyez l'*Analyse des Itinéraires*, tom. III de cet ouvrage.
[3] Et par cette raison l'opinion de M. Leichtlen, qui place les Licatii dans le Wallgau, près de *Likya flum.*, la petite rivière Ems, et de *Damasia*, Hohen-Ems, ne nous paraît pas fondée. Voyez *Schwaben unter den Roemern*, p. 206, et la carte.

Sous le titre général de *Licatii*, l'inscription comprend aussi les *Æstiones* de Strabon [1]; ce géographe donne *Campodunum* pour capitale à ces peuples. Cette ville se trouve mentionnée sur la route dont j'ai parlé, et les mesures qu'elle nous fournit déterminent la position de *Campodunum* à Kempten [2] : c'est donc aux environs de Kempten et sur les bords de l'Iller qu'habitaient les *Æstiones* ou *Hestiones*.

Il en est de même des *Brigantii*, que Strabon nomme avec les *Æstiones* : il leur donne *Brigantium* pour capitale, et la position de cette ville à Bregentz, à l'extrémité du lac Constance, est mathématiquement prouvée par une suite non interrompue de mesures données par la Table et l'Itinéraire, pour les routes qui se rattachent à *Argentoratum*, Strasbourg, *Geneva*, Genève, et *Vesontio*, Besançon [3]. Les *Brigantii* occupaient toute la vallée formée par le petit fleuve Bregenz, et le Bregenzer Wald-Thal; mais nous reviendrons sur ces peuples, dont Ptolémée, aussi bien que l'inscription, a parlé sous un nom peu différent.

Les *Consuanetes* me paraissent devoir être placés dans le comté de Kœnigseck, au nord du lac Constance, entre ce lac et l'Iller; Ptolémée [4] en fait mention sous le nom des *Consuantoï*, et s'accorde avec l'inscription pour les placer dans la Vindélicie; ils

---

[1] Strabo, *Geogr.*, lib. IV, p. 206; trad. franç., tom. II, p. 96.

[2] Voyez l'*Analyse des Itinéraires*, tom. III de cet ouvrage.

[3] Voyez l'*Analyse des Itinéraires*, tom. III de cet ouvrage. — Conférez S. Leichtlen, *Schwaben unter der Rœmern*; 1825, in-12, p. 205, et la carte.

[4] Ptolemæus, *Geogr.*, lib. III, cap. 14, p. 61.

sont bien les mêmes que les *Cotuantii* de Strabon [1], quoique cet auteur les place dans la *Rhætie*, parce qu'il écrivait à une époque où la *Vindélicie* ne formait avec la *Rhætie* qu'une seule province, qui portait le nom de cette dernière [2]. Il en est de même des *Rucantii*, que Strabon [3] place aussi dans la Rhætie; ce sont les mêmes que les *Rucinates* de l'inscription et les *Runicatæ* de Ptolémée [4], qui, d'accord avec l'inscription, les place dans la *Vindélicie*. Je crois qu'on doit placer les *Rucinates* aux environs de Reusach, de Rauneset, de Reuthe, près Wertach; près de là se trouve aussi Reuti, non loin d'Aschau : ces peuples ont dû occuper le territoire qui s'étend depuis Kempten jusqu'à Aschau, entre le Leck et l'Iller. A côté des *Runicatæ*, Ptolémée [5] place les *Leuni*, qui paraissent avoir été situés aux environs de Leutkirch; Ptolémée nomme les *Benlauni* à côté des *Consuanetes* ou des *Consuantoï*, ce qui les place aux environs de Buchau et du lac Felder. C'est après ces peuples que Ptolémée nomme les *Breuni* et les *Licatii*, dont nous avons assigné la position, et qui, avec les précédens, complètent dans cet auteur la liste des nations vindéliciennes. A l'ouest du lac Constance, étaient aux environs de Stheulingen et de Bregge, près Donaueschingen, les *Tulingi* et les *Latobrigi* [6]; deux autres nations vindéliciennes dont

---

[1] Strabo, *Geogr.*, lib. IV, p. 206; trad. franç., tom. II, p. 96.
[2] Cette cause lui a fait confondre les nations rhétiques et les vindéliciennes; mais dans ce passage cependant il cherche à les distinguer.
[3] Strabo, *Geogr.*, lib. IV, p. 206; trad. franc., tom. II, p. 96.
[4] Ptolemæus, *Geogr.*, cap. 13, p. 61 (56), édit. Bert.
[5] Ptolemæus, *Geogr.*, loc. cit.
[6] Cæsar, *de Bello gallico*, lib. I.

César a parlé et sur lesquelles nous aurons bientôt occasion de revenir.

Les *Catenates* de l'inscription sont évidemment le même peuple que les *Clautinatii* de Strabon [1], et cette fois cet auteur se trouve d'accord avec l'inscription, en les plaçant parmi les nations vindéliciennes et à côté des *Licatii;* il est difficile de leur assigner une position précise. On sait seulement qu'ils étaient peu éloignés de la Lech : ils habitaient probablement les vallées qui fournissent les sources de l'Iser et de la Zoyza, aux environs de Charnitz et au nord d'Innsbruch.

L'ordre géographique, jusqu'ici assez bien conservé dans l'inscription du trophée des Alpes, se trouve dérangé par le nom des *Ambisuntes*, à la suite de celui des *Catenates*. En effet, Ptolémée [2] fait mention des *Ambisuntes* ou *Ambisontii*, mais il les place dans la Norique; cependant, comme il nous dit qu'ils occupaient la partie occidentale de cette province, on pourrait conjecturer qu'ils habitaient au nord de la montagne d'*Ambrizzola* [3], dans le district du Tyrol nommé Ampezzo Haydn, et dans la vallée formée par la Boïta, vers sa source.

Viennent ensuite dans l'inscription les *Rugusci*, les *Suanetes*, les *Calucones* et les *Brixentes*. Ptolémée, qui fait mention de ces différens peuples, nous indique leurs positions. « Les *Brixentes*, dit-il, sont les peuples les plus septentrionaux de la *Rhætie* [4]; »

---

[1] Strabo, *Geogr.*, lib. IV, p. 206 ; trad. franç., tom. II, p. 96.
[2] Ptolemæus, *Geogr.*, lib. II, cap. 14, p. 61 (56), édit. Bert.
[3] Voyez le n° 4 de la grande Carte du Tyrol.
[4] Ptolemæus, *Geogr.*, loc. cit.

ils ne peuvent donc avoir occupé la vallée de Brixen¹, où on les a placés. Nous avons vu d'ailleurs que cette vallée, où se trouve aussi Brunecken, était occupée par les *Brenni* ou les *Breuni*. En outre, Brixen est une ville récente. Säben, nommé Sabione dans Paul Diacre, était primitivement le siége de l'évêché qui depuis a été transporté à Brixen ². Nous venons d'observer que Strabon, en énumérant les nations vindéliciennes, fait mention des *Brigantii*, dont l'inscription et Ptolémée ne parlent pas. Ce qui doit faire d'abord présumer que les *Brixentes* de Ptolémée et de l'inscription sont les mêmes que les *Brigantii* de Strabon, la racine de ces deux noms est la même, et dérive évidemment du mot *brigg*, qui signifie pont, nom dont l'emploi est si fréquent dans toute la géographie ancienne de l'Europe occidentale. Si Strabon place les *Brixentes* ou *Brigantii* dans la Vindélicie, c'est qu'en effet ils touchaient la frontière des Vindéliciens, ainsi que l'indique Ptolémée. Ce qui achève de prouver ceci, c'est qu'au nombre des villes appartenant aux différens peuples de la Rhætie, Ptolémée nomme *Brigantium*, qui est la capitale des *Brigantii*, selon Strabon. Ainsi donc les *Brixentes* de l'inscription et de Ptolémée sont les mêmes que les *Brigantii* de Strabon, qui, comme nous l'avons dit, occupaient les environs de

¹ Cluverius, *Italia antiqua*, tom. 1, p. 111. — D'Anville, *Géogr. ancienne*, tom. 1, p. 106, de ses *OEuvres*, 1834, in-4°, et sa Carte de l'*Italia antiqua*. — Sanson, dans son *Allemagne*, in-folio, 1651, p. 5, a très bien vu que les *Brixantæ* de Ptolémée étaient les mêmes que les *Brigantii*; cependant sa carte indique les *Brixentes* à Brixen.
² Tartarotti, *Memorie antiche di Roveretto*, p. 83. — Cluverius, *Italia antiqua*, tom. 1, p. 122.

Bregentz, le *Brigantium* de Strabon et de Ptolémée, à l'extrémité occidentale de la vallée qui porte ce même nom.

Ptolémée [1] nous apprend encore que les *Suanitæ* ou *Suanetes* et les *Rugusci* sont les peuples les plus méridionaux de la *Rhætie*, et que dans le milieu, c'est-à-dire entre ces derniers et les *Brixentes*, se trouvent les *Calucones* et les *Vennones*. Nous avons démontré la position de ces derniers dans le val Telline. Non loin de cette vallée, à l'ouest, s'en trouve une autre qui porte le nom de val Calenca [2]; elle se rapproche des *Brixentes*, et est par conséquent située entre ceux-ci et les *Vennones*. C'est dans cette vallée et dans les deux vallées voisines, à l'ouest et au nord, que l'on doit placer les *Calucones* : dans la vallée qui est au nord, ou dans le Rheinthal, se trouve un lieu nommé Ebi ou Ebo, qui est, selon nous, l'*Ebodurum* que Ptolémée [3] mentionne au nombre des villes appartenant à ces peuples.

Les *Suanetes* me paraissent devoir être placés dans le val Seriana, et par conséquent au midi des *Vennones* et des *Calucones*, selon l'indication de Ptolémée.

Les *Rugusci* ont dû occuper les environs de Rogoreto, dans la vallée de Bellinzone, au midi des *Calucones* ou du val Calenca.

L'inscription, ainsi revenue par l'ordre de son énumération à cette position des Alpes par où elle avait

---

[1] Ptolemæus, *Geogr.*, lib. II, cap. 12, p. 61 (56), édit. Bert.

[2] Voyez la Carte de la Suisse, par Weiss.

[3] Ptolemæus, *Geogr.* — Leichtlen met ce lieu à Saint-Banduren sur le Rhin. *Schwaben*, p. 206, et la Carte.

commencé, nomme ensuite les peuples de la partie ouest de ces montagnes, peuples dont nous avons eu précédemment occasion d'assigner la position : mais, avant de rappeler leurs noms et les noms modernes qui y correspondent, il est nécessaire, pour ne rien omettre de ce qui concerne les Alpes que nous venons de parcourir, de parler d'un peuple inscrit sur la Table de Peutinger [1] sous le nom de *Mesiates*. On les place avec raison dans la vallée formée par la rivière Moeso ou Maesa, nommée val Misox ou val Mesaccine [2]. Ils étaient par conséquent à l'orient des *Calucones*, et limitrophes de ces peuples. C'est au midi des *Mesiates*, et chez les *Rugusci*, que se trouvaient les *Canini campi* mentionnés par Ammien Marcellin [3]. En effet, Grégoire de Tours [4] nous indique que ces *Canini Campi* étaient situés dans les environs de la ville de *Bilitio*, qu'on sait être Bellinzone, près du lac Majeur [5].

Qu'il me soit permis de faire remarquer que comme mon but n'a été que de présenter un tableau général des Alpes, et de déterminer, autant que le permet l'incertitude des notions qui nous ont été transmises par les anciens, la position de chacun des peuples qui les habitaient, je n'ai pas dû entrer dans le détail des limites de la Vindélicie et de la Rhætie. Je dirai seulement que, quoique les Vindéliciens fussent entiè-

---

[1] *Tabula peutinger.*
[2] Cet heureux rapprochement se trouve d'abord dans Cluverius, *Italia antiqua*, tom. 1, p. 100, n° 13. J'ignore s'il a été précédé par un autre.
[3] Ammian. Marcellin., lib. xv.
[4] Gregorius Turonensis, lib. x, cap. 3.
[5] Cluverius, *Italia antiqua*, lib. 1, tom. 1, p. 101.

rement différens des Rhætes, cependant Auguste, lorsqu'il eut poussé ses conquêtes jusqu'au Danube, réunit ces deux grandes divisions en une seule province, à laquelle il donna le nom de *Rhætia*. Ptolémée[1] décrit avec une grande précision les limites de cette province d'Auguste. « La Rhétie (et sous ce
« nom, ajoute Ptolémée, on doit comprendre aussi
« la Vindélicie) est bornée, à l'occident, par le
« mont Adula, et par une ligne tracée entre les
« sources du Rhin et du Danube; au nord, par le
« Danube jusqu'à son confluent avec l'Inn; à l'orient,
« par l'Inn, et, au midi, par les Alpes, qui la sépa-
« rent de l'Italie. » Dans les derniers temps de l'empire d'Occident, cette province fut, ainsi que nous le verrons ci-après, réunie au vicariat d'Italie, qui comprenait toute la Gaule cisalpine. La Rhétie fut ensuite divisée en deux provinces : la Rhétie première ou Rhétie proprement dite, et la Rhétie seconde, c'est-à-dire la Vindélicie. Ainsi, quoique la Rhétie et la Vindélicie ne fussent point, à l'époque dont nous traitons, considérées comme parties intégrantes de l'Italie, cependant, comme elles y ont été réunies administrativement, je ne m'écarte point de mon sujet en déterminant la position des peuples ou cités qui s'y trouvaient. D'ailleurs, ainsi que je l'ai déjà observé, la vaste chaîne des Alpes, physiquement parlant, a toujours été, et sera toujours, considérée comme une dépendance de l'Italie, dont elle est la barrière naturelle. C'est ainsi que Pline pensait, puisqu'à la suite de cette même inscription du trophée des Alpes, et après avoir parlé des peuples qui

---

[1] Ptolemæus, *Geogr.*, loc. cit.

composaient le royaume de Cottius, il ajoute : « Telle
« est l'Italie, chère aux dieux, telles sont les nations
« qui l'habitent, telles sont les villes que l'on y
« trouve.¹ »

Dans le reste de l'inscription du trophée des Alpes, les peuples de l'ouest, limitrophes entre l'Italie et la Gaule, dont nous avons déjà déterminé la position, se trouvent nommés dans l'ordre suivant :

Lepontii, les habitans de la vallée Leventine; ils avaient pour capitale Domo d'Ossola, l'*Oscelum* de Ptolémée ².

Viberi, dans les environs de Wispach, dans le Valais³. Ils faisaient partie des *Lepontii*.

Nantuates, dans le Chablais, capitale *Tarnaia* ou *Tarnadæ*, Saint-Maurice ⁴.

Seduni, les habitans du Valais, ayant pour capitale *Sedunum*, Sion⁵.

Veragri, dans la partie inférieure du Valais ; capitale, *Octodurus*, Martinach ⁶.

Salassi, dans le val d'Aoste; capitale, *Augusta prætoria* ⁷.

---

¹ Plinius, *Hist.*, lib. III, cap. 20 (24), tom. I, p. 177, édit. Hard.

² Voyez ci-dessus, tom. I, p. 556, et Cæsar, *de Bello gallico*, lib. IV, cap. 10. — Ptolemæus, lib. III, cap. 1, p. 69 (64), édit. Bert.

³ Voyez ci-dessus, tom. I, p. 542, et Plin., lib. III, cap. 20.

⁴ Voyez ci-dessus, tom. I, p. 548, et p. 114 et 115. — Cæsar, *Comment. de Bello gallico*, lib. III et lib. IV. — Strabo, lib. IV, p. 192 et 204. — Bochat, *Mém. sur l'hist. ancienne de la Suisse*, tom. I, p. 305. — D'Anville, *Notice*, p. 632.

⁵ Voyez ci-dessus, tom. I, p. 553 à 555, et Cæsar, *de Bello gallico*, lib. III, cap. 1. — Muratori, *Inscript.*, tom. II, p. 1080, n° 1. — Bochat, tom. I, p 299.

⁶ Voyez ci-dessus, tom. I, p. 551 et 553, et p. 116.

⁷ Strabo, lib. IV, p. 205, et ci-dessus, tom. I, p. 167 et 168.

Acitavones, dans le val de La Vanoise, aux sources de l'Isère. Nous observerons qu'on aurait tort de changer le mot d'*Acitavones* en celui de *Centrones*, qui y a peu de rapport, comme ont fait quelques auteurs, parce que Chifflet a assuré avoir vu ce mot Centrones en marge de son manuscrit [1].

Medulli, dans le val de Maurienne; capitale, *Darantasia*, Moutiers en Tarentaise [2].

Uceni, dans la vallée d'Oz et aux environs de Uez [3].

Caturiges, les environs d'*Ebrodunum*, Embrun, et de *Caturiges*, Chorges [4].

Brigiani, dans le Briançonnais; capitale, *Brigantium*, Briançon [5].

Sogiontii, aux environs de Sigonce, au nord-est de Forcalquier [6].

Brodontii, dans les environs du mont Brodont, dans la vallée d'Olle [7].

Nemaloni, dans les environs de Miolans, dans la vallée de Barcelonette [8].

Edenates, dans le val Egnan et sur la rivière Egnan, au-dessus de Voiron.

Esubiani, dans la vallée formée par la Vesubia.

Veamini, dans le haut et bas Toramenos [9].

Gallitæ, aux environs de Gillette, au confluent de l'Esteron et du Var [10].

---

[1] Tom. II, p. 37. — [2] Tom. II, p. 30. — [3] Tom. I, p. 272, et tom. II, p. 38. — [4] Tom. I, p. 539 à 541.

[5] On a trouvé à Embrun une inscription relative à *Brigantium*, qui a été publiée, pour la première fois, par Millin, *Voyages dans les départemens méridionaux de la France*, tom. IV, ch. 108, p. 184. — Voyez ci-dessus, tom. II, p. 56.

[6] Tom. II, p. 39. — [7] Tom. II, p. 38. — [8] Tom. I, p. 537. — [9] Tom. II, p. 33. — [10] Tom. II, p. 41.

Triullati [1], près de la rivière Tueli et de la cime d'Alette [2].

Ectini, dans le val Saint-Étienne [3].

Vergunni, dans les environs de Vergons.

Eguituri, dans le district Entre-Deux-Guiers.

Nementuri, aux environs de Demandols [4].

Oratelli, à l'est d'Embrun, entre la montagne d'Oret et le lieu nommé Orres.

Nerusi [5]; c'est dans l'inscription des Alpes que ce peuple se trouve mentionné pour la première fois. Ptolémée, qui place tous les peuples des Alpes en Italie, a donc eu raison, dans son système, d'y comprendre aussi les *Nerusi;* il leur donne pour capitale *Vintium*, et la position de cette ancienne ville à Vence moderne se trouve prouvée par l'histoire du diocèse dont elle est le chef-lieu, et par des inscriptions qui y ont été trouvées et qui en font mention [6].

Velauni, dans les environs de Vevelause, sur les bords du Verdon, au nord de Castellane [7].

Suetri, au midi des *Velauni*, dans la partie septentrionale du diocèse de Fréjus [8].

Pour compléter cette longue énumération des peuples des Alpes, il faut encore y joindre ceux qui se trouvaient renfermés dans la dixième région de l'Italie, selon la division établie par Auguste, et ceux

---

[1] Tom. II, p. 41.

[2] Pour tous ces peuples, conférez Pline, *Histor. nat.*, lib. III, cap. 20 (24), tom. I, p. 177, édit. Hard.; tom. II, p. 191, édit. Lem.

[3] Tom. I, p. 537. — [4] Tom. II, p. 41. — [5] Tom. I, p. 183.

[6] Millin, *Voy. dans les départ. mérid. de la France*, tom. III, p. 6. — Papon, *Hist. de Provence*, tom. I, p. 102, et ci-dessus, tom. I, p. 537. — Ptolem., *Geogr.*, lib. III, cap. I, p. 64 (71).

[7] Voyez ci-dessus, tom. I, p. 62 et 255.

[8] Plin., *Hist. nat.*, lib. III, c. 20 (24), tom. I, p. 177, édit. Hard.

que Pline nomme en commençant sa description de l'Istrie et de la chaîne des Alpes de la Dalmatie [1]. Les premiers sont :

Les *Tridentini*, ceux du Trentin, ayant pour capitale *Tridentum* [2], dont la position à Trente moderne se trouve démontrée par les mesures de l'Itinéraire et de la Table pour une route qui part de *Verona*, Vérone, et aboutit à *Augusta Vindelicorum*, Augsbourg [3].

Les *Fertini*, ou, selon quelques manuscrits, les *Feltrini*, dont la capitale, *Feltria*, nous est connue par les inscriptions et par les itinéraires, et qu'il faut placer à Feltre moderne [4].

Les *Berunenses* ou *Belunenses*, dans le Bellunèse; leur capitale, nommée par Pline *Belunum*, est Belluno moderne [5].

Quant aux peuples au nord de l'Istrie et des montagnes de cette presqu'île, comme Pline les nomme par ordre alphabétique, nous ne sommes aidé dans nos recherches que par la considération du district peu étendu dans lequel ces peuples ont dû se trouver resserrés, puisque les peuples environnans sont connus. C'est peut-être par cette raison que Pline n'a pas cru devoir s'astreindre à un ordre géographique

---

[1] Pour ces peuples et tous ceux qui suivent, il faut avoir sous les yeux la belle Carte du duché de Venise, en quatre feuilles, 1802, par Zach; et celles de Bacler d'Albe, pour les campagnes du général Bonaparte.

[2] Plin., *Hist. nat.*, 23 (19), t. I, p. 175, Hard.; t. II, p. 187, Lem.

[3] Voyez l'*Analyse des Itinéraires*, tom. III de cet ouvrage.

[4] Plin., lib. III, cap. 23 (19). — Cassiodor., v. 9. — Gruter.

[5] Plin., lib. III, c. 2 3(19). — Ptolem., *Geogr.*, III, c. 1, p. 63 (70). Inscript., p. 409, n° 8. — Voyez l'*Analyse des Itinéraires*, tom. III de cet ouvrage.

difficile à conserver ou à présenter avec clarté entre des cités si rapprochées, et par le même motif nous conserverons aussi l'ordre que Pline a adopté.

Alutrenses; ils me paraissent devoir être à Ala, sur la rivière du même nom, à l'endroit où elle se jette dans l'Adige, dans le Lagarna.

Asseriates, dans le val d'Arsa et aux environs d'Arserio et d'Asiago, à l'est de Roveredo.

Les *Ausuganei,* capitale *Ausugum* de l'Itinéraire, dont Pline ne fait pas mention, étaient au nord des *Asseriates,* et occupaient le val Sugana, où l'on a trouvé une inscription relative à ce peuple [1].

Les *Flamonienses*, aux environs de Falmassons et Flambro, aux sources de la Stella, et entre Palmanova et Valvasone [2].

Les *Vanienses* me paraissent devoir être placés à Venzone, dans les environs de Gemona. Ils n'ont certainement aucun rapport de position avec le lieu nommé *Vannia,* que Ptolémée place chez les *Bechuni*.

Observez que tous ces lieux font partie d'un groupe nommé encore aujourd'hui les *Sette Comuni ;* Pline

---

[1] Plusieurs auteurs ont rapporté cette inscription; voyez Tartarotti, *Memorie antiche di Roveretto,* p. 11. — Gudius, xi. — Dans la même vallée où je place les Ausuganei, d'Anville met les Medoaci (d'Anville, *Geogr. ancienne*, p. 216), au lieu de les placer aux environs de Padoue, entre le Medoacus minor et le Medoacus major. — Je n'ai pu découvrir, ni dans les anciens, ni dans les modernes, ni dans le rapprochement des noms inscrits sur les cartes, rien qui pût me faire présumer ce qui a porté d'Anville à adopter cette étrange position ; il ne s'en explique nulle part dans ses ouvrages. Les Medoaci sont mentionnés par Strabon avec les Cenomanni, les Symbrii, les Heneti ; ils sont des peuples de la plaine. — Paul. Diac., *Rer. Long.*, lib. III, cap. 30, nomme *Alsuca*. — *Itiner.*, Wessel., p. 280.

[2] Plin., *Hist. nat.*, lib. III, cap. 23 (19), tom. I, p. 176, H.

nomme ces peuples ensemble ; et quoiqu'il suive l'ordre alphabétique, il ne les confond point avec d'autres qu'il nomme ensuite. Ces peuples étaient si peu considérables qu'il dit : « Il n'est pas besoin de les énumérer scrupuleusement, *dein quos scrupulose dicere non attinet.* » Aussi, après avoir recherché la situation de ces petites peuplades qui se réduisaient à une seule ville, ou à un seul bourg, avec leur territoire, on regrettera moins de ne pouvoir assigner la situation de ceux encore moins considérables par lesquels il termine son énumération, et qu'il comprend sous le nom général de *Culici.* Pline continue ensuite le catalogue des peuples des Alpes par ordre alphabétique.

Les *Forojulienses*, surnommés *Transpadani* [1] pour qu'on ne les confondît pas avec les *Forojulienses* qui se trouvaient dans l'Ombrie [2]. Capitale, *Forum Julii*, placé au rang des colonies romaines par Ptolémée, et dont la position à Cividale di Friuli est démontrée par les monumens historiques ; ainsi les *Forojulienses* habitaient la vallée formée par le Natisone.

Venidates ou *Nedinates*, aux environs d'Udine, que les Allemands nomment Weiden ; dans l'ancienne orthographe des Italiens, on écrivait Vdine. Quelques manuscrits de Pline portent *Nedinates*, mais à tort.

Quarqueni, au midi des *Feltrini* ou de Feltre, dans les environs de Quer, nommé *ad Quercum*

---

[1] Plin., lib. III, c. 23 (19), tom. I, p. 176, édit. Hard.; tom. II, p. 187, Lem. — Ptolem., *Geogr.*, p. 63 (70). — Paul Diac., lib. II, 14.
[2] Plin., lib. III, cap. 19 (14), tom. II, p. 168.

dans des inscriptions romaines qui ont été trouvées dans ce lieu même [1].

Taurisani ou *Tavrisani*, dans les environs de *Tarvisium*, leur capitale, auquel des inscriptions donnent le titre de municipe, dont la position à Tarvis moderne est démontrée par les mesures des Itinéraires [2].

Togienses, peut-être à Conegliano.

Varbari ou *Varvani*, aux environs de Valvasone. Cluverius voudrait rapporter ce peuple à Varmo, et corriger *Varamani* dans le texte de Pline; mais il avoue que ce n'est qu'une conjecture [3].

Enfin, dans les Alpes istriennes, entre Pola et Trieste [4] (*a Pola ad Tergestis regionem*), Pline place encore les *Secusses*, qui me paraissent avoir habité aux environs de Saguria, au sud-ouest du lac Cirkniz.

Les *Subocrini*, qui ont dû occuper, ainsi que leur nom l'indique, les environs du mont Ocra, dont Strabon [5] nous donne la position avec beaucoup d'exactitude, en nous disant que c'est par ce mont qu'on voiture les marchandises d'*Aquileia* à *Nauportus*. *Aquileia* est nommée sur des inscriptions, et ses ruines se voient encore à 7 milles de la mer, sur les bords du Natisone, le *Natiso* des anciens [6], et

[1] Cluverius, *Italia antiqua*, lib. 1, p. 118.
[2] Voyez l'*Analyse des Itinéraires*, tom. III de cet ouvrage. — Plin., III, 19. — Cassiodore, x, 27. — Procop., *Rer. Got.*, II.
[3] Voyez Cluverius, tom. 1, lib. 1, p. 178. — Hardouin, tom. 1, p. 176, lit *Varbari*, et plus haut, *Nedinates*.
[4] Voyez, pour les peuples suivans, la Carte de l'Istrie, en une feuille, par Cappellara, et Plin., *Hist. nat.*, cap. 20 (24), tom. 1, p. 176, édit. Hard.
[5] Strabon, lib. IV, p. 207; trad. fr., tom. II, p. 100.
[6] Filiasi, *Memorie storiche dei Veneti*, 1796, in-8°, tom. 1, p. 122.

Nauportus est Neustadt, au sud-est de Lubiana [1]. Les *Subocrini* ont donc dû par conséquent occuper les environs d'Adelsberg et de Loitsch ; à l'ouest et au nord du lac Cirkniz.

Les *Catali*, aux environs de Castua, au fond du golfe de Quarnero.

Les *Monocalini*, à Montona.

Pline retourne ensuite vers le nord pour remarquer qu'au-delà des *Carni* sont les peuples nommés *Norici*, et qu'on appelait autrefois *Taurusci*; et ici se présente une grande question géographique, dont la solution terminera cette description des peuples des Alpes. En effet, la position des *Norici* et de leur capitale se lie, ainsi qu'on a pu le voir précédemment, aux premiers temps de l'histoire des Gaules [2]. César nous apprend que c'est parmi eux que se fixèrent une partie des *Boii* qui émigrèrent de la Gaule transalpine, et qu'ils assiégèrent *Noreja*, leur capitale. Plusieurs autres auteurs anciens, après César, ont parlé de ce peuple et de *Noreja*, sa capitale, et ce sujet curieux réclame de notre part une discussion approfondie. Je conviens que je sors ici des limites qui me sont prescrites par mon sujet ; car si la Rhætie a, dans les derniers temps de l'empire d'Occident, été réunie administrativement à l'Italie, jamais le *Noricum* ne l'a été, et cette contrée faisait partie du diocèse d'Illyrie, et non du vicariat d'Italie. Mais j'ai déjà observé que la description des Alpes qui sont au nord de la Gaule cisalpine était intimement liée au sujet

[1] Strabon dit aussi que les Albii montes commencent près du mont Ocra ; or, près du lac Cirkniz, se trouve un lieu nommé Alben.

[2] Conférez tom. 1, p. 76 à 77, et p. 411.

que je traite; or *Noreja* était situé dans ces Alpes. Il s'agit aussi de retrouver la capitale de ces *Boii*, dont on cherche l'emplacement dans les Gaules, d'où ils émigrèrent, et qu'on retrouve avec certitude vers les embouchures marécageuses du Pô, et dans les régions élevées des Alpes noriques. Plusieurs auteurs modernes, d'un grand mérite, ont d'ailleurs prétendu qu'il y avait deux villes nommées *Noreja*, l'une dans la Norique, et l'autre chez les *Carni;* or les *Carni* appartiennent à la Gaule cisalpine. Il faut donc bien prouver qu'il n'y avait, de ce côté, qu'une seule ville nommée *Noreja*, et qu'elle n'était pas située chez les *Carni* [1].

Les peuples qui, ainsi que les Boïens, entrèrent dans la confédération des Helvétiens pour faire une irruption dans les Gaules, étaient, selon César [2], les

---

[1] D'Anville, dans sa Carte de l'Empire romain, a placé Noreja dans la Styrie, à un endroit nommé Saint-Léonhard, dans le Voigtberg; mais il ne dit nulle part les motifs qui l'y ont engagé; il se contente, dans sa *Géogr. ancienne* (p. 42 et 235 de l'édit. in-folio, t. I, p. 150, et t. III, p. 188, de l'édit. in-12; t. II, p. 712 des *OEuvres*, 1834, in-4°), de nommer Noreja comme un endroit remarquable sous le rapport historique. — Ortelius, dans son *Thesaurus geographicus*, dit que la Noreja de César lui paraît différente de celle qui a été mentionnée par Pline et Strabon, et il place cette dernière à Goertz ou Goritzia, dans la Carinthie, d'après Leander.

Le savant Cellarius paraît seul avoir bien compris la difficulté; il y revient à deux fois dans son ouvrage (voyez *Geographia antiqua*, tom. I, p. 454 et 565, 3ᵃ edit. Lipsiæ, 1773), et il reste dans le doute si l'on doit réellement distinguer deux Noreja : l'une dans la Norique, l'autre chez les Carnutes.

Davis, un des annotateurs de Jules César (édit. d'Oudendorp, in-4°, 1737, p. 12), dit que l'on doit faire cette distinction.

[2] Cæsar, *de Bello gallico*, lib. I, c. 5 : « Persuadent Rauracis, et « Tulingis et Latobrigis finitimis, uti eodem usi consilio, oppidis suis « vicisque exustis, una cum iis proficiscantur; Bojosque qui trans

Rauraci de ce côté-ci du Rhin, habitans du diocèse de Bâle, ayant pour capitale *Augusta Rauracorum*, Augst; les *Tulingi*, qui occupaient le district de Tilengen et de Stuëlingen : ce dernier lieu était probablement l'emplacement de leur capitale¹, et son nom primitif s'est perdu, parce qu'il prit sous la domination romaine le nom de *Juliomagus*, ainsi que le démontrent les mesures des Itinéraires romains pour la route qui part d'*Aventicum*, Avenches, et qui aboutit à *Augusta Vindelicorum*, Augsbourg. Les *Latobrigi*, qui habitaient les environs de Donaueschingen, où la Brigach et la Bregge, se réunissent au Danube : sur les bords de la Bregge est un petit lieu nommé Brugge, qui occupe le même emplacement que le *Brigobanne* de la Table, ainsi que le prouvent les mesures de la route dont je viens de parler; et depuis que ceci a été écrit, diverses ruines d'antiquités, trouvées sur les bords de la Bregge, ont confirmé l'emplacement de *Brigobanne*, qui s'accorde ou même se confond avec celui que nos cartes, et nos mesures, nous avaient indiqué². L'emplacement de ces ruines est entre deux lieux très rapprochés, nommés Hüfingen et Breünlingen, au sud-ouest de Donaueschingen, au nord-ouest de Bella ³. Après les

« Rhenum incoluerant, et in agrum Noricum transierant Nore-
« jamque obpugnarant, receptosque ad se socios sibi adsciscunt. »

¹ Conférez Julius Leichtlen, *Schwaben unter den Rœmern*; Friburg in Breisgau, 1825, in-12, p. 87. — Haller, *Helvétien*, tom. II, p. 488. — Muller, *Geschf. der Schweizer*, I, §. 59. Leipsick, 1806.

² Voyez l'*Analyse des Itinéraires*, tom. III de cet ouvrage, et J. Leichtlen, p. 90 et 95, et ci-dessus, tom. I, p. 309 à 317.

³ Conférez *Charte von Schwaben unter den Rœmern*, bearbeitet von T. Julius Leichtlen. — Je ne retrouve pas sur cette carte le

Latobrigi, viennent les *Boii* : ainsi donc, en relisant avec attention César, qui, dans son énumération, conserve un ordre strictement géographique, on s'aperçoit d'abord que ces mêmes *Boii,* qui s'étaient emparés de *Noreja,* étant entrés dans la ligue helvétique, devaient être voisins des peuples qui s'étaient joints à cette confédération, c'est-à-dire des *Latobrigii;* car, s'ils en avaient été séparés par d'autres peuples, ceux-là ne les auraient pas laissé passer tranquillement en armes sur leur territoire. La nomenclature de César comprend presque toute l'étendue de terrain située au nord du lac Constance; la partie la plus voisine est la haute Carniole et le Saltzbourg; c'est donc dans ce district et non dans la Styrie, que l'on doit chercher *Noreja.* Le texte de César ne nous apprend rien de plus.

Passons actuellement à Strabon, qui est le plus ancien après César qui ait parlé de *Noreja.* « Après « ces peuples, dit-il (c'est-à-dire après les nations de « la Rhætie et de la Vindélicie, dont nous venons de « nous occuper), viennent ceux qui occupent le fond « du golfe Adriatique et les environs d'Aquilée; ce « sont quelques peuples appartenant à la nation des « *Norici,* et les *Carni;* aux *Norici* appartiennent en- « core les *Taurisci* [1]. » Ceci est clair, et nous dit que les *Taurisci* étaient un peuple de la Norique, qu'ils étaient voisins des *Carni,* et qu'enfin les uns et les autres étaient voisins de la mer Adriatique : par

---

Brugge de ma carte; mais il se confond évidemment avec la position de Hüfingen.

[1] Strabo, lib. IV, p. 206, B, et p. 316, de l'édit. d'Almeloveen; trad. franç., tom. II, p. 97.

conséquent, on doit déjà présumer que *Noreja*, l'ancienne capitale du *Noricum*, a pu exister près des *Carni*, et qu'il n'est pas besoin de supposer l'existence d'une ville de ce nom chez ces derniers. Or on place avec raison les *Taurisci* dans la Carniole supérieure ou haute, et dans le Saltzbourg, au nord des *Carni*, qui occupaient le Frioul. Cette portion de la Norique est en effet la plus voisine du golfe Adriatique. Les *Taurisci* étaient les habitans des montagnes de la Norique; en effet, le mot *taur* et *taurn*, dans la langue primitive de ce pays, remplace celui de *penn* et d'*alp*, pour désigner les plus hautes élévations d'une chaîne de montagnes; il se trouve joint à presque tous les noms des montagnes qui séparent le Saltzbourg de la haute Carinthie, et l'on trouve successivement *Krumler Taurn, Felber Taurn, Kalfer-Taurn, Rauris-Taurn, Nassfeld-Taurn* [1]; et comme ces dénominations ont principalement lieu dans l'étendue du Saltzbourg, il y a lieu de croire que c'est dans cette partie qu'il faut placer les *Taurisci*, et la suite de cette discussion achèvera de démontrer que cette position est exacte.

En effet, Strabon nous apprend encore « que les « Gaulois *Boii* qui avaient passé en Italie, chassés « des bords du Pô, s'étaient emparés du pays des *Tau-* « *risci*, et s'y étaient fixés [2]. » Dans plusieurs autres endroits de son ouvrage, il nomme toujours les *Boii* et les *Taurisci* ensemble, et, dans un passage relatif à ces peuples, il dit que leur territoire atteint le plus

---

[1] Voyez la Carte de la Bavière, publiée par Rheinwald en 1806.
[2] Strabo, lib. v, p. 212-326.

haut sommet des Alpes, et qu'ils en occupent le revers du côté de l'Italie.

Il résulte donc de tout ceci que les *Boii* dont parle César, qui se joignirent à la ligue helvétique, habitaient le pays des *Taurisci* ou la haute Carniole; que leur capitale, *Noreja*, doit être le même que celle des *Taurisci;* que par conséquent, *Noreja* doit être placée dans la haute Carniole.

Rapportons encore un passage de Strabon, qui doit nous aider à déterminer la position de cette ville. « *Aquileia*, dit-il, est hors des limites des *He-* « *neti*, dont le pays est borné par un fleuve qui sort « des Alpes, et que les navires peuvent remonter.... « 1,200 stades, jusqu'à la ville de *Noreja*, près de la- « quelle Cn. Carbo, ayant attaqué les Cimbres, fut « complétement défait [1]. » Tous les éditeurs et commentateurs de Strabon se sont aperçus qu'après ces mots « peuvent remonter, » il manquait quelque chose au texte. En effet, si on mesure le cours du Tagliamento, le plus grand fleuve qui se trouve entre le territoire des *Veneti* et celui d'*Aquileia*, on verra que depuis sa source jusqu'à son embouchure, en suivant toutes les sinuosités, on n'a qu'une longueur de 72 milles géographiques, ou 850 stades environ de 700 au degré, et seulement 710 stades de 600, ou stades olympiques. Il y a donc ici une erreur évidente dans les chiffres, mais il n'en résulte pas moins que *Noreja* devait se trouver non loin des sources du Tagliamento [2]. Ce qui confirme ceci, se sont les

---

[1] Strabo, lib. v, p. 214 ou 328; trad. franç., tom. II, p. 125.

[2] Nos mesures sont prises sur la Carte du duché de Venise, en quatre feuilles, par le baron de Zach.

détails de cette mémorable bataille qui signale la première apparition des Cimbres en Europe, détails précieux qui nous ont été transmis par Appien [1]. Nous voyons que Papirius Carbo, craignant que les Cimbres, qu'il appelle Teutons, ne pénétrassent en Italie, et ayant appris qu'ils avaient déjà envahi le territoire des *Norici*, amis du peuple romain, fit marcher son armée dans les Alpes, et en occupa les défilés les plus étroits. Ce fut après cette marche qu'il reçut leurs ambassadeurs; et pendant qu'il cherchait à les amuser par de vaines négociations, il conduisit son armée par des défilés inconnus pour tomber à l'improviste, et pendant la nuit, sur les Teutons. Cette circonstance, jointe à ce qui précède, démontre bien que la bataille eut lieu dans les montagnes des Alpes; et ce que Appien ajoute, Tite-Live le confirme; car il dit que les Teutons, après avoir détruit presque entièrement l'armée romaine, passèrent ensuite dans la Gaule. Cependant il ne paraît pas qu'ils poussèrent loin leurs conquêtes; et comme ils avaient demandé seulement aux Romains la permission de s'établir sur le territoire des *Norici*, il est probable qu'ils y restèrent.

Noreja, suivant Pline [2], était déjà détruite de son temps, cependant les restes de cette ville subsistaient encore bien long-temps après, puisqu'on la retrouve dans la Table de Peutinger. Les mesures qu'elle nous fournit [3] nous serviront à déterminer la position

---

[1] Appiani Alex. *Roman. histor.*, tom. I, p. 85, édit. de Schweighæuser; Lipsiæ, 1785. — Tit. Liv., *Hist.*, tom. VI, p. 36, édit. de Drakenborch. — *Supplem.* Freinshemii.

[2] Plin., *Hist. nat.*, lib. III, cap. 23 (19).

[3] Voyez l'*Analyse des Itinéraires*, tome III de cet ouvrage.

de *Noreja* d'une manière certaine. Depuis un lieu nommé *Celeia*, qui est incontestablement Cilli, dans le Cillier Kreis, la Table, sur une route qui conduit au nord, vers le Danube, nous fait compter 114 milles romains jusqu'à *Noreja*. Sur la Carte moderne de Bavière, dressée en 1806, la distance en ligne droite, entre Cilli et un lieu nommé Noring, près de Gmund, en remontant vers le Danube, est de 80 milles géographiques, ou 100 milles romains, et par la route qui passe par Valkenprark et Klagenfurth, qui est la plus courte et la plus praticable, on mesure juste 114 milles. La position de *Noreja* à Nöring se trouve donc prouvée par l'examen de ce qu'en ont dit les historiens et les géographes de l'antiquité, par les mesures de la Table, et par le nom moderne qui retrace le nom ancien [1]. En effet, *Noreja*, ainsi placée, est dans la Norique, mais dans sa partie la plus méridionale et la plus proche d'*Aquileia*, et du golfe Adriatique: ainsi que l'indique Strabon [2], son territoire n'est séparé des *Carni* que par les Alpes carniques ou juliennes. *Noreja* est dans la partie occidentale de la Norique, ou la moins éloignée du lac Constance, c'est-à-dire la plus rapprochée des nations confédérées avec les Helvétiens, conformément au texte de César [3]. Enfin elle est à la distance indiquée par la

---

[1] Ce lieu est nommé Nahring sur la Carte du Saltzburg, dans la feuille intitulée : *Umgebungen von Gmund in Kaernthen*. Ainsi Nöring serait dans la Carniole moderne. La montagne qui est auprès se nomme Nahringer Hohe; il y a des mines, Nahringer Graben, du même nom, et un ruisseau du même nom. Noreja a pu être placé à Gmund même. Sur presque toutes les cartes on lit Nöring.

[2] Strabo, *loco citato*.

[3] Cæsar, *de Bello gallico*, *loco citato*.

Table, et dans la direction de la route qui s'y trouve tracée. Strabon [1] termine le dernier passage que nous avons cité, et où il indique la situation de *Noreja*, par une circonstance qui mérite une grande attention. « Il y a, dit-il, dans cet endroit, des mines d'or et de fer faciles à exploiter. » Il est remarquable qu'à côté de la montagne au pied de laquelle Nôring se trouve située, il y en a une autre qui se nomme Gold Berg [2] ou montagne d'Or, ou montagne aux Mines-d'Or [3]; le mot allemand pour les mines d'or exploitées, est *goldbergwerk*, composé de trois mots : or, montagne, travail. Strabon ne dit dans cet endroit qu'un mot sur ces mines, parce qu'il en a parlé précédemment beaucoup plus au long, d'après Polybe [4], qui rapporte que, « de son temps, « on trouva des mines peu éloignées d'*Aquileja*, « chez les *Taurisci-Norici*, » ce qui démontre que Polybe, aussi, regardait les *Taurisci* et les *Norici* comme le même peuple, et savait que ce peuple était proche d'*Aquileja*. Polybe ajoutait qu'on trouvait dans ces mines de l'or natif en abondance, sur lequel il n'y avait qu'un huitième de déchet, et que des Italiens s'étant associés aux Barbares pour les

---

[1] Strabo, *loco citato*.

[2] Nôring est au bas du Stang-Alpen; un peu à l'ouest est le Kolbenberg, et à côté, vers l'ouest, est le Goldberg. Marcel de Serres nous apprend qu'il y a des mines d'or dans le Goldberg, et que ce métal y est mêlé avec le gneiss : « Plusieurs mines du Saltzbourg paraissent « avoir été connues depuis une antiquité reculée, et les monumens, « comme les traditions du pays, semblent indiquer que les Romains « avaient eu connaissance des mines d'or de la vallée de Gastein. » Marcel de Serres, *Annales des Voyages*, tom. xx, p. 63 et 278.

[3] Voyez la Carte de l'Italie, en deux feuilles, par Zannoni.

[4] Polyb. apud Strab., lib. iv, p. 208; trad. franç., tom. ii, p. 102.

exploiter, le prix de l'or baissa dans toute l'Italie; que les *Taurisci,* s'en étant aperçus, chassèrent leurs collaborateurs étrangers et vendirent seuls ce métal. « Aujourd'hui, dit Strabon, ce sont les Romains qui possèdent toutes ces mines. » Les voyageurs modernes confirment tout ce que nous dit Strabon : il y a en effet des mines d'or dans le Gold Berg, et à l'ouest, dans le Kolben Berg, ainsi que dans la vallée de Gastein : ce précieux métal y est mêlé avec le gneiss. Ces mines portent des traces évidentes d'anciennes exploitations, et la tradition du pays veut qu'elles aient été connues des Romains [1].

D'après l'exactitude des mesures, la similitude des noms, l'accord des circonstances locales, je crois avoir démontré que Nôring, près de Gmund, est l'ancienne ville de *Noreja,* du moins la *Noreja* de César et de Strabon.

Voyons actuellement si la *Noreja* de Pline est la même que celle de ces deux auteurs. Pline, décrivant l'Istrie et les contrées voisines, dit : « De ce côté, « et sur le rivage, ont disparu *Iramine, Pellaon,* « *Palsatium;* chez les *Veneti, Atina* et *Cœlina;* « chez les *Carni, Segeste* et *Ocra;* chez les *Tau-* « *risci, Noreja* [2]. » Nous voyons, sur-le-champ, que la *Noreja* de Pline est la même que celle de César et de Strabon, puisqu'elle était de même située chez les *Taurisci.* Enfin, de même que ces deux auteurs, Pline place les *Taurisci* et leur capitale, *Noreja,*

---

[1] Marcel de Serres, *Essai statistique sur le Saltzbourg, Annales des Voyages,* tom. xx, p. 38 et 63.

[2] Plin., lib. III, cap. 23 (19), tom. I, p. 724, de l'édit. de Franzius : « In hoc situ interiere per oram Iramine.... Ex Venetiis, Atina et « Cælina : Carnis, Segeste et Ocra; Tauriscis, Noreja. »

dans le voisinage des *Carni* et des *Veneti*. Veut-on actuellement une preuve bien directe que Pline aussi plaçait les *Taurisci* dans la haute Carniole, et qu'il les renfermait dans la Norique; je la trouve dans le passage même qui a donné lieu à toute cette discussion, et que voici traduit en entier : « Près des « *Carni*, sont les peuples autrefois connus sous le « nom de *Taurusci*, et qu'on nomme aujourd'hui « *Norici*; ils sont voisins des *Rhæti* et des *Vinde-« licii*, et tous ces peuples sont divisés en plusieurs « cantons¹. » Que l'on jette les yeux sur une carte de l'Empire romain et sur une carte moderne, on verra qu'il n'y a absolument que la haute Carniole et le Saltzbourg qui remplissent ces trois conditions, d'être à la fois limitrophe des *Carni*, de la *Rhætie*, et de la *Vindélicie*. Dupinet, et plusieurs autres, avaient sans doute oublié ce passage de Pline, lorsqu'ils voulaient placer les *Taurusci* dans la Carinthie.

Ainsi donc nous avons prouvé que *Noreja*, l'ancienne capitale des *Taurisci norici*, depuis devenu le chef-lieu des Gaulois boïens, qui a été mentionnée par César, est la même ville que Strabon et Pline ont désignée sous ce nom, et qu'enfin elle était située dans la haute Carniole, à l'endroit où se trouve aujourd'hui Noring, près de Gmund.

Avant de terminer cette discussion, remarquons que la haute et basse Carniole n'ont jamais fait partie du territoire des *Carni*. La haute Carniole faisait, ainsi que nous venons de le prouver, partie

---

¹ Plin., lib. III, cap. 20 (24), tom. I, p. 726 : « Juxtaque Carnos « quondam Taurusci appellati, nunc Norici. His contermini sunt « Rhæti et Vindelici, omnes in multas civitates divisi. »

du pays des *Boii* nommés *Taurisci*. La basse Carniole et le Cillier Kreis faisaient aussi partie du *Noricum*. L'ancien territoire des *Carni* se trouve aujourd'hui représenté par le Frioul vénitien, par le Goerzer Kreis, et par la Carniole proprement dite.

On demandera, peut-être, pourquoi la ville de *Noreja*, détruite du temps de Pline, se retrouve encore dans la Table; je répondrai qu'elle ne fut détruite qu'en partie, ou qu'elle a été rétablie depuis. Personne n'a, je crois, observé qu'elle existait encore au milieu du vi[e] siècle, comme le prouve un passage de Procope de la *Guerre des Goths*, où il est dit : « Que l'empereur Justinien donna aux Lombards la « ville de *Noreja* et les forts les plus considérables de « la Pannonie [1]. » Denys-le-Périégète, du temps d'Auguste, fait aussi mention de *Noricia* ou *Noreja*, comme d'une ville forte [2].

§. II. *Gaule cisalpine.*

Ces plaines fertiles qu'environnent l'Apennin, les Alpes et les mers, ont été dessinées par la nature avec des traits si prononcés, qu'il s'est établi un accord presque identique entre les différentes divisions que l'histoire, les gouvernemens, et les géographes, leur ont fait subir dans les différens temps.

---

[1] Procop., *de Bellis gothicis*, lib. III, cap. 33.

[2] Voyez Dionysius Perieg., v. 321; *Geogr. minor.*, tom. I, p. 24, et tom. IV, p. 56, édit. Bernhardy.—Voy. Cluverius, *Italia antiqua*, tom. I, p. 112 et suiv. — Cet auteur veut changer le mot Ῥαιτοὶ; mais cette correction ne me paraît pas nécessaire.

Strabon [1] distingue dans la Gaule cisalpine les *Henetes* ou les habitans de la *Vénétie*, d'avec les *Liguriens* et d'avec les *Celtes*. Il regarde ces derniers comme la même race d'hommes que les Celtes transalpins, c'est-à-dire les Gaulois; mais il paraît pencher pour le sentiment de ceux qui donnent aux *Henetes*, ainsi qu'aux *Istri*, une origine asiatique : telles sont les divisions historiques de cet auteur [2].

Quant aux divisions géographiques, il sépare d'abord entièrement la Gaule de la Ligurie. La Celtique ou Gaule cisalpine est, dans Strabon, la première des divisions de l'Italie; la Ligurie est la seconde; la Tyrrhénie la troisième, et ainsi de suite [3].

La Ligurie n'est point subdivisée; mais la *Celtique cisalpine* se divise, d'après Strabon, en deux portions nommées *transpadane* et *cispadane* ou en *Celtique au-delà du Pô*, et en *Celtique en deçà du Pô* [4].

Strabon comprend toute la *Vénétie* et l'*Istrie* dans la *Celtique transpadane* [5]; mais fidèle à sa division historique, il a soin de nous faire observer que cette partie de la Gaule est occupée par des Celtes et des Hénètes. Au nord, la transpadane de Strabon s'étend jusqu'au pied des Alpes; à l'est, jusqu'à *Pola*, c'est-à-dire jusqu'au fleuve *Arsia*, la rivière Arsa, qui

---

[1] Strabo, lib. v, p. 211; trad. fr., tom. ii, p. 214. Voyez ci-dessus, tom. i, p. 1 et 2.

[2] *Id.*, lib. v, p. 212; trad. fr., tom. ii, p. 115.

[3] *Id.*, lib. v, p. 111.

[4] *Id.*, loco citato.

[5] *Id.*, lib. v, p. 112 et 216; trad. franç., tom. ii, p. 128 et 130.

est un peu au-delà. En effet, Pline[1] et Ptolémée[2] s'accordent également à faire de ce fleuve la limite orientale de l'Italie : ce qui semble prouver que Strabon ne s'exprime pas dans un sens rigoureux, et qu'il indique seulement *Pola* comme la dernière ville de l'Italie de ce côté. Ptolémée nomme cependant encore celle de *Nesactum*, sur le fleuve même *Arsia*. Peut-être que l'Italie, du temps de Strabon, ne s'étendait que jusqu'à *Pola*, et qu'elle aura depuis été prolongée jusqu'au fleuve *Arsia*. L'exemple de ces variations, dans les divisions établies par l'autorité, est fréquent dans tous les temps et dépend de circonstances particulières d'administration, ou même souvent de vues privées ou du caprice des gouvernans. L'histoire dédaigne presque toujours, mais à tort, d'en conserver le souvenir; Strabon lui-même en fait la remarque. On doit observer encore que Strabon parle de l'Istrie plutôt comme d'une annexe que comme d'une partie intégrante de l'Italie[3], et que Pomponius Mela[4], qui écrivait sous Claude, ignorait encore que cette presqu'île avait été presqu'en entier réunie à la Gaule cisalpine, puisqu'il termine dans son ouvrage l'Italie à Trieste.

« La *Cispadane* (continue Strabon), se compose
« de tout le pays renfermé entre la rive droite du Pô,
« les Apennins et la Ligurie, » c'est-à-dire les Alpes jusqu'à *Genua*, Gênes, et à *vada Sabatorum*, Vado.

Strabon nous avait dit, en commençant sa descrip-

---

[1] Plin., lib. III, cap. 22 (18).
[2] Ptolem., *Geogr.*, lib. III, cap. 1, p. 63 (70), édit. Bert.
[3] Strabo, lib. V, p. 215.
[4] Pomponius Mela, lib. II, cap. 3, tom. I, p. 57, édit. Tzschuck.

tion, que la Cispadane était peuplée par les *Celtes* habitans des plaines, et par les *Lygiens* ou *Liguriens* habitans des montagnes; après il observe « qu'autrefois c'étaient les *Lygiens*, les *Boïens*, les « *Senones*, les *Gesates* (c'est-à-dire les Celtes ou « Gaulois de la Gaule transalpine), qui en occupaient « la plus grande partie; mais que depuis l'expulsion « des *Boii*, et l'entière destruction des *Gesates*, il « n'y reste que des *Lygiens* avec des colonies ro- « maines entremêlées de quelques tribus d'*Ombriens*, « et, en certains endroits, de tribus de *Tyrrhé-* « *niens*[1]. »

Strabon comprend aussi dans la Cispadane toutes les plaines renfermées entre les montagnes de la Ligurie et le Pô jusqu'à sa source. Ceci se trouve prouvé par le passage où il est dit que *Derthon*, *Tortona*, et *Aquæ Statillæ*, Aqui, font aussi partie de la Ligurie.

Il est donc évident que la Ligurie de Strabon, ou sa seconde division de l'Italie, se réduit aux montagnes qui s'étendent depuis Gênes ou Vado jusqu'au Var. Aussi Strabon trouve-t-il cette portion de l'Italie si peu considérable et si misérable, qu'il dit qu'elle ne mérite pas d'être décrite[2]. Cependant Strabon n'a point ignoré entièrement les véritables limites de la Ligurie, telles qu'elles existaient de son temps, puisqu'il observe que le territoire de *Macra*, c'est-à-dire l'embouchure de la Magra, est, selon plus d'un auteur, la véritable limite de la Tyrrhénie et de la Ligurie[3]. Mais

---

[1] Strabo, lib. v, p. 212 et 216; trad. franç., tom. II, p. 117 et 131.
[2] *Id.*, lib. v, p. 218; trad. franç., tom. II, p. 142.
[3] *Id.*, p. 222; trad. fr., tom. II, p. 156. — Strabon commet, dans cet endroit, une petite erreur dont j'expliquerai bientôt la cause.

Strabon n'a eu égard dans ses divisions qu'à l'état physique des lieux, au mouvement et à la direction de la côte : voilà pourquoi il prolonge la Celtique cispadane jusqu'au fond du golfe, c'est-à-dire jusqu'à *Genua*, et qu'il restreint d'autant la Ligurie. Plutarque [1] suit la division établie par Strabon, puisque, dans sa Vie de Marcellus, il place *Clastidium*, Casteggio [2], dans la Gaule, tandis que Tite Live, et tous les auteurs latins [3], mettent ce lieu dans la Ligurie.

Si on fait attention à cette seule circonstance de la configuration des côtes, et qu'on excuse la grande inégalité du partage, on conviendra que la division de Strabon est claire, précise, et conforme à l'histoire et à la géographie physique; qu'elle est l'ouvrage d'un savant qui décrit d'après de bonnes études et de bonnes cartes, mais elle n'est point conforme aux idées des Romains de son temps; et pour les connaître, il faut avoir recours à Pline, car Pomponius Mela ne fournit rien sur les divisions intérieures de la Cisalpine.

Pline [4] nous apprend que l'empereur Auguste avait divisé l'Italie entière en onze régions; il en donne le détail, et nous voyons par sa description que la Gaule cisalpine renfermait quatre de ces régions qui se suivaient dans l'ordre adopté par Auguste, et que Pline a eu grand tort de changer pour les ranger, comme dans un périple, d'après leur situation respective le long de la côte.

[1] Plutarchus, *de Marcello*.
[2] Voyez ci-dessus, part. 1, ch. vii, tom. 1, p. 155.
[3] Conférez Cluverius, *Italia antiqua*, tom. 1, p. 79.
[4] Plin., lib. iii, cap. 6, tom. 1, p. 14, edit. Hard.

D'après la division d'Auguste, la *sixième région* de l'Italie était l'Ombrie, *Umbria*, et la campagne Gallique[1], *ager Gallicus;* elle s'étendait sur la côte depuis *Ancona*, Ancône, jusqu'au fleuve *Aprusa*, ou l'Ausa, qui est à l'est de Rimini. Elle avait été autrefois renfermée dans la Cisalpine, ou la Gaule togée; mais la preuve que Pline ne la considérait pas comme en faisant partie de son temps, c'est, qu'ainsi que Strabon et Ptolémée, il reconnaît que l'*Umbria*, cette sixième région d'Auguste, s'étendait au midi dans l'intérieur des terres jusqu'à *Interamna*, Terni, et au-delà de *Nar fluvius*, la rivière Néra des modernes, jusqu'à *Ocriculum*, Ocricoli, par conséquent bien au-delà du territoire conquis par les Gaulois Senonais. Strabon[2] renferme aussi dans l'Ombrie la campagne Gauloise; mais comme la partie de l'Ombrie qui s'étendait au-delà des Apennins et au midi de cette chaîne, n'a jamais été dans aucun temps considérée comme portion de la Gaule cisalpine, il s'ensuit que cette sixième région cesse d'appartenir, au moins en partie, au sujet que nous traitons[3]. La portion située au nord des Apennins, ayant été envahie par les Senonais, ne cessa jamais d'être considérée comme gauloise, et Pline a bien soin de

---

[1] Plin., lib. III, cap. 19 (14), tom. I, p. 170, edit. Hard.; tom. II, p. 166, edit. Lem. : « Jungitur hic sexta regio Umbriam complexa, « agrumque Gallicum, circa Ariminum. Ab Ancona gallica ora « incipit, togatæ Galliæ cognomine. »

[2] Strabo, lib. v, p. 217, tom. II, p. 139, de la trad. franç.

[3] Toutes nos descriptions de limites sont faites sur la Carte de la Lombardie, en quatre feuilles, par Zannoni; sur la Carte de l'État de Venise, par le baron de Zach, en quatre feuilles, et sur la Carte du royaume d'Étrurie, de Bordigera, en six feuilles, publiée à Florence, en 1806.

remarquer, en parlant de cette sixième région, que, sur le rivage, la Gaule togée commence à Ancône.

La *huitième région* d'Auguste est donc réellement la première de la Gaule cisalpine; c'est la division nommée par Strabon *Celtique cispadane*, si ce n'est qu'Auguste rétablit la Ligurie dans ses véritables et antiques limites. « La huitième région, dit Pline, est « terminée par la côte de Rimini, par le Pô et par « l'Apennin [1]. » Et il dit qu'elle renferme, sur le rivage, la rivière d'*Ariminum* et la rivière *Aprusa*, la Marecchia et l'Ausa, c'est-à-dire qu'elle était bornée par la côte de l'Adriatique qui s'étend depuis l'Ausa, près de Rimini, à l'est, jusqu'à la principale embouchure du Pô, à porto di Goro; qu'au nord le Pô, jusqu'au Tidone, formait la limite; que le Tidone, à l'ouest, séparait cette région de la Ligurie, et qu'enfin les Apennins, qui, à partir de la Magra et des sources de la Secchia, s'étendent obliquement de l'ouest à l'est, formaient par leurs plus hauts sommets la ligne de démarcation entre cette huitième région et la sixième et la septième, ou l'Étrurie et l'Ombrie.

La *neuvième région*, ou la *Ligurie* d'Auguste [2], s'étendait depuis le Var jusqu'à la Magra [3], et depuis Vado, au midi, jusqu'à *Asta*, Asti, *Augusta Vagiennorum* (città di Benè), *Alba pompeia* (Alba),

[1] Plin., *Hist. nat.*, lib. III, cap. 20 (15), tom. I, p. 172, edit. Hard.: « Octava regio determinatur Ariminio, Pado, Apennino, in ora fluvius Crustumium, Ariminum colonia, cum amnibus Ariminum et « Aprusa. » — Voyez encore Florus, lib. II, cap. 3.

[2] Plin., *Hist. nat.*, lib. III, cap. 7 : « Hæc regio ex descriptione « Augusti nona est. Patet ora Liguriæ inter amnes Varum et Macram CCXXI M. P. »

[3] Plin., III, 7, t. II, p. 74, ed. Lem.: « Flumen Macra, Liguriæ finis. »

au nord. Cette division avait pour limite, au nord, le Pô, depuis sa source au mont Viso jusqu'au Tidone ; à l'ouest, la chaîne des Alpes à partir de l'embouchure du Var jusqu'au col Albingier et le mont Viso ; à l'est, une ligne oblique tirée depuis la source du Tidone jusqu'à celle de la Secchia ; au midi, toute la côte, depuis l'embouchure du Var jusqu'à celle de la Magra ; ensuite la petite branche des Apennins, qui s'étend depuis les sources de la Magra jusqu'à celles de la Secchia du Panaro. Pline, en donnant le fleuve *Macra* pour limite commune à la Ligurie et à l'Étrurie, ou à la neuvième et septième région, accorde *Luna* à cette dernière ; Strabon [1] et Ptolémée [2] sont d'accord en cela avec Pline, quoique Strabon commette plus bas une légère erreur, en confondant un petit district à l'est de la *Macra*, nommé le territoire de *Macra*, avec l'embouchure même de la *Macra*. En effet, les mesures de l'Itinéraire nous portent, pour *Luna*, aux ruines mêmes de cette ville, nommée encore sur nos Cartes *Luni diruta* [3], sur la rive gauche ou à l'est de la Magra, et près des carrières de Carrare [4]. Mela n'est point contraire, ainsi qu'on l'a cru, à Strabon, Pline et Ptolémée, lorsqu'il dit *Luna*, ville des Ligures, *Luna Ligurum*.

[1] Strabo, lib. v, p. 222 ; trad. franç., tom. ii, p. 155.

[2] Ptolemæus, lib. iii, cap. 1, p. 61 (68), edit. Bert.

[3] Sur civitas Lunensis, voyez une inscription de Muratori, tom. ii, p. 1055, n° 3.

[4] Luni diruta est marquée sur la Carte de Lombardie, en quatre feuilles, par Zannoni ; 1795, et sur la feuille douze (la Spezzia) de la Carte de Raymond. — Le savant Du Theil, dans ses *Notes sur Strabon*, tom. ii, p. 155, cite un Voyage de Targioni Tozzetti, qui a décrit les ruines de cette ville. Targ. Tozz., *Saggio del topogr. fis. della Lunig.*, part. ii, sect. 3 ; *Relaz. d'alcun. viagg.*, etc., t. x, p. 408.

Luna pouvait être considérée comme ville ligurienne, puisqu'elle devait son origine aux Liguriens, et que, immédiatement avant la division d'Auguste, elle faisait partie de la Ligurie qui s'étendait jusqu'à l'Arno. Strabon observe que les Grecs appellent le port et la ville de Luna, *Selene*, ce qui n'est que le nom latin traduit en grec[1].

La *Gaule transpadane* de Strabon comprend la dixième et la onzième région de l'Italie, selon la division d'Auguste, ou la troisième et la quatrième de la Gaule cisalpine considérée à part.

La *dixième région* comprenait la Vénétie et l'Istrie[2]. Cette région était bornée, à l'est, par la côte de l'Adriatique, qui s'étend depuis l'embouchure du Pô, près d'Hadria, jusqu'à l'embouchure du fleuve *Arsia*, la rivière Arsa, et ensuite par le cours même de cette rivière. Pline a bien soin d'observer que ce n'est que depuis peu de temps que le fleuve *Arsia* forme la limite de l'Italie : plus haut, il nous apprend que cette limite se trouvait auparavant restreinte au fleuve Formio, qui est à 6 milles de Trieste, et à 189 milles de Ravenne; et j'ai déjà remarqué que le concours de ces deux mesures nous porte à l'embouchure de la rivière qui coule à Muja ou à Musa Vecchia[3]. A l'ouest, et dans l'intérieur, cette dixième région s'avançait jusqu'au fleuve Serio, dont le cours formait la limite qui se trouvait continuée

---

[1] Strabo, lib. v, cap. 4, p. 222, tom. II; p. 255, de la trad. franç.

[2] Plin., lib. III, cap. 22 (18), tom. II, p. 182, édit. Lemaire : « Sequitur decima regio Italiæ, Adriatico mari apposita : cujus « Venetia. »

[3] Conférez Plin., lib. III, cap. 22 et 23 (18 et 19), et ci-dessus, part. I, cap. I, tom. I, p. 4.

par l'Adda. Au nord, la limite de cette région remontait, dans l'intérieur des Alpes, jusqu'à *Tridentum*, Trente, et jusqu'à *Julium carnicum*, aujourd'hui Zuglio [1]. Un lieu nommé, dans l'Itinéraire, *Hadrante* [2], à la suite duquel il est écrit *finis Italiæ*, fin de l'Italie, nous prouve, par les mesures qui y ont rapport, que cette région s'étendait au-delà d'*Æmona* ou de Laybach et des montagnes qui bordent la Carniole; mais primitivement, ainsi que le démontre le texte de Ptolémée, les limites de l'Italie, de ce côté, ont été celles de la Carniole et les plus hauts sommets de la chaîne des Alpes, dans la direction d'Idria et de Lobitsch. On voit que cette dixième division étoit très étendue, et comprenait, outre l'ancienne *Venetia*, primitivement bornée au Bachiglione Vecchio, tout le vaste et fertile district des *Cenomanni*, à la réserve de *Bergomum*, toute l'Istrie et une partie des peuples des Alpes situés au nord. Comme la *Vénétie* était la portion principale de ce vaste département, on la confondit quelquefois avec lui, et, dans la dernière division qui eut lieu sous Constantin, ce nom de *Vénétie* fut étendu à toute cette *dixième région* d'Auguste. Voilà pourquoi Servius, commentateur de Virgile, qui écrivait dans le sixième siècle, dit, à l'exemple de Pline, que *Mantua*, Mantoue, est située dans la Vénétie [3].

---

[1] Voyez l'*Analyse des Itinéraires*, tom. III de cet ouvrage, et le détail des ruines trouvées dans cet endroit, décrites dans une feuille in-4° de six pages, publié par Ricchieri, sous-préfet de Tolmezzo, avec des Notes de Siauve, imprimé à Udine, en 1808, intitulé : *Scavi di Zuglio in Carnia*.

[2] Voyez l'*Analyse des Itinéraires*, tom. III de cet ouvrage.

[3] Servius, apud Virgil.

La *onzième région* d'Auguste, tout intérieure, dit Pline, et qui porte à la mer les eaux des fleuves qui la fertilisent, comprenait le reste de l'Italie [1] Transpadane; elle avait, au midi, le Pô, depuis sa source jusqu'à l'embouchure de l'Adda; le Serio et l'Adda à l'est; à l'ouest, les Alpes jusqu'à leurs plus hauts sommets, et au nord ces mêmes montagnes jusqu'à la hauteur du Grand-Saint-Bernard et l'extrémité septentrionale du lac Garda.

Ptolémée n'adopte aucune autre division que celle des peuples : on doit observer cependant qu'il donne à la huitième région d'Auguste le nom particulier de *Gaule togée* [2]. L'on se rappelle qu'en effet cette portion a été la première arrachée par les Romains aux Gaulois, et que, pendant un certain temps, le nom de *Gaule togée* a dû lui être exclusivement attaché. On ne doit pas douter que cette division, particulière à Ptolémée, n'ait une origine très ancienne; mais, du temps du géographe grec, le nom qu'il lui donnait avait chez les Romains une tout autre signification, puisqu'il était synonyme de Gaule cisalpine.

Comme, en Italie, les limites des peuples n'ont point été conservées dans la création des diocèses, et ne se trouvent pas non plus représentées par les comtés et autres petits États qui se formèrent dans le moyen âge, nous devons, pour déterminer ces

---

[1] Plin., lib. III, c. 21 (17) : « Transpadana appellatur ab eo regio « undecima, tota in mediterraneo, cui maria cuncta fructuoso alveo « important. Oppida : Vibi forum, Segusio, Colonia ab Alpium « radicibus, Augusta Torinorum, antiqua Ligurum stirpe, inde « navigabili Pado. Dein Salassorum Augusta prætoria, juxta gemi- « nas Alpium fores, Graias atque Penninas. »

[2] Ptol., *Geogr.*, III, 1, p. 64 (71, par faute d'impression 69), ed. Bert.

limites avec autant de précision qu'il est possible, donner la liste et assigner la position des villes qui sont attribuées à chaque peuple par les auteurs anciens. Nous ferons concorder les divisions d'Auguste, ou de la carte d'Agrippa, avec celles de Strabon et de Ptolémée.

La *sixième région de l'Italie* d'Auguste [1], qui est celle que Strabon [2] nomme *Ombrie*, n'appartient pas, ainsi que nous l'avons déjà dit, tout entière à notre sujet, mais on peut y rapporter le territoire que Ptolémée [3] attribue aux *Senones* ou *Semnones*, ce qui répond à l'*ager Gallicus* ou campagne Gauloise de Pline, qui faisait, ainsi que je l'ai déjà observé, partie de la Gaule avant Jules César. Ptolémée donne aux *Semnones*, dans l'intérieur des terres :

Suasa, dont la position à castel Leone, à l'est de Saint-Lorenzo, se trouve déterminée par des inscriptions trouvées dans ce lieu, qui font mention de cette ancienne ville [4]. Castel Leone est situé sur la rivière Cesino. Pline nomme *Suasani* les habitans de Suasa.

Ostra, dont les habitans sont nommés *Ostrani* par Pline, ville que l'on place à Cormaldo, mais dont la situation est inconnue.

Sur la côte, Ptolémée donne aux *Semnones* :

Aïsis ou *Æsis fluv. Ostia.* — L'embouchure de l'Esino, dont Silius Italicus a parlé [5], disant que le

---

[1] Plin., lib. III, cap. 19 (14), tom. II, p. 166, édit. Lemaire.
[2] Strabo, *Geogr.*, lib. V, p. 227; trad. franç., tom. II, p. 175.
[3] Ptolemæus, *Geogr.*, lib. III, cap. 1, p. 69 (62).
[4] Cluverius, *Italia antiqua*, tom. I, p. 620.
[5] Silius Italicus, VIII, 445, tom. I, p. 511, édit. Lemaire. — La Table corrompt ce nom d'*Æsis* en celui de *Misus*.

peuple qui habite ses bords a reçu le nom d'*Asili*, d'*Æsis*, héros pélasge qui aborda à l'embouchure du fleuve et lui donna son nom.

Sena Gallica. — Sinigaglia, qui, selon la remarque de Silius Italicus, a dû son nom aux Gaulois senonais ; Polybe, Pline, Appien, Strabon, Mela, Tite Live, ont aussi fait mention de ce lieu [1] ; il est nommé une fois par ce dernier, simplement *Sena*, et ensuite *Senogallia*.

Fanum Fortunæ. — Fano, dont il est fait mention dans César et dans Sidoine Apollinaire, sous le seul nom de *Fanum*, mais auquel Strabon et Tacite donnaient, comme Ptolémée, le nom de *fanum Fortunæ*, et qui devint, sous Auguste, colonie romaine, et reçut le nom de *colonia Julia Fanestris* [2].

Pisaurum. — Pesaro.

Ariminum. — Rimini, que nous avons déjà eu occasion de mentionner, et dont le nom se représente si souvent dans Tite Live, Velleius, Paterculus, Polybe, Strabon, Appien, Plutarque [3].

Les positions de tous ces lieux se trouvent démontrées par les mesures que fournissent les Itinéraires

---

[1] Polyb., II, 19. — Tit. Liv., XXVII, 46 et suiv. — Strabo, V. — Plin., lib. III, cap. 9. — Silius Italicus, XV, 553, tom. II, p. 263, édit. Lemaire. — M. Cramer (*Geogr. and hist. descript. of Italy*, tom. I, p. 258) rapporte au *Misus fluv.* de la Table la rivière Nigola qui coule à Sinigaglia ; mais Misus est le nom d'Æsis corrompu.

[2] Cæsar, *de Bello civili*, I, 8. — Sidon. Apollin., I, ep. 15. — Strabo, V. — Tacit., III, 30. — Mela, II, 4. — Vitruv., V, 1. — Front., *de Col.*, et diverses inscriptions par Gruter, 416, 8. — Ptolem., p. 69.

[3] Plin., III, 14. — *Epit.*, XV-XXIII, 51. — Velleius Paterc., I, 15. — Strabo, V. — Polyb., II, 23 ; III, 77. — Appian., *de Bello civili*, lib. IV, cap. 3. — Ptolem., *Geogr.*, lib. III, cap. 1, p. 69 (64).

romains, pour la route qui suit le rivage et qui part d'*Ancona*, Ancône, et aboutit à *Ravenna*, Ravenne '.

Strabon, qui ne distingue pas l'*Ombrie* de l'*ager Gallicus*, place dans l'Ombrie *fanum Fortunæ*, l'*Æsis*, et *Sena Gallica*. Ptolémée ', qui sépare l'Ombrie, qu'il nomme *Olombrie*, du pays des *Semnones*, s'accorde avec Strabon en plaçant dans cette division *Sentinum* ³, qui est Sasso Ferrato, sur le Sentino; *Camerina*, Camerana moderne; et avec Pline ⁴, pour *Tifernum*, qu'on rapporte à San Angelo in Vado sur le Teferno; pour *forum Sempronii* ⁵, Fossombrone. Ptolémée et Pline nomment encore plusieurs autres lieux dans l'Ombrie, tels que *Sarsina*, illustrée par la naissance de Plaute, qui a conservé le même nom chez les modernes ⁶ ; *Mevania* ⁷, Bevagna, célèbre par ses riches pâturages et lieu de la naissance de Properce ⁸ ; *Sestinates*, Sestino; les *Urbanates metaurenses*, qui paraissent avoir occupé l'emplacement d'Urbania, tandis qu'*Urbinum hortense* est la ville même d'Urbino ⁹ ; et enfin *Ocriculum*, Ocricoli. Mais ces villes sont au sud de l'Apen-

---

' Voyez l'*Analyse des Itinéraires*, tom. III de cet ouvrage.
' Ptolemæus, lib. III, cap. 1, p. 65 (72), edit. Bert.
³ Cette ville fut assiégée par Auguste. Dio Cass., XLVIII, 13.
⁴ Plin., *Hist. nat.*, III, 19 (14), tom. II, p. 170, edit. Lemaire.
⁵ Plin., III, 19 (14), t. II, p. 227. — Strabo, v, 175, 227, edit. Lem.
⁶ Plin., III, 14 — Polyb., II, 24. — Plaut., *Moscell.*, act. III, sc. 2.
⁷ Strabo, v, 227; tom. II, p. 177, de la trad. franç.
⁸ Columell., III, 8. — Tit. Liv., IX, 41. — Tacit., *Hist.*, 55. — Plin., XXXV, 14. — Silius Italicus, VI, 645; VIII, 258. — Lucan., I, 473. — Propert., *Eleg.*, lib. IV, eleg. 1, 121.
⁹ Plin., lib. III, c. 14. — Tacit., *Hist.*, lib. III, c. 62. — Ptolem., lib. III, cap. 1, p. 72, 73 (64, 65).

nin, et cette partie de l'Ombrie, ou de la sixième division, n'appartient pas à notre sujet.

La huitième région de l'Italie[1], appelée *Gaule cispadane* par Strabon, et *Gaule togée* par Ptolémée, renfermait, suivant ce dernier, les villes suivantes, dont les positions sont déterminées par les Itinéraires[2], à la réserve de deux que nous indiquerons :

Placentia, Plaisance, si célèbre, et dont le nom revient si souvent chez les historiens et les géographes de l'antiquité[3].

Fidentia, Borgo San Donino[4].

Brixellum, Bressello[5].

Parma, Parme.

Rhegium Lepidum colonia, Reggio.

Nuceria, que Cluverius[6], Sanson[7], et d'après eux, d'Anville[8], placent à Luzzara.

Tannetum, ou le *Canetum* des Itinéraires, placé par les mesures qu'ils nous donnent à San Ilario. Pline[10] appelle les habitans *Tanetani*, lieu devenu célèbre par la retraite du préteur Manlius, battu par

---

[1] Plin. III, cap. 20 (15), tom. II, p. 172, édit. Lemaire.

[2] Voyez l'*Analyse des Itinéraires*, tom. III de cet ouvrage.

[3] Polyb., III, 40, 66. — Tit. Liv., XXI, 25; XXVII, 39, 56; XXXI, 10; XXXIV, 21. — Velleius Paterc., I, 14. — Appian., *de Bello hann.*, 7. — Strabo, V. — Tacit., *Hist.*, II, 17. — Suet., *Cæs.*, 9. — Plut., *Oth.* — Silius Italicus, VIII, 593. — Cicero, *Or. in Pis.*

[4] Velleius Paterc., II, 28. — Tit. Liv., *Epit.* 88.

[5] Voyez Muratori, *Inscript.*, p. 441, n° 4; p. 1054, n°s 6 et 7; p. 1035, n° 3.

[6] Cluverius, *Italia antiqua*, tom. I, p. 281.

[7] Sanson, *Italie*, p. 14.

[8] D'Anville, *Géogr. anc.*, p. 235, édit. in-folio; dans ses *OEuvres*, tom. II, p. 212.

[9] Voyez l'*Analyse des Itinéraires*, tom. III de cet ouvrage.

[10] Plin., lib. III, c. 20 (15). — Ptolem., lib. III, c. 1, p. 64 (71).

les Gaulois *Boii*. Polybe et Tite Live ont plusieurs fois nommé *Tanetum* [1].

Bononia, Bologne, l'antique *Felsina* des Étrusques, dont le nom se retrouve si souvent dans les écrits des anciens historiens, géographes, orateurs et poètes, et sur les inscriptions [2].

Claterna, Quaderna, qui offre encore quelques vestiges de la ville antique [3].

Forum Cornelii. — Comme les lieux précédens et ceux qui suivent, placé sur la voie Émilienne, et déterminé par les mesures des Itinéraires à Imola moderne [4].

Cæsena, Césène, dont le nom, dans l'ordre où il est inscrit, prouve le dérangement que subissent les Itinéraires dans les combinaisons de Ptolémée, et nous révèle la cause du désordre de ses cartes dans l'intérieur; cette ville, étant la plus occidentale de cette division, aurait dû être nommée avant les deux qui suivent.

Faventia. — Faenza, dont les habitans sont nommés *Faventini* par Pline, et où l'on fabriquait des toiles d'une éclatante blancheur [5].

---

[1] Plin., III, 20 (15). — Polyb., III, 40. — Tit. Liv., XXI, 25.

[2] Voy. Muratori, *Inscript.*, 1033 et 1034, n° 1. — Plin., III, 20 (15). — Tit. Liv., XXXIII, 37; XXXVII, 57. — Tacit., *Hist.*, II, 53. — Strabo, V, 216. — Cicer., *Epist. ad fam.*, XI, 13; XII, 3. — Silius Italicus, VIII, 600. — Appian., IV, 2. — Mela, II, 4. — Pomp. Fest., voc. *Municipium*. — Dio Cassius, I, 6. — Voyez ci-dessus, tom. I, p. 12.

[3] Voyez l'*Analyse des Itinéraires*, tom. III de cet ouvrage. — Plin. III, 15. — Strabo, V, 216. — Cicero, *Philos.*, VIII, 2. — *Ad fam.*, XII, 5. — Ptolem., lib. III, cap. I, p. 64 (71).

[4] Voyez l'*Analyse des Itinéraires*, tom. III de cet ouvrage. — Strabo, V, 216. — Paul. Diac., III, 18. — Cicero, *Ad fam.*, XII, 5. — Procop., *Goth. rer.* II. — Martial., III, 3. — Prudent., *Hym.* 12.

[5] Plin., III, 20 (15); XIX, c. 2. — Varr., *Re rust.*, I, 2. — Tit. Liv.,

Forum Livii. — Forli, mentionné par Pline et les Itinéraires [1].

Sur la côte, Ptolémée place les *Boii*, auxquels il attribue :

Rubiconis fluv. ostia. — Embouchure du Fiumicello, qui reçoit le Pisciatello, le *Rubico* dans l'intérieur. On voit par-là que Ptolémée suit ici la division antérieure à Auguste, puisqu'il termine la Gaule cisalpine au sud-est par le *Rubico* [2].

Ravenna. — Ravenne, dont la fondation remonte aux premiers temps de la colonisation de l'Italie, par des peuples venus d'Orient, qui fut par son port, dans l'antiquité, la reine de l'Adriatique, comme Venise chez les modernes [3]; comme elle, aussi, entourée de marais et de lagunes.

Padi fluv. ostia. — Le Pô, à son embouchure principale, au nord de laquelle commençait la *Venetia*.

On voit d'après cette énumération, où l'ordre géographique se trouve un peu dérangé pour suivre celui de Ptolémée, que *Placentia*, Plaisance, était la ville la plus occidentale de cette division de Ptolémée, ce qui prouve qu'elle s'accorde avec celle d'Au-

---

Epit., 88. — Vell. Paterc., II, 28. — Appian., *de Bello civili*, I, 91. — Silius Italicus, VIII, 596.

[1] Voyez l'*Analyse des Itinéraires*, tom. III de cet ouvrage. — Plin., III, 20 (15).

[2] Appian., *de Bello civili*, II, 135. — Suet., *Cæs.*, 30. — Plut., *Cæs. et Pomp.* — Strabo, V, 225. — Plin., III, 15. — Cicer., *Phil.*, VI, 3. — Lucan., I, 183. — Ptolem., III, 2, p. 69 (64), edit. Bart.

[3] Claudian., VI. — Cons. Hon., 494. — Strabo, V, 214 et 217. — Plin., III, 15; XIV, 2. — Sil. Ital., VIII, 602. — Mart., XIII, ep. 18. — Sidon. Apoll., cap. 9. — Procop., *de Bello vandal.*, lib. I, cap. 2. — *De Bello goth.*, lib. I, cap. 1, tom. I, p. 178 et 309.

guste. M. Durandi[1] a tort de vouloir conclure, d'après le fragment du marbre trouvé à Autun, cité de mémoire, que *Placentia* était hors des limites de la Gaule, et par conséquent dans la Ligurie; car en supposant même que l'on ait rapporté exactement le contenu de ce fragment, les conséquences qu'en tire M. Durandi seraient faciles à détruire. Ptolémée attribue aux *Boii* un territoire qui, selon le témoignage de Polybe, avait été occupé par les *Lingones;* mais comme dans ce dernier auteur, et selon Tite Live, les *Boii* et les *Lingones* se trouvaient réunis et formèrent à eux seuls la cinquième et dernière invasion des Gaulois, que ces peuples firent cette conquête en commun, Ptolémée a pu désigner cette confédération par le peuple principal[2].

Pline[3] met *Ariminum*, Rimini, dans la huitième division d'Auguste, parce que, d'après cette division, l'Ausa, l'*Aprusa fluvius* près *Ariminum*, formait la limite de la sixième et de la huitième division, et que le Rubicon ne formait plus la démarcation de la Gaule cisalpine; aussi Pline, lorsqu'il mentionne le *Rubico*, a-t-il soin de dire : *Rubico, quondam finis Italiæ;* le Rubicon, autrefois la borne de l'Italie. Ptolémée attribue, ainsi que nous l'avons déjà dit, *Ariminum* aux *Senones*, et Strabon met aussi cette ville dans sa division de l'*Ombrice* : on voit que cet auteur se trouvait, ainsi que Pline, embarrassé pour classer le territoire des Senonais, ou cette partie de l'Ombrie qui, après avoir si long-temps appartenu

---

[1] Durandi, *Piemonte cispadano antico*, p. 260.
[2] Voyez ci-dessus, partie 1, chap. 3, tom. 1, p. 81 à 87.
[3] Plin., lib. III, cap. 15.

à la Gaule, n'y était plus comprise selon les nouvelles divisions; car, après avoir fait mention de *fanum Fortunæ*, Strabon ajoute : « C'est vers ce « lieu que se trouvent les bornes qui, du côté de la « mer Adriatique, séparaient l'ancienne Italie de la « Celtique (Gaule cisalpine); il est vrai que les limites « de la Celtique ont pu changer plus d'une fois, au « gré des chefs de l'État, puisque, par exemple, après « avoir été d'abord fixées aux bords de l'*Æsis*, elles « ont été ensuite restreintes à ceux du *Rubicon*, deux « fleuves qui se jettent dans la mer Adriatique, l'un « entre *Ancona* et *Sena gallica*, l'autre entre *Ariminum* et *Ravenna*. Mais aujourd'hui que l'Italie « comprend tout le pays jusqu'aux Alpes, il ne faut « plus s'occuper de ces limites : et d'ailleurs, quelque « différentes qu'elles aient été à diverses époques, on « ne convient pas moins que l'*Ombrice* doit s'étendre « jusqu'à Ravenne, puisque cette ville est peuplée « d'*Ombrici*. » Ainsi Strabon confondait les divisions ethnographiques avec les divisions de géographie physique, et les divisions administratives : choses qu'il faut soigneusement distinguer [1].

Aux villes mentionnées par Ptolémée, dans cette huitième région, Pline [2] ajoute encore :

Forum Popilii, ou le *forum Populi* de la Table, qui est Forimpopoli, comme le démontrent les mesures de l'Itinéraire, et le nom encore existant presque sans altération [3]. Il y avait deux autres villes

---

[1] Strabo, *Geographia*, lib. v, cap. 5; tom. II, p. 175, de la trad. franç. — Voyez ci-dessus, partie 1, ch. 3, tom. I, p. 93 et 94.

[2] Plin., III, 20 (15), tom. II, p. 172, édit. Lemaire.

[3] Voyez l'*Analyse des Itinéraires*, tom. III de cet ouvrage.

de ce nom dans l'Italie, l'une dans la Campanie, l'autre dans la Lucanie, mais une seule dans la Gaule cisalpine.

Forum Clodii, dont la situation n'est pas connue, qu'il faut se garder de confondre avec le *forum Clodii* que Ptolémée nous donne dans la *Tuscia* [1], ou l'Étrurie. Par une conjecture assez vague, mais fondée sur quelques rapprochemens, nous plaçons celui de la Gaule à Lojano, sur la route de Bologne à Florence.

Forum Truentinorum ou *Brintanorum*, comme le portent quelques manuscrits, qui paraît devoir être placé à Bertinoro, entre Césène et Forli, mais écarté de la voie Émilienne. Ce lieu est considéré, non sans raison, comme le même que le *Forodruentiorum*, d'une inscription rapportée par Gruter [2].

Les *Otesini*. — Une inscription trouvée près du Panaro et du Pô, à Bondeno, sur la rive droite du Panaro, porte *Respublica Otesinorum*.

Padinates. C'est dans les environs de Bondeno qu'il faut placer la ville de *Padinum*, non loin de la ville *Otesia* ou des *Otesini*, peut-être à Mirandola, comme le conjecture Cluverius [3].

Les *Solonates*, dont la ville, *Solona*, paraît devoir être placée à Solaria ou terra del Sole, sur la Montone, un peu au midi de Forli, à l'entrée des Apennins.

Les défilés gaulois (*saltes* ou *saltus Galliani*), et les *Aquinates*. — M. Pasquali Amati [4], à très bien

---

[1] Ptolem., lib. III, cap. 1, p. 62 (65).
[2] Gruter, *Inscript.*, p. 492, n° 5; p. 1094, n° 2.
[3] Cluverius, *Italia antiqua*, p. 282.
[4] Pasquali Amati, *Dissertazione sopra il passagio dell' Apennino*

prouvé que les *saltus Galliani* devaient être placés à Galliata, sur l'ancienne route d'Arezzo. Les *Aquinates* me semblent avoir occupé les environs de deux petites rivières, dont l'une descend de castel Alpi, et se nomme Acqua Viva, et l'autre découle de San Benedetto, se nomme Acqua Cheta. Ces deux rivières sont peu éloignées de Forli. Cette position n'a aucun rapport avec celle d'*Aquinum* de Ptolémée, placée chez les Latins par ce géographe.

Les *Veliates* [1] surnommés *Vecteri*. — Ces *Veliates* étaient sur les confins de la Ligurie, et sont aussi mentionnés par Pline pour cette division : ils ne paraissent pas différens, quoi qu'on en ait dit, des *Veleiaci* mentionnés ailleurs par Pline [2], comme étant voisins de Plaisance : leur position entre Macinesso, et Liveia au midi de Plaisance, près de la montagne de Bobbio, sur la rive droite de la rivière Nura, est prouvée par la célèbre inscription connue sous le nom de Table alimentaire de Trajan [3], et par les ruines mêmes qu'on y a découvertes. Quant aux *Regiates*, que Pline mentionne immédiatement après, à moins qu'on n'adopte la correction du père Hardouin [4], qui lit *Velejates*, ils me sont inconnus [5].

---

fatto da Annibale; Bologna, 1776, p. 34 et 35. — Il Dante, nell' canto 16. — Morgagni, nella *Epistola emiliana* IV, n° 6.

[1] Plin., *Hist. nat.*, lib. III, c. 20 (15), tom. II, p. 174, edit. Lem.

[2] Plin., *Hist. nat.*, VII, 50, tom. III, p. 191, edit. Lem.

[3] Pitarelli, *Tavola alimentaria di Trajano*; 1790, in-4°. — P. de Lame, *Tavola alimentaria*; Velejate, 1809, in-4°. — Cara, *dei Paghi dell' agro Vellejate nominati nella Tavola trajana*; Vercelli, 1788. — Voyez ci-dessus, part. I, ch. 7, tom. I, p. 154.

[4] Harduini Plinius, p. 172.

[5] Hardouin propose de lire : *cognomine veteri Regiates*; alors Regiates aurait été l'ancien nom des Velejates. — Voyez Plin, edit. Hard., tom. I, p. 172.

Les *Urbanates* ou *Umbranates* étaient peut-être à Marano, sur le Panaro. Strabon nomme encore dans cette division un lieu nommé *Acara*, qui me paraît devoir être placé à Casadico, vers la source de la rivière nommée Cara : ce lieu est mentionné dans Strabon [1] immédiatement avant *Rhegium lepidum*, Reggio, et la rivière Cara traverse aussi la route qui conduit à Reggio. C'est donc à tort que l'on a voulu changer ce nom d'*Acara* en celui d'*Acerra*, qui est Gherra, près de Pizzighetone, dans la Gaule transpadane. Les *Macri campi*, d'après l'ordre conservé ici par Strabon [2], ont dû exister entre Reggio et Quaderna, et s'étendaient probablement au midi de *Mutina*, Modène, et de *Parma*, Parme. Strabon nous apprend qu'on y tenait chaque année une foire célèbre, et il est probable que c'était une foire de bestiaux, d'après ce que dit Columelle [3], qui indique très bien la position des *Macri campi*, entre Parme et Modène. Il est aussi très souvent question de ces plaines dans Tite Live [4].

---

[1] Strabo, *Geogr.*, lib. v, p. 216; trad. franç., t. II, p. 132; t. I, p. 305, de l'édit. d'Oxford, in-folio, 1807; Carte de Bacler d'Albe.

[2] Strabo, *Geogr.*, lib. v, p. 132.

[3] Columella, *de Re rustica*, lib. VII, cap. 3. — Varro, *de Re rustica*, in Præfatione, lib. II. — Tit. Liv., lib. XLI, 18; lib. XLV, 12; et ci-dessus; partie I, ch. 7, tom. I, p. 158.

[4] Les récits de cet historien sont confirmés par les paroles remarquables de Pline, qui termine ainsi l'énumération des cités de cette région : « Dans ces lieux périrent les *Boii*, qui se composaient de cent « douze tribus, selon Caton, et les Senonais qui prirent Rome. « In hoc tractu interierunt Boii, quorum tribus CXII fuisse auctor « est Cato : item Senones qui ceperant Romam. » — Plin., *Hist. nat.*, lib. III, cap. 20 (15), tom. II, p. 174, édit. Lemaire. — Voyez ci-dessus, part. I, chap. 8, tom. I, p. 83 et 88.

Observons que Strabon, oubliant les limites exactes qu'il a données précédemment à la Cisalpine, qu'il dit être bornée par les monts Apennins [1], place *Luca* [2], Lucque, qui se trouvait au midi de cette chaîne, dans cette division, parce qu'en effet, peu auparavant, et du temps de César, cette ville avait fait partie de la Gaule cisalpine: cependant quelques lignes après, Strabon [3] confirme encore ce qu'il avait dit précédemment, et répète que la chaîne des Apennins forme les limites de la Cisalpine; c'est que Strabon trace les limites générales d'après celles qu'Auguste avait établies, et telles qu'elles existaient de son temps, et que, dans la description des villes, il se conforme à la division qui a précédé celle d'Auguste. Ces confusions d'époques sont fréquentes dans les géographes anciens comme dans les modernes, et, pour les bien comprendre, il est nécessaire de distinguer ce qui appartient à chacune.

La *neuvième région de l'Italie*, selon la division d'Auguste, ou de la Carte d'Agrippa, se composait de la *Ligurie*, qui était presque le double de la Ligurie de Strabon. Ce géographe a compris dans sa Gaule cispadane toute la Ligurie orientale, et en cela il se trouve en partie d'accord avec Ptolémée [4], qui attribue aussi aux *Taurini* une partie de la Ligurie située dans la plaine.

Ptolémée, après tous les peuples des Alpes, du royaume de Cottius, dont nous avons parlé, indique

---

[1] Strabo, *Geogr.*, lib. v, p. 211; trad. franç., tom. II, p. 114.
[2] *Id.*, lib. v, p. 217; trad., p. 135.
[3] *Id.*, trad., p. 139.
[4] Ptolemæus, *Geogr.*, lib. III, cap. I, p. 64 (71), edit. Bert.

d'abord les *Nerusii*, dont la capitale, *Ventium*, est Vence dans les Alpes maritimes ; et diverses inscriptions trouvées sur les lieux, qu'ont publiées Scaliger et Spon, portent : MARTI VINTIO, ORDO VINTENSIUM, CIVITAS VINTIUM [1] ; ensuite Ptolémée nomme les *Suectrii*, qui sont les *Suetri* de Pline, à l'ouest du Var [2]. Ptolémée [3] leur donne pour capitale *Salinæ*, qui, comme l'avait dit Honoré Bouche [4], doit être placée à Castellane, dans le diocèse de Senez, non pas précisément dans l'emplacement de la ville actuelle, mais un peu plus à l'occident, dans un quartier qui porte encore le nom de Saillon, et où l'on a trouvé plusieurs inscriptions portant : CIVITAS SALIN. [5]. Il faut se garder de confondre ces *Suectrii* de Ptolémée mentionnés dans l'inscription du trophée des Alpes, rapportée par Pline, avec les *Suelteri* du même auteur, qui faisaient partie de la Narbonnaise et non de l'Italie, et qui habitaient le district qui porte le nom de l'Esterel, en Provence [6]. Ptolémée nomme encore les *Vediantii* dans ces Alpes maritimes, et il leur donne pour capitale *Cemenelium* [7], Cimiers,

---

[1] Spon, *Miscell.*, p. 202. — *Galliæ antiquæ quædam selecta*, p. 63. — Honoré Bouche, tom. I, p. 283.

[2] Voyez ci-dessus, partie I, ch. 8, tom. I, p. 183.

[3] Ptolemæus, *Geogr.*, lib. III, p. 64 (71). Σουκτρίων ou Σουκτρίων.

[4] Bouche, *Hist. de Provence*, III, c. 2. — Spon, *Miscell.*, p. 198. — Orell., *Inscript.*, tom. I, p. 101. — Menard, *Mém. de l'Académ.*, tom. XXVIII, p. 1322. — Durandi, *Piemonte antico*, p. 128. — Papon, *Hist. de Provence*, tom. I, p. 192. — D'Anville, *Notice*, p. 168.

[5] D. J. Henri, *sur la Géogr. ancienne du département des Basses-Alpes* ; Forcalquier, 1818, in-8°, p. 69-71. — Zacharie, *Excursus*, p. 55.

[6] Voyez ci-dessus, partie I, ch. 2, tom. I, p. 61 et 62.

[7] Voyez l'*Analyse des Itinéraires*, tome III de cet ouvrage, et ci-dessus, part. I, ch. 7, tom. I, p. 161 et 162.

et *Sanitium*, Senez, que Pline nous apprend avoir été la capitale du peuple particulier nommé *Sentii*.

Ptolémée fait ensuite deux divisions de la Ligurie : l'une très petite, intitulée

Territoire des Marseillais, auquel il attribue :

Nicæ Massiliensium[1], Nice, que Ptolémée nomme encore ailleurs comme une des principales villes de l'Italie [2].

Herculis portus [3], qui n'est pas le même lieu que *Herculis Monœci portus*, et que les mesures de l'Itinéraire maritime, et celles de Ptolémée, portent à Eza.

Trophæa Augusti, la Turbia [4].

Monœci portus, Monaco [5]. Ce n'est pas seulement le texte de Ptolémée et l'Itinéraire maritime [6] qui distinguent l'*Herculis portus* du *Monœci portus*, ou Monaco. Pline fait encore cette distinction, et l'on trouve dans les anciennes éditions et dans les manuscrits de cet auteur, *portus Herculis et Monœ-*

---

[1] Voyez ci-dessus, p. 27-102, et Spon, *Miscell. erudit.*, p. 192. — Strabo, tom. IV, p. 180, 184. — Steph. Byzant., voy. Νίκαια. — Suidas, voy. Νίκαια. — Tit. Liv., *Epit.* XLVII. — Amm. Marcell., xv, 11. — Spanheim, *de Usu*, etc., tom. I, p. 180. — Grævius, *Thes. ital.*, tom. IX, p. 6. Papon, *Hist. de Provence*, tom. I, p. 10. — Millin, *Voyages*, tom. II, p. 537. — Ptolem., lib. III, cap. 1.

[2] Ptolem., lib. III, cap. 1, p. 61 (63); lib. VIII, p. 194 (227). — Plin., lib. III, cap. 7, tom. II, p. 72.

[3] Honoré Bouche, *Chorographie de Provence*, tom. I, p. 155, s'est très bien aperçu qu'il ne fallait pas confondre l'*Herculis portus* avec le *Monœci portus*; Stunica pensait de même. Voyez l'*Analyse des Itinéraires*, tom. III de cet ouvrage.

[4] Ptolem., *Geogr.*, lib. III, cap. 1, p. 61 (68). — D'Anville, *Notice*, p. 660, et Millin, *Voyage en Italie*, tom. II, p. 136.

[5] Voyez l'*Analyse des Itinéraires*, tom. III de cet ouvrage. — Ptolem., 61 (68).

[6] *Itiner. maritim.*, dans Wesseling, p. 503, et t. III de cet ouvrage.

cus¹. Toutes ces positions sont déterminées par les mesures des Itinéraires.

L'autre division de Ptolémée² comprend le reste de la Ligurie ou de la neuvième région, selon la description d'Auguste. C'est, dans Ptolémée, la Ligurie proprement dite : c'est celle qu'il intitule *Ligustica*. Elle comprend sur le rivage :

Albingaunum, Albenga³, près de laquelle l'*insula Gallinaria*, dont Varron vante les volailles, et qui servit de retraite à Saint-Martin de Tours, retient encore son ancien nom avec une légère altération dans celui de Gallinara⁴. *Albium intemelium* est Vintimille.

Genua, Gênes⁵.

Tigulia, Trigosa. Pline fait aussi mention de *Tigulia*, et lui attribue *Segeste*, Sestri di Levante, sur la côte⁶.

Entella fluv. ost, probablement l'embouchure de la rivière Lavagna, qui coule à Chiavi.

---

¹ Outre les auteurs cités ci-contre sur *Monœci portus*, voyez Tacit., *Histor.*, lib. III, c. 42. — Mamertinus, in *Genethliaco Maximiani Augusti*. — Stephanus. — Le passage d'Ammien, lib. I, cap. 6, paraît être relatif à l'*Herculis portus*, ainsi que celui de Julius Obsequentius, in *Prodigiis*. — Valer. Maxim., 1, 6. — Silius Italicus, 1, 583. — Lucan., *Phars.*, 1, 405.

² Ptolemæus, lib. III, cap. 1, p. 61 (68), édit. Bert.

³ Voyez ci-dessus, partie 1, ch. 6, tom. 1, p. 143. — Strabo, IV, 202. — Plin., III, 5. — Pomp. Mel., II, 4. — Tacit., *Hist.*, II, 15. — Flav. Vopisc., *Vit. Procli*.

⁴ Varro, *de Re rustica*, III, 4. — Columell., VI, 2. — Sulpicius Severus, in *Vita sancti Martini*, c. 6.

⁵ Voyez ci-dessus, partie 1, ch. 7, tom. 1, p. 165. — Pomp. Mel., II, 4. — Plin., III, 5. — Val. Maxim., 1, 6. — Tit. Liv., XXVIII, 46; XXX, 1.

⁶ Plin., III, 7, tom. II, p. 174, edit. Lem.

Macra fluv., la Magra, qui formait la limite à l'ouest auprès de son embouchure. Ptolémée mentionne encore *Erycis portus et sinus*, le porto Lerici, et le golfe de Spezia, et enfin *Veneris portus*, porto Venere [1].

Dans l'intérieur :

Sabata, Savone : c'est la ville nommée *Savo* par Tite Live, et qui était sur la hauteur, ce qui a causé l'erreur de Ptolémée, qui met cette ville dans l'intérieur des terres. Le *Vada* de Cicéron est Vado : et Vada, *portus Sabatorum*, et *vada Sabatia* dans Pline et dans Strabon, dans l'Itinéraire, désignent tantôt le port de Savone, tantôt le port de Vado qui se trouvait auprès [2].

Pollentia, Polenza, près Bra, un peu au-dessus du confluent du Tanaro et de la Sture. Cette position est confirmée par des inscriptions trouvées dans cet endroit même, et par les ruines encore existantes de la ville ancienne, célèbre par ses laines [3]. Pline, Suétone, Orosius et Silius Italicus, en font mention. La position de cette ville se trouve encore démontrée par les mesures de la route tracée dans la Table de Peutinger, qui part de Turin, et aboutit à *Alba Pompeia*, en passant par *Pollentia* [4].

Asta colonia, Asti. Sa position est démontrée par

---

[1] Ptolem., lib. III, p. 64 (71).

[2] Strabo, IV, 202, et lib. V, p. 217, trad. franç., tom. II, p. 137. — Tit. Liv., XXVIII, 46. — Cicero, *Epist. ad fam.* — Plin., III, 5. — Pomp. Mel., II, 4. — Jul. Capitol., *Vita Post.* Chabrol, *Statist. de Montenotte*, t. II. — Conférez la Carte, beau travail géodésique.

[3] Plin., III, 7 (5). — Colum., VII, 2. — Orosius, VII, 37. — Silius Italicus, VIII, 599. — Claud., *de Bello getic.*, 605. — Cassiodor., *Chron.*

[4] Voyez l'*Analyse des Itinéraires*, tom. III de cet ouvrage.

la route romaine dont je viens de parler. Cette ville est aussi mentionnée par Pline et Claudien [1].

Alba pompeia, Alba. Pline nomme ses habitans *Albenses pompeiani*. Ce lieu est connu comme ayant donné naissance à l'empereur Pertinax [2]. La position de cette ville, ainsi que celle de la précédente, se trouvent démontrée par la route qui part d'*Asta*, Asti ou de *Derthona*, Tortone, et aboutit à Turin, en passant par *Pollentia*. Alba doit son surnom au grand Pompée, comme le prouve une inscription publiée par Spon.

Libarna, Lavezzara, près de Decimo, aussi mentionnée par Pline [3].

La position de ces différens lieux se trouve démontrée par les mesures des Itinéraires [4]. Je dois seulement observer que le nombre de milles qui, dans la Table, exprime les distances de tous les lieux qui se trouvent entre *Genua*, Gênes, et *vada Sabbatia*, Vado, est trois fois plus grand que la distance réelle qui

---

[1] Ptolem., p. 64 (71). — Plin., III, 7 (5). — Claud., *Sextus consul. Hon.*, v. 205 :

.... *Hastensis humus floret et Albinganus.*

Voyez Durandi, *Dissert. sopra Errico d'Asti*, tom. I. — *Mémoires de l'Académie impériale de Turin*, tom. IV, p. 650.

[2] Plin., III, 7, tom. II, p. 76, édit. Lemaire. — Ptolem., lib. III, cap. I, p. 64 (71), edit. Bert. — Dio Cassius, 83. — Zon., *Ann.* II. — Nous avons diverses inscriptions relatives à Alba pompeia, qui prouvent que cette ville avait le titre de municipe. Voyez Durandi, *Piemonte cispadano*, p 198, et Spon, *Miscell. ant.*, 163.

[3] Plin., III, 7, tom. II, p. 75, édit. Lemaire.

[4] Voyez tom. III de cet ouvrage. — Durandi, *Piemonte cispadano antico*, p. 143, et Franchi, *Pont' dell' antichità di Pollenza*, dans les *Mém. de l'Académie de Turin pour les années* 1805 à 1808, p. 521; Turin, 1809, partie des beaux-arts et de la littérature. Voyez p. 423. — Cicero, lib. X, epist. 33.

existe entre ces deux points extrêmes¹. Aussi tous les auteurs qui ont écrit avec le plus de succès sur la géographie ancienne de ces contrées ont regardé comme entièrement fautive cette partie de la Table, et en ont rejeté les données comme erronées et inutiles². Cependant elles sont exactes; personne n'a vu qu'il y avait dans cet endroit trois Itinéraires mélangés; lorsqu'on les a démêlés et séparés, toutes les distances se trouvent conformes à ce qu'exige le terrain; les noms et les positions modernes correspondent parfaitement avec les noms anciens et les positions anciennes³; et cette partie de la Table fournit alors, plus qu'aucun autre monument, des moyens de démontrer mathématiquement la position de tous les lieux anciens situés sur ce rivage, et dont les historiens et les géographes de l'antiquité ont fréquemment fait mention.

N'oublions pas de remarquer que, dans l'énumération des villes de la Ligustique ou de la Ligurie, Ptolémée ne suit point l'ordre indiqué par la géographie naturelle; il paraît au contraire s'être laissé guider par des origines historiques, lorsque d'une part il attribue aux *Taurini* le district d'*Augusta Vagiennorum*, ou città di Benè, et ceux d'*Iria*, Voghera, et de *Derthona*, Tortone; tandis qu'il donne aux *Ligures*, *Asta*, Asti, *Alba pompeia*, Alba, *Pollentia*, Pollenza⁴, c'est-à-dire toute la plaine qui sépare les *Vagienni* et les *Taurini* du territoire de

¹ *Tabula peutinger.*, §. 2, F; §. 3, D.
² Durandi, *Piemonte cispadano*, p. 97. — G. L. Odorico, *Lettere ligustiche*, p. 56.
³ Voyez l'*Analyse des Itinéraires*, tom. III de cet ouvrage.
⁴ Ptolemæus, *Geogr.*, lib. III, cap. 1, p. 61 (68).

Derthona, Tortone, et d'*Iria*, Voghera ¹. Cette division de la Ligurie, en Ligurie propre, et en territoire des Marseillais, donnée par Ptolémée, se retrouve aussi indiquée dans Pline. Cet auteur ², après avoir mentionné *Nicæa*, Nice, les peuples des Alpes nommés *Capillati*, Chevelus, les *Vediantii*, auxquels il donne *Cemenelion*, Cimiers, pour capitale, et le *portus Herculis*, et le *portus Monœci*, ajoute incontinent *Ligustica ora*, « les rivages de la Ligurie, » indiquant par-là que ces rivages ne commencent qu'à partir de ces lieux, qui étaient à l'ouest du *Tropæa Augusti*, et ceci est conforme à Ptolémée; mais Pline³ mêle une division historique avec une division géographique, en faisant mention des Liguriens les plus célèbres ⁴ au-delà des Alpes, qui sont : les *Salluvii*, les *Deciates* et les *Oxybii*, dont la position est reconnue à l'ouest du Var. Cependant ceci est encore conforme à Ptolémée, et indique que les limites de la Gaule transalpine et cisalpine étaient mal déterminées, indécises, et qu'on continua long-temps après Auguste à renfermer dans l'Italie les peuples des Alpes. En combinant ce que disent Strabon et Pline ⁵ dans leur description de l'Italie, il résulte évidem-

---

¹ Pline a bien soin de nous apprendre que les Taurini étaient d'origine ligurienne : « Augusta Taurinorum antiqua Ligurum « stirpe, » lib. III, cap. 21, tom. II, p. 180, édit. Lemaire.

² Plin., lib. III, cap. 7, tom. II, p. 72, édit. Lemaire.

³ Plin., lib. III, cap. 7. — Sur Cemenelium, voyez Cluver., *Italia antiqua*, tom. I, p. 66. — La position de Cemenelium à Cimiers, ou Saint-Pons, est prouvée, ainsi que je l'ai observé, par les mesures des Itinéraires. — Sur les antiquités qui s'y trouvent encore, consultez Millin, *Voyage dans les départ. méridionaux*, tom. II, p. 548.

⁴ Voyez ci-dessus, part. I, ch. 2, tom. I, p. 36.

⁵ Strabo, lib. III, 7, et Plinius, lib. IV, p. 202, et lib. V, p. 218.

ment que cette nation des *Ligures*, qui autrefois avait habité avec les *Ibères* tout le rivage méridional de la Gaule, occupait encore du temps d'Auguste, et dans le siècle qui suivit, tout le district montagneux compris entre la rivière d'Argens, dans la Gaule transalpine, et les sources de l'Arno : division historique qui comprenait une partie de la Province romaine ou de la Gaule narbonnaise, ainsi que toute la Ligurie et les montagnes qui appartenaient à la fois à l'Étrurie et à la Gaule cispadane [1].

Mais nous ne nous occupons ici que de la Ligurie considérée comme division géographique et contenue, ainsi que nous l'avons prouvé, entre le Var et la Macra.

Pline commence l'énumération de cette partie par l'intérieur [2] des terres, en conservant l'ordre géographique et en se dirigeant d'occident en orient; et comme il vient de mentionner les *Oxybii* et les *Deciates* au-delà des Alpes, il ajoute : « *Citra* (de ce côté-ci des Alpes), » sont :

Les *Veneni*, que je crois devoir placer, avec Durandi [3], dans le val de Vinadio, près du val de Stura.

Les *Vagienni*, issus des *Turini* ou *Taurini*. Il y a dans les éditions de Pline « *et Caturigibus orti Vagienni*, » mais *Caturigibus* est une conjecture d'Hermolaüs, et Hardouin [4] nous apprend que tous les

---

[1] Conférez ci-dessus, part. 1, cap. 7, tom. 1, p. 161. Sur *Albium intemelium*, la capitale des *Intemelii*, dont Vintimille conserve encore le nom et la position, voyez Muratori, *Inscript.*, p. 10, 21 et 22.

[2] Plin., lib. III, cap. 7 (5), tom. II, p. 73, edit. Lem.

[3] Durandi, *Dissertazione delle antiche città di Pedona, Caburro, etc*; Torino, 1769.

[4] Hardouin. apud. Plin., III, 7. Conférez t. II, p. 73, édit. Lem.

manuscrits portent *ex Turris orti Vagienni*, et il faut corriger *ex Taurinis orti Vagienni*. En effet, Ptolémée qui, ainsi que je l'ai remarqué [1], n'admet pas la division d'Auguste, et qui décrit chaque peuple isolément, sépare les *Taurini*, de la Ligurie proprement dite ; et outre *Augusta Taurinorum*, Turin, leur capitale, il leur attribue encore *Augusta Vagiennorum*, città di Benè ; *Iria*, Voghera ; et *Derthona*, Tortone [2] ; une communauté d'origine a pu seule, ainsi que je l'ai dit, engager Ptolémée à établir cette division qui contrarie l'ordre géographique : son texte confirme donc la remarque de Pline, et justifie la manière dont je rétablis le texte de ce dernier auteur.

La capitale des *Vagienni*, *Augusta Vagiennorum*, a été mal placée par d'Anville [3] à Vico, près Mondovi. Durandi à très bien prouvé [4], d'après des monumens du moyen âge et des débris d'antiquités trouvés sur les lieux, qu'*Augusta Vagiennorum* occupait l'emplacement de città di Benè, un peu à l'est de Fossano. Dans le moyen âge, au lieu d'*Augusta Vagiennorum*, on a dit *Bagiennorum* ; ce nom s'est converti en celui de *Bagienna*, et depuis, par corruption, on a fait città di Benè. Il y a peu d'exemples d'un mot dont l'étymologie soit mieux démontrée, et cependant plus éloignée du mot pri-

[1] Voyez ci-dessus, p. 109, et Ptolem., *Geogr.*, lib. III, cap. 1, p. 64 (71).
[2] Voyez ci-dessus, part. 1, ch. 7, tom. 1, p. 163 et 164.
[3] D'Anville, *Géogr. anc.*, p. 48, édit. in-folio, tom. 1, p. 176, de l'édit. in-12.
[4] Durandi, *Dissertazioni sopra le antiche città di Pedona*, etc., p. 81, et *Piemonte cispadano antico*, p. 180 et 181.

mitif. Des inscriptions rapportées par Durandi font voir qu'à une époque postérieure à Pline, et par-conséquent au siècle d'Auguste, cette ville a pris le nom de *Julia Augusta Vagiennorum.* Les preuves de Durandi, à cet égard, paraissent positives ; mais l'abbé Oderico [1] observe cependant qu'il eût été à souhaiter que Durandi se fût donné la peine de réfuter Holstenius, qui regarde comme la *Julia Augusta Vagiennorum* la même ville que celle dont il est fait mention dans Hyginus [2], sous le nom de *colonia Augusta*, et dont la situation entre *Hasta*, Asti, et *Opulentia*, se trouve indiquée par cet auteur. Holstenius et l'abbé Oderico, d'après lui, pensent qu'au mot *Opulentia* on doit substituer *Pollentia*. Il s'en suivrait, dit Oderico, qu'*Augusta Vagiennorum* ne serait ni à Saluces, ni à Ostana, ni à Benè, et serait situé entre *Hasta*, Asti, et *Pollentia*, Pollenza. Mais dans notre édition d'Hyginus on ne trouve ni le nom d'*Opulentia*, ni quatre autres noms géographiques que cite Holstenius comme existant dans la sienne, et qu'il corrige, selon nous, à tort ; il n'a pas fait attention que les lieux qui formaient les limites d'une commune devaient être des lieux obscurs, et qu'il n'est pas étonnant de ne les trouver mentionnés nulle part ailleurs. En effet, en consultant la neuvième feuille de la belle Carte des Alpes de M. Raymond, nous trouvons du côté des montagnes, sur ce qui a dû former la limite d'*Augusta Vagiennorum*, ou citta di Benè, Cisone, qui corres-

---

[1] Oderico, *Lettere ligustiche*, p. 64 et 65.
[2] Hyginus, *de Limit. Const.*, p. 166, édit. Goez. — Holsten., *Annot. in Ital. ant.*, p. 12. — Oderico, *Lettere Ligustiche*, p. 64.

pond aux *Cesienses* d'Hyginus ; Mulazzano, à *mons Masuinus,* Somano, à *Geminus.* Le *Jumarus fluvius* est le *Tanarus fluvius,* comme le conjecture avec raison Holstenius; le *mons Mica* qui se trouve dans l'édition d'Holstenius, comme dans la nôtre, est Moncucco, et *fines Viruxentinorum,* qui se trouve dans notre édition, et n'est pas mentionné par Holstenius, sont les deux petits hameaux contigus de Fre et de Sciandini sur la rivière Pelio. Enfin, *Opulentia* est Puloti; mais si l'on préférait corriger ce nom, et lire *Pollentia,* qui empêche d'appliquer ce nom au *Potentia* ou *Polentia* de certains manuscrits de Pline, surnommé *Carrea* [1], qui paraît devoir être placé à Carrù [2] ? De cette manière, la situation d'*Augusta Vagiennorum,* ou de la *colonia Augusta,* mentionnée par Hyginus, à città di Benè, se trouve d'accord avec l'indication qu'il nous donne, avec les monumens trouvés sur les lieux, et avec les textes de tous les auteurs qui ont parlé de cette ville. Durandi a pareillement très bien démontré [3] par plusieurs inscriptions romaines trouvées à terra di Bennette ou Benne, que *Bagiennæ* ou *Vagiennæ* était différent des *Vagiennenses* ou d'*Augusta Vagiennorum.* Cette terra di Bennette ou di Benne est à l'ouest de Cuneo, et était nommée dans plusieurs actes *Bagienna superior.* Il serait très possible que ce lieu, qui avait conservé le nom du peuple, fût l'ancienne capitale des *Vagienni,* qui aurait ensuite été effacée par la colonie romaine appelée *Augusta Vagiennorum,* nom qui semble

---

[1] Plin., *Hist. nat.,* lib. III, cap. 7, tom. II, p. 75, edit. Lem.
[2] Durandi, *Piemonte cispadano antico,* p. 172, 314.
[3] *Id.,* p. 172.

indiquer une fondation récente. Tout le pays qui était occupé par les *Vagienni* est nommé Viozena encore aujourd'hui, et dans les actes du xıe siècle, *Vigenna in Viziennis*, et postérieurement *Viazenis* et *Viagena*. Durandi[1] a donné, dans un grand détail, les limites modernes du canton qu'on nomme Viozena[2].

Parmi les lieux dépendans des *Vagienni*, on doit citer trois villes ou monumens mentionnés sur une inscription trouvée en 1730, dans la chapelle de San Lorenzo, près de Caraglio, et publiée par Durandi. Ces trois lieux sont *Pedona*, qui est Borgo, di San Dalmazzo; *Caburre*, qui est Cavor, château près de Bagnolo, dans la vallée de Lucerna; *Germanicia*[4], qui est Caraglio. A ces trois villes on doit encore ajouter *colonia Bredulensis*, dont l'existence et la position sont démontrées par une inscription trouvée à Brolongo, que l'on sait être le *Bredulum* du moyen âge, et avoir été la capitale du fameux comté de ce nom[5].

A la suite de *Pedona* ou de borgo di San Dalmazzo, il est encore question, dans une inscription rapportée par Durandi, d'un lieu nommé *forum Cereale*. Le

---

[1] Id., *Mémoires de l'Académie impériale de Turin*, tom. IV, p. 196.

[2] Id., *delle Antiche contese di Pastori, di val Tanaro e di val d'Arosio; Mémoires de l'Académie des Sciences de Turin, pour les années 1809 et 1810*, littérature, p. 196. — D'Anville, *Gaule*, p. 215. — Voyez ci-dessus, tom. I, p. 165.

[3] Id., *delle Antiche città di Pedona, Caburro, Germanicia, etc.*; Torino, 1769, p. 3.

[4] Id., *Piemonte cispadano antico*, p. 126.

[5] Durandi, *Piemonte cispadano*, p. 81.

savant géographe piémontais place ce lieu, avec beaucoup de vraisemblance, entre Cartignano, Paglières et Dronero [1].

Les *Vagienni*, dont la capitale était située dans la plaine, s'étendaient donc, ainsi qu'on vient de le voir, vers le midi, dans les vallées des Alpes liguriennes; voilà pourquoi Silius Italicus dit : « Les *Vagienni* épars sur les flancs des rochers [2]. »

Suivant Pline [3], ces peuples s'étendaient jusqu'au *Vesulus mons* ou le mont Viso, célèbre dans l'antiquité comme renfermant les sources du Pô. Pline vante la vue de ces sources, et paraît avoir connu le petit lac qui est entre le grand pic du Viso et le petit pic, nommé Visoletto, c'est là le *Padi fons* de l'antiquité; mais l'existence de l'autre source du Pô, ou le petit lac qui est immédiatement au pied du grand pic, et se trouve plus élevé, paraît avoir été ignorée des anciens. Virgile parle dans ses vers des pins du mont Vésule [4]. *Ceva* [5], renommée par ses fromages, était située sur le territoire des *Vagienni*, ainsi que nous le démontrerons ci-après.

Les *Statyelli*. — Nous avons déjà fait mention de ce peuple et de la destruction de son ancienne capitale, *Carystum*, située à Cartosio. Pline, dans l'énumération des villes de la Ligurie, mentionne la nouvelle capitale, qui est *aquæ Statyellæ*; la position de cette ancienne ville est, ainsi que nous l'avons dit,

---

[1] Durandi, *Piemonte cispadano*, p. 116.
[2] « Sparsi per saxa Vagienni, » Silius Italicus, viii, 607.
[3] Plin., iii, 20 (16), tom. ii, p. 174, edit. Lem.
[4] Virg., *Æneid.*, x, 708, tom. iv, p. 170, edit. Lem.
[5] Plin., lib. xi, 97 (42); tom. iv, p. 569, edit. Lemaire.

déjà prouvée par les mesures d'une route de la Table[1]. Les *Statyelli* s'étendaient jusqu'à la rivière Orba, et confinaient aux *Vellejati*[2].

Vibelli. — D'après l'ordre qu'observe Pline, nous devons chercher les *Vibelli*[3] à la gauche des *Vagienni* et du Pô : non loin de la source de ce fleuve, nous trouvons des traces de leurs noms dans ceux de Bibiana, d'Envie et de Revello, aux environs de Saluzzo, et une inscription trouvée à Revello et rapportée par Durandi[4] détermine dans ce lieu la position de *Vibii forum*. Pline[5] et Solin[6] disent que c'est dans les environs des *Forovibienses* que le Pô se cache sous terre et qu'il renaît ensuite; ce phénomène n'a précisément lieu, suivant Durandi, qu'aux environs de Revello. Tout porte à croire que *forum Vibii* était la capitale des *Vibelli*, et on doit considérer le Pô, jusqu'à sa source, comme formant la limite de la neuvième et de la onzième région : la neuvième région remontait vers le nord par une partie de la bande des Alpes qui lui appartenait. *Vibii forum* se trouvant limitrophe de ces deux divisions, on ne doit pas s'étonner de voir Pline faire ici mention des *Vibelli*, qui s'étendaient au midi du Pô, et, parconséquent, dans la neuvième

---

[1] *Tabula*, §. 2; et l'*Analyse des Itinér.*, tom. III de cet ouvrage.

[2] Voyez Strabo, lib. v. — Brutus apud Cicero, *Epistol.*, lib. XI. — Plin., lib. XXXI, cap. 2. — Paulus Diaconus, *Rerum langobardicar.*, lib. II, cap. 17.

[3] Plin., *Hist. nat.*, lib. III, cap. 7. — Brottier a préféré, à tort, la leçon de quelques manuscrits qui portent Bembelli.

[4] Durandi, *Piemonte cispadano antico*, p. 122.

[5] Plin., lib. III, cap. 20 (16); tom. II, p. 175, edit. Lem.

[6] Solinus, cap. 8.

région qu'il décrit, tandis qu'il mentionne *Vibii forum*, situé au nord du Pô, dans sa description de la onzième région où elle se trouvait réellement. Nous aurons occasion de remarquer encore qu'Auguste, dans sa division de l'Italie, a eu plutôt égard aux limites naturelles qu'à celles des peuples.

Après les *Vibelli*, Pline nomme les *Magelli*[1], qui se placent naturellement aux environs de Macello, dans la vallée de Pignerol. Pline est le seul auteur qui parle des *Magelli*, et c'est contredire son texte que de les placer, comme a fait d'Anville[2], dans les Apennins de l'Étrurie, dans le val de Mugello, au nord-est de Florence[3], et d'en faire un peuple considérable[4]. Depuis que Pline a indiqué par le mot *citra* (de ce côté-ci des Alpes), qu'il repassait en Italie, il ne sort pas un instant, dans sa description, des limites de la Ligurie; c'est donc d'abord entre le Var et la Magra, et ensuite vers les rivières qui contribuent à former le Pô à sa naissance, que nous devons chercher les *Magielli*, puisque c'est entièrement de ce côté que nous porte l'ordre de la description de Pline. Ainsi que nous l'avons déjà observé, deux lieux très anciens, situés de ce côté dans le val San Martino, nous font retrouver le nom et

---

[1] Plin., lib. III, cap. 27, tom. II, p. 75, edit. Lem.

[2] D'Anville, *Géogr. ancienne*, p. 51, de l'édit. in-folio, ou tom. I, p. 189, de l'édit. in-12.

[3] Cramer (*Geogr. and hist. Descript. of anc. Italy*, tom. I, p. 184) considère comme une corruption du mot de *Magielli* le mot de *Mugialla*, que l'on trouve dans Procope (*de Bello getico*, III), et place ces peuples, à l'exemple de d'Anville, dans le val de Mugello.

[4] D'Anville, *Géogr. anc. abrégée*, p. 151 de l'édit. in-fol.; tom. II, p. 131, de ses œuvres, publiées par de Manne, 1834, in-4°.

la position de ces peuples. C'est Macello et Majers, nommés dans les chartes du ixe siècle *curte Magello* et *loco Macello*, et dans d'autres, *Mazadelem* et *Magedellum*[1].

Eburiates[2]. — Il a déjà été fait mention de ce peuple dans une des époques précédentes[3], et après avoir placé tous les autres, il ne leur reste plus que le comté d'Asti : le lieu nommé *Eburias*, dans le moyen âge, aujourd'hui Burio, situé à 6 milles géographiques au midi d'Asti, convient à cette position.

Les *Casmonates*[4] habitaient la partie inférieure de l'antique territoire d'Acqui, qui forme aujourd'hui celui de la ville d'Alexandrie. Au-dessus de cette ville, entre la Bormida et l'Orba, était l'ancien lieu appelé *Casmonium* dans le moyen âge, ensuite *Gasmonium*, et dans des temps plus modernes, *Gasmundium*; à ce lieu a succédé celui de Castellazzo[5].

Au nord-est des *Casmonates* habitaient les *Marici* et les *Lævi*. Les *Lævi*, étant au nord du Pô, font partie de la Gaule transpadane, mais les *Marici* qui ont bâti *Ticinum*, Pavie, font partie de la Ligurie[6]. L'antique lieu de Marengo, nommé petra Marazzi, près la rive gauche du Tanaro, entre Pavone et Moncastello, conserve encore le nom de ce peuple, qui, avec les *Lævi*, occupait aussi la partie du diocèse

---

[1] Durandi, *Piemonte cispadano antico*, p. 46. — *Notizia dell'antico Piemonte traspadano*, p. 22.

[2] Plin., *Hist. nat.*, lib. III, cap. 7, tom. II, p. 74, édit. Lem.

[3] Conférez part. I, ch. 7, tom. I, p. 161.

[4] Plinius, lib. III, cap. 7, tom. II, p. 74, édit. Lem.

[5] Durandi, *Piemonte cispadano antico*, p. 47.

[6] Plin., *Hist. nat.*, lib. III, c. 21 (17). Voy. ci-dessus, t. I, p. 127.

de Pavie qui s'étendait à la droite du Pô, entre Casale, Alexandrie et Tortone.

Enfin, les *Vellejates* ou *Veliates*[1] dont Pline fait une seconde fois mention comme fournissant des exemples remarquables de longévité, habitaient, ainsi que nous l'avons déjà dit, les collines et les montagnes des Apennins, au midi de Piacenza, jusqu'où s'étend le diocèse de cette ville et celui de Bobbio. La découverte de la Table alimentaire Veleiene, dite de Trajan, et les autres antiquités déterrées en 1760, prouvent que le siége de l'antique *Velleja* occupait le même emplacement que le lieu moderne nommé villa Macinesso[2]. Mais nous reviendrons encore sur ces *Vellejates*, lorsque nous serons arrivés à l'époque de Trajan.

Pline ajoute dans sa description de la Ligurie le nom de plusieurs villes que Ptolémée n'a point mentionnées, telles sont :

Segesta, Sestri di Levante ; cette position est démontrée par les Itinéraires[3], et Pline attribue cette ville aux *Tigulli*, et dit : *Segesta Tigulliorum*.

Barderate, dont la situation est inconnue. Cluverius place cette ville à Pancrana, entre Voghera et Pavie ; mais il n'apporte aucune preuve de son opinion, qu'il propose même comme très douteuse[4]. La conjecture de M. Mannert[5] pour Verrua ne

---

[1] Plin., *Hist. nat.*, lib. III, cap. 7, tom. II, p. 74, edit. Lem.; lib. VII, c. 50, tom. III, p. 191, edit. Lem., et ci-dessus, t. I, p. 154.

[2] Voyez ci-dessus, part. I, ch. 7, tom. I, p. 154.

[3] Voyez l'*Analyse des Itinéraires*, tom. III de cet ouvrage.

[4] Cluverius, *Italia antiqua*, tom. I, p. 86.

[5] Mannert, *Geogr. der Griechen und Ræmer*, Italia, III, 6, tom. I, p. 300.

peut se soutenir : *Barderate*, ainsi placé, se confondrait avec la position d'*Industria*. Bardetti, en choisissant Bra, a pour lui la ressemblance du nom, mais ce lieu est bien près de *Pollentia;* c'est cependant encore la conjecture la plus probable [1].

Industria, nommé autrefois, dit Pline, *Bodincomagus*, c'est-à-dire la forteresse située sur le fleuve *Bodincus* (ou le Pô); c'était son nom gaulois. La position de cette ville se trouve démontrée par les mesures des Itinéraires, pour la route qui part de Turin et qui va le long du Pô. On a découvert les ruines de cette ville sur le penchant de la colline du lieu nommé Monteu di Pô, ou Montedo au midi du Pô, entre Verrua et Chivasso. Durandi [2] a prouvé que dans le commencement du xiiie siècle ce lieu conservait encore des traces de son ancien nom, sous celui d'*Allustria*, et des pièces authentiques démontrent que la pieve di Montedo ou di Monteu, se nommait encore dans le xive siècle *plebs Dustricæ*. Cluverius [3] a rapporté une inscription relative à *Bodincomagus*, qui a été trouvée à Odolingo, sur les bords du Pô, dans le Montferrat.

Après *Pollentia* [4], Pline nomme *Potentia*, qui est,

---

[1] Bardetti, *della Lingua dei primi abitatori d'Italia*, p. 108.

[2] Durandi, *Piemonte cispadano antico*, p. 314. — Ricolvi et Rivautella, *il Sito dell' antica città d'Industria scoperto ed illustrato;* Torino, in-4°.

[3] Cluverius, *Italia antiqua*, tom. I, p. 86.

[4] Sur Pollentia, outre la dissertation de Franchipont (*Mém. de l'Acad. de Turin*, 1809, in-4°, p. 321 à 510), il faut consulter celle de Durandi, intitulée *dell' Collegio degli antichi cacciatori Pollentini*. — Sueton., in *Tib.*, cap. 37. — Cassiodorus, in *Chron.* — Orosius, lib. vii, cap. 37. — Claudian., *Carm. de Bello goth.*, in *Paneg.*, lib. vi. — Paul. Diac., lib. v, c. 37, et lib. vi, c. 58. — La

dit-il, surnommée Carrea. — C'est Carrù, à l'est de Fossano, près de la jonction du Peso et du Tanaro[1]; l'analogie du nom moderne avec le nom ancien n'avait point échappé à d'Anville : il est fait mention de *Carrugum* dans le xie siècle, et on y a trouvé une inscription que Durandi a rapportée [2].

Foro Fulvii [3] *quod Valentinum.* — Cluverius et d'Anville regardent comme le même lieu le *forum Fulvii* et *forum Valentinum*. Cependant le texte de Pline peut s'entendre de deux manières, et permet de les considérer comme deux lieux différens. Je trouve en effet un petit lieu nommé villa del Foro, qui semble justifier cette opinion, déjà adoptée par Delisle. Ainsi *forum Fulvii* se trouverait placé à villa del Foro, tandis que *forum Valentinum* occuperait l'emplacement de Valenza, où le fixent la ressemblance du nom, et l'ordre d'énumération conservé par Pline. Si cette opinion est exacte, la Table de Peutinger et la Notice font aussi mention de *forum Fulvii*, mais Pline est le seul qui ait parlé de *forum Valentinum*. Comme les chiffres de la route où est *forum Fulvii* se trouvent omis dans la Table, on ne peut, par son moyen, en déterminer la situation ; mais on doit observer seulement que villa del

---

laine des troupeaux des environs de cette ville était fameuse, ainsi que nous l'apprend Pline, lib. viii, et Martial, *Epigramm.*, lib. ix.

[1] M. Cramer place ce lieu à Chieri, près de Turin, et cite M. Durandi ; je crois qu'il y a erreur de la part de ce savant. Conférez a *Geogr. and hist. Descript. of ancient Italy;* 1826, in-8°, tom. i, p. 30, et la carte intitulée : *Italiæ antiquæ et novæ pars septentrionalis.* — Voyez ci-dessus, p. 115.

[2] Durandi, *Piemonte cispadano antico*, p. 178.

[3] Plin., *Hist. nat.*, lib. iii, cap. 7, tom. ii, p. 75, edit. Lem. ; *Not. dignit. imper.*, p. 184, edit. Panc., in-fol., §. 65 ; p. 123, edit. Lelb.

Foro se trouve exactement dans la direction des deux points extrêmes de cette route, qui sont : *Derthona*, Tortone, et *Asta*, Asti.

Pline [1], faisant l'énumération des meilleurs fromages, mentionne celui de Ceba, dans la Ligurie (*cebanum hic Liguria mittit*). Le nom et la position de ce lieu ancien se retrouvent dans le lieu moderne nommé Ceva, sur les bords du Tanaro, et à l'embouchure du fleuve et du torrent de Cevetta, ainsi que nous avons déjà eu occasion de le dire [2]. Ceva était, dans le commencement du XII° siècle, chef-lieu de ce comté [3], et la vallée était alors célèbre par ses fromages : ils se fabriquaient principalement dans un lieu nommé *Quarrgina*, nommé aujourd'hui Quarrzina, et situé près d'Olmea. Quark ou Quarrg signifie fromage en allemand, et ce rapprochement semble prouver que la population primitive de ces contrées est d'origine teutonique [4], ce que des inscriptions confirment [5].

---

[1] Plin., lib. XI, cap. 97 (42), tom. IV, p. 569, edit. Lem.

[2] Voyez ci-dessus, p. 115.

[3] Durandi, *Piemonte cispadano antico*, p. 192.

[4] Durandi, *delle Antiche contesi dei pastori di val Tanaro e di val d'Aroica; Mémoires de l'Académie de Turin*, tom. IV, p. 199. —Voyez aussi Muratori, *Inscriptions*, tom. II, 1043, n° 3, et 1045, n°s 4 et 5.

[5] Durandi, tom. IV, de l'Académie de Turin, p. 198, cite le titre où le seigneur de Ceba, en 1121, s'exprime ainsi : « Ab unaquaque « domo caseatrica in Quargina sex formellas casei et totidem casea- « tas. » — On a découvert en 1718, dans cette vallée, une inscription ainsi conçue :

L. PACICO

IN ÆTHERA SOLUTO

ADESTO TEUTATES.   (Dur., *ibid.*, p. 249.)

Cette inscription prouve l'identité d'origine des Ligures, des Gaulois et des Germains.

Strabon [1] nomme au nombre des villes de la Ligurie, *vada Sabatia*, le *Savo* de Tite Live, et la position de ce lieu à Savone moderne est, ainsi que je l'ai dit, démontrée par les mesures des Itinéraires anciens, quoique la combinaison de ces mesures nous reporte plus souvent à Vado qu'à Savone, pour *vadis Sabatis*. Vado est le *portus Vadis* de l'Itinéraire maritime, et la réunion des noms de ces deux lieux en un seul, nécessaire pour faire distinguer ce *vadum* ou gué, ou embouchure guéable de rivière, si voisins l'un de l'autre, a occasioné dans les Itinéraires et les auteurs anciens beaucoup de confusion [2]. Pline parle dans cette division de *Derthona* comme d'une ville considérable; Velleius dit que la date de sa colonisation est inconnue. Plusieurs inscriptions nous prouvent qu'elle reçut aussi par la suite le nom de *Julia;* nous avons déjà eu occasion de la mentionner comme une des villes dont les Itinéraires [3] déterminent le mieux la position, et comme ayant occupé l'emplacement de Tortone moderne. Il a déjà été question aussi de *Litubium* et de *Carystum*, qui est la même ville qui se trouve mentionnée dans la vie de Marcellus, de Plutarque, sous le nom de *Cassidio*, sans doute par erreur du copiste. La position de *Libarna*, de Pline, le *Libarnum* des Itinéraires, se trouve fixée à Lavezzara, par la route qui conduit de *Genua* à *Derthona*, Tortone, et à *Aquis*, Acqui. Durandi nous donne connaissance, dans cette division, de trois lieux

---

[1] Strabo, lib. IV, p. 217 ou 136.

[2] Voyez ci-dessus, p. 107, et l'*Analyse des Itinéraires*, tom. III de cet ouvrage.

[3] Voy. l'*Anal. des Itinér.*, t. III; et ci-dessus, p. 85; et t. I, p. 122. — Conférez Plin., III, 5. — Velleius, I, 15. — Cicero, *Epistol. ad fam.*, XI, 13. — Steph. Byzant.; Cassiodorus, *Epist.*, X, 27.

anciens nommés *Sedula, Testona, Pedona* : le premier se place avec assez de probabilité à pozzo di san Evasio, au sud-est de Casal; le second, à Moncaglieri; la position du troisième a déjà été indiquée à borgo di San Dalmazzo. A l'ouest était la ville des *Auriates*, près de Demonte [1].

Pline, en décrivant le rivage, nomme successivement *Albium intemelium*, Vintimille, et le *fluv. Rutuba*, la rivière Rotta, qui coule auprès; *Albium ingannum*, Albinga, avec la rivière *Merula*, l'Arosoja des modernes; *Genua*, et sa rivière *Porcifera*, le Polcevero; *portus Delphini*, porto Fino, et sa rivière *fluvius Feritor*, le Bisagno des modernes; puis enfin *Tigullia*, *Segesta Tigulliorum*, et *flumen Macra, Liguriæ finis*, c'est-à-dire les ruines de Tregosa, Sestri, et la rivière Magra, si souvent mentionnée comme la limite de la Ligurie.

Voilà toutes les villes de la Ligurie ou de la neuvième division d'Auguste, nommées dans les géographes et les historiens de l'antiquité, à la réserve de celles dont les noms ne se trouvent mentionnés que dans les Itinéraires, et dont les positions sont indiquées dans l'analyse que nous en avons faite, et qu'on trouvera à la suite de cet ouvrage [2]. Quant aux *Apuani*, aux *Briniates*, aux *Friniates*, et autres peuples dont il a été parlé dans les époques précédentes, lors de la conquête de la Ligurie par les Romains, et dont nous avons déterminé la position, il n'en est plus question dans les écrits des géographes

---

[1] Durandi, *Piemonte cispad. antico*, p. 107, 319, 332, *Pedona, Caburro*, etc. Caburro est Cavour, lieu situé au nord du Pô, et dans la onzième région. — Voyez ci-dessus, p. 114.

[2] Voyez l'*Analyse des Itinéraires*, tom. III de cet ouvrage.

et des historiens de l'antiquité; soit qu'ils aient été détruits et dispersés, soit qu'ils aient été incorporés dans d'autres peuples et d'autres divisions [1].

L'ordre géographique me force de décrire la onzième région avant la dixième, puisqu'elle se trouve entre cette dernière, qui est la Vénétie, et la Ligurie que nous venons de quitter. La onzième région, ainsi que nous l'avons observé, est nommée Transpadane dans Pline [2], mais elle ne formait que la moitié de la Transpadane de Strabon [3]. Comme elle est entièrement située dans l'intérieur des terres, la description de cette portion de la Cisalpine n'est point séparée en deux parties, comme dans Ptolémée, dont l'usage constant est de placer d'abord les lieux qui doivent dessiner les côtes d'un pays, et de passer ensuite dans l'intérieur.

Trois peuples, dans Ptolémée, se partagent la *onzième région* ou la *Gaule transpadane* dans le sens le plus restreint.

Les *Insubres*, qui sont à l'ouest des *Cenomanni*, et dont les villes sont [4] :

Novaria, Novarre, bâtie par les Vocontiens, surnommée *Vertacomicorii*, selon Pline. Tacite nous apprend que cette ville avait le titre de municipe [5];

[1] L'abbé Oderico, dans ses *Lettere ligustiche*, p. 29, s'éloigne à tort des meilleurs critiques, relativement à Dacuista et Ielleia de Strabon.
[2] Plin., lib. III, cap. 21 (17), tom. I, p. 713, de l'édit. de Franz : « Transpadana appellatur regio undecima. »
[3] Strabo, lib. V, p. 212 (254), edit. Alm.; tom. II, p. 114, trad. fr.
[4] Voyez ci-dessus sur Milan, et Muratori, *Inscript.*, 1057, n° 3, et 1058, n° 1.
[5] Voyez l'*Analyse des Itinéraires*, tom. III de cet ouvrage, et ci-dessus, part. I, ch. 2, tom. I, p. 59, 60, 62. — Tacit., *Hist.*, I, 70.

Mediolanum, Milan¹, qui s'accrut en splendeur sous la domination des Romains, de manière à rivaliser avec Rome elle-même²;

Comum, Côme³;

Ticinum, Pavie, bâtie par les *Lævi* et les *Marici*, suivant Pline⁴.

La position de toutes ces villes se trouve déterminée par les mesures des Itinéraires; on doit y ajouter :

Laude Pompeia, Lodi Vecchio⁵, qui était bien situé dans le territoire des Insubres, selon que le concevait Ptolémée, et d'après les limites qui furent déterminées par les Romains, mais qui, selon Pline, a été bâti par les Boïens lors de leur première invasion.

Pline⁶, qui paraît avoir bien étudié les antiquités de la Gaule cisalpine, nous apprend que *Comum* n'appartenait point aux *Insubres*, mais aux *Orobii*, auxquels il attribue encore deux autres villes, qui sont *Bergomum*, Bergame, et *Licinii forum*, que je crois être Lissone, à 9 milles géographiques au nord de Milan⁷. Nous avons déjà observé que Pline dit que *Bergomum* a succédé à *Barra*, ville plus ancienne et capitale primitive des *Orobii*. Nous avons

---

¹ Voyez l'*Analyse des Itinéraires*, tom. III de cet ouvrage, et ci-dessus, part. I, ch. 2, p. 74.

² Conférez Polyb., II, 34. — Auson. — Plut., *Vit. Cl. Marcell.* — Tacit., *Hist.*, I, 70. — Sueton., *Aug.*, 20. — Plin., *Epistol.*, IV, 13. — Strabo, V, 213 (326), edit. Alm.; tom. II, p. 118, de la trad. fr.

³ Voyez ci-dessus, part. I, ch. 2, p. 73 et 566.

⁴ Voyez ci-dessus, tom. I, ch. 2, p. 70 et 71.

⁵ Voyez l'*Analyse des Itinéraires*, tom. III de cet ouvrage.

⁶ Plin., lib. III, cap. 21 (17), tom. II, p. 181, edit. Lem.

⁷ Voyez ci-dessus, part. I, ch. 2, tom. I, p. 74.

découvert la position de cette ville antique, déjà détruite du temps de Pline, et qui se trouvait située où est aujourd'hui *Barra vico*, entre Bartesate et le lago d'Annone[1]. Le territoire des *Orobii* a été partagé, par Ptolémée, entre les *Insubres* et les *Cenomani*; il a donné *Comum*, Côme, aux premiers, et *Bergomum*, Bergame, aux seconds. Mais Pline, en nous apprenant que *Bergomum*, Bergame, était située dans la onzième région, et *Brixia* dans la dixième, nous montre en même temps que la rivière Serio formait, à l'est, la limite des deux régions, selon la division d'Auguste; par conséquent, pour cette partie, ces divisions ne correspondent plus à celles que Ptolémée a établies entre les peuples[2].

Pline, traitant des différentes espèces de laine, nous parle de la *regio Alliana*, située entre le Pô et le Tessin (*inter Padum Ticinumque amnes*), et de la laine nommée *retovina*, qu'on recueille dans son voisinage. Les commentateurs, ne retrouvant pas cette région nommée *Alliana*, ont proposé de corriger Pline; mais ils ont été arrêtés par les manuscrits[3], qui tous leur ont présenté la même leçon. Durandi a très bien prouvé que le texte de Pline était exact par la découverte de plusieurs titres du

---

[1] Voyez ci-dessus, part. I, ch. I, tom. I, p. 16.

[2] Tout ceci démontre combien est erronée l'opinion du savant Gagliardi (voyez *Parere intorno all' antico stato dei Cenomani*, p. 79), qui veut que *Comum*, Côme, fît partie des *Cenomani*, ainsi que le territoire des *Orobii*, sous le prétexte que les *Orobii* n'étaient point un peuple particulier, mais qu'ils étaient les *Cenomanni* montagnards, ou *Orobii cenomanni*. Dans quel auteur ancien Gagliardi a-t-il vu que les *Cenomani* aient été surnommés montagnards, *orobii* ?

[3] Plin., lib. xix, cap. 2, tom. vi, p. 36, de l'édit. Lemaire.

IXᵉ siècle ¹, qui constatent l'existence d'une terre et d'un village nommés *Allia* ou *Halia*, à quelques milles au midi de Laumello, et non loin de Retovio ou Rebbio, qui est *Retovinum* de Pline ².

Continuons l'énumération des peuples de cette onzième région d'après Ptolémée; le second des trois peuples qui, dans cet auteur, se partagent cette onzième région, se nomme

Les *Salassi*³, et leurs villes sont :

Augusta prætoria. — Aoste, que Pline définit très bien, lorsqu'il dit *Augusta*, surnommée *prætoria*, située près des deux passages des Alpes. Les routes du Petit-Saint-Bernard, *Alpis graia*, et du Grand-Saint-Bernard, *Alpis pennina*, se joignent, en effet, à cette ville. Strabon nous apprend que trois mille Romains, envoyés par Auguste, fondèrent *Augusta* dans le lieu même où Varron avait campé ⁴.

---

¹ Durandi, *Marca d'Ivrea*, p. 94 et 95.

² Le passage est curieux pour la géographie des deux Gaules, et nous le transcrivons en entier :

« Cadurci, Caleti, Ruteni, Bituriges, ultimique hominum existi-
« mantur Morini, immo vero Galliæ universæ vela texunt.... Similiter
« in Italia regione Alliana, inter Padum Ticinumque amnes, ubi a
« Setabi tertia in Europa lino palma : secundam enim in vicino Al-
« lianis capessunt retovina, et in Æmilia via faventina. Candore
« allianis semper crudis faventina præferuntur; retovinis tenuitas
« summa densitasque, candor æque ut faventinis. »

Plin., lib. xix, cap. 2, tom. ii, p. 155, edit. Hard.

³ Ptolem., lib. iii, cap. i, édit. de Bertius, p. 64 (71) : il y a 69, par faute d'impression.

⁴ Strabo, lib. iv, c. 6, tom. ii, p. 206. — Plin., lib. iii, c. 21 (17), tom. ii, p. 180, édit. de Lemaire. — Dio Cassius, *Hist. rom.*, lib. i, c. 53. — Orose, v, 4. — L'espace occupé par la cité d'Aoste est au fond d'une vallée produite par la réunion du torrent impétueux qu'on nomme le Butier, avec la Doire. Selon le général de Loches, l'emplacement des portes de cette ville décèle un camp

Eporedia, Ivrea. — Pline nous apprend que cette ville fut bâtie par le peuple romain d'après les ordres des livres sybillins, et que le nom qu'elle porte désigne, en langue gauloise, un homme habile à dompter les chevaux [1].

Nous avons déjà vu que tous les auteurs anciens, et les mesures des Itinéraires, prouvent d'une manière non douteuse la position de ces deux villes.

Les *Taurini*, qui ont pour capitale :

Augusta Taurinorum, Turin [2]. — Turin est la seule ville, mentionnée par Ptolémée chez les *Taurini*, qui appartienne à cette onzième division d'Auguste; car *Augusta Batienorum* ou *Vagiennorum*, qui est città di Benè; *Iria*, qui est Voghera, et *Derthona*, Tortone, qu'il attribue aux *Taurini*, faisaient aussi partie de la Ligurie, ainsi que nous l'avons démontré précédemment [3]. Pline [4] ajoute au

---

romain. La ville ancienne paraît n'avoir été que le camp de Varron agrandi. L'arc d'Auguste n'est pas la seule ruine que l'on voie à Aoste; il y a encore les débris d'un amphithéâtre. Voyez *Mémoire sur la vallée d'Aoste*, dans le *Recueil de l'Académie de Turin*, tom. XXV, p. 27.

[1] Plin., lib. III, cap. 21, p. 714, ou tom. II, p. 180, edit. Lem. — Eporedia a été successivement appelée Eporegium, Eborea, Evoreggia et Evorea; c'est sans doute d'après une de ces altérations que Cluvier a imaginé un lieu nommé Lamporeggio, nom que le P. Hardouin a adopté; mais ce nom ne se retrouve sur aucune carte, et n'a jamais été celui d'une ville de ce canton. — Voyez Muratori, *Inscript.*, p. 1045, nos 4 et 5; et tom. II, p. 1085, n° 3. — Voyez ci-dessus, tom. I, p. 164.

[2] Sur Turin, voyez Muratori, tom. II, p. 1193, n° 3. — Voyez ci-dessus, part. I, ch. I, tom. I, p. 18. — Tacit., *Hist.*, II, 66. — Appian., *Hannibal*, c. 5. — Polyb., III, 60.

[3] Conférez l'*Analyse des Itinéraires*, tom. III de cet ouvrage, et ci-dessus, part. I, ch. 7, tom. I, p. 163 et 164.

[4] Plin., *Hist. nat.*, lib. III, c. 21 (17), tom. II, p. 179, edit. Lem.

nombre des villes comprises dans cette région *Segusio*, Suse, et *Vibi forum*, Envie, ou Revello¹ selon Durandi. Quoique Suse appartînt, du temps d'Auguste, au royaume de Cottius, il n'est pas impossible que dans sa description de l'Italie, qui paraît avoir été entièrement géographique, ce géographe empereur n'ait reculé jusqu'au pied des Alpes les limites de la onzième division; alors *Segusio*, Suse, s'y trouvait nécessairement comprise. De même, si le Pô, jusque près de sa source, formait la limite de la onzième et de la neuvième région, une partie des *Vibelli*, située au midi de ce fleuve, aura été renfermée dans la neuvième région, tandis qu'ainsi que nous l'avons observé ², *Vibi forum*, la capitale de ces mêmes *Vibelli*, se trouvait dans la onzième région; alors le *Caburro* de l'inscription citée par Durandi, qui est Cavour, tout près de castel Fiori, où plusieurs placent *Vibi forum*, appartiendrait à la onzième région, et ces deux lieux seraient situés sur l'extrême frontière de cette région, proche des limites de la neuvième.

Le troisième peuple de Ptolémée, qui se partageait la onzième région, ce sont

Les *Libici*, placés sous les Insubres, que Tite Live et Pline font sortir des *Salyes* ou *Salluvii*, et dont les villes sont :

Vercellæ, Verceil, que Tacite nomme un des plus forts municipes de la région transpadane.

Gaumellum, le *Laumellum* des Itinéraires, ou Laumello.

---

¹ Durandi, *dell' Antica condizione delle Vercellese*, p. 53.
² Voyez ci-dessus, p. 114 et 117, et Durandi, *Pedona*, p. 2 et 7.

Nous devons ajouter encore le bourg des *Ictimuli*, au milieu des mines d'or, bourg que Strabon nous apprend avoir été, de son temps, dans la dépendance de Verceil, et dont nous avons précédemment démontré la position au confluent du torrent de la Vionne et de l'Elvo, entre Biella et Ivrea [1].

Reste la dixième région, qui est la plus étendue de toutes, qui comprenait la Vénétie de Strabon et une partie de la Transpadane; elle renferme, dans Ptolémée, cinq des divisions ou peuples, savoir :

Les *Cenomani*, limitrophes des *Insubres* ou de la onzième région.

Ptolémée [2] les place sous les *Veneti*, et on doit retrancher de leur territoire la première ville qu'il leur attribue, qui est *Bergomum*, Bergame. Nous avons déjà fait voir que cette ville était la capitale des *Orobii*; mais Ptolémée, qui ne connaît point les *Orobii*, ne commet pas d'inexactitude. Nous voyons seulement, par son texte, qu'il renfermait le territoire de ces peuples dans celui des *Cenomani*, dont les autres villes, suivant lui, sont :

Forum Jutuntorum ou *Diuguntorum*, dont la position m'est inconnue, et que Cluverius [3] place à Crema, sur la Serio et sur l'extrême limite de cette division; mais par quelle raison, on l'ignore [4], puisqu'on n'a pour cette position que les convenances du sol. Chiari, ou Urago sur l'Adda, qui en sont tout proches, me paraissent devoir être préférées.

[1] Voyez ci-dessus, tom. 1, p. 168.
[2] Ptolemæus, lib. III, cap. 1, p. 63 (70), edit. Bert.
[3] Cluverius, *Italia antiqua*, tom. 1, p. 243.
[4] Sur la carte de France des ponts et chaussées, Grema (*sic*) est sur la rive occidentale de la Serio.

Brixia, Brescia, que Tite Live désigne comme la capitale des *Cenomani*, que Strabon classe dans les villes de grandeur moyenne [1].

Cremona colonia, Crémone [2].

Verona, Vérone, le *Beron* de Strabon.

Mantua [3], Mantoue. — *Mantua*, sur le *Mincius*, le Mincio, célèbre par les vers et la naissance de Virgile [4], que le grammairien Donatus et Silius Italicus [5] s'accordent à placer, près de cette ville, au village d'*Andes*; mais la position de cet ancien lieu est inconnue : une tradition incertaine le place au village de Pietola.

Tridentum, Trente, que Pline, d'après l'origine de ses habitans, classe au nombre des villes rhétiques : ces *Tridentini* ont donné leur nom à toute cette partie de la chaîne majestueuse des Alpes [6], et sont mentionnés, ainsi qu'on l'a vu, dans l'inscription du Trophée.

[1] Strabo, v, 326, edit. Almeloveen (213); tom. II, p. 118, de la trad. franç.

[2] Plinius, lib. III, cap. 23 (19). — Voyez plusieurs inscriptions relatives à Crémone, dans Muratori, *Inscript.*, p. 1042, n° 2, et p. 1098, n° 5.

[3] Nous avons déjà observé que si Servius place Mantoue dans la Vénétie, c'est qu'il confond le pays des Vénètes avec cette dixième région d'Auguste dont la Vénétie ne forme qu'une portion, mais qui, réunie aux Cenomanni, formait la province nommée Vénétie de son temps.

[4] Virgil., *Georg.*, II, 198; III, 10. — *Æneid.*, x, 198. — *Ecl.*, I, 47, IX, 27.

[5] Sil. Ital., VIII, 594. — Mart., XIV, ep. 193. — Hieron., *Chron.*— Euseb., II. — Donati, *Vita Virgil.*, tom. VII, p. 266, de l'édit. de Virg. de Lem.

[6] Plin., III, 23 (19), tom. II, p. 187, edit. Lem. — Strabo, IV, p. 313 (204), edit. Alm.; tom. II, p. 92, de la trad. fr. — Dio Cass., LIV. — Ammian. Marcell., XVI, 10. — Voyez ci-dessus, p. 55, 67.

PARTIE II, CHAP. IV.

Butrium. — Très probablement le *Bedriacum* de Tacite [1], que les mesures de la Table déterminent à Casal Romano; mais ce *Butrium* n'a certainement aucun rapport avec le *Butrium*, Butrio moderne, situé près de Ravenne. Si on excepte le *forum Jutuntorum*, la position de toutes les autres villes est déterminée par les Itinéraires. Du temps d'Auguste, *Verona* et *Mantua*, Mantoue, paraissent avoir été les villes les plus considérables des *Cenomani*, et ont éclipsé *Brixia*, Brescia, l'antique capitale de ces peuples. Catulle, qui était de *Verona*, dit qu'elle tire son origine de *Brixia* :

> .... *Brixia, Cynœæ supposita in specula;*
> *Flavus quam molli percurrit flumine* Melo,
> *Brixia, Veronæ mater amata meæ* [2].

Il est probable que Vérone dut seulement un nouvel accroissement à une colonie de Cénomans détachés de *Brixia*, leur capitale. Dans les vers que je viens de citer, la plupart des éditeurs de Catulle ont substitué *Mela* à Melo, que portent les meilleurs manuscrits; ce qui a occasioné de longues discussions sur l'exactitude géographique de ce passage et sur l'antique position de *Brescia;* car le fleuve Mella, qui porte encore aujourd'hui le même nom, ne passe pas à *Brescia*, mais à un mille à l'ouest, et

---

[1] Voyez ci-après.
[2] Voyez Catulle, carm. 67, *ad Januam*, p. 317, edit. Naudet. — Toute cette élégie se trouve réimprimée d'après des manuscrits, et longuement commentée dans l'excellent recueil de Sambuca, intitulé : *Memorie critiche intorno al antico stato dei Cenomani*, p. 11, 21, 102, 103, 131, 336, 337, 420, 677. — Voyez Muratori, *Inscript.*, tom. 1, p. 495, n° 4; p. 1034, n°s 6 et 7; p. 1035, n° 3; p. 441, n° 4. — Ces inscriptions sont relatives à Brixia, et le nom de cette ville y est mentionné.

le *percurrit* de Catulle ne laisse aucun doute que le fleuve dont il parle ne traversât la ville de *Brescia*. Toutes les difficultés sont levées, lorsqu'on apprend que le fiume Garza, qui passe à Brescia, se nommait *Melo* [1], et est encore aujourd'hui vulgairement appelé *Melone* [2]. Les copistes, ignorant la topographie de Brescia, ont substitué *Mela* à *Melo* [3], et ont évidemment confondu ces deux rivières, si proches l'une de l'autre; mais c'est *Mella* qu'il fallait écrire, et non *Mela*, ainsi que le témoignent ces vers de Virgile :

.... *Tonsis in vallibus illum*
Pastores et curva legunt prope flumina Mellæ [4].

Servius, qui écrivait au vi[e] siècle, a fait sur ces vers de Virgile un commentaire ridicule [5], où l'on voit qu'il confond de même le fleuve *Melo* et le *Mella*, qu'il dit être aussi appelé *Amello*; ce qui prouve que cette erreur est très ancienne. Le nom et la position des *Gottolengi, in agro Brixiano*, mentionnés dans une inscription rapportée par Muratori, se retrouvent dans un petit lieu nommé Godolazzo sur nos cartes modernes [6].

[1] Capreolo, *de Rebus brixian.*, lib. iv, p. 20.
[2] Sambuca, p. 23 et 129. — Comme on ne pouvait expliquer les vers de Catulle, on a prétendu qu'ils n'étaient pas de lui.
[3] Gagliardi (*Parere int. all. antico stato dei Cenomani*, Padova, 1724, in-12, p. 148) cite cinq manuscrits qui portent *Melo* (voyez Sambuca, p. 131); et p. 23, il dit que l'édition princeps de 1472 porte aussi *Melo*.
[4] Virgil., *Georg.*, iv, 278.
[5] Voyez Servius, apud Virgilium, edit: Burmanii, tom. i, p. 484.
[6] Voyez Muratori, *Inscript.*, tom. i, p. 480, n° 1, et la *Carte de la Lombardie*, par Zannoni. Il place Godolazzo à vingt-six milles géographiques au nord de Brescia, et sur la même rivière : personne avant Gagliardi n'avait, ce me semble, remarqué ni commenté cette inscription.

PARTIE II, CHAP. IV. 137

D'après une inscription qui existait, et qui existe peut-être encore sur le mur extérieur de Vobarno ou Bobarno, au nord de Brescia, et non loin de Salo [1], il est évident que l'Italie et le territoire des *Cenomani* se terminaient dans cet endroit. L'inscription fait mention de *Voberna, in finibus Italiæ;* or le *Voberna* de l'inscription est bien évidemment Vobarno moderne : je remarque sur la Carte de la Lombardie par Zannoni, un peu au midi de Vobarno, un lieu nommé Termini qui indique une limite [2]. Cette limite est encore celle qui est marquée sur cette carte pour le Brescian moderne. Sous Auguste, à l'époque dont nous traitons, les géographes englobaient la plus grande partie des Alpes dans l'Italie [3]; mais à l'époque plus rapprochée de nous, quoique déjà fort ancienne, de l'inscription romaine que nous avons citée, les limites de l'Italie, de ce côté, étaient les mêmes que celles du Brescian moderne et de la république de Venise dans cette partie. D'Anville a oublié sur sa Carte de l'Italie ancienne ce nom important de *Voberna* [4], quoiqu'il n'ait point omis celui d'*Edrum*, qui ne nous est pareillement connu que par une inscription qui fait mention des *Edrani* [5]. On retrouve la position et le nom d'*Edrum* encore

---

[1] Voyez Cluverius, *Italia antiqua*, tom. 1, p. 108. — Sambuca, p. 119, 174 et 206.

[2] Zannoni, *Carta della Lombardia*, n° 2, quatre feuilles, et Zach, *Duché de Venise*, quatre feuilles.

[3] Voyez ci-dessus, p. 21, 131, 135.

[4] Voyez *Italia antiqua* de d'Anville. — Gagliardi, dans la petite Carte des Cenomani, qui est à la p. 206 du recueil de Sambuca, et Cluverius, dans sa Carte (voyez tom. 1, p. 110, de son *Italia antiqua*), n'avait point omis Voberna.

[5] Cluverius, *Italia antiqua*, tom. 1, p. 108.

existant dans Idro moderne. D'autres inscriptions nous font également connaître de ce côté *Sabium*, qui est Sabio moderne, capitale des *Sabini* ou du val Sabbia[1]; *Leuceris*, mentionné dans la Table théodosienne, que d'Anville place à Lovere[2]; et enfin *Tusculanum*, dont Toscolano moderne, sur le lac Garda, conserve encore le nom et la position. Cluverius dit, avec raison, que cette dernière ville a dû être le chef-lieu des *Benacenses*, qui, ainsi que nous l'avons déjà observé, occupaient tout le district nommé Riviera, le long des côtes du lac Garda (ou *Benacus lacus*), dans lequel se trouve compris *Tusculanum* ou Toscolano. Une inscription trouvée à Brescia[3] nous révèle encore l'existence de deux villes dans l'intérieur des *Cenomani*, celle des *Vardacatensium* et celle des *Dripsinatium*. *Vardacatium* doit être placée à Gavardo, au nord de Brescia, qui se nommait *Gavardatensium* dans le moyen âge. Maffei place *Dripsinum* à Tressino; nous pencherions plutôt pour Dezenzano, nommée *Decentianum* dans le moyen âge. On a prétendu encore que le *pagus Farraticanorum* d'une autre inscription était situé dans le lieu même où cette inscription a été trouvée, c'est-à-dire dans la terra di Pedergnaga, dans le Brescian, à quatre ou cinq milles de l'Oglio, et que près de là était le *fines*

---

[1] Cette vallée, nommée ainsi sur la carte de Bacler d'Albe, est nommée sur d'autres cartes val di Sabbio et val Savallo. — Voyez Cluverius, *Italia antiqua*, tom. I, p. 108. — D'Anville a omis le nom des *Sabini* sur sa Carte, comme celui des *Benacenses*.

[2] Au-dessus du lac d'Iseo; mais voyez l'*Analyse des Itinéraires*, tom. III de cet ouvrage.

[3] Sambuca, p. 14, 120 et 244. — Gagliardi, Padova, 1724, p. 122. — Maffei, *Verona illustrata*, liv. I.

Cremonensium ou les limites du territoire de Crémone [1]; mais on ne trouve aucune trace du nom dans les environs. Si cette inscription porte *civibus*, comme le dit Gruter, au lieu de *finibus* qu'on y substitue, alors le *Farraticanus pagus* est, suivant nous, la terra di Farra, à la gauche de l'Adige, ou Farra d'Alpajo dans le Frioul, près du lac de Santa Croce. Au sud de Brescia, *Brixia*, entre cette ville et *Cremona*, on prétend que des inscriptions ont été trouvées au village de Manerbio, qui assurent à ce lieu la dénomination antique de *Minervium* [2].

L'auteur des Observations sur la Verona illustrata, de Maffei, s'efforce de prouver, contre le témoignage de Tite Live [3], de Pline [4], de Ptolémée [5], de Justin [6], que Vérone n'était pas sur le territoire des *Cenomani*; mais ses raisons sont si futiles, qu'on ne peut sans impatience en achever la lecture [7] : il y a une classe d'érudits qui, trouvant trop difficile de débrouiller ce qui est obscur, passent leur vie à embrouiller ce qui est clair. Le territoire propre de Vérone s'étendait jusqu'au Pô, ainsi que semble le prouver un passage de Tacite [8], qui paraît placer *Hostilia* dans ce territoire : « *Hostiliam, vicum Veronensium.* » Mais peut-être que Tacite nous

[1] Sambuca, p. 122.
[2] Cramer, *Ancient Italy*, t. I, p. 64. Il cite *Ital. ant.*, t. I, p. 295.
[3] Tit. Liv., v, 35, t. II, p. 190, edit. Lem., et ci-dessus, t. I, p. 66.
[4] Plinius, lib. III, cap. 23 (19), tom. II, p. 167, edit. Lem.
[5] Ptolemæus, lib. I, cap. I, p. 63 (70), edit. Bert.
[6] Justinus, xx, 4, p. 337, edit. Lem. — Voy. ci-dessus, t. I, p. 66.
[7] Il a été, d'ailleurs, très bien réfuté par Gagliardi et par l'abbé Lazzarini.—Voyez le Recueil de Sambuca, p. 75 et 197.— Conférez Maffei, *Verona illustrata*.
[8] Tacit., *Hist.*, lib. III, cap. 9.

apprend seulement, par ces mots, que *Hostilia* avait été fondé par les habitans de Vérone, et leur appartenait autrefois. Les mesures des Itinéraires, pour la route qui conduit de *Verona*, Vérone, à *Mutina*, Modène, déterminent la position d'*Hostilia* à Ostiglia moderne; et d'Anville même, qui met Vérone dans la Vénétie, place *Hostilia* chez les *Cenomani* [1]. On lit dans Pline [2] que Vérone a été fondée par les *Rhæti* et les *Euganei* : « *Rhætorum « et Euganeorum Verona.* » Or, comme Pline était de Vérone, et qu'il se montre très savant sur l'histoire et la géographie de la Gaule cisalpine, son autorité pour cette partie est très imposante; aussi beaucoup de ceux qui ont écrit sur les antiquités [3] de ce pays ont bâti sur ce peu de mots de grands systèmes. Il. semble, avec raison, extraordinaire que Pline donne une ville à deux peuples différens; d'ailleurs Tite Live, qui était de Padoue, et qui, pour la Gaule cisalpine, ne mérite pas moins de confiance que Pline, attribue la fondation de *Verona*, Vérone, ainsi que celle de *Brixia*, aux *Cenomani* : « *Ubi nunc Brixia et Verona urbes sunt « locos tenuere*[4]. » Ptolémée, ainsi que nous venons de le voir[5], s'accorde avec Tite Live, et attribue aussi Vérone aux *Cenomanni*, et non aux *Rhæti* ou aux *Euganei;* mais dans les premières éditions de Pline, imprimées à Spire, en 1469 et en 1476, on lit : « *Fertini, Tridentini, Bervenses, Rhætica oppida.*

---

[1] Voyez l'*Analyse des Itinéraires*, tom. III de cet ouvrage.
[2] Plin., *Hist. nat.*, lib. III, c. 23 (19), tom. II, p. 187, edit. Lem.
[3] Voyez le Recueil de Sambuca, p. 212.
[4] Tit. Liv., lib. v, cap. 36, et ci-dessus, tom. I, p. 66.
[5] Ptolem., lib. III, cap. I, p. 63 (70), et ci-dessus, p, 134.

« *Rhætorum et Euganeorum. Verona. Julienses*
« *Carnorum.* » En faisant disparaître, dans les éditions
subséquentes, le point qui doit exister avant *Verona*,
les éditeurs ont changé le sens de Pline. Le savant
abbé Lazzarini [1] a le premier, je crois, indiqué cette
rectification, et interprété avec raison ainsi ce passage : « *Fertini, Tridentini, Bervenses, Rhætica*
« *oppida.* [*Oppida*] *Rhætorum et Euganeorum.*
« *Verona. Julienses Carnorum.* » Ainsi Pline, Tite
Live, Ptolémée, n'offrent point de contradiction relativement à *Verona*, comme on se l'était imaginé.
La première traduction italienne de Pline, faite par
Landino, donne aussi à ce passage la même interprétation, et le savant Baïtelli [2], qui a discuté ce
point avec érudition et sagacité, s'est aussi rangé du
même avis; il cite nombre d'exemples de tournures
semblables dans Pline, sur lesquelles les éditions et
les manuscrits sont d'accord [3].

En attribuant *Tridentum*, Trente, et *Verona*,
Vérone, aux *Cenomani*, il est évident que Ptolémée [4] recule les limites de ces peuples au moins
jusqu'à l'Adige, et restreint d'autant celles de la
Vénétie. Cette division est entièrement conforme à
l'histoire, et se trouve d'accord, ainsi que nous
l'avons vu précédemment dans la deuxième période [5],
avec ce que disent Tite Live et Justin, que les *Cenomani* étaient au moins les seconds fondateurs de

[1] Lazzarini, dans le Recueil de Sambuca, p. 213.
[2] Baïtelli, dans Sambuca, p. 273.
[3] Voyez dans Muratori, *Inscript.*, tom. II, p. 1093, une inscription curieuse, relative à Vérone.
[4] Ptolemæus, lib. III, cap. 1, p. 63 (70).
[5] Voyez ci-dessus, part. I, ch. 2, tom. I, p. 66 et 68.

Vérone et de Trente; il est évident, d'après cela, que les *Cenomani* s'étendaient, vers l'est, jusqu'au pied des monts Euganéens, et que le torrent de la Gua, ou mieux le Bachiglione vecchio (près duquel je trouve un petit lieu nommé Finali, au nord-ouest d'Este), traçait leurs limites à l'est. Ce Bachiglione vecchio est nommé Reteno vers sa source [1]; c'est le même fleuve que l'*Eretenus* d'Ælien [2], et qui, dès le temps de Scylax, sous le nom d'*Eridanus*, formait déjà la limite des Celtes (c'est-à-dire des Gaulois cénomans) et des Vénètes [3]. Tous les géographes et tous les auteurs anciens sont contraires à d'Anville, qui, dans l'intérieur, avance les limites de la Vénétie, vers l'ouest, jusqu'au fleuve Tartaro (*Tartarus fluvius*), et comprend, par conséquent, *Verona* dans cette division, contre le témoignage si formel de toute l'antiquité. D'Anville aura peut-être été induit en erreur par une remarque de Servius, dans Virgile, au sujet de l'*Athesis*, l'Adige, où ce commentateur dit que « l'*Athesis* est un fleuve de la « Vénétie, qui coule à Vérone, et qui se décharge « dans le Pô [4]; » mais qui ne sait que, d'après la division de Constantin, et dans les derniers temps

---

[1] Voyez ci-dessus, part. 1, ch. 2, tom. 1, p. 7 et 31.

[2] Il est question de ce fleuve sous le hom de Retenus, dès le viie siècle, dans la *Vie de saint Martin*, lib. iv, par Fortunatus :

Si Patavina tibi pateat via, pergis ad urbem.
Hic tibi Brinta fluens iter est Retenusque secundus,
Ingrediens Athesin......

Voyez Cluverius, *Italia antiqua*, tom. 1, p. 141 et 142.

[3] Scylax, 19, tom. 1, p. 245, des *Geograph. minor.*, edit. Gail; tom. 1, p. 6, edit. Huds.

[4] Servius (apud Virgil., *Æneid.*, lib. ix) : « Athesis fluvius est, « Veronam civitatem ambiens et in Padum cadens. »

de l'Empire romain, la province qui prit le nom de *Venetia*, bien différente de la *Venetia* proprement dite, ou de la *Venetia* des auteurs classiques, s'étendit jusqu'à l'Adda ¹? Par conséquent, Servius avait raison de dire que l'Adige était un fleuve de la Vénétie, considérée comme province, parce qu'il en était ainsi de son temps ; mais dans aucun temps les limites de la Vénétie antique n'ont été telles que les trace d'Anville. Cluverius était trop versé dans la lecture des anciens pour commettre cette faute; aussi ses cartes n'en offrent-elles aucune trace, et c'est l'Adige qu'il prend pour limite des *Veneti*, des *Cenomani* et des *Euganei* ². Mais Vérone, ville des Cénomans, se trouve coupée en deux par l'Adige; et le *Retenus* ou Bachiglione, ou plutôt les monts Euganéens, forment une limite qui diffère peu de celle de Cluverius, mais qui s'accorde mieux avec les indications des auteurs anciens, à commencer par Scylax, et avec la topographie du pays et la géographie naturelle, sur laquelle Cluverius ne pouvait avoir des renseignemens très exacts, parce que les cartes étaient encore trop imparfaites de son temps.

N'oublions pas d'observer qu'en attribuant *Tridentum* aux *Cenomani*, Ptolémée se conforme à

¹ Paulus Diaconus, *Langobard. rer.*, lib. II, cap. 14 : « Venetiæ « terminus a Pannoniæ finibus usque Adduam fluvium protelatur. » — Voyez ci-après, troisième partie de cet ouvrage, où nous montrons l'influence qu'eurent ces divisions d'Auguste. Il est évident que la Vénétie du moyen âge n'est autre chose que la dixième région d'Auguste; nous avons déjà observé que c'est par cette raison que Servius met Mantua dans la Vénétie.

² Voyez sa Carte intitulée : *Venetiæ, Histriæ et Carnici agri descriptio*, et dans son *Italia antiqua*, t. I, p. 124; celle de Rhétie, etc., p. 110, et *Summæ Italiæ descriptio*, p. 1.

l'origine historique. Du temps de Ptolémée, et à l'époque dont nous traitons, *Tridentum*, ainsi que nous l'apprend Pline, n'était pas positivement renfermée dans les limites des *Cenomani*, mais elle était la capitale des *Tridentini*, qui formaient un district séparé; de même que les *Bechuni*, dont Ptolémée fait mention à la suite des *Cenomani*, et qui, ainsi que nous allons le prouver, étaient précisément situés entre les *Cenomani* et les *Tridentini*, preuve évidente que ces derniers n'appartenaient pas aux *Cenomani*, dont la limite septentrionale doit être fixée par une ligne tirée au nord du lac Garda et du lac Iseo.

Au midi des *Tridentini*, deux inscriptions nous révèlent l'existence des *Arusnates* dans le val Pulicella, dans lequel ces inscriptions ont été trouvées : ces *Arusnates* ne formaient qu'un *pagus* ou un canton des *Euganei*. On a observé que le nom des *Arusnates* rappelle l'ancien nom des Étrusques, qu'on sait avoir pénétré de ce côté dans la Rhétie, lorsqu'ils furent chassés de leur pays par les Gaulois. Les *Arusnates* étaient renfermés dans les limites du territoire des *Cenomani* et des *Euganei*, puisqu'ils se trouvaient dans les montagnes immédiatement au nord de Vérone. L'une des inscriptions relatives aux *Arusnates* a été trouvée à peu de distance de Fumane, petit lieu qui est à moins de deux milles géographiques, à l'est de l'Adige et de Vobarno; l'autre a été découverte à Sant Ambrogio [1]. Une inscription trouvée à Caldetio nous prouve (comme le nom moderne l'aurait fait présumer) l'existence des eaux

---

[1] Sambuca, p. 33 et 143.

minérales dans ce lieu, qui portait le nom d'*aquæ Junonis* ou *Junonis fontes* [1].

Après les *Cenomani*, Ptolémée nomme [2] :

Les *Bechuni*, à l'ouest des *Veneti*. — Il est douteux que ce nom appartienne à la période de temps dont nous traitons; il paraît avoir remplacé en partie, du temps de Ptolémée, celui d'*Euganei*, encore en usage dans le siècle d'Auguste, et qu'on ne retrouve pas dans Ptolémée. D'après les villes que cet auteur donne aux *Bechuni*, il est évident qu'ils habitaient la vallée au nord du lac de Garda, formée par la Sarca et le val Lazarina, ainsi que le val di Non. Ils avaient, à l'ouest, les *Stoni*, aux environs de Stenico, et à l'est les *Tridentini*; ils comprenaient aussi les peuples nommés *Genaunes* dans Pline et autres auteurs classiques, que nous avons prouvé être les mêmes que les *Senones* de Florus [3]. Voici les villes que Ptolémée indique comme étant situées chez les *Bechuni* :

Vannia ou *Vaunia*, qui me paraît être le même lieu que le *Vennum* de la Table [4], se trouve déterminé par les mesures anciennes à Lavezine; ce *Vannia* n'a aucun rapport avec les *Vanienses* de Pline [5]. Comme on a trouvé des restes d'antiquités à Cividado, dans le val Camunica, Cluverius y a placé *Vannia*, mais à tort, suivant nous; d'Anville a suivi Cluverius, et place *Vannia* à Brena.

---

[1] Il n'y a dans l'inscription que *Junonis fontes*. — Voyez Cluverius, *Italia antiqua*, tom. 1, p. 117.

[2] Ptolemæus, *Geogr.*, lib. III, cap. 1, p. 63 (70).

[3] Voyez ci-dessus, part. 1, cap. 7, tom. 1, p. 170 et 171.

[4] *Tab. peuting.*, III, C, et l'*Analyse des Itinér.*, tom. III de cet ouvrage.

[5] Voyez ci-dessus, p. 68, et Plin., lib. III, cap. 23 (19).

Carraca ou *Sarraca*, à Sarche ou Sarcha, sur la Sarraca, près du lac Toblino.

Bretina, à Brentonico, à l'est du lac Garda.

Anonium ou *Aunonium*, castel di Nan, dans le val di Non. — Le castel Nan est nommé *Anagnis*, et le val di Non *Anaunia*, dans les actes du moyen âge [1]. *Anonium*, ainsi que nous l'avons démontré, était le chef-lieu des *Genaunes* ou *Senones* [2].

Les *Vettiani*, à Vezzano, *Tublinatium*, à castel Toblino, et *castellum Vervassium*, à Vervo [3], nous sont connus par des inscriptions trouvées sur les lieux mêmes, dans le val di Non [4]; ils étaient situés chez les *Bechuni*, selon la division de Ptolémée, qui réunit, en général, de plus grandes masses sous une même dénomination, et qui ne donne pas, comme Pline, à un seul canton, à une seule ville, le nom et l'importance d'un peuple. On voit, d'après les limites assignées aux *Bechuni* par Ptolémée, qu'au nord de la Vénétie la Cisalpine s'étendait jusque dans les montagnes des Alpes; et Pline attribue aussi à la dixième région d'Auguste les *Fertini*, les *Tridentini*, les *Berunenses* [4], et les autres petits peuples nommés *Alutrenses*, *Asseriates*, *Flamonienses*, *Vanienses* et les *Culici*, dont nous avons précédemment fixé la position [5]. Tout concourt donc à prouver que la Cisalpine comprenait, de ce côté, le Trentin, le Feltrin, le Bellunese et le Cador, et était limitée par les montagnes qui bornent ces districts au nord.

[1] Tartarotti, *Memorie antiche di Rovereto*, p. 7, 8 et 52.
[2] Voyez ci-dessus, p. 52.
[3] Tartarotti, *Mem. ant. di Rover.*, p. 11, 51 et 52.
[4] Plin., lib. III, cap. 23 (19), tom. II, p. 187, edit. Lem.
[5] Voyez ci-dessus, p. 67 à 69.

Ainsi la Carte de l'Italie ancienne de d'Anville, qui exclut de la Cisalpine ces trois derniers districts, ne s'accorde pas avec les descriptions des historiens et des géographes de l'antiquité.

Ptolémée [1] nomme encore, dans cette région :

Les *Veneti*, dont les villes dans l'intérieur des terres sont :

Vicentia, Vicence [2] *Vicetia* de Pline.

Belunum, Belluno [3].

Acedum, Azolo. — C'est évidemment l'*Acelum* de Pline [4] et de Paul Diacre [5].

Opitergium, Oderzo [6]. — Strabon [7] nomme cette ville *Epiterpum* [8].

Ateste, Este. — Colonie romaine dont Pline et Tacite ont fait mention, et dont les habitans sont nommés *Atestini* par Martial [9].

Patavium, Padoue [10], qu'illustraient sa nombreuse

---

[1] Ptolemæus, lib. III, cap. 1, p. 63 (70).
[2] Voyez Muratori, *Inscript.*, tom. II, p. 1094, n° 5. — Strabo, lib. IV; V, 214. — Ælian., XIV, 8. — Tacit., III, 8. — Plin., III, 23 (19).
[3] Plin., III, 23 (19), tom. II, p. 186, edit. Lem.
[4] *Id.*, lib. III, cap. 23 (19).
[5] Paul. Diac., *Rerum langobardicar.*, lib. III, cap. 26.
[6] Voyez une inscription relative à Opitergium, Aquileia et Hemona, dans Siauve, *Lettera sopra l'iscrizione del console Muciano*, in-8°, Verona, 1811, p. 15. — Wesseling, *Itinér.*, p. 280, et Tit. Liv., *Epitome*, lib. CX. — Lucan., lib. IV. — Florus, lib. IV, cap. 2. — Plin., lib. III, cap. 23 (19). — Silvestri, *Paludi Adriane*, p. 198.
[7] Strabo, lib. V, p. 328 (214), edit. Al.; t. II, p. 123, de la trad. fr.
[8] Voyez l'*Analyse des Itinéraires*, tom. III de cet ouvrage. — Wesseling, *Itiner. roman.*, p. 281. — Voyez Muratori, p. 1029, n° 9, pour une inscription relative à Ateste.
[9] Plin., III, 23 (19); XVII, 17. — Tacit., III, 6. — Mart. X, 96, tom. II, p. 566, edit. Lem.
[10] Voyez l'*Analyse des Itinéraires*, tom. III de cet ouvrage. — Mela, lib. II, cap. 4. — Solin., cap. 8. — Ælian., *Hist. anim.*, lib. XIV,

et riche population, ses manufactures de drap et de laine, et son antique origine.

Altinum, Altino [1]. — L'émule de Baies par les agrémens de son séjour, si l'on en croit Martial, et dont Strabon, Pline et Vitruve ont parlé.

Atria, Hadria, Hatri sur les médailles, Adria moderne [2], dont nous avons fait ressortir la haute antiquité.

Ainsi, le Vicentin et le Bellunese, dont la capitale est Belluno, faisaient partie de la Vénétie, et par conséquent de la Gaule cisalpine ; ce qui confirme ce que je viens de dire sur les limites de cette grande division. A la réserve d'*Acedum* et de *Belunum*, dont les positions paraissent suffisamment prouvées par la ressemblance des noms anciens et des noms modernes, celles de toutes les autres villes se trouvent encore déterminées par les mesures des Itinéraires. Près de *Patavium,* Padoue, était le bourg d'*Aponus,* célèbre par ses fontaines d'eau minérale, nommé par Pline *Patavinœ aquœ* [3] : ce lieu est

---

cap. 8. — Senec., *Consolat. ad Helviam*, cap. 7. — Tit. Liv., lib. I. — Virgil., *Æneid.*, I, 242. — Martial., XI, 17 ; XIV, 143.

[1] Sur Altinum, voyez Wesseling, *Itiner.*, p. 126, 128. — Plin., lib. III, cap. 22 (18); lib. XXXII, cap. 53. — Strabo, lib. v. — Vitruvius, lib. I, cap. 4, tom. I, p. 19, edit. Schneider. — Velleius Paterculus, lib. II, 76. — Martial., *Epigr.*, lib. XIV, epigr. 155 ; Aurelius Victor., Eutrop., Cassiod. — Voyez Muratori, *Inscript.*, p. 1022, n° 6.

[2] Voyez les *Itinéraires*, t. III de cet ouvrage. — Justinus, lib. XX. — Strab., lib. v. — Varro, *de Lingua latina*, lib. IV. — Plin., lib. III, cap. 16. — Horatius, lib. I, od. 3. — Tit. Liv., lib. v. — Stephanus Byzantinus. — Silvestri, *delle antiche Paludi Adriane*, p. 105. — Voyez ci-dessus, tom. I, p. 5. — Ferro, *Ist. di Comacchio*, p. 53.

[3] Plin., lib. II, cap. 106 ; lib. XXXI, cap. 32. — Silius, lib. XII. — Lucan., lib. VII. — Claudian., 8. — Il y a une belle et longue description des Aponi fontes, dans une lettre de Cassiodore, au nom

mentionné par Suétone [1], dans la vie de Tibère, sous le nom d'*Aponus fons;* c'est aujourd'hui Abano ou Ebeno, et les sources minérales portent encore le nom de bagni d'Albano. Une inscription trouvée non loin de Rome parle de *Tarvisium,* qui est Treviso, au nord-ouest d'Altino [2].

C'est dans la *Venetia* qu'étaient placés les *Medoaci,* dont parle Strabon [3]. D'après la description de ce géographe et le nom qu'ils portaient, ils ont dû habiter dans la plaine située à l'est de Vicence, entre la Brenta, qui est le *Medoacus fluvius major,* et le Bachiglione, qui est le *Medoacus fluvius minor.* D'Anville, ainsi que nous l'avons déjà observé, a placé ces peuples beaucoup trop au nord.

Pline [4] mentionne encore au nombre des villes de la Vénétie détruites de son temps *Atina* et *Cœlina.* Cluverius [5] a placé cette dernière à monte Regale, où l'on a trouvé des antiquités au passage d'une rivière qu'il nomme Celina, et qui est nommée Zelline sur la belle Carte des États de Venise, par Zach. D'Anville a suivi l'opinion de Cluverius, et cette opinion est assez vraisemblable. Quant au *Liquentiæ portus,* que Pline place à l'embouchure de la rivière *Liquen-*

---

du roi Théodoric. — Cassiodorus, in *Variar.,* lib. II, epist. 39. — Voyez ci-dessus, part. I, ch. I, tom. I, p. 7.

[1] Suetonius, in *Tiberio,* cap. 14, tom. I, p. 375, edit. Hase. — Conférez Cluverius, *Italia antiqua,* tom. I, p. 152.

[2] Procop., lib. II. — Fortunatus, *de Vita S. Martini,* lib. IV, et Paul Diacre, font mention de Tarvisium, Trevigi. — Voyez Cluverius, *Italia antiqua,* tom. I, p. 162.

[3] Strab., lib. V, 327-330 (213-216), edit. Al., tom. II, p. 120, 130.

[4] Plin., lib. III, c. 23 (19), tom. II, p. 188, edit. Lem., lisez *Atina,* au lieu d'*Atia.*

[5] Cluverius, *Italia antiqua,* tom. I, p. 166.

tia [1], comme cette dernière, que Pline fait surgir des collines près d'Oderzo, *ex montibus Opiterginis*, est évidemment la Livenza, il est certain que *Liquentiæ portus* doit être porto di Margharita, ou porto di Falconera, qui est auprès. Une inscription qui, selon Siauve, a été mal lue par Maffei, semble démontrer aussi que Merano, sur l'Adige, existait du temps des Romains sous le nom de *Maiensis* [2]. Outre les *Arusnati* ou *Arusnates*, dans le val Pulicella, dont nous avons déjà parlé, Maffei nous fait connaître par des inscriptions les *Dripsinati*, qu'on doit placer à Trissino, dans les collines du Vicentin [3].

D'après les limites assignées par Ptolémée à la Vénétie, les *Fertini* et les *Berunenses*, mentionnés par Pline [4], doivent avoir été renfermés dans cette circonscription, sur laquelle, d'ailleurs, ces deux auteurs sont d'accord.

J'ai observé précédemment que le nom de *Venetia* fut, par la suite, appliqué non seulement au territoire des *Veneti*, mais encore à celui des *Cenomani*, et que la province nommée *Venetia* eut pour limite l'Adda, à l'ouest : ce qui veut dire, en d'autres termes, que la dixième région d'Auguste prit le nom de *Venetia*. L'empereur Julien observe très bien [5] que la *Henetia* ne fut nommée *Venetia* que depuis que les Romains s'en furent emparés, et qu'en transportant ce nom du grec en latin, ils ont changé l'*H* en *V*.

---

[1] Plin., lib. III, cap. 22 (18), tom. II, p. 183, edit. Lem.

[2] Siauve, *Lettera sopra l' iscrizione del console Muciano;* Verona, in-8°, 1811, p. 6.

[3] Maffei, *Verona illustrata.* Voyez ci-dessus, p. 144.

[4] Plin., lib. III, cap. 23 (19), tom. II, p. 187, edit. Lem.

[5] Julien, dans son *Oraison sur Constantin.*

A côté des *Veneti* Ptolémée place, avec raison :
Les *Carni*, dont les villes sont :
Forum Julium colonia, Cividale ou città di Friuli.

Il faut bien se garder de confondre ce *Forum*, qui répond à Cividale ou città di Friuli, avec *Julium carnicum* [1], dont la position à Zuglio moderne se trouve déterminée par les mesures des Itinéraires romains qui en font mention, et par les antiquités qui s'y trouvent [2]. Ptolémée [3] a connu les deux; il mentionne le *Julium* des Itinéraires sous le nom de *Julium carnicum*, et dit qu'il est situé entre la Norique et l'Italie, ne l'attribuant en quelque sorte à aucune de ces grandes divisions. Pline [4] distingue aussi les habitans de ces deux villes; il appelle ceux de *Julium carnicum, Julienses Carnorum;* et ceux de *forum Julium, Forojulienses cognomine transpadani,* ainsi que je l'ai déjà observé. Quoique les Itinéraires ne fassent pas mention de *forum Julii,* cependant la position de cette ville à Cividale, ou città di Friuli, n'en est pas moins démontrée, avec certitude, par une suite de monumens historiques. Paul Diacre [5] parle de *forum Julii* comme d'une ville encore existante dans le VIIe siècle, et il en

---

[1] Je me serais dispensé de faire cette remarque, si le bulletin des fouilles faites au village de Zuglio, dont la Notice a été dressée par M. Siauve, qui a publié quelques écrits intéressans sur des inscriptions, ne tendait pas à établir cette confusion. — Voyez *Scavi di Zuglio,* p. 5 et 6.

[2] Voyez l'*Analyse des Itinéraires,* tom. III de cet ouvrage.

[3] Ptolemæus, lib. III, cap. I, p. 63 (70). — *Id.,* lib. II, cap. 14, p. 57 (62).

[4] Plinius, lib. III, cap. 23 (19), tom. II, p. 187, edit. Lem.

[5] Paul. Diac., lib. IV, cap. 38; lib. V, cap. 23; lib. VI, cap. 3.

indique la position près du *Natiso* et près d'*Aquileia*, ainsi que de plusieurs autres lieux qu'il nomme, et dont une partie subsiste encore sous les mêmes noms, aux environs de Cividale, ou città di Friuli [1]. Cassiodore [2] dit que *Forojuliensis* était, de son temps, simplement nommée *Civitas*; de là le nom de Cividale qu'elle prit depuis, parce que les premiers souverains de ce pays y fixèrent leur résidence; et l'on sait assez que c'est du nom même de cette ville, *forum Julii*, qu'est dérivé, par contraction, celui de Frioul. Si Cividale offre moins de débris d'antiquités romaines que Zuglio, c'est que cette dernière, étant située dans les montagnes, a éprouvé moins d'altérations et de révolutions de tous genres [3]. On doit remarquer que sur nos cartes modernes le district aux environs de Zuglio se nomme Cargna, évidemment dérivé de *Carnicum*; les autres villes des *Carni* sont, selon Ptolémée :

Concordia colonia. — Concordia, à un peu plus d'un mille au midi de porto Gruero; lieu qui dut à sa colonie le nom de *Julia* [4].

Aquileia. — Aquilée, la neuvième ville de l'empire romain, selon Ausone, mise au nombre des villes principales d'Italie dans Ptolémée. Polybe, cité par Strabon, place des mines d'or dans son voisinage : son nom, comme le prétend Eustathe, dans son Commentaire sur Denys-le-Périégète, vient d'*Aquila*;

---

[1] *Giornale Arcad. di Roma*. — *Litter. Gazette*, Lond., janv. 1824.
[2] Cassiodor., *Varior.*, lib. xii, epist. 26.
[3] Voyez, sur les révolutions qu'a éprouvées Cividale, Cluverius, tom. i, p. 201 et 202.
[4] Plin., lib. iii, cap. 22 (18). — Silvestri, *delle antiche Paludi Adriane*, p. 198.

mais alors cette ville, dit-on, fondée par les Gaulois, avant d'avoir reçu une colonie romaine, devait porter un autre nom [1]. Toutes ces villes ont conservé leurs noms jusqu'à nos jours, et l'exactitude des mesures des Itinéraires [2] anciens, qui en font mention, sur la route qui part de *Tergeste*, Trieste, et qui aboutit à *Patavium*, Padoue, prouve que l'identité des noms s'accorde avec celle des positions.

Strabon [3] s'accorde aussi avec Ptolémée, et observe très bien qu'*Acyleia* (*Aquileia*), entrepôt du commerce des Romains avec les peuples d'Illyrie, est hors des limites des *Heneti* ou des Vénètes : donc *Acyleia* ou *Aquileia* se trouvait chez les *Carni*. Pline compte aussi ses mesures de l'Italie à partir d'*Aquileia*; mais Strabon dit qu'après le *Timavum* [4], qui est le Timavo, près de castel Duino, commence la côte des *Istrii*; ce qui s'accorde parfaitement avec Ptolémée [5], lequel, un peu plus haut, décrivant la côte des *Carni*, nomme en dernier lieu, vers l'orient, *Natisonis fluvii ostia*, ou l'embouchure de l'Isonzo. Sur le rivage des *Veneti*, Ptolémée n'indique que l'embouchure de l'*Atrianus fluvius* qui, de son temps, était à *Hadria*, Adria. L'*Atrianus fluvius* de Ptolémée paraît être le même que le *Tartarus* des

---

[1] Tit. Liv., xxxix, 22, 45, 54; xl, 54. — Vell. Paterc., i, 15. — Strabo, 208. — Eustath., *Comment. in Dion. Perieg.* — Auson., *de Clar. urb.* Elle conserva sa prééminence dans le moyen âge. — Silvestri, *delle antiche Paludi Adriane*, p. 180.

[2] Voyez l'*Analyse des Itinéraires*, tome iii de cet ouvrage.

[3] Strabo, lib. ii, p. 125 (185); lib. iv, p. 207 (318); lib. v, p. 214 (328), edit. Alm.; tom. ii, p. 123 et 124, de la trad. franç.

[4] Strabo, p. 214 (328), tom. ii, p. 128, de la trad. franç. — Voyez ci-dessus, p. 70 et 76.

[5] Ptolemæus, lib. iii, cap. 1; lib. viii, p. 63 (70) et 194 (227).

autres auteurs, le Tartaro des modernes [1]. Sur la côte des *Carni*, Ptolémée n'indique que l'embouchure du *Tilavempti fluv.* ou du Tagliamento. — Les sources chaudes que Pline place dans une île près du Timavo sont les bagni di Monfalcone.

Pline, ainsi que nous l'avons déjà remarqué, nomme encore sur ce rivage différentes villes dont il paraît difficile de déterminer les positions, puisqu'elles étaient détruites de son temps : telles sont *Segeste*, *Ocra*, *Iramine*, *Pellaon*, *Palsatium* [2]; cette dernière pourrait être placée cependant, avec quelque degré de vraisemblance, à Pallaziola, sur la *via Appia*, au passage de la Stella; peut-être est-ce aussi le *Palatium* de l'Itinéraire et de la Table, situé sur la route de Trieste [3]. Strabon [4] mentionne l'*Ocra mons* comme la partie la plus basse des Alpes voisine des *Albii montes* : la ville d'*Ocra* devait donc être située au passage des Alpes juliennes ou carniques, et sur la route qui conduisait au Danube; et comme un lieu nommé Alben nous donne la position des *Albii montes*, près du lac Cirknitz, l'*Ocra mons* doit se trouver dans le voisinage, près de Rackig ou de Planna, sur la route de Laybach; c'est là qu'il convient de placer la ville d'*Ocra*.

Pline [5] fait ensuite une longue énumération de plusieurs villes ou peuples déjà nommés dans notre description des Alpes, mais dont nous devons ré-

---

[1] Silvestri, *delle antiche Paludi Adriane*, p. 129.
[2] Plin., III, 23 (19), t. II, p. 188, edit. Lem., et ci-dessus, p. 80.
[3] Voyez l'*Analyse des Itinéraires*, tom. III de cet ouvrage.
[4] Strabo, lib. VII, p. 482. Si la ville d'Ocra était dans ce voisinage, alors elle était située chez les Carni.
[5] Plinius, lib. III, cap. 22 (18).

péter ici les noms, parce qu'ils servent à déterminer les limites des *Carni*, dans l'intérieur desquels ils se trouvaient renfermés. Ce sont les *Alutrenses*, aux environs d'Ala et de la rivière de ce nom; les *Asseriates*, dans le val d'Arsa et les environs d'Arseria; les *Flamonenses* à Falmassons, aux sources de la Stella; les *Vanienses* à Venzone, ou dans la campagna d'Aviano; les *Culici*, les *Foretani*, aux environs de Forforcano, sur le Tagliamento, à l'est de Cordavado; les *Vidinates*, à Udine; les *Quarquines*, à Quer; les *Tarvisani*, à Tarvis, sur la route de Willach, dans les Alpes carniques; les *Togrinses* à Torsa, près de la Stella; les *Varvani* à Valvasone.

D'après la description que Pline [1] fait des fleuves qui coulent chez les *Carni*, son *Romatinus fluvius* doit être le fiume Lumino, et par conséquent le *Romatinum portus* doit être porto di Caorle ou di Falconera, vers l'orient.

L'Itinéraire de Bordeaux [2] à Jérusalem nous marque avec exactitude quelles étaient, à l'orient des *Carni*, les limites de l'Italie dans les derniers temps de l'empire d'Occident. En décrivant une route qui aboutissait à *Celeia*, après avoir mentionné *Hæmona* ou *Æmona*, que les mesures portent à Laybach, l'Itinéraire, à 23 milles plus loin, indique *mansio Hadrante, finis Italiæ et Norici*. Ainsi, d'après cette indication, les limites de l'Italie, de la Norique, de la Pannonie, étaient fixées à Hadrante. Ceci s'accorde très bien

---

[1] Plinius, lib. III, cap. 22 (18). — Silvestri, *delle antiche Paludi Adriane*, p. 199.

[2] *Itiner. hierosolymitanum*, Wesseling, p. 560; et l'*Analyse des Itinéraires*, tom. III de cet ouvrage.

avec Hérodien¹ (historien peu éloigné de l'époque de l'Itinéraire), qui, décrivant la marche de l'empereur Maximin, qui venait d'orient en Italie, dit: « Il parvint à la ville d'Italie située au pied des Alpes, « que les habitans nomment *Emona*. » Ptolémée comprend la ville d'*Emona* dans sa description de la Pannonie, et non dans celle de l'Italie ²; mais il s'exprime à l'égard de cette ville d'une manière remarquable. « Entre l'Italie, dit-il, est la Norique, et, appartenant « à la Pannonie, est *Emona*. » On voit par-là, que de son temps, qui est antérieur d'un siècle à celui de l'Itinéraire, *Hæmona* était considérée comme un lieu limitrophe entre l'Italie, la Norique et la Pannonie. Il est évident, d'après cela, qu'*Hæmona* ou Laybach n'a jamais fait partie des *Carni*, et les textes de Ptolémée et de Pline, réunis, concourent à prouver qu'au moins, avant la conquête et la soumission de l'Illyrie et de la Pannonie, sous Auguste, les limites de l'Italie étaient les mêmes que celles des *Carni*, c'est-à-dire les plus hauts sommets des Alpes qui sont à l'ouest d'*Hæmona* ou de Laybach, dans la ligne d'Idria et de Lobitsch.

La dernière contrée de la Cisalpine dont nous ayions à parler est l'Istrie, que Ptolémée³ décrit de la manière suivante :

Histria. — Après la sinuosité, dit-il, que forme le fond du golfe Adriatique, on trouve sur la côte :

Tergestum colonia. — Trieste⁴, qui reçut une

---

¹ Herodian., *Hist.*, lib. VIII, p. 437, edit. Bas., 1781.
² Ptolemæus, lib. II, cap. 15, p. 57 (63).
³ Ptolemæus, lib. III, cap. 1, p. 63 (70).
⁴ Voyez l'*Analyse des Itinéraires*, tom. III de cet ouvrage, et Muratori, p. 1086, n° 1 (Tergeste civit.). — Plin. III, 18. — Vell.

colonie romaine, donna son nom au golfe où elle se trouve située, et eut beaucoup à souffrir des incursions des Japides, peuple Illyrien, difficilement dompté par Auguste.

Formionis fluv. Ostia, remarquable pour avoir été primitivement la limite de l'Italie, et dont nous avons déterminé la position, par les mesures de Pline, à la petite rivière de Muja [1].

Parentium. — Parenzo [2], port de mer sur la côte occidentale de la presqu'île, dont la position est déterminée par les mesures de la Table [3]. Une inscription relative à *Parentium*, trouvée à Parenzo, donne à cette ville le titre de colonie [4].

Pola. — Pola, que Pline nous apprend avoir été nommé de son temps, *Pietas Julia*; mais les habitans, ainsi que le témoigne une inscription, furent toujours nommés *Polenses*. Nous avons déjà vu que l'antiquité de cette ville remonte même jusqu'au temps des fables [5]. Les îles Brioni, Conversara et San Nicolo, près de Pola, sont les *insulæ Pullariæ* de Pline [6], et Strabon en fait mention comme donnant un refuge assuré aux vaisseaux.

Paterc., II, 110. — Mela, II, 4. — Strabo, V, 215 (330), et VII, 314 (482). — Cæsar, *de Bell. gall.*, VIII, 24. — Appian., *Illyr.*, 18.

[1] Voyez ci-dessus, tom. I, p. 74.

[2] Plin., III, 25 (19). — Stephanus Byzantinus, *de Urbib. et Popul.*, p. 627, edit. Berkel. Voce *Parentium*, p. 528, edit. Pinedo.

[3] Voyez l'*Analyse des Itinéraires*, tom. III de cet ouvrage.

[4] Siauve, *Lettera sopra l'iscrizione del console Muciano*, p. 15 et 21, in-8°; Verona, 1811.

[5] Voyez ci-dessus, tom. I, p. 2. — Plusieurs auteurs ont fait mention de Pola; tels sont: Strabon, Mela, Pline, Ptolémée, Ammien Marcellin, Stephanus Byzantinus, et un grand nombre d'inscriptions. Tous ces textes ont été rassemblés et transcrits en entier par Cluverius, *Italia antiqua*, tom. I, p. 211.

[6] Plin., III, 30. — Strabo, V, 215 (330); tom. II, p. 129, trad. fr.

Nesactum ou *Nesactium*, que l'on place avec quelque probabilité à castel Nuovo, à l'embouchure de la rivière Arsa [1].

Arsia fluvius, finis Italiæ. — Arsa, rivière; limite de l'Italie.

Pline [2] nomme les mêmes villes; il les nomme dans le même ordre, et termine de même l'Italie au fleuve *Arsia*. « *Parentium, colonia Pola, mox « oppidum Nesactium, et nunc finis Italiæ fluvius « Arsia.* » Ainsi l'Istrie, chez les anciens, ne comprenait pas toute la presqu'île que nous désignons sous ce nom. L'Istrie des anciens commençait au Timave, près de castel Duino, et se terminait à la rivière Arsa. Toutes les villes que nous venons de mentionner sont situées sur la côte, et leurs positions, indépendamment des rapports de noms, sont prouvées par les Itinéraires et par des monumens historiques; il n'en est pas de même de celles de l'intérieur nommées par Ptolémée, savoir :

Pucinum. — Ce lieu est Pisino vecchio [3], au midi et sur la route même que Pinguente [4]. Ce lieu ne me paraît pas différent du *castellum Pucinum* dont Pline fait mention après le Timave, et avant Tergeste, ce qui l'a fait placer au castel Duino des modernes, sur la côte. Pline nous apprend que c'est à l'excellent vin qui croissait dans les environs de *Pucinum*, que *Julia Augusta* dut le pouvoir de prolonger sa vie jusqu'à l'âge de quatre-vingt-deux ans.

[1] Conférez Tit. Liv., XLI, 11 (15), tom. VII, p. 556, edit. Lem. — Plin., III, 23 (19).

[2] Plin., *Hist. nat.*, lib. III, cap. 23 (19).

[3] Voyez la Carte de l'Istrie, par Capellari.

[4] Plin., lib. III, cap. 18; lib. XIV, c. 6. — Ptolem., lib. III, cap. I, p. 63 (70).

Piquentum, qu'on place avec raison à Pinguente, sur la route qui traverse le milieu de la presqu'île du nord au sud.

Alvum nous paraît être Albona, situé à peu de distance de la rivière Arsa, et par conséquent hors de la limite de l'Italie; mais par une erreur bien légère, comparativement à celles que présentent la plupart de ses positions dans l'intérieur, Ptolémée place *Alvum* à l'ouest de l'*Arsia flumen*, et par conséquent en Italie.

Pline ne nomme aucune de ces deux dernières villes, mais il mentionne *Ægidia*, qui a été placée par Cluverius et par d'Anville, d'après Cluverius, à Capo d'Istria, uniquement parce qu'on a trouvé dans ce lieu une inscription[1] qui constate qu'il occupe le même emplacement que la ville romaine nommée *Justinopolis*, et qu'on a présumé que cette ville se nommait *Ægida* avant l'époque de l'inscription, qui ne remonte pas évidemment au-delà de l'empereur Justinien.

Tels sont les peuples, les villes et les divisions de la Gaule cisalpine avant la dernière de toutes les divisions qui eurent lieu sous l'âge romain, c'est-à-dire avant celle que l'on trouve dans la Notice des provinces de l'Empire, et dont on croit que Constantin est l'auteur.

On a observé, avec raison, que cette division de l'Italie, par Auguste, en onze régions, ne paraît pas avoir duré long-temps, ni avoir été d'un usage universel, puisqu'on ne la trouve mentionnée que par Pline. Je suis porté à croire qu'elle n'avait aucun

---

[1] Voyez Cluverius, *Italia antiqua*, tom. 1, p. 210.

rapport avec l'administration et le gouvernement, mais qu'elle était entièrement scientifique, et basée sur la géographie naturelle; qu'elle fut adoptée par Auguste, pour plus de précision et de clarté, dans une description géographique qu'il avait publiée de l'Italie, d'après les Mémoires d'Aggrippa. Ce qui me confirme dans cette opinon, c'est l'espèce d'égalité qui règne dans ces onze divisions, et l'ordre qu'on y trouve lorsqu'on rétablit celui que Pline a dérangé; ce sont enfin les expressions mêmes de Pline qui ne semblent laisser aucun doute à cet égard. « Il « est nécessaire (dit-il en commençant sa description « de l'Italie), de choisir pour auteur le divin Auguste, « et de se conformer à la description qu'il a faite de « l'Italie en onze régions [1]. » Cependant cette division d'Auguste eut certainement quelque influence sur celle qui fut établie depuis, puisque, ainsi que nous l'avons déjà dit, la province nommée *Venetia* reçut les mêmes limites que celles qui avaient été assignées par Auguste à sa dixième région.

Néanmoins les seules grandes divisions que l'on trouve employées dans les historiens anciens sont celles de *Ligurie*, de *Gaule cisalpine* ou de *Gaule togée*, et de *Vénétie*.

Le mot de *Ligurie*, dans les auteurs grecs, se trouve souvent employé dans le sens restreint de Strabon, c'est-à-dire comme ne s'étendant que jusqu'à Gênes, et nous en avons cité un exemple dans Plutarque; mais les auteurs latins, plus exacts,

---

[1] Plin., *Hist. nat.*, lib. III, cap. 6 (5): « Qua in re præfari neces- « sarium est, auctorem nos Divum Augustum secuturos, descrip- « tionemque ab eo factam Italiæ totius in regiones XI, » tom. II, p. 71 et 72, edit. Lem.

entendent toujours, par *Ligurie*, la région comprise entre le Var et la Magra, dont nous avons tracé les limites [1].

La *Venetia*, proprement dite, était, ainsi que nous l'avons vu, la dixième région d'Auguste, en retranchant les *Cenomani*. On appelait plus particulièrement *Gallia cisalpina* ou *togata*, toutes ces vastes plaines tant en deçà qu'au-delà du Pô, qui n'appartenaient ni à la Vénétie, ni à la Ligurie. Cependant on doit remarquer que des écrivains grecs, et entre autres Ptolémée, désignent, plus particulièrement, sous le nom de Gaule togée, la Gaule togée cispadane [2].

Lorsqu'on voulait avoir recours à des divisions moins générales, on se servait des divisions par peuples, que Ptolémée [3] range selon l'ordre suivant, qui est parfaitement géographique; *Semnones (Senones), Boii, Histri, Carni, Venetia, Cenomani, Bechuni, Insubres, Salassi, Taurini, Libici;* ensuite dans les Alpes grecques et cottiennes, où il place les *Centrones,* les *Lepontii,* les *Caturiges,* les *Segusiani;* et, dans les Alpes maritimes, les *Nerusii,* les *Suctrii (Suetrii),* les *Vediantii;* et, dans la description des côtes, qui toujours dans cet auteur précède celle de l'intérieur, *Massiliensium territorium, Liguria,* et enfin *Gallia togata,* qui ne comprend que la Gaule togée cispadane.

Telles sont les divisions que Ptolémée admet, non seulement dans la Gaule cisalpine, mais dans tout le nord de l'Italie, qui, avant lui, et de son temps,

---

[1] Voyez Plin., lib. III, cap. 5. — Florus, lib. II, cap. 3.
[2] Voyez ci-dessus, p. 92.
[3] Ptolemæus, *Geogr.*, lib. III, cap. 1, p. 63 (70).

comprenait une partie de la chaîne des Alpes, depuis réunie à la Gaule transalpine. Nous avons déterminé les limites de ces divisions de Ptolémée, et assigné la position des villes qu'il y renferme; mais il était nécessaire de faire connaître aussi l'ordre selon lequel ce géographe les a présentées dans son ouvrage.

§. III. *Gaule transalpine.*

Première division sous Auguste. — Agrandissement de l'Aquitaine.

Après avoir réuni à l'Empire romain les peuples des Gaules que César n'avait pas eu le temps de soumettre[1], Auguste voulut régler le gouvernement de cette importante province de son vaste empire. Il se transporta à Narbonne l'an 27 avant J.-C., et il y tint les états de la Gaule. Il changea les grandes divisions de cette contrée, et établit entre elles plus d'égalité relativement à l'étendue de leurs territoires respectifs; ce fait important est attesté par Strabon[2], et Dion Cassius[3]; mais Strabon est le seul auteur qui en ait parlé en détail.

Il nous apprend qu'Auguste détacha plusieurs peuples de la Celtique (ou Gaule) pour les réunir à l'Aquitaine, et qu'il étendit jusqu'à la Loire cette dernière portion de la Gaule, autrefois si resserrée, tellement qu'elle renferma désormais tout le pays

[1] Aurelius Victor, *de Cæsaribus*, cap. 1, p. 308, edit. Arntz. — Eutrop., lib. VII, cap. 9, p. 450, edit. Tzschuck. — Appianus, *de Bellis civil.*, cap. 75, tom. II, p. 811, edit. Schweigh. — Tibull., lib. I, eleg. 7, p. 80, edit. Golbery.
[2] Strabo, lib. IV, p. 177 à 180 (267 à 270) t. II, p. 3, de la trad. fr.
[3] Dio Cassius, lib. LIII, c. 22, p. 717, edit. Reim. — Il est aussi fait mention de ce fait dans l'*Epitome* de Tit. Liv., pour le livre CXXXIV.

compris entre la mer, les Pyrénées, les Cévennes et la Loire, depuis sa source jusqu'à son embouchure, sauf cependant les irrégularités produites par les différentes limites des peuples, qui furent conservées par Auguste dans toute leur intégrité, et qui firent que les frontières de la Celtique s'étendirent souvent au-delà de la Loire, tandis que celles de l'Aquitaine atteignirent quelquefois les rives de ce fleuve, mais ne les franchirent jamais.

Auguste donna à la Province romaine le nom de la capitale ou du chef-lieu du gouvernement où il tint les états de la Gaule, et elle fut désormais appelée Gaule narbonnaise, *Gallia narbonensis*, au lieu de Gaule-à-Braies, ou *Gallia braccata;* les termes de Mela et de Pline sont formels à cet égard [1].

Comme tout ce qui n'était pas proprement Belgique ou Aquitaine était appelé Celtique par les Grecs, ce changement, dans les dénominations de la *Celtica braccata*, a fait dire à Strabon, par une confusion d'idées peu excusable, qu'Auguste avait réuni la Celtique à la Narbonnaise; mais cette erreur de Strabon, et quelques autres semblables, n'infirment pas son autorité [2] sur les divisions de la Gaule, par

---

[1] Mela, lib. III, cap. 2 : « Pars (Galliæ) nostro mari apposita, fuit « aliquando Braccata nunc Narbonensis. »—Plin., lib. III, cap. 5 (4) : « Narbonensis provincia, Braccata antea dicta. »—Mandajors, *Hist. crit. de la Gaule narbonnaise*, p. 473, cite deux passages de Cicéron (*Epistol. ad Famil.*, x, 26 et 33, tom. 1, p. 517 et 533, edit. Lem.) pour prouver que cet usage commençait à s'établir; mais il n'est question dans ces passages que du district de Narbonne.

[2] Il fait même (lib. IV, p. 189, tom. II, p. 37, de la trad. franç.) une remarque très juste sur cette province narbonnaise : « Les ha-« bitans de la Narbonnaise (dit-il) se nommaient autrefois Celtes, « et je présume que les Grecs n'ont été portés à donner à tous les

Auguste, qu'il a très bien connues. Nous devons nous attacher à lui comme à l'auteur qui nous fournit le plus de détails sur cet objet, et aussi parce qu'il a écrit à une époque plus rapprochée du temps où ces divisions ont été établies : rapportons donc ses propres paroles :

1°. « Auguste, dit Strabon [1], en divisant les Gaules « en quatre parties, réunit d'abord les Celtes à la « Narbonnaise. » Ceci veut dire que la *Celtique*, nommée par Auguste *Narbonnaise*, est la première des quatre divisions des Gaules formées par cet empereur.

2°. « Auguste, continue Strabon, compte ensuite « pour deuxième partie l'Aquitaine, en lui conser- « vant le même nom sous lequel César l'avait fait « connaître, si ce n'est qu'il en recule les limites en « y ajoutant les cantons de dix (quatorze) peuples « situés entre la Garonne et la Loire. »

3°. « Quant au reste de la Gaule, il le divise en « deux parties : l'une s'étend jusqu'au Rhin, il la met « sous la dépendance de Lyon. » C'est la *Celtique*.

4°. « Il assigne l'autre aux Belges. » C'est la *Belgique*.

On voit par-là qu'Auguste ne fit d'autres change-

« Gaulois le nom de Celtes, que par la célébrité de ce dernier peu- « ple : le voisinage des Marseillais peut y avoir aussi contribué. » En effet, le nom de Celtes a dû être donné d'abord par les Grecs aux habitans de la côte qu'ils avaient découverte en premier, et la signification de ce nom s'est étendue à proportion du progrès des découvertes ; il s'ensuit que le basque a plus de titres pour être considéré comme l'ancienne langue celtique que le dialecte de la Basse-Bretagne, contrée entièrement inconnue aux premiers auteurs qui ont parlé des Celtes.

[1] Strabo, lib. IV, p. 177 (268), edit. Alm.; tom. II, p. 3, trad. fr.

mens considérables à la division établie dans les Gaules, lors de la conquête de César, que d'agrandir l'Aquitaine, de changer le nom de la Province romaine, et d'établir comme capitales, pour deux provinces, la Narbonnaise et la Celtique, deux villes d'origine récente, fondées et peuplées principalement par des Romains, savoir : Narbonne et Lyon.

Cependant on trouve dans Pline [1] et dans Ptolémée [2] que le vaste territoire des *Sequani*, et celui des *Lingones*, faisaient de leur temps partie de la Belgique; or, comme il est bien certain que du temps de César les *Sequani* et les *Lingones* appartenaient à la *Celtique*, presque tous les auteurs modernes, y compris d'Anville et Valois, ont attribué aussi ce changement à Auguste, et ont dit qu'il avait réuni les *Sequani* et les *Lingones* à la *Belgique* : mais comment Strabon, qui détaille avec tant de soin les retranchemens faits à la Celtique par Auguste, aurait-il oublié le plus important de tous? Auguste qui voulait favoriser l'accroissement de Lyon, où il réunit une assemblée des députés des différens peuples de la Gaule [3], après avoir ôté à la *Celtique* ou à la partie de la Gaule dont Lyon était la capitale, la moitié de son ancien territoire, pour le réunir à l'Aquitaine, aurait-il encore retranché les *Sequani* pour les annexer aux Belges? les *Sequani*, le peuple le plus voisin de Lyon! Aurait-il tout à coup rendu la *Celtique* la plus petite division de la Gaule, tan-

[1] Plin., lib. IV, cap. 31 (17), tom. II, p. 364, edit. Lem.
[2] Ptolemæus, lib. II, cap. 4, p. 50 (54), edit. Bert.
[3] Strabo, lib. IV, p. 192 (292), edit. Alm.; tom. II, p. 46, de la trad. franç. — Tit. Liv., *Epitome*, lib. CXXXVII. — Sueton., in *Tiber. Claud. Cæsare*, cap. 2, tom. II, p. 80, edit. Lem.

dis qu'auparavant elle se trouvait de beaucoup la plus étendue? Non seulement Strabon garde le silence sur ce grand changement, mais son texte dit précisément le contraire; car il a bien soin d'observer que la *Celtique* s'étend jusqu'au Rhin [1] : donc les *Sequani* s'y trouvaient compris; donc la *Celtique* conservait de ce côté les limites qu'elle avait du temps de César.

Ceux qui ont soutenu le contraire ont été obligés de rejeter l'autorité de Strabon, qui est ici la plus décisive. Le savant Schœpflin, qui a bien compris l'importance de ce que dit ici Strabon, est tombé dans un excès contraire, et, rejetant le témoignage réuni de Pline et de Ptolémée, il a nié que les *Sequani* et les *Lingones* eussent jamais été réunis à la Belgique : ils l'ont certainement été, mais à une époque postérieure à celle dont nous traitons. Auguste ne changea rien à la Belgique de César. En effet, Pomponius Mela [2], qui vivait sous Claude, semble ne pas s'écarter de la division de César, et dit que les Celtes s'étendaient jusqu'à la Seine. Tacite, en racontant les événemens qui eurent lieu après la mort d'Auguste, dit [3] que « Germanicus fit prêter, « en faveur de Tibère, le serment aux Belges, et aux « *Sequani* qui en étaient voisins; » preuve évidente qu'après la mort d'Auguste les *Sequani* ne faisaient pas partie de la Belgique. Le même auteur, en racontant la révolte des Æduens et de Sacrovir, dit

---

[1] Strabo, lib. iv, p. 177; trad. fr., tom. ii, p. 5.

[2] Mela, lib. iii, cap. 2 : « Ab eo (Aquitani) ad Sequanam Celtæ. »

[3] Tacit., *Annal.*, lib. i, cap. 34, tom. i, p. 78, édit. Lemaire : « Sequanos proximos et Belgarum civitates in verba ejus adigit. »

que le général romain Silius dévasta les cantons des *Sequani*, limitrophes des *Ædui*, qui s'étaient alliés avec ces derniers, et avaient aussi pris les armes; or Tacite [1] nous apprend peu auparavant que ce furent les *Andecavi* et les *Turonii* que Sacrovir entraîna les premiers dans sa révolte; c'est-à-dire les Celtes, Gaulois, ou peuples de la province lyonnaise d'Auguste. Il nous dit aussi que Florus avait de son côté fait révolter les Belges, tandis que Sacrovir « avait « soulevé les Gaulois les plus voisins des Belges [2]. » Il est évident que, par ces derniers, l'historien désigne précisément les *Sequani*. On ne saurait fournir de plus forte preuve qu'alors, c'est-à-dire vingt et un ans après la naissance de J.-C., les *Sequani* n'étaient pas encore réunis aux Belges.

Après avoir déterminé les grandes divisions de la Gaule sous Auguste, il ne nous reste plus qu'à passer en revue les peuples qui faisaient partie de chacune de ces divisions, en nous arrêtant seulement à ceux dont nous n'avons pas eu occasion de faire connaître l'étendue et les limites.

1. *Gallia narbonensis* ou *Narbonensis provincia*, précédemment nommée *provincia Romana* ou *Gallia braccata*.

Deux peuples paraissent avoir été enlevés par Auguste à la Province romaine pour agrandir l'Aquitaine; ce sont les *Convenæ* ou une partie des *Consoranni*, ou les habitans du diocèse de Saint-Bertrand-de-Comminges et les *Helvii*, dont la capitale était

---

[1] Tacit., *Annal.*, lib. III, cap. 45, tom. I, p. 345, édit. Lem.
[2] Tacit., *Annal.*, lib. III, cap. 10, tom. I, p. 340, édit. Lemaire: « Florus Belgas, Sacrovir propiores Gallos concire. »

Alba Helviorum, Apt. Ces derniers furent ensuite restitués à la Province romaine; car Pline[1] et Ptolémée[2] les y placent; ce qui a fait croire qu'ils n'en avaient jamais été détachés. Mais je ne vois aucune raison pour accuser ici d'erreur Strabon : il commence précisément son énumération des peuples réunis à l'Aquitaine par les *Helvii*[3], et, ainsi que je l'ai déjà dit, il est le seul auteur ancien qui nous ait fourni des détails circonstanciés sur ce partage fait par Auguste. J'observe que Strabon dit d'abord qu'Auguste avait réuni dix peuples à l'Aquitaine; et lorsqu'il en vient à cette description de la Gaule, il porte ce nombre à quatorze, mais il oublie évidemment les *Bituriges vivisci*, qu'il dit lui-même un peu auparavant avoir été étrangers à l'Aquitaine; il s'ensuit que les *Helvii* sont nécessaires pour justifier ce nombre de quatorze, que Strabon comprend dans son énumération. Ainsi que nous l'avons démontré[4], les *Elicoci* de Ptolémée sont le même peuple que les *Helvii* des autres auteurs. Ptolémée nomme leur capitale *Albaugusta*, et Pline *Alba Helviorum* et *Alba helvia*; il nous apprend que son canton était célèbre pour une espèce particulière de vigne[5].

Dans le nombre des peuples réunis à l'Aquitaine, Strabon nomme les *Ruteni*[6]; mais il s'élève la ques-

---

[1] Plin., lib. III, cap. 5 (4), tom. II, p. 61, edit. Lem.

[2] Ptolem., lib. II, cap. 5, p. 51 (55), *Albaugusta Elicoci*.

[3] Strabo, lib. IV, p. 190; tom. II, p. 41, de la trad. franç.

[4] Voyez ci-dessus, part. II, ch. 2, tom. I, p. 273 à 276, et Strabo, lib. IV, p. 177 et 189; tom. II, p. 3 et 38, de la trad. franç.

[5] Plin., lib. XIV, cap. 4 (3), tom. V, p. 297, edit. Lem.

[6] Strabon, lib. IV, p. 190; trad. franç., tom. II, p. 41.

tion de savoir si les *Ruteni provinciales* ou ceux du diocèse d'Albi, qui antérieurement à cette époque faisaient, ainsi que nous l'avons dit¹, partie de la Province romaine, furent aussi réunis à l'Aquitaine. Si on en croit Pline, ils continuèrent à rester enclavés dans la Province romaine; car cet auteur nomme des *Ruteni* dans la Narbonnaise, mais il les nomme aussi au nombre des peuples de l'Aquitaine. Mais si l'on remarque que les *Ruteni provinciales* étaient au nord des Cévennes; que ni Ptolémée, ni aucun autre auteur, ne font plus mention des *Ruteni* dans la Narbonnaise, mais que tous les placent unanimement dans l'Aquitaine; qu'Albi ou *civitas Albiensium*, capitale des *Ruteni provinciales*, fait aussi partie de l'Aquitaine, dans la Notice de l'Empire, on demeure persuadé que Pline², entraîné par la rapidité de son énumération, a fait un double emploi, et que l'ancienne existence des *Ruteni provinciales* dans la Narbonnaise a causé son erreur, d'autant plus que Pline mêle souvent, dans la description de la Gaule, la division du temps de César avec celle du temps d'Auguste, et qu'il semble flotter entre les deux. Pline offre, d'ailleurs, une répétition semblable relativement aux *Cambolectri*, qu'il place aussi dans la Province romaine et dans l'Aquitaine.

Ainsi, en retranchant de la Province romaine, au temps de César, les *Helvii* et les *Convenæ*, comprenant une partie des *Consoranni*, on a les limites de

---

[1] Voyez part. I, ch. 8, tom. I, p. 190; et part. II, ch. 2, tom. I, p. 250 et 358.

[2] Plin., III, 5; IV, 33; XIX, 2, tom. II, p. 65 et 373, et tom. VI, p. 360, edit. Lem.

la *provincia Narbonensis* telles qu'Auguste les détermina.

Nous avons vu que la prospérité de Narbonne avait amené quelques changemens dans les limites respectives des *Volcæ tectosages* et des *Volcæ arecomici*: examinons donc de quelle manière ces peuples se trouvent décrits dans Strabon, Pline et Ptolémée[1]. Ce dernier nous dit :

« *Volcæ tectosages*, dont les villes sont dans « l'intérieur des terres :

« *Illiberris;* » cette ville fut depuis nommée *Helena*, aujourd'hui Elne.

« *Rhuscinum,* » Castel-Roussillon.

Voilà toutes les villes mentionnées par Ptolémée qui, à l'époque dont nous traitons, appartenaient aux *Tectosages* : à la vérité, il leur donne encore *Tolosa colonia*, Toulouse; *Carcaso*, Carcassonne; *Cessero*, Saint-Thybery; *Betiræ*, Béziers ; *Narbo colonia*, Narbonne; et sur le rivage, *Agatha*, Agde; mais, ainsi que nous l'avons observé, plusieurs de ces villes formaient un district séparé qui composait le territoire de Narbonne.

Pline[2], Mela[3] et Festus Avienus[4], nous font connaître, comme une subdivision de cette grande division de Ptolémée, les *Sordones* dont nous avons déjà eu occasion de parler[5]. Il faut leur attribuer *Illiberris* ou *Helena*, qui paraît être la même ville

---

[1] Ptolemæus, lib. II, cap. 5, p. 51 (55), edit. Bert.
[2] Plin., *Hist. nat.*, lib. III, cap. 5 (4), tom. II, p. 52, edit. Lem.
[3] Mela, lib. II, cap. 5, tom. I, p. 65, edit. Tzschuck.
[4] Festus Avienus, *Ora marit.*, vers. 568, 570, 574, tom. V, p. 472, edit. Lem.
[5] Voyez ci-dessus, part. I, ch. IV et VI, p. 108, 109 et 131.

que Festus Aviénus nomme *Pyrene*. On ne voit pas pourquoi tous les éditeurs de Pline se sont obstinés à écrire *Sardonum*, au lieu de *Sordonum* que portent les meilleurs manuscrits, ainsi que l'avoue le père Hardouin. Dans les meilleurs manuscrits de Mela, le plus ancien auteur qui ait fait mention de ce peuple, il y a aussi *Sordonum*, et c'est la leçon que le dernier et savant éditeur a choisie [1]; c'est aussi sous le nom de *Sordi* que Festus Aviénus désigne ce peuple. Enfin Julien de Tolède fait mention d'un château nommé *Sordonum*, entre *Clausuras* et Narbonne, qui est peut-être Sournia, dans le district de Prades [2]. Tant d'autorités réunies auraient bien dû empêcher d'Anville, et plusieurs autres, de défigurer le nom des *Sordones*. Mela [3] a clairement indiqué la position de ce peuple sur le rivage; mais comme Ptolémée n'en a point fait mention, il est douteux qu'il s'étendît autant dans l'intérieur, et occupât un territoire aussi considérable que celui que d'Anville lui attribue dans sa Carte de l'ancienne Gaule; du temps de Mela, c'est-à-dire sous l'empereur Claude, *Illiberri*, si célèbre dès le

---

[1] Tzschuck, édit. de Mela, tom. II, p. 406.

[2] Ce district des Sordones subsista jusqu'à la fin du xve siècle. Je trouve dans le procès-verbal manuscrit des états-généraux tenus sous Charles VIII, en 1483 (Bibliothèque du Roi, collection de Dupuy, n° 321, folio 17), la *Langue-d'Oc* et les provinces adjacentes désignées ainsi : « Quinta fuit portionum Lingua occitana cum suis « senescalliis, eique adhærentes fuerunt Delfinatua provincia, Rus- « silio et Sardinia. » *Sardinia* est évidemment une faute de copiste, et est mis pour *Sardonia* ou *Sordonia*.

[3] Mela, lib. I, cap. 5; tom. I, p. 305, édit. de Tzschuck : « Inde a « Salsutæ fonte est ora Sordonum, et parva flumina Tetis et Tichis « ubique accrevere persæva. »

temps d'Annibal, et autrefois une grande ville, n'était plus qu'un simple village. « *Vicus Illiberri*[1], *magnæ* « *quondam urbis et magnarum opum tenue vesti-* « *gium.* » Pline s'exprime, à ce sujet, en termes si semblables, qu'il paraît avoir copié Mela dans cet endroit; la position d'*Illiberri*, Elneya ou Elne, est démontrée par les mesures de la route romaine qui y passe, et qui se rattachent d'une part à *Narbo*, Narbonne, et de l'autre à *Empuria*, Empurias. Le nom d'*Helena* fut donné à *Illiberri* lorsque *Helena*, mère de Constantin, la rétablit. C'est sous ce nom que cette ville est mentionnée dans l'Epitome d'Aurelius Victor[2], dans Eutrope, Saint-Jérôme, Orose[3] et Zosyme[4]. D'Anville a donc tort de croire qu'elle conserva toujours son ancien nom d'*Illiberri*, parce qu'elle est ainsi nommée dans la Table théodosienne. Il aurait dû se rappeler que l'auteur de cette carte nomme presque toutes les capitales des peuples par l'ancien nom qu'elles portaient non seulement avant Constantin, mais quelquefois avant Auguste; soit par système, pour montrer son érudition, soit que réellement cette partie de sa carte ait été puisée dans des ouvrages antérieurs à ces deux empereurs.

[1] Mela, lib. II, cap. 6, tom. I, p. 65, edit. Tzsch. Les meilleurs manuscrits de Mela et de Pline portent *Illiberri*; on doit donc bien se garder de latiniser ce nom qui est national, puisque, encore aujourd'hui, le mot *berri*, en langue basque, signifie ville. — Voyez encore Tit. Liv., lib. XXXI, §. 22. — Strabo, lib. IV, p. 182.

[2] Aurelius Victor, *de Vita et morib. imperat.*, cap. 41, p. 576, edit. Arntz.

[3] Paul. Oros., lib. VII, cap. 29, p. 543, edit. Havers. — Eutrop., lib. X, cap. 9 (5).

[4] Zosym., lib. II, cap. 42, p. 172.

L'Itinéraire d'Antonin fait mention de *Ruscino*[1], et la mesure porte juste à Castel-Roussillon, où l'on sait qu'était cette ville, qui fut détruite par les Normands peu de temps après Louis-le-Débonnaire. Pline dit[2] : « *Ruscino Latinorum,* » c'est-à-dire *Ruscino* jouissant des droits des villes latines ; et cependant on trouve dans Mela *colonia Ruscino*[3], ce qui prouve que *Ruscino* avait reçu une colonie romaine. On ne doit donc pas s'étonner de voir souvent dans des inscriptions des villes qualifiées de colonies qui, dans Pline, ne figurent que comme villes latines. Une inscription qui a été rapportée par P. de Marca, et qu'on a trouvée à Perpignan, semble nous apprendre que cette ville, qui a succédé à *Ruscino,* était connue des Romains sous le nom de *Flavium Ebusum*[4]. Ménard conjecture[5] qu'*Ebusum* prit le nom de *Flavium,* en reconnaissance de quelques bienfaits reçus de Vespasien ; mais Muratori[6] observe très bien que cette inscription a pu être apportée d'*Ebusus insula* ou de l'île d'Iviza à Perpignan. Ce qu'il y a de certain, c'est que l'histoire ne nous fournit aucun document relatif à Perpignan, antérieurement au commencement du xi° siècle.

Le *Cervaria locus,* que Mela[7] indique chez les *Sordones,* devait être situé près de Cervera qui en

---

[1] Voyez Wesseling, *Itiner.*, p. 397, et l'*Analyse des Itinéraires*, tom. III de cet ouvrage.

[2] Plin., lib. III, cap. 5 (4).

[3] Mela, lib. II, cap. 5, tom. I, p. 65, edit. Tzschuck.

[4] Marca, *Marca hispanica*, p. 20.

[5] Menard, *Mémoires de l'Acad. des Inscript.*, tom. XXV, p. 77.

[6] Muratori, *Inscript.*, n° 1107.

[7] Mela, lib. II, cap. 5, tom. II, p. 65.

conserve encore le nom ; c'était à la fois l'extrémité méridionale de la Gaule et celle des *Sordones*. Le *portus Veneris*, du même auteur, aussi mentionné par Ptolémée, est Port-Vendre.

On doit regarder encore comme une sous-division renfermée dans les limites des *Tectosages* les *Tasconi* que Pline[1] indique près de l'Aquitaine, et dont le nom se retrouve dans celui d'une petite rivière nommée Tescon et *Tasconum*, en latin, ainsi qu'il est écrit dans la Vie de saint Théodard, archevêque de Montauban, publiée par Catel. Cette petite rivière en reçoit une autre nommée Tesconnet, laquelle se rend dans le Tarn, près de Montauban[2].

Quant aux *Taracunonienses*, ou, selon d'autres éditions, les *Tarusconienses* du même auteur, d'Anville les place, avec quelque degré de vraisemblance, dans le comté de Foix, aux environs d'un lieu nommé dans les titres du moyen âge *castrum Tarasco*[3]. Alors ils formaient un petit canton à l'extrémité méridionale des *Tectosages*, et près des frontières, et anticipant même sur le territoire des *Consoranni*. Ces derniers, comme je l'ai déjà dit, sont mentionnés dans Pline comme appartenant à l'Aquitaine, ainsi que dans la description de la Narbonnaise. P. de Marca et Astruc ont voulu distinguer les *Consuarani* des *Consoranni*, mais leur opinion n'a aucune base solide, et ils ont été bien réfutés par d'Anville, qui observe qu'on ne saurait considérer ces peuples

---

[1] Plin., lib. III, cap. 5 (4), tom. II, p. 64, edit. Lem. — Hardouin cite cinq manuscrits pour cette leçon.

[2] D'Anville, *Notice de la Gaule*, p. 635.

[3] Plin., lib. III, cap. 5 (4), tom. II, p. 64. — D'Anville, *Notice de l'ancienne Gaule*, p. 634.

comme étant renfermés dans l'Aquitaine avant l'arrangement fait par Auguste, et qu'une partie même de leur territoire a dû rester à la Narbonnaise.

L'ancienne capitale des *Volcæ tectosages*, était *Tolosa*, Toulouse, ville dont la juridiction était, par cette raison, fort étendue; c'est ce qui a porté Pline à considérer encore comme une sous-division des *Tectosages* le territoire de cette ville : « *Tolo-« sani Tectosagum, Aquitaniæ contermini;* » mais il ne faut pas oublier que les *Tolosani* ne sont que la partie principale des *Tectosages;* qu'ils ne forment point un peuple distinct; tandis que les *Sordones*, qui sont dans l'intérieur des montagnes, paraissent avoir eu une origine différente, et qu'ils ont peut-être précédé dans ce pays les *Volcæ tectosages*.

On ne sait où placer les *Umbranici*, dont le nom paraît pour la première fois dans Pline [1], et dont l'existence est confirmée par la Table de Peutinger [2], où on lit *Umbranicia*. D'Anville, d'après de très légers indices, leur attribue la partie méridionale du diocèse d'Albi. Cette position serait probable si on pouvait s'en rapporter à l'indication de la Table; mais comme presque tous les autres peuples dont elle fait mention sont hors de leurs places, il en résulte que cette indication contribue faiblement à diminuer nos incertitudes [3].

Le district de Narbonne, ou des *Atacini*, se trouve représenté par la province ecclésiastique de Nar-

---

[1] Plin., lib. III, cap. 5 (4), tom. II, p. 65, edit. Lem.

[2] *Tabula peutinger.*, §. 1. F.

[3] C'est aussi le sentiment de d'Anville; voyez *Notice de l'ancienne Gaule*, p. 712.

bonne, et renfermait les villes suivantes, selon Ptolémée [1] :

Carcaso, Carcassonne.
Betiræ, Béziers [2].
Narbon colonia, Narbonne.
Agatha, Agde.

Cette division ne se trouve pas précisément exprimée dans Ptolémée, ni même dans Pline et dans Strabon ; mais elle est indiquée par Mela [3], et elle résulte nécessairement de la trop grande extension que Strabon donne au territoire des *Arecomici,* auxquels il adjuge ce district des *Atacini* [4], tandis que Pline et Ptolémée [5] le donnent aux *Tectosages.* La position de toutes les villes ici mentionnées se trouve démontrée par les mesures des Itinéraires et par les monumens de l'histoire.

Nous avons déjà eu occasion de parler de Narbonne [6] ; nous observerons seulement ici que Strabon a raison de dire que « Narbonne est située au-dessus de l'embouchure de l'Atax et de l'étang Narbonnais ; » alors le cours de l'Aude était différent de ce qu'il

[1] Ptolem., lib. II, cap. 10, p. 51 (55).
[2] Voyez ci-dessus, tom. I, p. 110.
[3] Mela, *Geogr.*, lib. II, cap. 5. — Cette division du district de Narbonne me paraît aussi clairement désignée par Asinius Pollion, qui, en écrivant à Cicéron (Cicero, *Epist.*, lib. X, epist. 33), se sert du mot *Narbone* pour exprimer tout le district de Narbonne ; et par Cicéron (*Epist.*, lib. X, epist. 26), qui, écrivant à Furnius, se sert du mot Narbonenses, non pour désigner les habitans de Narbonne seule, mais tous ceux du district de Narbonne. — Voyez Mandajors, *Hist. critique de la Gaule narbonnaise,* p. 473.
[4] Voyez ci-dessus, tom. I, p. 140, 192 et 193.
[5] Plin., lib. III, cap. 5 (4), tom. II, p. 54, edit. Lem. — Ptolem., lib. II, cap. 10, p. 51 (55) ; lib. VIII, p. 192 (225).
[6] Voyez ci-dessus, tom. I, p. 109, 140, 192.

est aujourd'hui. Ce fleuve traversait le *Rubresus lacus* de Mela et de Pline, qui est l'étang Narbonnais de Strabon et d'Étienne de Byzance. L'ancien cours de l'Aude se trouve représenté par le cours d'eau que l'on nomme le canal de la Roubine, qui se rend dans les étangs de Gruissan, de Bages ou de Sigean, et dont l'entrée est encore fort resserrée, comme du temps de Mela. Sur la grande Carte du diocèse de Narbonne, comme sur celle de Cassini, on mesure exactement, depuis cette entrée jusqu'à Narbonne, 12 milles romains de 760 toises chacun; ce qui s'accorde avec Pline, qui dit que Narbonne est à 12 mille pas de la mer : la mesure doit être prise du fort de La Nouvelle, où était l'embouchure de l'Aude du temps des Romains. On a découvert les restes d'un canal et de deux fortes levées en pierres qu'ils avaient construits [1]. Le *Rubresus lacus* est donc l'étang de Sigean [2] ou de Bages ; ceci prouve que depuis les anciens il n'y a pas eu d'atterrissemens de ce côté, tandis qu'il y en a eu d'assez considérables à l'orient du golfe, depuis Agde jusqu'au Rhône. Tous les étangs de cette côte faisaient autrefois partie de la mer. Strabon observe aussi, avec raison, que l'*Atax*, l'Aude, l'*Obris*, l'Orbe, et le *Rauraris* ou *Arauris*, l'Hérault, sont trois fleuves qui viennent des Cévennes, et se jettent dans la mer; que l'*Orobis*, l'Orbe, passe à *Bæterra*, Béziers, place forte ; et que l'*Arauris* arrose la ville d'Agde. Les Romains avaient assuré, par la construction d'un canal large

---

[1] *Mémoires de l'Académie des Inscriptions,* tom. II, p. 68.

[2] On doit écrire Sigean ; le nom latin du village de Sigean, dans le moyen âge, est *Signa*.

d'environ 100 pas et long de 2,000 [1], dont on a retrouvé les vestiges, la navigation de l'Aude depuis la ville de Narbonne jusqu'à la mer. Le territoire d'Agde s'étendait jusque sur les bords de l'étang de Tau, où Mela mentionne un lieu nommé *Mesua*, qu'un capitulaire de Charles-le-Chauve nomme *castrum de Mesoa in pago Agathense*. Ce lieu n'a jamais formé une île, comme le prétend d'Anville, d'après Astruc [2]. Le passage de Mela est mal ponctué dans toutes les éditions, même dans celle de Tzschuck [3], et a été mal interprété. Le mot *collis* doit être détaché de *Mesua*, et ne s'y rapporte pas comme on l'a cru; on doit lire : « *Ultra sunt stagna Volcarum; Ledum flumen; castellum Latera; Mesua; collis incinctus mari pæne undique, ac, nisi quod angusto aggere continenti adnectitur, insula.* » Cette *collis incinctus*, si bien décrite par Mela, est le *Setius mons* dont parlent aussi Strabon et Ptolémée, qui est nommé *Sita* dans un diplôme de Louis-le-Débonnaire, de l'an 837; c'est aujourd'hui Sete. Cette colline, qui a donné son nom à la ville de Cette, bâtie en 1666, formait à l'orient la limite du territoire de Narbonne; le *castellum Latera* était entièrement chez les *Volcæ arecomici*.

Pline dit [4] : *Agatha, quondam Massiliensium*, Agde, appartenant autrefois aux Marseillais. En

---

[1] Strabon, lib. IV, p. 182 (276), tom. II, p. 17, de la trad. franç. — Georgest, *Mémoire sur la Salubrité de la ville de Narbonne dans les temps anciens*, p. 9 et 10.

[2] D'Anville, *Notice*, p. 459. — Astruc, *Hist. nat. du Languedoc*, p. 36.

[3] Voyez Mela, lib. II, cap. 5, p. 64, édit. de Tzschuck.

[4] Plin., lib. III, cap. 5 (4), tom. II, p. 54, edit. Lem.

effet, parmi les villes qu'ils avaient fondées sur toute l'étendue de ce rivage, Strabon nomme *Rhode* (le *Rhoda Rhodiorum* de Pline), *Agatha, Tauroentium, Antipolis* et *Nicæa*. Mais César dépouilla les Marseillais d'une partie de la jurisdiction que le sénat romain leur avait laissée sur ces antiques colonies, parce qu'ils s'étaient déclarés du parti de Pompée [1]. Scymnus de Chio fait aussi mention d'*Agathe* [2]. Le lieu nommé *Piscenæ*, dans Pline, doit être évidemment placé à Pesenas, et fait partie du district intermédiaire qui se trouvait placé entre les *Tectosages* et les *Arecomici*. Pesenas est un lieu ancien qui, dans les titres du moyen âge, est nommé *Pesenatium*. La petite rivière qui coule à Pesenas se nomme Pesne, et prend sa source près d'un lieu nommé Pezène; dans ce dernier lieu on trouve encore cette espèce de laine qui ressemble à du poil, dont parle Pline, qui ajoute qu'elle se trouve aussi en Istrie et en Liburnie [3]. C'est à une époque postérieure à celle dont nous traitons, et dans les lettres de Sidoine Apollinaire [4], qu'il est fait mention de *Liviana*, situé dans ce district, dont les mesures des Itinéraires déterminent la position à Cassendou [5].

[1] Strabo, *Geogr.*, lib. iv, p. 180 (272); tom. ii, p. 11, trad. fr.

[2] Voyez ci-dessus, part. i, ch. 2, tom. i, p. 27. — Scymn. Ch., *Perieg.*, v. 207, tom. ii, p. 13, des *Geogr. min.*, ed. Hudson. — Au tom. i, p. 28, note 4, j'ai cité d'Anville, sans avertir qu'il cite à tort, pour Agde, Denys-le-Périégète, qui n'a point parlé de cette ville.

[3] Plin, lib. iii, cap. 5 (4); lib. viii, cap. 73 (48), tom. ii, p. 64, et tom. iii, p. 525, edit. Lem.

[4] Sidon. Apollin., lib. viii, epistol. 3.

[5] Voyez l'*Analyse des Itinéraires*, tom. iii de cet ouvrage.

Volcæ arecomici, province ecclésiastique de Nîmes. Ptolémée[1] ne nomme dans ce district que deux villes, *Vindomagus* et *Nemausus*.

Je place par conjecture *Vindomagus* à Vendémiase, à 8 kilomètres de Gigna, département de l'Hérault. Cette position me paraît préférable à toutes celles que l'on a proposées jusqu'à présent[2].

Quant à *Nemausus*, sa position à Nîmes moderne non seulement se trouve prouvée par l'histoire et par les Itinéraires de la route qui part d'*Arelate*, Arles, et qui aboutit à *Narbo*, Narbonne, mais nulle autre ville en France, excepté peut-être Arles, ne conserve des restes aussi magnifiques de la grandeur romaine[3]. Les immenses travaux exécutés par les Romains, pour amener les eaux des sources de l'Airan et de l'Eure, sont démontrés par ce prodigieux aquéduc, encore subsistant, qu'on nomme le pont du Gard : cette majestueuse construction frappe d'admiration tous ceux qui visitent le solitaire vallon où elle est placée. L'ancien nom de la source de

---

[1] Ptolemæus, *Geogr.*, lib. II, cap. 10, p. 50 (55), edit. Bert.

[2] Jean Poldo d'Albenas, *Antiquités de Nîmes*, veut placer *Vindomagus* à Saint-Thibery, qui est bien certainement Cessero. — Catel, *Mémoires sur l'histoire du Languedoc*, p. 31, place Vindomagus à Vigan, et d'Anville a adopté son sentiment; mais Catel et Hadrien de Valois ont aussi proposé Saint-Gilles ou Usez. — Astruc veut que ce soit la ville de Sausse; voyez *Mémoires sur l'histoire naturelle du Languedoc*. — D'Anville, *Notice*, p. 708, place ce lieu à Vigan, qui se nommait *Vicanus* dans le moyen âge. — Menard, *Hist. de Nîmes*, tom. I, p. 17, place Vindomagus au village de Londres. — D. Vaissette rapporte *Vindomagus* à Vindargius, à deux lieues de Montpellier. (*Hist. générale du Languedoc*, tom. v, p. 662.)

[3] Conférez Clerisseau, dans l'ouvrage intitulé : *Antiquités de la France*, in-folio; Paris, 1778. — J.-C. Vincent, *Topographie de Nîmes*, in-4°; 1802, p. 8.

l'Eure, *Uræ fons*, nous est donné par un autel dédié aux lares d'Auguste; cette inscription, ainsi que les vestiges des conduits qu'on a trouvés, prouvent que c'est cette source qui, après avoir reçu celle d'Airan, versait ses eaux dans l'aquéduc du Gard [1], d'où elles étaient conduites jusqu'à Nîmes par d'autres aquéducs, en faisant, à partir des sources, un trajet de sept lieues, à cause des détours nécessités par les accidens du terrain. Avant d'arriver au pont du Gard, ces aquéducs passaient par le village de Saint-Maximin, près d'Usez; par celui de Vers; et après, par le pont du Gard; par Saint-Bonnet; ensuite près de Fargnac, entre les villages de Besousse et de Saint-Gervasi; et enfin sur les collines où l'on a bâti les aquéducs de Saint-Gervasi [2]. Les médailles de Nîmes [3], les nombreuses inscriptions et les monumens trouvés dans cette ville, ceux qui y subsistent encore, sont connus de tout le monde, et ont été souvent gravés, quoique toujours imparfaitement ou mal [4]. Pline et Strabon nous apprennent que Nîmes, qui avait le titre de colonie, dominait sur vingt-quatre villes ou bourgades qui jouissaient du droit de villes latines.

---

[1] Lettre de M. M. Artaud à M. Millin, *Magasin encyclopédique*; juin 1818.

[2] Menard, *Hist. de Nîmes*, tom. vii, p. 132.

[3] Mionnet, *Descript. des Médailles*, tom. i, p. 77. — *Supplément*, tom. i, p. 144.

[4] Il faut cependant excepter l'ouvrage de Clerisseau sur la Maison-Carrée, *Antiquités de Nîmes*; 1778, in-folio. — Conférez encore Caylus, *Antiquités*, tom. iii, Pl. 90, 91 et 92, p. 332; et tom. v, Pl. 98, p. 273. — Muratori, *Inscript.*, tom. ii, p. 1062; p. 1112, n° 8. — Gruter, *Inscript.*, p. 325, 6; 467, 3. — Millin, *Voyages*, tom. iv, p. 212 à 250; et tom. i et vii de l'*Hist. de Nîmes*, par Ménard. — Vincent, *Topogr. de Nîmes*, in-4°; 1802, p. 8.

Nous allons tâcher, d'après les auteurs et les monumens, d'en retrouver au moins une partie.

Le *castellum Latera*, mentionné par Mela[1] comme un lieu situé sur le rivage, devait être de ce nombre. Son nom se retrouve dans le *castrum de Latis*, du xiiie siècle, nommé depuis tour des Lates; il est aussi appelé dans les titres du moyen âge, *castrum de Palude*, et était situé près de l'embouchure de l'étang de Lez, dans l'étang de Maguelonne ou de Perols. L'étang voisin est le *stagnum Latera* de Pline[2], qu'il indique bien dans la province Narbonnaise et dans le district de Nîmes : selon lui, les hommes, dans ce merveilleux étang, pêchaient des poissons en société avec les dauphins. Mais la ville la plus considérable, après *Vindomagus* et *Nemausus*, a dû être *Luteva*, qui, depuis, a formé un évêché particulier, et qui, de tout temps, a dû appartenir aux *Volcæ arecomici*. Pline, suivant son usage, en fait mention par son ethnique au pluriel. Une route de la Table, qui conduit d'*Agatha*, Agde, à *Sigodunum*, Rhodez, détermine la position de *Luteva* à Lodève moderne[3]. Pline dit : *Lutevani, qui et Foroneronienses*. Astruc a cru qu'il était ici question du *forum Neronis* des *Memini*, mentionné par Ptolémée, ce qui n'est guère présumable. Au reste, si on doit rapporter ces deux lieux à une même position qui ne soit ni *Carpentoracte*, ni *Luteva*, cette position est entièrement inconnue. Une inscription

---

[1] Mela, lib. ii, cap. 5, p. 64, edit. Tzschuck.

[2] Plin., lib. ix, cap. 9, tom. iv, p. 22, edit. Lem.

[3] Plin., lib. iii, cap. 5 (4), tom. ii, p. 64, edit. Lem. — Voyez l'*Analyse des Itinéraires*, tom. iii de cet ouvrage.

trouvée à Ledemon, près de Nîmes, semble indiquer dans cet emplacement l'existence d'une petite cité dite des *Lettinones* [1].

Une autre inscription romaine trouvée à Anduse [2], qui paraît avoir été une sorte d'Itinéraire gravé sur une borne milliaire [3], non seulement nous indique dans cet endroit même un lieu romain nommé *Andusia*, mais nous révèle encore les noms de neuf autres lieux qui étaient dans la dépendance des *Arecomici*. Il est encore question d'*Andusia* dans une charte du ixe siècle [4]. Dans cette inscription figurent, en plus gros caractères et au génitif, *Ugerni* et *Ucetiæ*. Les mesures des Itinéraires, aussi bien que l'histoire, démontrent la position d'*Ugernum* à Beaucaire, et d'*Ucetia* à Uzez [5]; cette dernière ville se trouve aussi mentionnée dans la Notice de la Gaule, quoiqu'elle ne soit qualifiée que de *castrum*; elle est cependant devenue le siége d'un évêché. La position de *Sextantio* aux ruines romaines près de Castelnau, non loin de Montpellier, et nommées Sostentio, se trouve fixée par les monumens de l'histoire et par les mesures des Itinéraires : ce lieu est

---

[1] Orelli, *Inscript. select.*, tom. 1, p. 100. — Spon, *Miscell.*, p. 80, 17; Reines., p. 1007, 2.

[2] Menard, *Histoire de Nîmes*, tom. 1, p. 22, notes.

[3] Cette conjecture devient bien vraisemblable depuis la découverte de la pierre de Tongres, en 1817, qui contient un pareil Itinéraire.

[4] Astruc, *Hist. nat. du Languedoc*, tom. 1, p. 35. — On a, dit-on, découvert près de Narbonne et d'Auch des inscriptions qui sont des *ex voto* à Hercule, avec le surnom d'*Andosso* et d'*Andose*. — Voyez les *Mém. de la Société archéologique du midi de la France*; 1834, in-4°, p. 286.

[5] Voyez l'*Analyse des Itinéraires*, tom. iii de cet ouvrage.

aussi mentionné dans cette inscription¹. *Brugetia*, qu'on y trouve aussi, me paraît devoir être placé à Brugnière, dans le diocèse d'Usez, nommé *Brugeria* dans les titres du xiv° siècle². Le nom de *Tedusia*, qui suit immédiatement celui de *Brugetia*, se retrouve dans celui de la Tede ou la Taida, près Saint-Jean-de-Gardonenque, où l'on a découvert des antiquités. *Vatrute* est peut-être Valleraugue, à l'ouest d'Anduze. *Briginn* est fixé par Ménard ³ à Brignon, sur le Gardon, à quatre petites lieues à l'occident d'Uzez⁴; ce lieu est nommé Brienne ou *Brinnonus* dans les titres du xiv° siècle. On y a trouvé d'ailleurs des médailles, des statues et des inscriptions romaines⁵. Le nom et la position de *Statumæ* me paraissent se retrouver dans Sumènes moderne, au midi de Valleraugue, et un peu au nord de Ganges. Le nom de *Virinn* se reproduit pareillement avec peu d'altération dans la petite rivière de Virinque ou Virenque, qui forme la limite moderne du district de Vigan (département du Gard), et de celui de Lodève (département de l'Hérault). L'ancien *Virinn* doit avoir été Luc ou Vissec, situés sur cette rivière. Je ne puis retrouver *Seguston* qui se trouve à la suite d'*Ucetiæ*, mais je crois que ce lieu, renfermé comme les autres dans le territoire de Nîmes, n'a point de rapport avec *Segusterone* ou Sisteron, qui est beaucoup trop

¹ Voyez l'*Analyse des Itinéraires*, tom. iii de cet ouvrage. — Ménard, *Histoire de Nîmes*, tom. i, p. 4 et 8, et p. 22 des notes.

² Ménard, *Histoire de Nîmes*, tom. vii, p. 227; et tom. iii, p., p. 82, col. 2.

³ Ménard, *Hist. de Nîmes*, tom. i, p. 24; et tom. vii, p. 228.

⁴ Tout près de Boucairan.

⁵ Ménard, tom. iii, *Preuves*, p. 82.

éloigné : peut-être ce lieu est-il Sagriers, au midi d'Usez[1]. *Trevidon*, dont il est fait mention dans Sidoine Apollinaire[2], était, ainsi que nous l'avons dit[3], à Saint-Laurent-de-Trèves, canton de Florac, chez les *Gabali;* mais les deux autres maisons de plaisance que le même auteur nomme dans le même passage paraissent avoir été situées sur les bords du Gardon ou *Vardo,* et se trouvaient par conséquent chez les *Volcæ arecomici*. On place, avec beaucoup de vraisemblance, la première, nommée *Vorincus*, à Brocen, le *Brocincus* des titres du moyen âge; c'est aujourd'hui une paroisse inhabitée à 200 pas d'Alais : la seconde, *Prusianum,* seroit un lieu nommé *Bresium* dans le moyen âge, aujourd'hui Bresis : ces deux positions sont proches l'une de

---

[1] D'Anville n'a fait emploi, ni dans sa Notice, ni dans sa Carte, d'aucun des lieux mentionnés dans cette curieuse inscription, si ce n'est d'Andusia. Voici comme les noms se suivent dans l'inscription :

Andusia.
Brugetia.
Tedusia.
Vatrute.
.Ugerni.
Sextantio.
Briginn.
Statumœ.
Virinn.
.Ucetiæ.
Seguston.

— Menard rapporte Seguston à Sostelle, près d'Alais, Vatrute à Cruviers, Virinn à Vesenobre, Brugetia à Brugnière, Tedusia à Thesiers, et cela sur les seuls rapports des noms : il n'y a que les deux derniers où ces rapports existent. Voyez Menard, *Hist. de Nîmes,* tom. VII, p. 667.

[2] Sidonius Apollinaris, Carmen 24. — *Hist. de Fr.,* p. 814.

[3] Voyez ci-dessus, part. II, ch. 2, tom. I, p. 350.

l'autre, ainsi que le veut le texte de Sidoine Apollinaire[1].

Ce qui restait des *Volcæ arecomici*, après en avoir retranché le district de Narbonne, avait, du temps d'Auguste, la faculté de se gouverner par ses propres lois; Nîmes et les vingt-quatre bourgades qui en dépendaient n'étaient point soumises aux gouverneurs envoyés de Rome, et formaient une enclave dans la Province romaine. Cette particularité, qui nous est enseignée par Strabon[2], démontre l'exactitude de la classification que nous avons établie; mais continuons l'examen du texte de Ptolémée[3].

Les *Anatili*, aux embouchures du Rhône.

Leurs villes sont :

Maritima colonia, à l'embouchure du Rhône, dit le Vieux-Rhône.

Cœni fluv. ostia. — Le texte grec signifie nouvelle embouchure du Rhône; par-là Ptolémée, ainsi que le prouvent ses mesures, désignait le canal ou l'étang de Ligagnan, le Gras-de-Foz. Les traducteurs latins en ont fait le *Cœnus fluvius*[4]; mais, ainsi que je l'ai déjà remarqué[5], la découverte d'une médaille publiée par M. le marquis de Lagoy[6] semble justifier

---

[1] Mandajors, *Mémoires de l'Acad. des Inscript.*, tom. III, p. 280.

[2] Strabon, lib. IV, p. 186 et 187 (285); tom. II, p. 30, de la trad.

[3] Ptolemæus, lib. II, cap. 10, p. 55.

[4] Je croyais être le seul qui eût fait cette remarque; mais le sens de cette phrase de Ptolémée n'avait échappé ni à Monet, ni à Honoré Bouche; voyez *Chorographie de Provence*, in-folio, tom. I, p. 166.

[5] Voyez ci-dessus, t. I, p. 281, et dans le t. III de cet ouvrage, l'*Analyse des côtes méridionales de la Gaule*, par M. Gosselin.

[6] *Descriptions de quelques Médailles inédites de Massilia, de Glanum, des Cenicenses et des Ausci*; Aix, 1834, in-4°, par M. le marquis de Lagoy.

le texte latin de Ptolémée, qui est peut-être plus ancien que les textes grecs que nous possédons, et ce texte nous révèle l'existence d'une cité ou d'un peuple nommé ΚΑΙΝΙΚΗΤΩΝ, qui a pu se trouver dans les environs du fleuve *Cœnus*, et qu'on peut rapporter aux *Cenicenses* ou *Cœnicenses*[1] de Pline ou aux *Secoani* d'Artémidore, donnés par cet auteur comme une nation qui habitait les bords du fleuve *Secoanus*, et qui était dans la dépendance des Marseillais[2]. Cette médaille, trouvée parmi beaucoup d'autres de Marseille, porte une tête jeune de Bacchus, à droite, avec une corne de bélier près de l'oreille et des pampres dans les cheveux. Au revers, *Kaïniketon*; une hyène ou un loup rugissant, à droite, la queue entre les jambes : sous le ventre, un monogramme. Cette médaille justifie en partie l'opinion d'Hardouin, rejetée par d'Anville, qui tend à placer les *Cenicenses* à cette embouchure du Rhône qui portait le nom de *Cœnus*.

Les mesures de Ptolémée[3] pour *Maritima colonia* fixent donc les *Anatili* (dont cette ville était la capitale) entre les embouchures du Rhône. Pline[4] parle aussi d'une région des *Anatili*, et son énumération rapide lui assigne le même emplacement que Ptolémée attribue à ce peuple; en effet, après avoir

[1] Plin., *Hist. nat.*, lib. III, cap. 5 (4), 6; tom. I, p. 63, de l'édit. de Lemaire.

[2] Stephanus Byzant., edit. Berkelii; 1694, in-folio, p. 665 : edit. Pinedo; 1678, p. 594. — Lagoy, p. 25 à 29.

[3] Voyez Gosselin, *Analyse des côtes méridionales de la Gaule*, tom. III de cet ouvrage.

[4] Plin., lib. III, cap. 5 (4), tom. II, p. 57, edit. Lem. — Mela, lib. II, cap. 5, p. 63, edit. Tzschuck.

mentionné les *campi Lapidei* ou la plaine de la Crau, en procédant de l'orient à l'occident, Pline ajoute : *Regio Anatiliorum, et intus Desuviatium, Cavarumque;* ce qui prouve que les *Anatili* étaient à l'ouest de la branche orientale du Rhin et près du rivage. Ptolémée [1] qui, au contraire, procède d'occident en orient, dit : « Après le Rhône, et sur le rivage de la mer, « sont les *Anatili* et leur ville, *Maritima colonia*. » Il s'accorde donc avec Pline pour placer les *Anatili* à l'ouest de la branche principale du Rhône. Mais il se présente ici une difficulté : Pline attribue *Maritima colonia* à un peuple particulier, nommé *Avatici*, dont Ptolémée ne fait pas mention : *Oppidum Maritima Avaticorum;* et Mela s'accorde avec Pline, et fixe même l'emplacement de *Maritima* avec précision; car, après voir parlé de Marseille, il dit : « Entre « cette ville et le Rhône est *Maritima*, sur les bords « de l'étang des *Avatici*. » C'est d'après cette indication de Mela que d'Anville [2], dans sa Notice de la Gaule, a placé *Maritima* à Martigues, guidé par le rapport du nom ancien et du nom moderne; mais on n'a jamais trouvé dans ce lieu le moindre débris d'antiquités. Honoré Bouche, dans sa Chorographie de Provence, a proposé Berre ou Marignane [3]; Papon veut que ce soit Cap-d'OEil [4], entre l'embouchure de l'Arc et de la Durance, où on a trouvé un grand nombre d'antiquités [5]. La circulation de la route de l'Itinéraire à l'entour de l'étang de Berre et le beau

---

[1] Ptolemæus, lib. II, cap. 10, p. 50 (55), edit. Bert.
[2] D'Anville, *Notice*, p. 65.
[3] Bouche, *Chorographie de Provence*.
[4] Papon, *Histoire générale de Provence*, tom. I, p. 87.
[5] Voyez ci-dessus, tom. I, p. 118.

monument qui existe au passage de la Toulóubre¹, près Saint-Chamas, viennent aussi à l'appui de l'opinion qui veut reconnaître une ville dans cet emplacement; mais il est certain que, d'après Mela et Festus Avienus, *Mastramela*, autre ville, que Pline nomme *Astromela*, doit aussi avoir été située sur les bords de l'étang de Berre; et puisqu'on a trouvé à Citis ou Saint-Blaise, sur les bords de ce même étang, une inscription relative au *curator Maritimæ Avaticorum*, qui détermine dans cet emplacement *Maritima Avaticorum* de Pline, c'est à Cap-d'OEil qu'il convient, ainsi que nous l'avons dit, de placer *Mastramela* d'Artémidore ou l'*Astromela* de Pline. *Maritima colonia* de Ptolémée nous paraît différente de *Maritima Avaticorum* de Pline², puisque cet auteur distingue les deux peuples ou cités, ou les nomme toutes deux : il nous semble donc qu'il ne reste plus sur cette côte, où les villes étaient très voisines les unes des autres, à cause du grand commerce qui s'y faisait, qu'à nous confier aux mesures que Ptolémée nous donne pour *Maritima colonia*, et à distinguer, à l'exemple des anciens, deux ports : l'un, colonie romaine, ou port des *Anatili*; l'autre, le port des *Avatici*. Quant à l'inscription relative aux *Anatili*, trouvée à Saint-Gilles, et sur laquelle d'Anville³ s'étend si complaisamment, elle a depuis long-temps été prouvée fausse par les savans⁴. Au reste, il me paraît évident, d'après cette

---

¹ Marquis de Caumont, *Mém. de l'Acad. des Inscript., Hist.*, tom. XII, p. 253, et l'*Analyse des Itinér.*, tom. III de cet ouvrage.

² Conférez ci-dessus, tom. I, p. 118; et *Statistique des Bouches-du-Rhône*, tom. II, p. 188, 223 et 296, et Steph. Byzant., p. 540.

³ D'Anville, *Notice*, p. 65.

⁴ Voyez Durandi, *dell'Antico stato d'Italia*, p. 211.

discussion, que nous devons attribuer aux *Anatili* tout l'espace compris dans le delta du Rhône, depuis son embouchure occidentale, qui était à Aigues-Mortes, jusqu'au canal de Marius ou le Graz-de-Foz, et qu'il faut donner aux *Avatici* les environs de l'étang de Berre. Soit que l'on admette ou non de ce côté deux villes avec le surnom de *Maritima*, je serais assez porté à croire que la *Maritima colonia* de Ptolémée est l'ancienne ville d'*Heraclea*, que Pline dit avoir existé à l'embouchure du Rhône, et qui, entre le temps de Pline et de Ptolémée, aura reçu une colonie romaine; de sorte que la cité des *Anatili* aura éclipsé celle des *Avatici* par l'importance de son commerce, et reçu comme elle le nom de *Maritima*, comme étant le port principal de cette côte. J'ai déjà parlé de *Rodanusia* ou *Rhoda*, dont Scymnus de Chio, Strabon et Étienne de Byzance font mention [1], ainsi que Pline, qui nous dit qu'elle était détruite de son temps; j'ai observé qu'il ne restait plus d'autre emplacement pour cette ville que l'embouchure la plus occidentale du Rhône, selon Ptolémée, à Aigues-Mortes.

Ptolémée [2], en continuant sa description des rivages de la Gaule, nous fait connaître une autre grande division; c'est celle des

Commoni, dont les villes sont, suivant lui:

Massilia, Marseille;

Tauroentium, Taurenti (ruines);

Olbia, qu'à l'exemple de d'Anville j'ai placé précédemment à Eoube, mais que les mesures de la

---

[1] Voyez ci-dessus, tom. I, p. 25, 27, 118 et 220. — Plin., lib. III, cap. 5 (4), tom. II, p. 54, edit. Lem. — Steph. Byzant., p. 654.
[2] Ptolemæus, lib. II, cap. 10, p. 51 (55), edit. Bert.

PARTIE II, CHAP. IV.

Carte de Ptolémée mettent à Saint-Vincent-de-Carquairanne, et toujours dans le voisinage de Hyères[1].

Forum Julium colonia, Fréjus.

Comme on ne connaît les *Commoni* que par la mention qu'en a faite Ptolémée, on a voulu corriger *Cenomani*, que Caton, au rapport de Pline[2], disait avoir habité près de Marseille et chez les *Volcæ* : mais rien ne peut autoriser à faire ce changement. D'Anville, en admettant les *Commoni* sur sa Carte de l'ancienne Gaule, ne leur a point donné toute l'extension qu'ils doivent avoir. Le district des *Commoni* me paraît être synonyme de celui de *Græcia* (Gretia), donné dans la Table de Peutinger[3], et devoir être appliqué à toute la côte voisine de Marseille ; parce qu'en effet elle se trouvait peuplée par des Grecs[4].

Dans cet espace se trouve comprise la *regio Camatullicorum* de Pline, que l'on place à Ramatuelle, et les *Bormanni*[5] du même auteur, dont la position à Bormes moderne n'est de même basée que sur la ressemblance des noms[6]. Parmi les villes que Ptolémée indique dans le district des *Commoni*, *Massilia*,

---

[1] Voyez ci-dessus, tom. I, p. 24, 27, 184, 186, et ci-après, l'*Analyse des côtes méridionales de la Gaule*, par M. Gosselin, tom. III de cet ouvrage.

[2] Cato, apud Plinium, lib. III, c. 23 (19), t. II, p. 187, edit. Lem.

[3] Voyez *Tabula Peutinger.*, §. 2, D.

[4] Voyez ci-dessus, part. II, ch. 2, tom. I, p. 24 et 279.

[5] Plin., lib. III, cap. 5 (4), p. 59.

[6] D'Anville, *Notice*, p. 171 et 194. — Je trouve dans Honoré Bouche, tom. I, p. 340, que dans l'énumération des lieux du diocèse de Toulon, faite en 1200, il est question du castrum de Borma ou de Bormetta dans la viguerie d'Hyères.

Marseille, et *forum Julii*, Fréjus, ont déjà été suffisamment signalées comme des positions déterminées par les mesures des Itinéraires, par l'histoire, et par les antiquités romaines qui s'y trouvent encore. Strabon, après avoir décrit, très en détail, la constitution de Marseille, nous apprend que de son temps, c'est-à-dire du temps d'Auguste et de Tibère, les Marseillais avaient conservé leurs anciennes lois; « de « manière, dit-il [1], que ni Marseille ni les villes qui « en dépendent ne sont soumises aux gouverneurs « que Rome envoie dans la Narbonnaise. » Et Strabon nous apprend ailleurs que les villes bâties par les Marseillais étaient *Rhoda*, à l'embouchure du Rhône, *Agatha*, Agde, *Tauroentium*, Taurenti, *Olbia*, Saint-Vincent-de-Carquairanne, près de Hyères. Ainsi les territoires de ces villes formaient, au siècle d'Auguste et antérieurement, autant de petits districts particuliers, qui ressortissaient à la juridiction de Marseille. Je ne nomme point ici *Antipolis*, Antibes [2], quoique Strabon l'ait mise au nombre des villes bâties par les Marseillais, parce que lui-même observe peu après « qu'*Antipolis* avait « été mise au nombre des villes italiennes, et affran« chie de la domination des Marseillais par un juge« ment rendu contre eux [3]. » Mais il paraîtrait, d'après Pline, qu'il faut ajouter à la liste de Strabon *Athenopolis*, puisque Pline dit : « *Athenopolis Mas-*

---

[1] Strabo, *Geogr.*, lib. IV, p. 181 (274), edit. Alm., tom. II, p. 15, de la trad. franç.

[2] Voyez ci-dessus, part. I, ch. 8, tom. I, p. 183.

[3] Strabo, *Geogr.*, lib. IV, p. 184 (281), edit. Alm.; tom. II, p. 25, de la trad. franç.

siliensium [1] ; et que d'un autre côté, du temps du naturaliste romain, *Agatha*, Agde, de même qu'*Antipolis*, avaient été enlevées à la juridiction des Marseillais, puisqu'il dit : « *Agatha, quondam Massi-« liensium.* » Nous apprenons par Mela que le port de Marseille se distinguait par le nom particulier de *Lacydon;* ce qui est confirmé par Eustathe, dans ses Commentaires sur Denys-le-Périégète, et par les médailles. Strabon remarque l'entrée de ce port tournée au midi [2], tandis que l'ouverture du port moderne est à l'ouest [3]. La vieille ville paraît répondre à la description de Strabon. Mela, aussi bien que Pline, font mention d'*Athenopolis* [4], que nous avons placée précédemment à Saint-Tropez. Quant à *Olbia* et *Tauroentium* [5], leurs positions se trouvent déterminées par les mesures de Ptolémée et de l'Itinéraire maritime [6] : l'une, à Saint-Vincent-de-Carquairanne ou à Giens, près Hyères; l'autre, aux ruines dites Taurenti. Mela fait mention d'*Olbia*, mais non pas de *Tauroentum;* quoiqu'on trouve ce nom, ou celui de *Glanum*, dans plusieurs des éditions de cet auteur, il

---

[1] Voyez ci-dessus, tom. I, p. 198, et Plin., lib. III, cap. 5 (4); tom. II, p. 59, edit. Lem.

[2] Strabo, lib. IV, p. 179 (270), edit. Alm. ; tom. II, p. 9, de la trad. franç., et ci-dessus, tom. I, p. 277. — *Statistique des Bouches-du-Rhône*, tom. II, p. 208.

[3] Voyez ci-dessus, tom. I, p. 25, 186, et 277 à 279.

[4] Le port d'Agaï, appelé Agathon dans le récit du martyre de saint Porcaire, abbé de Lerins, en 730, ne correspond pas à la position indiquée pour Athenopolis, ainsi que le veulent d'Anville et Papon, tom. I, p. 79. — Voyez ci-dessus, tom. I, p. 153.

[5] Voyez ci-dessus, tom. I, p. 185, 186, 188, 189, 279.

[6] *Analyse des côtes méridionales de la Gaule*, par M. Gossellin, et l'*Analyse des Itinéraires maritimes*, tom. III de cet ouvrage.

n'a fait mention ni de l'un ni de l'autre de ces lieux; il y a *Laurion* ou *Laureon* dans tous les manuscrits de cet ancien. « Après *Athenopolis*, dit Mela, et *Olbia*, « et *Laurion* (ou *Laureon*), et *Cytharisten*, est *Lacy-« don*, port de Marseille [1]. » Les commentateurs [2] et les éditeurs ont substitué les uns *Glanum*, les autres *Tauroin* : on n'a pas fait attention que Strabon fait aussi mention de *Laurion*, en décrivant la Ligystique ou Ligurie, et les limites du pays des *Salyes*. « A tout « ce pays, dit Strabon, appartenant aux Marseillais, « les anciens Grecs donnèrent le nom de *Ligystique*, « et aux *Salyes* celui de *Ligyes*. Dans la suite, ils les « nommèrent *Celtoligyes*, et leur assignèrent toute « la plaine qui s'étend jusqu'à *Louerion* et jusqu'au « Rhône [3]. » Les commentateurs et les éditeurs de Strabon ont aussi voulu substituer *Douerion* à *Louerion* [4]; mais il résulte évidemment des passages de Mela et de Strabon rapprochés, qu'il existait sur les côtes de la Provence moderne un lieu ancien nommé *Louerion* ou *Laurion*; et comme sur cette côte les positions se pressent, en quelque sorte, on aperçoit d'abord qu'il ne reste que Toulon, ou ses environs, pour l'emplacement du *Louerion* de Strabon, ou du *Laurion* de Mela. Or je trouve précisément à 3,000 toises, ou à une lieue et demie de Toulon au nord, un lieu nommé *Lauron*, entre les monts Faron et

---

[1] « Tum post Athenopolim, et Olbiam, et Laurion (sive Laureon), « et Citharisten, est Lacydon Massiliensium portus, et in eo ipsa « Massilia. » Mela.

[2] Voyez Tzschuck, dans Mela, vol. II, part. II, p. 381.

[3] Strabo, *Geogr.*, lib. IV, p. 203 (311); tom. II, p. 89, trad. franc.

[4] Mannert (*Geogr. der Alt.*, tom. I, p. 85) propose de lire Avenion.

Caoumi [1] : c'est là, suivant nous, qu'il faut placer l'ancienne *Laurion*. Il est probable que le port de cette ville était Toulon ; car ce n'est que long-temps après Strabon et Mela, dans l'Itinéraire maritime et la Notice de l'Empire, que l'on trouve la première mention de *Telo martius* ou Toulon. Or, est-il probable que l'on eût négligé jusqu'alors la position la plus sûre et la plus avantageuse de toute cette côte? Il résulte aussi de ce passage de Strabon que les *Salyes* ou *Salluvii* occupaient primitivement tout le pays situé entre le Rhône, la Durance et la côte, depuis l'embouchure orientale du Rhône jusqu'à *Telo martius* ou Toulon : ce qui est d'accord avec toutes les indications de l'antiquité sur ce peuple.

Quant à *Tauroentium* ou *Tauroentum*, le *Tauroïs* de Scymnus de Chio [2], nous avons déterminé sa position à Tarento. Le peu de grandeur des ruines et des constructions qu'on y a découvertes n'est pas une objection suffisante contre l'exactitude des mesures, qui est confirmée par la ressemblance du nom actuel : d'ailleurs César [3] nous apprend que, de son temps, *Tauroenta* n'était qu'un simple *castellum*, et rien n'indique ensuite qu'il ait acquis plus d'importance [4].

[1] Voyez la carte intitulée : *Geometrical survey of the environs of Toulon*. Cette carte est très rare, et a été publiée par les Anglais, qui l'ont prise dans les archives de Toulon. Elle est sur une plus grande échelle et plus exacte que la feuille de la Carte de Cassini qui concerne Toulon, laquelle paraît avoir été faite, à dessein, d'une manière inexacte.

[2] Voyez ci-dessus, tom. 1, p. 27, 186 et 277. — Scymn., v. 214.

[3] Cæsar, *de Bello civili*, lib. II, cap. 4, tom. II, p. 129, edit. Lem.

[4] Voyez, sur les ruines de ce lieu, Millin, *Voyage*, tom. III, p. 367. — Thibaudeau, tom. III des *Mémoires de l'Académie de Marseille*. — Marin, *Mémoire sur l'ancienne ville de Tauroentum*. — Id., *Journal des savans*; 1782, tom. 1, p. 34 et suiv.

Citharistes promontorium. Nous avons placé le port nommé *Citharisten*, dans Mela, à la Ciotat, près de Ceireste; mais le promontoire de ce nom mentionné par Ptolémée est le cap Cepet, à l'entrée de la grande rade de Toulon, ainsi que le prouvent les mesures de l'Itinéraire maritime [1].

Nous avons déjà eu occasion de parler de *Forum Julii* ou de Fréjus; Pline [2] le nomme *Forum Julii octavanorum colonia, quæ Pacensis appellatur classica*. Nous voyons par-là que la huitième légion y avait établi une colonie, et Mela [3] confirme ce surnom d'*octavanorum colonia*. Strabon [4] donne à *Forum Julii* le nom de port d'Auguste; il dit que cette ville est située entre *Olbia* et *Antipolis*, à la distance d'environ 600 stades de Marseille. La distance en ligne directe de Fréjus à Marseille est en effet juste de 60 milles géographiques, ou 600 stades olympiques [5].

D'Anville, conduit par la ressemblance du nom, place, avec quelque degré de vraisemblance, *Pergantium*, ville des Ligures selon Étienne de Byzance [6], à Breganson, petite île avec un château, qui est sépa-

---

[1] Voyez Mela, lib. II, cap. 5. — Ptolem., lib. II, cap. 5, p. 50 (55), et Marin, *Hist. de Vilbé de Ciotat*; Avignon, 1782, p. 174 à 181.

[2] Plin., lib. III, cap. 5 (4), tom. II, p. 59, edit. Lem.

[3] Mela, lib. II, cap. 5, tom. I, p. 63, edit. Tzschuck.

[4] Strabo, lib. IV, p. 289 (184), edit. Alm.; tom. II, p. 22, de la trad. franç.

[5] Pour les antiquités romaines trouvées à Fréjus, voyez Girardin, *Histoire de la ville de Fréjus*, 1 vol. in-12; 1779. — Millin, *Voyage dans les départemens méridionaux de la France*, tom. II, p. 477.— Maffei, *Galliæ antiquitates*, p. 133. — Muratori, tom. I, p. 461, n° 3; p. 642, n° 6. — Bouche, *Chorogr. de Provence*, tom. I, p. 247.

[6] Steph. Byzant., p. 636, edit. Berkel., ou p. 542, edit. Pinedo. — D'Anville, *Notice*, p. 514.

rée par un canal étroit d'une pointe du continent qui regarde Mèse et Port-Croz, l'une des *Stœchades* ou des îles d'Hières. Si la ville des Gaules nommée *Jontora* dans un fragment de Diodore de Sicile [1] doit être, comme je le crois, placé à Jonquières, près de Brignole, département du Var, elle faisait aussi partie des *Commoni*.

Au nord des *Communi* et des *Camatullici*, Pline indique les *Sueltri*, qu'il ne faut pas confondre avec les *Suetri*, que le même auteur nomme quelques lignes après, et qu'il mentionne une seconde fois dans l'inscription du trophée des Alpes. Ces derniers sont, ainsi que je l'ai dit, les *Suetrii* de Ptolémée, qui les place en Italie; ils font partie des peuples des Alpes. Nous avons déjà déterminé l'emplacement des *Suelteri* dans le district de l'Esterel [2]. « *Dein Suelteri*, « dit Pline [3], *supraque Verrucini*. » Les *Verrucini* étaient donc immédiatement au nord des *Suelteri*; ils ont dû occuper les bords du Verdon et les environs de Castellane et de Senez. C'est à tort, ainsi que je l'ai déjà observé, qu'en altérant le texte d'Étienne de Byzance, on a voulu transporter en Gaule le *Trœzenida regio*, qu'il place en Italie. Le *Massalia* dont il est question dans ce passage est Marsallia, près de Bobbio, mentionné aussi par Polybe; le *Trœzenida regio* est donc le district même de Bobbio [4]. Tretz, où l'on a voulu placer le *Trœzenida regio*, était connu des Romains sous le nom de

---

[1] Diodore de Sicile, tom. II, p. 607. — Peut-être pourrait-on placer *Jontora* à Jort, département du Tarn, district de Castres.
[2] Voyez ci-dessus, tom. I, p. 62 et 255, et tom. II, p. 43.
[3] Plin., lib. III, cap. 5 (4), tom. II, p. 59, edit. Lem.
[4] Voyez ci-dessus, part. I, ch. 5, tom. I, p. 128.

Trittia ou *Trittis*, ainsi que le prouve une inscription publiée par Spon [1].

Mais continuons la description du rivage de la Gaule. Nous avons déjà vu qu'à l'orient de Fréjus les peuples de l'intérieur des terres faisaient, du temps d'Auguste, et postérieurement, partie des peuples des Alpes, et étaient censés appartenir plutôt à l'Italie qu'à la Gaule, mais que tout le bord de la mer jusqu'au Var appartenait à cette dernière contrée; aussi tout le district maritime situé entre Fréjus et le Var, Ptolémée l'attribue aux

Deciates, et il leur donne pour capitale,

Antipolis, Antibes.

La position d'*Antipolis* à Antibes est démontrée par les mesures et par l'histoire [2]. Nous avons déjà vu que Pline et Strabon, ainsi que Polybe, placent concurremment sur cette côte les *Deciates* et les *Oxybii* : les premiers à l'orient, les seconds à l'occident d'*Antipolis*, depuis les hauteurs de Grasse jusqu'à Agaye, qui est, ainsi que nous l'avons dit, l'*Egytnopolis* de Polybe; de même qu'Oppio est l'*Oxybium civitas* d'Étienne de Byzance [3]. Au-dessus de la *regio Oxybiorum*, c'est-à-dire dans les environs de Saint-Vallier, Pline [4] place les *Ligauni*. J'ai parlé des *Albiœci* et de leur ancienne capitale

---

[1] Voyez Papon, *Hist. de Provence*, tom. I. — Le monument où se trouve cette inscription a été retrouvé en 1819. Voyez Toulouzan, *Statistique des Bouches-du-Rhône*, tom. II, p. 233 et 239.

[2] Voyez l'*Analyse des Itinéraires*, tom. III de cet ouvrage. — Sur les monumens trouvés à Antibes, voyez Muratori, *Inscript.*, tom. II, p. 1025, n° 5; et Honoré Bouche, tom. I, p. 288. — Millin, *Voyage dans les départemens méridionaux de la France*, p. 509 et 511.

[3] Voyez ci-dessus, tom. I, p. 182, 186.

[4] Plin., lib. III, cap. 5 (4), tom. II, p. 60, edit. Lem.

Albiosc, ainsi que de leur nouvelle, *Reii*, Rez; j'ai aussi fait mention des *Nerusii*, dont la capitale était *Vintium*, Vence¹. J'ai pareillement fixé la position des autres peuples des Alpes de ce côté, qui, à l'époque dont nous traitons, formaient une division à part ou étaient compris dans l'Italie². Le *Ligirrus pagus*, où était situé le *vicus Navalis*, selon une inscription publiée par Spon³, a été placé dans les environs de Reyrolles, où l'on trouve des collines qui portent, dit-on, le nom de Lygourets⁴, et cette position rattachait le *vicus Navalis* à la Gaule transalpine; mais il est bien plus probable que le *vicus Navalis* est le même lieu dont il est fait mention dans la Table⁵, sous le nom de *Navalia*, et dont les mesures de la Table déterminent la position à Noli moderne: c'est donc dans les environs de Noli, au sud de Savone et dans la Gaule cisalpine, qu'il faut placer le *Ligirrus*, ou plutôt *Ligyris pagus*, dont le territoire devait se terminer à Finale, nom qui indique une ancienne limite.

Les *Tricorii* qui touchent aux peuples des Alpes, et qui même sont rangés parmi ces derniers par Strabon, doivent de nouveau nous arrêter. Nous avons déjà vu que la route d'Annibal, telle qu'elle est décrite par Tite Live⁶, plaçait les *Tricorii* au midi de l'énorme montagne nommée Devoluy, et dans le val Goldemard. Strabon⁷, qui place les *Tricorii*

---

¹ Voyez ci-dessus, tom. I, p. 183.
² Voyez ci-dessus, tom. I, p. 256 à 258.
³ Spon, *Miscellanea erudit.*, p. 191.
⁴ Toulouzan, *Statistique des Bouches-du-Rhône*, tom. II, p. 194.
⁵ Voyez l'*Analyse des Itinéraires anciens*, t. III de cet ouvrage.
⁶ Voyez ci-dessus, part. I, ch. 7, tom. I, p. 137 et 138.
⁷ Strabon, lib. IV, p. 185, 203 (282, 312), edit. Alm.

au nord des *Vocontii* et en se dirigeant vers les *Medulli*, ou la Maurienne, s'accorde parfaitement avec cette position. Strabon mentionne deux fois les *Tricorii*, mais la première fois [1], selon un ordre parfaitement géographique. « Au-dessus des *Cavares*, dit-il, on trouve les *Vocontii*, les *Tricorii*, les *Iconii* et les *Medulli*, » et ensuite [2], « après les *Vocontii*, viennent les *Iconii*, les *Tricorii* et les *Medulli*. » Un tel concours d'autorités ne peut être troublé par une expression ambiguë [3] de Pline, qui nous force à placer, sur de légers indices, les *Tricolli* qu'il mentionne à la suite des *Tricorii*. Comme *Segustero*, Sisteron, n'est attribuée à aucun peuple, et qu'il se trouve près de là un lieu nommé Treschoux, j'y placerais les *Tricolli* de Pline, faute d'une indication plus précise.

Nous avons déjà déterminé les limites des *Vocontii* et des *Allobroges* [4]; celles des divers peuples situés sur la rive orientale du Rhône demandent une discussion particulière : ces peuples sont les *Cavares*, les *Segalauni* et les *Tricastini*.

J'ai déjà observé [5] que, dans la Province romaine

[1] Strabo, lib. iv, p. 185 (282), edit. Alm.
[2] *Id.*, lib. iv, p. 203 (312), edit. Alm.
[3] M. Menard, dans les *Mém. de l'Acad. des Belles-Lettres*, t. xxvii, p. 129, prétend que ces expressions de Pline : *rursus a mari*, signifient plus loin de la mer; c'est le sens contraire qu'on leur attribue ordinairement. Je crois en effet que cela est ainsi, mais qu'il y a un mot omis par les copistes; alors la position respective des Tricorii et des Tricolli se trouve d'accord avec le texte de Pline, lib. ii, cap. 5 (4), tom. ii, p. 58, edit. Lem., ainsi interprété : « Rursus a « mari Tricorium et intus Tricollorum, Vocontiorum, et Segau- « vellanorum, mox Allobrogum. »
[4] Voyez ci-dessus, tom. i, p. 258 à 273.
[5] Voyez ci-dessus, tom. i, p. 240.

de même que dans la Cisalpine, les Romains, ayant éprouvé de grandes difficultés dans la conquête, s'étaient comportés en vainqueurs. Ils envoyèrent dans cette contrée de nombreuses colonies ; et dans leurs lois comme dans leurs divisions administratives, ils respectèrent peu les droits des peuples et l'intégrité de leur territoire. De sorte que les anciens diocèses ne nous représentent qu'imparfaitement les nations primitives de cette portion de la Gaule, et nous indiquent peu exactement l'étendue de leur territoire, et les villes qui leur appartiennent. L'Itinéraire et la Table sont des monumens romains, qui nous fournissent avec le plus grand degré de certitude le plus de noms de lieux ; mais seuls ils ne peuvent être d'aucun secours, parce qu'ils ne disent point à quel peuple, mais seulement à quelle route, appartiennent les noms des villes et des lieux dont ils font mention. C'est Ptolémée[1], qui donne à cet égard les renseignemens les plus détaillés, et qui les présente dans le meilleur ordre. Voici son texte :

« Ensuite, à l'orient du Rhône, sont les *Allobryges*, dont la ville est *Vienna*, Vienne ;

« Et sous eux, et plus vers l'occident, sont les *Segalauni*, dont la ville est *Valentia colonia*, Valence. »

Il résulte de ceci que Ptolémée, qui oriente les peuples d'après les capitales, a su que *Valentia*, Valence, était un peu plus à l'occident que la ville de Vienne. La position de *Valentia*, à Valence moderne, est démontrée par les mesures des Itinéraires romains, pour les routes qui se rattachent à

---

[1] Ptolemæus, lib. 11, ap. 5, p. 51 (55), edit. Bert.

Vienna, Vienne, *Avenio*, Avignon, et *Dia*, Die [1]. Elle l'est encore par les monumens de l'histoire : le diocèse de Valence, qui n'a point subi d'altération, paraît même représenter dans toute son intégrité l'ancien territoire des *Segalauni* [2] : ce peuple est aussi mentionné dans Pline [3], sous le nom de *Segovellauni*; mais il n'est pas certain que cet auteur attribue *Valentia* aux *Cavares*, comme on pourrait le croire d'après ses éditeurs. Et on peut croire qu'il y a, ainsi que l'a très bien observé avant moi d'Anville [4], un défaut de ponctuation dans le texte imprimé de Pline, et qu'on doit placer la virgule immédiatement avant *Valentia*, et lire : *Arausio secundanorum in agro Cavarum, Valentia*, etc. Ammien Marcellin [5], et la Notice de l'Empire, font aussi mention de *Valentia* : mais continuons l'examen du texte de Ptolémée. Après *Valentia colonia*, il dit :

« Plus à l'orient sont les *Tricastini*, dont la ville est *Nœomagus*. »

Ici se présente une difficulté qu'il est important de résoudre.

Aucun auteur n'a hésité à placer les *Tricastini*

---

[1] Voyez l'*Analyse des Itinéraires*, tom. III de cet ouvrage. — Wesseling, p. 358, *Tabula Peut.*, §. 11, D.

[2] Ptolemæus, lib. II, cap. 10, p. 51 (55).

[3] Plin., lib. III, cap. 5 (4), tom. II, p. 56, edit Lem.

[4] D'Anville, *Notice de la Gaule*, p. 669; je touve que Cellarius, que d'Anville n'a point cité, avait aussi fait cette remarque avant lui; mais il est possible cependant de justifier, à cet égard, les éditeurs de Pline. Voyez ci-après, p. 219.

[5] Ammian. Marcell., lib. XIV, cap. 10, et lib. XV, cap. 11. — Papon, Leonis Epist., *Hist. de Fr.*, p. 777. — Prosper Tiro, *Chron. hist. de Fr.*, tom. I, p. 638.

[6] Voyez ci-dessus, tom. I, p. 272.

dans le Tricastin moderne [1], sans autre preuve que l'identité du nom ancien et du nom moderne, et comme le chef-lieu de ce district est Saint-Paul-Trois-Châteaux, on l'a considéré comme le *Nœomagus* de Ptolémée : d'un autre côté, comme Pline nomme *Augusta Tricastinorum*, la capitale des *Tricastini*, on a dit aussi que Saint-Paul-Trois-Châteaux était *Augusta Tricastinorum*. Cependant Valois était trop instruit sur l'histoire et la géographie de son pays, pour ignorer l'illustration moderne, et postérieure à l'âge romain, de Saint-Paul-Trois-Châteaux [2]. Il savait qu'il n'y a aucun monument historique qui constate que cette ville ait jamais été appelée ni *Augusta*, ni *Noemagus*. D'Anville, pour donner à cette position l'appui des mesures, a supposé que le lieu nommé *Senomagus* dans la Table était le même que le *Nœomagus* de Ptolémée [3]. On ne pouvait être plus malheureux dans le choix de sa preuve; car c'est précisément l'analyse de cette partie de la Table qui démontre que non seulement *Nœomagus* n'est pas la même ville que *Senomagus*, mais que la voie romaine ne passait pas par Saint-Paul-Trois-Châteaux. Nous renvoyons à cet égard le lecteur à notre analyse des Itinéraires, qui se trouve dans le tome III de cet ouvrage ; mais nous croyons, pour que l'ensemble des preuves sur ce sujet important se trouve réuni ici, devoir présenter un extrait de cet Itinéraire, concernant la route de *Arausio*, Orange, à *Valentia*, Valence.

[1] Conférez ci-dessus, tom. 1, p. 138 et 255.
[2] Voyez Valesii *Notitia Galliæ*, p. 60.
[3] D'Anville, *Notice de la Gaule*, p. 120. Par cette raison, Senomagus se trouve supprimé de son Dictionnaire et de sa Carte.

TABLE DE PEUTINGER. §. II, D.	MILLES ROMAINS.	CARTES DE CASSINI, Nos 89, 90, 92, 120 et 122.	MILLES ROMAINS.
Arausione............		Orange............	
Senomagus..........	15	Saint-Pierre-de-Senos...	15
Acunum............	18	Ancône : jonction de la route d'Ancône à Montelimart..........	18
Batiana............	12	Bancs, vis-à-vis Baix...	12
Valentia............	19	Valence...........	19

Ainsi la position de *Senomagus*, qui jusqu'ici était restée inconnue [1], est déterminée avec précision; et comme toutes les mesures, qui sont presqu'en lignes droites, se trouveraient dérangées si l'on passait par Saint-Paul-Trois-Châteaux, il s'ensuit bien évidemment que jamais la route romaine n'a passé par cette ville : donc ce n'était point une capitale du temps des Romains, et elle ne peut être ni l'*Augusta Tricastinorum* de Pline, ni le *Nœomagus* de Ptolémée.

L'*Augusta Tricastinorum* de Pline est la ville nommée aussi *Augusta* dans l'Itinéraire et dans la Table, et les mesures anciennes en déterminent la position à Aoste, sur la route de Die à Valence.

[1] Il est vraiment étonnant que, dans le grand nombre d'auteurs qui ont écrit sur le comtat d'Avignon et pays voisins, et qui ont cherché à en éclaircir la géographie ancienne, il n'y en ait aucun qui ait trouvé cette position par le seul rapprochement des noms Senos, Seno-magus. Je les ai en vain tous feuilletés avec attention.

On sait que le nom d'*Aoste*, d'*Aoust* ou d'*Augst*, est celui d'*Augustus*, différemment abrégé [1]. Ainsi la capitale des *Tricastini* était dans le district moderne de Crest, et non dans celui qu'on nomme aujourd'hui Tricastin, et elle porte encore le nom qu'elle avait autrefois. Si *Augusta* n'est pas la même ville que *Nœomagus* de Ptolémée, alors l'existence très ancienne d'un évêché à Saint-Paul-Trois-Châteaux, les vestiges d'antiquités qu'on y a trouvés, pourraient nous autoriser à y placer le *Nœomagus* de Ptolémée, et nous donner à penser qu'entre le temps de Pline et celui de Ptolémée, la capitale des *Tricastini* avait changé d'emplacement; mais non seulement, au temps de Pline, les *Tricastini* n'occupaient point le Tricastin moderne, mais le district de Crest est le seul qui, dans le moyen âge, ait porté le nom de *Tricastinum*, mal à propos appliqué depuis au district de Trois-Châteaux, qui se nommait *Tricastrum*. J'en tire la preuve de la Chronique de Robert, qui, à la fin du xiie siècle [2],

---

[1] M. Artaud a vu à Aoste, qui n'est qu'un bourg, une inscription romaine, qu'il rapporte. Voyez *Voyage à Die*, dans le *Magasin encyclop.* pour 1818, tom. 1, p. 178.

[2] Le manuscrit de cette Chronique de Robert existe encore dans la bibliothèque publique d'Auxerre (voyez Millin, *Voyage dans les départ. du Midi*, tom. 1, p. 164). On nomme ordinairement l'auteur Robert de Saint-Marien, parce qu'il est l'auteur de la chronique de ce nom. Son nom de famille était *Abolanz*; il était chanoine et lecteur de Saint-Étienne d'Auxerre; il vivait vers la fin du xiie siècle et le commencement du xiiie (voyez Lebeuf, *Mémoires concernant l'histoire ecclésiastique et civile d'Auxerre*, tom. ii, p. 490). Abolanz était très instruit pour le temps où il a vécu; il avait une des plus belles bibliothèques alors existantes, et formée par Milon, abbé de Saint-Marien, dont il a dit : « Insignem confecit bibliothecam, « quæsitis undecunque voluminibus cumulatam. » Lebeuf, dans ses

attribue *civitatem Tricastinum* à la province de Vienne, et un lieu nommé *Tricastrum* à la province d'Arles. Ainsi le *Tricastina urbs* des lettres de Sidoine Apollinaire [1] est bien véritablement l'*Augusta* de l'Itinéraire, comme l'avait dit Savaron, que Valois critique à tort à ce sujet; et il est très étonnant que Valois, qui a connu ce passage de Robert [2], et qui le cite, se soit contenté d'accuser d'erreur son auteur, et n'ait pas été éclairé par une distinction aussi lumineuse, aussi précise. Il est bien évident en effet que le *civitas Tricastinum* de Robert est l'*Augusta* de Pline; c'est Aoste, la capitale des *Tricastins*, qui se trouvait située dans le diocèse de Vienne, tandis que le lieu nommé *Tricastrum*, ou Saint-Paul-Trois-Châteaux, était alors un des quatre évêchés de la province d'Arles. Une monnaie des évêques de Saint-Paul-Trois-Châteaux, qui a été publiée par M. Saint-Vincent, et porte *Tricastrini*, et non *Tricastini*, confirme encore le passage de la Chronique de Robert [3].

Preuves de l'histoire d'Auxerre, tom. II, p. 36, a donné le testament de ce Robert.

[1] Sidonius Apollinaris, lib. VI, epist. 12. J'observerai que Durandi, dans son *Stato antico d'Italia*, p. 218 et 219, se trompe beaucoup lorsqu'il veut faire considérer l'Augusta de Pline comme la même ville que l'Alba Augusta.

[2] Valesii *Notitia*, p. 60 : « Robertus in Chronico civitatem Tri-
« castinum provinciæ Viennensi attribuit, et iterum Arelatensi pro-
« vinciæ Tricastrum, ita ut ex una duas urbes Tricastinum et Tri-
« castrum facere videatur. »

[3] Lorsque l'examen attentif des indications qu'on trouve dans les monumens de l'antiquité eut formé mon opinion sur l'emplacement des *Tricastini*, j'ignorais que cette même opinion avait été proposée, plutôt que prouvée, par les hommes qui avaient le plus approfondi l'histoire ancienne du Dauphiné. « Les géographes (dit Longuerue,

Actuellement qu'il est prouvé que les *Tricastini* occupaient les environs d'Aoust ou d'Aoste en Diais, qu'il me soit permis de revenir sur un passage de Tite

« *Descript. hist. de la France anc. et moderne*, tom. 1, p. 334) veu-
« lent communément que cette ancienne ville, *Augusta*, soit la
« même que celle de Saint-Paul-Trois-Châteaux. D'autres, qui ont
« *recherché en Dauphiné les antiquités du pays*, ne veulent pas
« que Saint-Paul soit une ville si ancienne, soutenant qu'elle doit
« son origine à l'église où est le tombeau de saint Paul, évêque des
« Tricastins. Chorier veut, dans l'Histoire du Dauphiné, qu'*Augusta*
« soit la même bourgade qu'Aoste près de Crest, se fondant sur ce
« que ce mot Aoste signifie la même chose qu'*Augusta*.... Mais ces
« conjectures ne sont pas des démonstrations; et ce qui rend celle
« de Chorier absurde, c'est qu'Aoste a toujours été du diocèse de
« Die, et fait par conséquent partie des Vocontiens, distingués des
« Tricastins. » Nous venons de voir que c'est précisément parce
que Aoste est du diocèse de Die, ou de la province ecclésiastique de
Vienne, qu'il est démontré que c'est la *civitatem Tricastinum* dont
parle Abolanz, et l'*Augusta Tricastinorum* de Pline. Jamais les
Tricastins, dans quelque lieu qu'on les place, et d'après les limites
assignées aux peuples qui les environnent, n'ont pu être un peuple
fort étendu : jamais ils n'ont pu former un diocèse particulier. Les
Vocontiens s'étant trouvé divisés en deux diocèses, pour égaler à
l'autre celui de Die, qui a été le dernier formé, on conçoit qu'on a
dû être naturellement porté à y adjoindre le petit peuple des Tricastini. Cependant Saint-Paul-Trois-Châteaux, d'après l'histoire de
son évêché, doit remonter aux derniers temps de l'âge romain. Denys
de Sainte-Marthe, dans le *Gallia christiana*, tom. 1, p. 704, indique
des ruines et des restes d'antiquités qui démontrent que c'était une
ville romaine. Voici comment il s'exprime : « Urbs Tricastinorum
« olim fuit ampla et celeberrima, cujus antiquitatem demonstrant
« rudera amphitheatri, circi formarum, hoc est aquæ-ductum, nec
« non statuæ, numismata, urnæ, et alia similia, quæ olim et nuper
« quoque eruta sunt et effossa. In urbe adhuc duæ sunt portæ quarum
« una vocatur de Fan-Jou a fano Jovis hac in parte urbis olim condito,
« altera Puy-Jou quasi diceretur podium Jovis. » — Il est singulier,
d'après des assertions aussi positives et aussi détaillées, que je n'aie
pu trouver aucune mention de ces antiquités dans les descriptions
de France les plus amples, telles que celles de Piganiol de La Force,
en 15 vol. in-12. Voici ce que dit Louis Anselme Royer de Sainte-

Live qui a toujours paru inexplicable. Cet historien, en racontant le retour d'Annibal après son expédition chez les Allobroges, dit : « Il prit sur la gauche « et entra chez les *Tricastins*, il marcha ensuite « à l'extrémite du territoire du pays des *Vocon-* « *tiens*, et parvint à la Durance, qui prend sa source « dans les Alpes [1]. » Tout cela s'accorde parfaitement avec la position que nous venons d'assigner aux *Tricastini*, ainsi qu'avec la marche précédente du général carthaginois, qui retourna au midi, et conduisit son armée le long du Rhône. En faisant un détour, « pour éviter, dit Tite Live, de passer « sur le territoire des Allobroges. » Mais ce passage de Tite Live devient inexplicable, si l'on place les *Tricastini* dans le Tricastin moderne. Plutarque et Silius Italicus [2] font aussi mention des *Tricastini* à propos de la route d'Annibal. Le Tricastin moderne ou le district de Saint-Paul-Trois-Châteaux appartenait aux *Cavares*, ainsi que je vais bientôt le démontrer.

Marthe, dans l'Histoire de l'église cathédrale de Saint-Paul-Trois-Châteaux ; Avignon, in-4°, 1710 : « On ne peut rien dire de cer-
« tain là-dessus ; ce que nous sçavons, et qu'on voyait il n'y a pas
« long-temps, c'est quelque vieux reste d'un amphithéâtre assez
« proche du palais épiscopal, et quelques masures d'un cirque qui
« paraissent encore au quartier qu'on appelle Saint-Jean. Mais ce
« qui fait mieux connaître l'ancienne splendeur de cette cité, est
« qu'en creusant la terre on a trouvé, et on trouve encore de temps
« en temps, des statues de bronze et de marbre, des urnes et des
« tombeaux, des aqueducs et des lampes, des inscriptions et des
« médailles de tout métal et de tous les empereurs, plusieurs grands
« pavés à la mosaïque. »
[1] Titus Livius, lib. xxi, c. 31. — Amm. Marcell., lib. xv, c. 10.
[2] Silius Italicus, *Punicor.*, lib. iii, vers. 466, tom. i, p. 201, edit. Lem.

Quoique, dans les Tables de Ptolémée, les *Tricastini* se trouvent placés beaucoup trop au nord-est, cependant ils sont, comme la description de cet auteur le dit, à l'orient des *Segalauni*. L'emplacement que nous assignons aux *Tricastini* est conforme au texte de Ptolémée ; la position de Saint-Paul-Trois-Châteaux y est tout-à-fait contraire. Continuons de transcrire ce texte [1].

« Sous les *Segalauni*, dit Ptolémée, sont les *Cavares*, dont les villes dans l'intérieur des terres sont :

« *Acusiorum colonia;* » c'est l'*Acusiensis ecclesia* du moyen âge, ou Notre-Dame-d'Aigu, près de Montélimart.

« *Aveniorum colonia*, Avignon.

« *Arausio*, Orange.

« *Gabellio colonia*, » Cavaillon [2].

Aucun itinéraire, aucun auteur ou monument ancien, excepté Ptolémée, ne fait mention de *civitas Acusorium*. Lucas Holstenius et d'Anville [3] veulent confondre cette ville avec l'*Acunum* de l'Itinéraire et de la Table, que les mesures anciennes nous apprennent avoir été situé à Anconne. Cette conjecture n'est appuyée que sur la ressemblance des noms, et il est d'autant plus étonnant que d'Anville l'ait adoptée, qu'elle contrarie la position qu'il assignait aux *Tricastini*.

La position de *civitas Acusiorum* de Ptolémée se démontre par les monumens du moyen âge. Je fus informé, par une lettre de M. Faujas de Saint-

---

[1] Ptolemæus, lib. II, cap. 10, p. 51 (55).
[2] Voyez ci-dessus, sur Cabellio, tom. I, p. 187.
[3] D'Anville, *Notice*, p. 31. — Holsten., *Annot. in Ortel.*, p. 3.

Fond[1], qu'il existait à l'ancien greffe de Montélimart, sa ville natale, une inscription sur une grande pierre portant donation d'une rente de la part de François, duc de Lesdiguières, en faveur de l'église de Montélimart. Cette église y est qualifiée d'*ecclesiam Acusiensem*, et paraît bien évidemment la même que celle dont on voit encore les ruines, « à cent pas du « nouveau pont, dans la partie au-delà du Roubion « et du Jabron, en se dirigeant vers Orange, sur une « éminence, à 350 pas hors de la ville. » Cette église, dont les débris sont connus sous le nom de Notre-Dame-d'Aigu, existait encore au XIIe siècle ; en fouillant dans ses ruines on trouva, d'une seule fois, un très grand nombre de médailles impériales en moyen et petit bronze, depuis Gallien jusqu'aux enfans de Constantin; des tombeaux romains, des fragmens d'inscriptions, des urnes sépulcrales. Avant que je fusse instruit de ces curieuses particularités, l'analyse des Itinéraires m'avait démontré que la route ancienne passait par Montélimart. « On voit, « dit M. Faujas, à la poste de La Paillasse, la pierre « milliaire marquée VI, qui fut découverte en con- « struisant la nouvelle route [2].... Or la ligne droite « de cette route se dirige sur Montélimart, où était « une autre pierre milliaire contre l'angle du jardin « des anciens récollets; elle a été transportée au chef-

---

[1] Faujas de Saint-Fond, *Lettres en date du* 1er *et* 2 *mai* 1810.

[2] Cette pierre fut découverte en 1757, ainsi que nous l'apprend Caylus (*Antiquités*, tom. III, p. 355), à 800 toises de la poste de Paillasse. Du côté de Valence, la voie romaine est encore connue sous le nom de *Viemagne*. Nous avons parcouru toute cette route en 1833, vérifié, et reconnu exactes, toutes les informations données par M. Faujas. — Voy. Chalieu, *Mém. sur la Drôme*, p. 86.

« lieu du département de la Drôme. En jetant les
« fondations de plusieurs maisons dans la rue prin-
« cipale qui traverse en entier la ville de Monté-
« limart, on a retrouvé des portions de la voie
« romaine, des médailles antiques, des poteries, etc.
« La porte ancienne de la ville actuelle, qui a été
« démolie pour en refaire une moderne, portait
« comme elle porte encore aujourd'hui, en langue
« provençale, le nom d'*Aigu*. »

Il est facile de voir combien la position que nous avons assignée aux *Tricastini*, s'accorde avec le texte de Ptolémée, qui attribue *Acusiorum colonia*, aux *Cavares*. Cette ville, située à Montélimart, eût été séparée des *Cavares*, par toute l'étendue du territoire des *Tricastini*, si ces derniers avaient occupé le district de Saint-Paul-Trois-Châteaux; et il en eût été de même si *Acusiorum colonia* avait été *Acunum* ou Anconne, comme le voulait d'Anville, dont l'opinion se trouvait ainsi directement contraire à Ptolémée, seul auteur cependant qui ait parlé d'*Acusiorum colonia;* et comme ce géographe nous apprend que les *Cavares* étaient situés immédiatement sous les *Segalauni*, les *Tricastini* ne peuvent trouver de place entre ces deux peuples : tout confirme donc la position que nous leur avons assignée.

Avenio, dont la position à Avignon moderne est démontrée par les monumens de l'histoire et par les mesures de la route ancienne de *Valentia* à *Arelate*[1], est mise au nombre des villes latines par Pline, quoique Ptolémée lui donne le titre de colonie. Étienne de Byzance l'attribue aux Marseillais,

---

[1] Voyez l'*Analyse des Itinéraires*, tom. III de cet ouvrage.

ainsi que *Caballio*, et il y a peu de doute, en effet, que dans le temps de leur puissance et de leur indépendance, ils n'occupassent ces villes et plusieurs autres qui leur servaient d'entrepôts le long du Rhône ¹. *Avenio* est du nombre des villes dont nous avons des médailles ².

Arausio est aussi mentionnée par Strabon ³, Pline⁴ et Mela ⁵. Ces deux derniers auteurs lui donnent l'épithète de *secundanorum*, surnom qu'elle doit à quelques milices romaines qui y faisaient leur résidence. C'est ainsi que l'épithète de *sextanorum* est jointe à Arles, et celle de *septimanorum* à *Beterræ*. Une inscription trouvée à Orange semble prouver que cette ville avait le surnom de *colonia Julia secundanorum* ⁶. Menard conjecture, avec beaucoup de vraisemblance, que ce surnom de *Julia* vient de Jules César, lorsque ce conquérant, de retour à Rome, après avoir formé de ses nouvelles conquêtes la province des Gaules, en donna le gouvernement à Claude Tibère Néron, père de l'empereur Tibère⁷. Jules César avait donné ordre à Claude Tibère de

---

¹ Caylus, *Antiquités*, tom. VII, p. 268, a publié une inscription relative à *Avenio*. — Voyez encore Millin, *Voyage dans les depart. méridionaux*, tom. IV, cap. 112, p. 253.

² Mionnet, *Descript. des Méd.*, tom. I, p. 65, et *Supplément*, tom. I, p. 132.

³ Strabo, lib. IV, p. 185 (283), edit. Bert.; tom. II, p. 26, de la trad. franç.

⁴ Plin., lib. III, cap. 5 (4), tom. II, p. 61, edit. Lem.

⁵ Mela, lib. II, cap. 5, tom. I, p. 62, edit. Tzschuck.

⁶ Maffei, *Galliæ antiquitates*, in-4°, 1733, p. 142 et 157. — Menard, *Mém. de l'Académ.*, tom. XXVI, p. 345 et 349.

⁷ Voyez Sueton., in *Tiber.*, cap. 4, tom. I, p. 360, édit. Hase. — Voyez ci-dessus, tom. I, p. 278.

conduire en même temps diverses colonies dans les Gaules; Narbonne, et Arles qui fut nommée *Julia*, en reçurent; il est probable qu'à cette époque *Arausio* en reçut une aussi, et de là sera provenu le surnom de *Julia* qui lui fut donné. L'arc de triomphe qui subsiste encore à Orange a été souvent décrit [1]; mais les ruines de son théâtre, quoique moins connues, méritent encore plus l'attention des archéologues [2]; les mesures de la Table et de l'Itinéraire de Jérusalem constatent d'une manière plus certaine l'identité de position d'Orange moderne et de l'antique *Arausio*. Les mesures de la route romaine qui conduisait d'*Apta Julia* à *Arelate*, Arles, déterminent aussi la position de *Cabellio* à Cavaillon moderne [3], où l'on a trouvé aussi de beaux restes d'antiquités romaines. Pline met *Cabellio*, déjà connu au temps d'Artémidore, au nombre des villes latines; Strabon et Étienne de Byzance nomment aussi cette ville.

Strabon [4], Pline [5], Apollodore [6] et Étienne de Byzance font mention d'*Aeria* comme d'une ville des *Cavares*, et nous avons déjà observé que l'opinion qui place ce lieu au château de Lers, près duquel se trouve un lieu nommé Auriac, est celle qui s'ac-

---

[1] Menard, *Mém. de l'Académ.*, tom. XXVI, p. 345-349. — Millin, *Voyage dans les départemens méridionaux*, tom. II, p. 131, ch. 45, Pl. 29, fig. 3.

[2] Nous les avons visitées en 1833; le théâtre a été bien décrit par Maffei, *Galliæ antiquitates*, p. 140, Pl. 8 et 9.

[3] Voyez l'*Analyse des Itinéraires*, tom. III de cet ouvrage, et Strabo, lib. IV, p. 185 (282). — Plin., lib. III, cap. 5 (4). — Steph. Byzant., p. 434. — Voyez ci-dessus, tom. I, p. 175 et 187, et ci-après, tom. II, p. 219.

[4] *Id.*, lib. IV, p. 185 (283); tom. II, p. 26, de la trad. franç.

[5] Plin., *Hist. nat.*, lib. III, cap. 5 (4), tom. II, p. 62, edit. Lem.

[6] Apollod., lib. IV, in Steph. Byzant., p. 39.

corde le mieux avec le peu d'indications que les anciens nous ont laissées à ce sujet [1].

Ptolémée, conservant toujours le même ordre géographique, mentionne les *Salyes*, qu'il nomme *Salices*, après les *Cavares*.

« Sous les *Cavares* se trouvent, dit-il, les *Salices*, dont les villes sont :

« *Taruscum*, Tarascon.
« *Glanum*, Saint-Remy.
« *Arelatum colonia*, Arles.
« *Aquæ Sextiæ colonia*, Aix.
« *Ernaginum*, Saint-Gabriel. »

Strabon fait aussi mention de *Tarascon*; l'identité de nom et les monumens historiques ne laissent aucun doute sur la position de ce lieu ancien à Tarascon moderne, malgré les erreurs de mesures qu'offre dans cet endroit le texte de Strabon [2].

La position de *Glanum* à mille toises au midi du village actuel de Saint-Remy, près de l'endroit où existent encore parfaitement conservés un mausolée et un arc de triomphe antiques des Romains, se trouve démontrée par les mesures des Itinéraires [3], dont les

---

[1] Conférez ci-dessus, tom. I, p. 187, et Fortia d'Urban, *Hist. d'Avignon*, p. 250. — Voyez ci-dessus, tom. I, p. 187.

[2] Ptolem., lib. II, c. 10, p. 51 (55). — Strabo, lib. IV, p. 178 (270), edit. Alm.; tom. II, p. 7, de la trad. franç. — La mesure générale de Strabon est juste dans son ensemble, mais inexacte dans le détail particulier des lieux, ainsi que je l'ai démontré dans un Mémoire particulier.

[3] Voyez l'*Analyse des Itinéraires*, tom. III de cet ouvrage. — Le mausolée et l'arc de triomphe, que nous avons visités en 1833, sont gravés dans divers ouvrages, voyez *Mém. de l'Acad.*, tom. VII, p. 263. — M. Millin, dans son *Voyage dans les départem. méridionaux*, tom. III, p. 394, Pl. 63, fig. 1, a décrit et figuré ce mausolée.

résultats sont encore confirmés par une inscription qu'on y a trouvée, qui porte le nom de *Glanum* ¹. Pline donne à ce lieu le surnom de *Livii* (*Glanum Livii*). Menard prouve assez bien que ce surnom est dû à Livius Drusus, qui, vers l'an 750 de Rome, établit dans ce lieu une colonie ².

La position d'*Ernaginum* à Saint-Gabriel est aussi démontrée par les mesures des Itinéraires de la route qui est relative à *Glanum*, et qui conduit d'*Apta Julia*, Apt, à *Arelatense*, Arles. Ces mesures se trouvent encore confirmées par une inscription qu'on y a trouvée, et sur laquelle on lit le nom d'*Ernaginenses*. *Ernaginum* est aussi évidemment le *locus Arnaginensis* mentionné dans la Vie de saint Césaire ³.

Dans le petit district qui se trouve au confluent du Rhône et de la Durance, et qui comprenait ces trois villes, *Tarasco*, *Glanum* et *Ernaginum*, Pline ⁴ paraît placer les *Desuviates*, qui étaient par conséquent enclavés dans le territoire des *Salyes*, et formaient comme une sous-division de ces peuples. Pline, au reste, ne fait que les indiquer au-dessus des *Anatilii* : « *regio Anatiliorum, et intus Desuviatium, Cavarumque.* » Or, comme *Avenio*, Avi-

---

Il indique comme la meilleure figure celle de l'abbé Lamy, 1787, et ensuite celle de Montfaucon, *Antiq. expliquée*, tom. v, part. 1, p. 132, et *Suppl.*, tom. iv, p. 34.

[1] Caylus, *Antiquités*, t. vii, p. 263, et Millin, *Voyage*, t. iii, p. 407.

[2] Menard, *Mém. de l'Acad.*, édit. in-4°, tom. xxxii, p. 630, et dans l'édit. in-12, tom. lix, p. 242.

[3] Voyez ci-dessus, tom. i, p. 281, pour ce qui concerne les Samnages, et *Statistique des Bouches-du-Rhône*, tom. ii.

[4] Plin., lib. iv, cap. 5 (4), tom. ii, p. 57, edit. Lem. — Honoré Bouche, *Chorographie de Provence*, t. i. — Gruter, p. 413, n° 4.

gnon, apppartenait aux *Cavares*, il ne reste aux *Desuviates* que l'emplacement qu'on leur assigne.

Le détail des villes attribuées par Ptolémée aux *Salyes, Salluvii* ou *Salices,* détermine avec assez de précision les limites de ces peuples, et elles s'accordent avec celles que nous avons assignées aux *Commoni,* aux *Suelteri* ou *Reii,* aux *Cavares* et autres peuples environnans; mais lorsque le nom des *Salyes* fut tombé en désuétude, on lui substitua celui de la ville principale, *Arelate,* Arles, et tout le territoire autrefois attribué aux *Salyes* fut regardé comme une dépendance de cette ville. Ceci se prouve par une inscription rapportée dans Gruter [1] et antérieure au temps où l'on a distingué une province d'Arles, dans le même sens qu'on distinguait la Narbonnaise et la Viennaise avant qu'on eût érigé ces districts en provinces distinctes. On lit dans cette inscription : *provincia Arelatensis* ; et à Guarguiez, paroisse de Gemenos, au-delà d'Aubagne, à l'égard de Marseille, on a trouvé une inscription romaine où ce lieu est nommé *locus Gargarius* [2] et est indiqué comme situé *in finibus Arelatensium,* sur les frontières d'Arles. Il n'y pas de doute que les *Arelatenses* ne remplacent ici les *Salyes,* et la découverte du *locus Gargarius* nous donne une position qui détermine de ce côté les limites respectives des *Salyes*

---

[1] Gruter, p. 426, n° 6, et p. 495, n° 4. — Voyez encore pour d'autres inscriptions relatives à Arles, Muratori, *Inscript.*, tom. II, p. 1109, n° 9. — Caylus, *Antiquités*, tom. III, pl. 89, n° 16. — Honoré Bouche, tom. I, p. 307 et 330. — Voyez tome I, p. 62, 191.

[2] Spon, p. 164, *Statistique des Bouches-du-Rhône*, tom. XXIII, et 297. — Papon, *Hist. de Provence*, tom. I. — Bouche, *Chorogr. de Prov.*, tom. I, p. 354. — Sirmond., *Concil. galliæ*, tom. I, p. 27. — *Recueil des Hist. de France*, tom. I, p. 775.

et des *Commoni*. Un cippe de pierre trouvé au pied du mont de Sainte-Victoire, à deux lieues à l'orient d'Aix [1], et sur lequel était FIN. AREL. (*Fines Arelatentium*), détermine de même les limites du district des *Salyes* de ce côté ; et on ne doit pas s'étonner de trouver sur le même cippe et du côté d'Aix AQ. FINES (*Aquensium Fines*) ; car Aix, comme colonie romaine, a dû avoir un territoire particulier [2] qui avait aussi ses limites, et qui formait comme une enclave dans le grand district des *Arelatenses* ou des *Salyes*. On conçoit sans peine que la même pierre pouvait servir à déterminer la limite de la division générale des *Arelatenses*, et aussi celle plus particulière des *Aquenses*, ou habitans d'Aix, que Ptolémée a inscrits parmi les *Salyes* ou *Arelatenses*. Arles, dans les derniers temps de la puissance romaine, devint tellement considérable que le poète Ausone l'appelle la Rome gauloise.

Ainsi que j'ai déjà eu l'occasion de le remarquer, d'après une conjecture assez probable de Papon, relativement à une inscription contenant l'ex-voto d'un certain Vibius Longus, à la déesse *Trittia*, le lieu nommé Tretz existait du temps des Romains, sous le nom de cette déesse. Ce village est nommé *Trittis* dans les titres du XIe siècle. Près de là est une montagne nommée Olympe, et en provençal Olysse [3]. Tretz est situé entre Saint-Maximin et Aix.

[1] Voyez Papon, *Hist. de Provence*, tom. I.
[2] Voyez Muratori, *Inscript.*, tom. II, n° 1. — Bochat, *Hist. anc. de la Suisse*, tom. II, p. 479. — Gruter, *Inscript.*, p. 356, n° 5, p. 403, n° 5, p. 413, n° 4, p. 469, n° 1. *Ibid*, n° 3, et 546, n° 6.
[3] Papon, *Hist. génér. de Provence*, tom. I, p. 96. — Millin, *Voyage en France*, tom. III, p. 115. — *Statistique du département des Bouches-du-Rhône*, tom. II, p. 235, et ci-dessus, p. 197.

Les autres peuples que Ptolémée nomme dans la Narbonnaise, sont les *Mimeni*, les *Vocontii*, les *Elicocii* (ou *Helvii*) et les *Sentii* : mais l'ordre géographique, si bien conservé jusque-là, se trouve bouleversé dans le reste de sa description, puisqu'il place les *Elicoci* et les *Helvii* chez les *Vocontii* : nous devons donc ne nous attacher qu'aux villes capitales pour retrouver la position de ces peuples.

Ptolémée attribue *forum Neronis* aux *Mimeni*, et comme lui seul fait mention de ce lieu, nous n'avons aucun moyen pour en déterminer la situation ; car les longitudes et les latitudes qu'il donne pour l'intérieur sont toutes erronées, et on n'a jusqu'ici aucun moyen de les rectifier. Un faux rapport de nom a fait placer *forum Neronis* à Forcalquier, mais l'étymologie de ce dernier nom n'a point de rapport avec celui de *forum Neronis*[1]; cette position contrarierait les documens plus certains que nous donne sur ce peuple Pline, qui dit [2] *Carpentoracte Mimenorum* : donc les *Mimeni* habitaient les environs de Carpentras, et à l'orient de cette ville est un lieu appelé Metamis, dont le nom a une forte ressemblance avec celui de *Mimeni*. Qu'on ne dise pas, avec d'Anville[3], que cette position des *Mimeni* resserrerait trop le territoire des *Cavares;* car il est prouvé, ainsi que nous l'avons observé, que les *Cavares* avaient sous leur dépendance tous les peuples compris entre le Rhône, les Allobroges et les Voconces,

---

[1] Voyez ci-dessus, tom. I, p. 185. — Ptolem., lib. II, cap. 10, p. 51 (55), edit. Bert.

[2] Plin., *Hist. nat.*, lib. III, cap. 5 (4), tom. II, p. 63, edit. Lem., et lib. XVIII, cap. 20 (8), tom. VI, p. 215, edit. Lem.

[3] D'Anville, *Notice*, p. 205 et 457, au mot *Carpentoracte*.

c'est-à-dire les *Segalauni*, les *Tricastini* et les *Mimeni*. « Au-dessus des Saliens, dit Strabon, on « traverse la Durance avec un bac pour se rendre « à Cavaillon, où commence le territoire des Cavares, « qui s'étend jusqu'à la jonction du Rhône et de « l'Isère[1]. » Donc Strabon comprenait aussi les *Segalauni* dans les *Cavares*, et c'est peut-être par cette raison que Pline dit *in agro Cavarum Valentia*[2]. Alors les éditions de cet auteur seraient exactes, et il ne faudrait pas les corriger en plaçant le point avant *Valentia*, ainsi que nous l'avons proposé plus haut[3]. Pline est le seul auteur ancien qui fasse mention de *Carpentoracte*; mais il est prouvé que, l'an 518, cette ville portait en effet le nom que lui donne Pline, et on y trouve encore de beaux monumens romains[4]. Quant à *forum Neronis*, la conjecture qui tend à placer ce lieu ancien à Mornas nous paraît encore préférable à celle qui le met à Forcalquier[5].

Pline, se conformant à l'ordre géographique, mentionne après *Carpentoracte* les *Cenicenses*, qu'un de ses commentateurs, d'après la seule ressemblance

---

[1] Strabo, lib. IV, p. 184, et tom. II, p. 24, de la trad. franç.
[2] Plin., lib. III, cap. 5 (4).
[3] D'après Cellarius et d'Anville, voyez p. 202.
[4] Voyez Menard, *Mémoires de l'Acad.*, tom. XXXII, p. 739. — Les ruines de Vénasques, qui est à deux lieues au midi de Carpentras, paraissent être les restes d'un temple dédié à Vénus. *Ibid*, tom. XXXII, p. 779. — Sur d'autres antiquités trouvées à Carpentras, voyez Caylus, tom. VIII, p. 252, Pl. 72.
[5] Voyez ci-dessus, tom. I, p. 281, et tom. II, p. 35. — De Lagoy, *Descript. de quelques Médailles inédites*; Aix, 1834, in-4°, p. 38. — Calvet, dans les *Lettres inédites de plusieurs personnages célèbres*, p. 338. — Voyez ci-dessus, tom. II, p. 43.

de nom, veut placer à Saint-Cerni; mais déjà nous avons remarqué que les *Cenicenses*, dont l'existence paraît démontrée par les médailles antiques, devaient se placer vers l'embouchure du Rhône nommée *Cœnus fluvius* [1]. Pline nomme ensuite les *Cambolectri*, qu'un lieu nommé *Cambonum*, dans l'Itinéraire de Jérusalem, fixé par les mesures de la route de *Dea*, Die, à *Vapincum*, Gap, me porte à placer dans les environs de Lacombe [2]. Pline donne à ces *Cambolectri* le surnom d'*Atlantici* pour les distinguer d'autres *Cambolectri* qui se trouvaient dans l'Aquitaine, peuple distinct des *Agesinates*, auxquels on a voulu les joindre. De ce que Festus Avienus désigne les embouchures du Rhône par cette même épithète poétique d'*Atlanticos* [3], dom Martin [4] a voulu y voir une allusion aux *Cambolectri*, et les placer à l'embouchure du Rhône; mais il ne fait pas attention que Pline a déjà mis dans cet endroit les *Anatili*, en décrivant les côtes, et qu'il s'occupe ici de l'intérieur. Les *Cambolectri*, d'après la position que je leur assigne, se trouvent placés entre les *Voconces* et les *Tricorii*.

Pline [5] détermine avec précision la position des *Vulgientes*, lorsqu'il nous apprend qu'*Apta Julia* était leur capitale. Les mesures des Itinéraires romains pour la route qui conduit de *Segustero*,

---

[1] Plin., lib. III, cap. 5 (4), tom. II, p. 63. — Voyez tom. I, p. 281.

[2] Voyez l'*Analyse des Itinéraires*, tom. III de cet ouvrage.

[3] Festus Avienus, *Ora marit.*, v. 678, tom. IV, p. 18, des *Geogr. gr. min.* Huds., ou v. 676, tom. v, p. 487, des *Poetæ latin. min.*, edit. Lem.

[4] Dom J. Martin, *Hist. des Gaules*, tom. II, p. 156.

Plin., lib. III, cap. 5 (4), tom. II, p. 61, edit. Lem.

Sisteron, à *Arelate*, Arles, fixent la position de cette dernière ville à Apt, où l'on a trouvé, d'ailleurs, des inscriptions avec le nom d'*Apta* [1], qui, d'accord avec Sidoine Apollinaire [2], lui donnent le titre de colonie [3], tandis que Pline ne la met qu'au nombre des villes latines : ainsi la viguerie d'Apt paraît devoir nous représenter l'étendue et les limites des *Vulgientes;* car ces divisions en vigueries ou vicariats, qui existaient en Provence avant les divisions par départemens, remontent à une très haute antiquité. Une inscription trouvée à Apt constate aussi l'existence d'une ville ou d'un peuple nommé *Vordenses* [4], que l'on place avec assez de vraisemblance à Gordes, dans le diocèse de Cavaillon, du côté d'Apt. D'Anville [5] observe avec raison que le changement du V en G est commun dans ces cantons : ainsi de *Vardo* on a fait Gardon, et de *Vapincum*, Gap. Papon [6] a aussi rapporté une inscription trouvée à Cadenet, qui, si elle est authentique, nous révèle dans ce lieu l'existence et la position d'un peuple nommé *Caudellenses*, sur les rives de la Durance, qui avait au midi les *Salyes*, à l'est les *Reii*, à l'ouest les *Cavares*, et au nord les *Vulgientes*.

J'ai déjà déterminé la position et les limites des

---

[1] Voyez ci-dessus, tom. I, p. 279.

[2] Sidon. Apollin, IX, Epist. 9. — Muratori, *Inscript.*, tom. II, p. 1109, n° 5. — Caylus, *Antiquités*, tom. VII, p. 63.

[3] Millin, *Voyages*, tom. III, p. 89. — Orelli, *Inscript.*, tom. I, p. 100. — Papon, *Hist. de Provence*, tom. I, p. 67.

[4] Spon, *Miscell. erud. antiq.*, p. 164.

[5] D'Anville, *Notice sur la Gaule*, p. 719.

[6] Papon, *Hist. de Provence*, tom. I, p. 128. — *Journal des Savans*, mois d'août 1773. — Voyez ci-dessus, tom. II, p. 43.

Elicoci ou des *Helvii*[1] et des *Vocontii*[2]; j'observerai seulement que Pline[3] indique un lieu de la Province romaine nommée *Comacina*, que je crois avoir été placé sur les rives de la petite rivière Comane, et par conséquent chez les *Voconces*.

En attribuant *Dinia*, Digne, aux *Sentii*, Ptolémée semble contrarier Pline, qui donne cette ville aux *Avantici* et aux *Bodiontici* qu'il place dans la Narbonnaise. D'Anville observe que Ptolémée d'un autre côté accorde *Cemenelium*, Cimiers, aux *Vediantii*, et qu'il paraît étendre beaucoup trop à l'ouest les limites de ce peuple, qu'il place en Italie. D'Anville ne fait pas attention qu'en plaçant les *Suetri* ou *Suetrii* en Italie, Ptolémée a prouvé qu'il étendait au moins jusqu'à Senez les limites de cette contrée. D'Anville dit que *Sanitium* est Senez, et cela paraît exact[4]; mais il ne s'ensuit pas de là, comme d'Anville le prétend, que *Sanitium* doive être, contre le texte même de l'auteur qui seul en a fait mention, attribué aux *Sentii*, et enlevé aux *Vedianti*. Il faudrait pour cela supposer que Ptolémée aurait parlé du peuple dans sa description de la Gaule, et ensuite qu'il aurait transporté sa capitale, non seulement chez un autre peuple, mais dans une autre contrée, c'est-à-dire en Italie[5]. C'est prêter à cet auteur deux erreurs bien grossières : on n'a pas encore, je crois, remarqué qu'il existe, sous un point de vue, une exacte conformité entre le texte

---

[1] Voyez ci-dessus, tom. I, p. 275 et 276. — Ptol., II, 10, p. 50.
[2] Voyez ci-dessus, tom. I, p. 258 à 261, et p. 272.
[3] Plin., lib. III, cap. 5 (4), tom. II, p. 63, edit. Lem.
[4] D'Anville, *Notice*, p. 475.
[5] Ptolem., lib. II, cap. 10, p. 51 (56); lib. III, cap. 1, p. 64 (69).

de Ptolémée et celui de Pline pour cette partie. En effet, Pline [1] termine sa description de la Narbonnaise par un peuple auquel il attribue *Dinia*, Digne, et Ptolémée termine de même sa description de la Narbonnaise par un peuple auquel il attribue *Dinia;* donc les *Avantici* et les *Bodiontici* de Pline, dont les uns possédaient Digne et les autres Seyne, se trouvent remplacés dans Ptolémée par les *Sentii*, et le nom de ces derniers se retrouve avec un peu d'altération dans celui de Seyne, qui est du diocèse de Digne, et après Digne le lieu le plus considérable : il ne s'agit donc que de distinguer les époques, et on peut bien présumer que *Sentii*, nom d'une des capitales des *Avantici* et des *Bodiontici*, aura succédé, du temps de Ptolémée, aux noms de ces deux peuples en usage du temps de Pline.

Quant au diocèse de Senez, il représente les *Vediantii* de Ptolémée [2], qui leur donne *Cemenelium*, Cimiers près Nice, et *Sanitium*. Le nom de *civitas Sanitiensium* se retrouve dans la Notice. Valois remarque qu'on a écrit *Sanesium* dans le moyen âge, c'est ce qui aura fait introduire le nom de *Sanagiense* dans le texte de Pline [3], qu'on a cru reconnaître dans les *Sanitiensium* de la Notice [4]; mais l'édition princeps, justifiée par une médaille trouvée à Saint-Remy, prouve que, dans un autre endroit de Pline, il est question d'une ville nommée *Samnages* dans le territoire des *Salluvii*. Le texte de Pline, au sujet des

---

[1] Plin., *Hist. nat.*, lib. III, cap. 5 (4), tom. II, p. 66, edit. Lem.
[2] Ptolem., *Geogr.*, lib. III, c. 1, p. 64 (70), de l'édit. de Bertius.
[3] Plin., lib. III, cap. 5 (4), tom. II, p. 65, edit. Lem.
[4] Guérard, *Essai*, p. 33. — *Hist. de Fr.*, tom. I, p. 122. — Conférez ci-dessus, p. 42, et tom. I, p. 282, 535.

Vediantii, s'accorde d'autant mieux avec le texte de Ptolémée, que tous deux leur attribuent *Cemenelium*, Cimiers, et que si Ptolémée place en Italie *Cemenelium* et *Sanitium*, Pline de son côté place dans la Narbonnaise et aussi dans l'Italie les *Suetri*, quand il donne la liste des peuples du Trophée des Alpes. La capitale de ces peuples était, ainsi que nous l'avons déjà dit, *Salinæ*, Salernes, au midi d'Apt [1]. De tous temps, dans les hautes montagnes, les limites des contrées ont été plus ou moins indécises, par la difficulté qu'on éprouve à les déterminer avec précision ; cependant il résulte clairement des textes combinés de Pline et de Ptolémée, qu'avant que les peuples de cette partie des Alpes eussent été réunis à la Gaule, pour former une province particulière sous le nom d'Alpes maritimes, les diocèses de Digne et de Senez, qui depuis firent partie de cette province, appartenaient auparavant à la Narbonnaise, et reculaient vers l'orient, de toute l'étendue de leur territoire, les limites de cette province. Observons seulement qu'à l'époque dont nous traitons, on doit placer les *Avantici*, les *Bodiontici* et *Sanitium*, mais qu'il n'est pas encore question des *Sentii*, connus seulement au temps de Ptolémée. J'ai déjà observé qu'une inscription qui se trouve à Saint-Geniez, au nord-est de Sisteron, nous révèle l'existence et la position d'un lieu nommé *Theopolis*. Il n'existe que l'emplacement de ce lieu ancien, mais cet emplacement porte encore aujourd'hui le nom de Théon [2]. Quant aux

---

[1] Voyez ci-dessus, p. 66 et 105.
[2] Millin, *Voyages dans les départemens méridionaux*, tom. III, p. 67 et 73.

Samnages de Pline [1], nous avons fixé leur position à Senas [2].

Avant de passer à l'Aquitaine, je crois devoir dire un mot sur les petites îles semées sur les côtes méridionales de la Gaule. D'Anville me paraît avoir mal appliqué ce que les anciens ont dit sur ce sujet.

Strabon [3] est le premier auteur ancien, parmi ceux qui nous restent, qui ait fait mention de ces îles; il les nomme *Stœchades*, et les distingue en grandes et petites. Étienne de Byzance leur donne le surnom de *Ligystides*, Liguriennes [4]. Agathémère, géographe grec, qui écrivait deux siècles après Strabon, dit [5] : « Les *Stœchades*, ainsi nommées parce qu'elles sont « rangées sur une même ligne. Elles sont vis-à-vis « les villes possédées par les Marseillais; il y en a « trois grandes et deux petites : ces deux dernières « sont proches de la ville de Marseille. » On voit sur-le-champ, en jetant les yeux sur une carte de France, que les grandes *Stœchades* sont les îles d'Hyères, et les petites *Stœchades* les îles qui sont vis-à-vis Marseille. Ptolémée, avant Agathémère, outre l'île *Lero* qu'il indique à l'embouchure du Var, fait aussi mention de cinq îles *Stœchades*, qu'il place sous le promontoire *Citharistes*, qui est le cap Cepet [6]. Ce cap est en effet intermédiaire entre les grandes et les

---

[1] Plin., édit. princeps de 1469, *Hist.*, lib. III, v (IV), 6. Dans l'édit. de 1490, on a substitué *Sannagenses*, et dans les édit. postérieures *Sanagenses*, pour en faire *Senez*. — De Lagoy, *Méd. inéd.*, p. 38.

[2] Voyez ci-dessus, tom. I, p. 282.

[3] Strabo, lib. IV, p. 184 (281), edit. Alm., et tom. II, p. 24, de la trad. franç.

[4] Stephan. Byzant., p. 680.

[5] Agathem., *Geogr. græc. min.*, c. 5, tom. II, p. 13, edit. Huds.

[6] Ptolem., *Geogr.*, lib. II, cap. 10, p. 51 (55), edit. Bert.

petites *Stœchades*. A la suite des *Stœchades* Strabon nomme les îles *Lero* et *Planasia*.

Mais Pline est l'auteur qui s'explique sur cet article avec le plus de détail, et celui par conséquent auquel nous devons nous attacher de préférence. Il ne connaît que trois îles *Stœchades* proprement dites, et nous donne les noms de chacune d'elles : il nomme ensuite deux autres îles *Lero* et *Lerina*, vis-à-vis *Antipolis*. Voici comment il s'exprime[1] :
« Il y a plusieurs îles sur les rivages de la Gaule ; à
« l'embouchure du Rhône, est *Metina;* ensuite
« celle qu'on nomme *Blascon;* puis les trois *Stœ-*
« *chades*, ainsi appelées des Marseillais qui en sont
« voisins, à cause qu'elles sont rangées par ordre[2] ;
« mais ces mêmes Marseillais donnent à chacune
« d'elle les noms particuliers, de *Proten*, de *Mesen*,
« (que l'on appelle aussi *Pompeiana*); la troi-
« sième se nomme *Hypea;* après les *Stœchades*,
« sont *Sturium, Phenice* et *Phila;* et enfin, vis-à-vis
« *Antipolis*, sont les îles *Lero* et *Lerina;* dans
« cette dernière se trouve la ville nommée *Ver-*
« *goanum*[3]. »

Je pense d'abord, avec Astruc[4], que *Metina insula* n'est autre que celle qu'on voit aujourd'hui à

---
[1] Plin., *Hist. nat.*, lib. III, cap. 11, p. 112, edit. Lem.

[2] « A vicinis Massiliensibus dictæ propter ordinem; » le mot στοῖχος, en grec, a cette signification.

[3] « Galliæ autem ora, in Rhodani ostio Metina : mox quæ Blascon
« vocatur : tres Stœchades a vicinis Massiliensibus dictæ propter or-
« dinem, quas item nominant singulis vocabulis, Proten et Mesen
« quæ et Pompeiana vocatur : tertia Hypca. Ab his Sturium, Phœ-
« nice, Phila : Lero et Lerina adversum Antipolim, in qua Vergoani
« oppidi memoria. » Plin., lib. III, c. 11, tom. II, p. 112, edit. Lem.

[4] Astruc, *Hist. nat. du Languedoc.*

l'embouchure du Rhône, qui se trouve divisé en deux, et qu'on nomme Tey-de-Bericle sur le grand plan des Bouches-du-Rhône de la Compagnie de la Camargue [1].

La position de *Blascon insula* à Brescou est parfaitement bien démontrée par Strabon [2], qui en fait mention, et qui la place près du mont *Sitium*, c'est-à-dire le promontoire de Sette. Festus Avienus [3] décrit aussi très bien la forme ronde de cet îlot : « *Blasco insula est, teretique forma cespes editur salo.* » Ptolémée [4] indique encore de ce côté une autre île près de Brescou sous le nom d'*Agatha*, Agde, avec une ville du même nom; mais c'est un double emploi d'autant plus évident, que cette ville est sous le même méridien que *Blascon;* et en effet la ville d'Agde, la véritable *Agatha*, est aussi sous le même méridien que Brescou.

Il paraît aussi évident, d'après le texte de Pline, que les noms des trois *Stœchades* s'appliquent aux îles qui sont vis-à-vis Marseille, et qui forment un petit groupe, au nombre de trois. Il est très facile de concevoir qu'Agathémère aura négligé la plus petite et n'en n'aura compté que deux. C'est à tort qu'on a changé, dans le texte de Pline, le nom de *Pompeiana* en celui de *Pomponiana*, parce qu'on a trouvé un port nommé *Pomponianis* dans l'Itinéraire mari-

---

[1] Sur d'autres cartes ces deux îles sont nommées Tines ou Tignes.
[2] Strabo, *Geogr.*, lib. IV, p. 181 (274), edit. Alm.; tom. II, p. 15, de la trad. franç.
[3] Festus Avienus, *Ora maritima*, vers. 600, 601, tom. IV, p. 16, des *Geogr. min.*, edit. Huds.; tom. V, vers. 599 et 600, dans les *Poet. latin. min.*, edit. Lem.
[4] Ptolem., lib. II, cap. 10, p. 51 (56), édit. de Bert.

time [1], lieu qui se trouve fixé par les mesures à la presqu'île de Gien, qu'on a convertie en île pour y appliquer le nom de *Pomponiana insula*. Les plus anciens manuscrits de Pline portent *Pompeiana*, et il est évident que ce nom aura été appliqué par les Marseillais à une des *Stœchades*, en l'honneur de Pompée qui fut leur bienfaiteur, et dont ils embrassèrent le parti. *Mesen* était alors l'ancien nom grec de l'île, et *Pompeiana* un surnom latin nouveau. On en retrouve des traces dans le nom de Pomègue [2] que porte une des îles que j'ai désignées, et quelquefois ce nom de Pomègue a été appliqué à tout le groupe, qui, sur plusieurs cartes, se trouve désigné sous le nom d'îles Pomègues. Pomègue paraît donc être *Pompeiana* ou *Mese*. On peut rapporter *Hypea* à l'île d'Yf; alors la troisième île, qui se nomme Ratoneau sur nos cartes modernes, sera nécessairement *Proten*.

Quant aux trois autres îles mentionnées par Pline, nous les retrouvons facilement dans les trois grandes *Stœchades* d'Agathémère; et si Pline a conservé dans son énumération l'ordre géographique, *Sturium* sera Porquerolles, *Phenice*, Porteroz, et *Phila*, l'île du Vent ou l'île du Titan. Il est assez singulier que d'Anville [3], qui critique si vivement Valois, ne fasse pas dans sa Notice la moindre mention de ces trois dernières îles, quoiqu'il se livre à ce sujet a une longue discussion.

[1] *Itiner. maritim.*, p. 105, edit. Wessel.
[2] Valois a fait la même conjecture sur Pomègue. — Valesii, *Notitia Galliæ*, p. 533.
[3] D'Anville, *Notice de la Gaule*, p. 617.

Les petites îles intermédiaires entre les petites et les grandes *Stœchades* ont évidemment été négligées, toutes les fois qu'il a été question de décrire les groupes particuliers, ou de donner des noms individuels; mais ces îles intermédiaires sont cause que Mela et d'autres anciens parlent des *Stœchades* sans fixer leur nombre, et qu'ils les représentent comme semées sur les côtes de la Ligurie jusqu'à Marseille [1]. Or il y a sur cette côte plus de quarante petites îles ou îlots.

Cependant la plupart des auteurs anciens s'accordent avec Pline pour désigner, sous le nom de *Stœchades* plus particulièrement, les *Stœchades* voisines de Marseille, ou les petites *Stœchades* d'Agathémère. Æthicus ou Orosius [2] (car on ne sait lequel est le plagiaire) dit: « Les *Stœchades* sont situées « près de l'embouchure du Rhône. » Tacite [3] donne les *Stœchades* aux Marseillais: « *Stœchadas, Massiliensium insulas.* » Suétone [4], en parlant du voyage de l'empereur Claude dans la Grande-Bretagne, dit que « cet empereur fut poussé par un vent violent « près de la Ligurie jusqu'à la côte des îles *Stœ-* « *chades*, et que c'est par cette raison qu'il aborda « à Marseille, et qu'il continua entièrement sa route « par terre jusqu'à *Gesoriacum.* » Lucain [5] s'exprime encore d'une manière plus précise en parlant de

---

[1] Mela, *Geogr.*, lib. ii, cap. 7, tom. i, p. 75, edit. Tzschuck : « In Gallia, solæ sunt Stœchades, ab ora Ligurum ad Massiliam « usque dispersæ. »

[2] Orosius, lib. i, cap. 2, p. 25, edit. Haverc.

[3] Tacit., *Hist.*, lib. iii, cap. 43, tom. iii, p. 515, edit. Lem.

[4] Suetonius, in *Claudio*, cap..17, tom. i, p. 104, edit. Hase.

[5] Lucanus, lib. iii, vers. 516, tom. i, p. 515, edit. Lem.

Brutus, préfet de la flotte de César, qui, ayant fait descendre le Rhône à des vaisseaux construits à Arles, prit position dans les îles Stœchades pour assiéger Marseille.

> *Et jam, turrigeram Bruti comitata carinam,*
> *Venerat in fluctus, Rhodani cum gurgite classis,*
> *Stœchados arva tenens.*

C'est-à-dire qu'il s'empara d'une des îles *Stœchades* pour assiéger Marseille. Donc Lucain désigne, de même que Pline, sous le nom de *Stœchades*, les îles qui sont vis-à-vis Marseille, et non les îles d'Hyères. Les Mémoires de César confirment le récit du poète : « Ceux que commandait Brutus, « dit César¹, prirent station à l'île qui est vis-à-vis « Marseille. » Il est vraisemblable que le voisinage de Marseille aura donné aux petites *Stœchades* une plus grande célébrité, et que ce fut par cette raison que le nom de *Stœchades*, qui d'abord était général pour toutes les îles de la côte, fut restreint aux seules *Stœchades* voisines de Marseille. Je crois du moins avoir bien démontré, contre le sentiment de d'Anville, que les noms des trois *Stœchades* de Pline ne peuvent en aucune manière s'appliquer aux îles d'Hyères. Martien Capella, qui ordinairement, dans son mince Traité de géographie, se contente de copier Pline, diffère cependant avec lui pour le nom qu'il donne à la première des Stœchades, qui, chez lui, ne se nomme pas *Proten*, mais *Themista*. Mais il paraît que toutes ces îles avaient un double nom, et que *Themista* était le prénom de *Proten*, comme *Pompeiana*, de *Mesen*. Du reste,

---

¹ Cæsar, *de Bello civili*, lib. i, cap. 56, tom. i, p. 83, edit. Lem.

Martien Capella n'indique que trois *Stœchades* proprement dites; mais il en nomme cependant d'autres plus petites vers Antibes. « *Tres Stœchades « quarum hæc sunt nomina singularum : prima « Themista, secunda Pompeiana, tertia Hypea, cæ- « terasque exiguas adversum Antipolim.* » Ces petites îles qu'indique Martien Capella vis-à-vis Antibes sont évidemment l'île *Lero* de Pline, ou *Lerone* de Ptolémée, Sainte-Marguerite, et *Lerina*, ou *Planasia* de Strabon, Saint-Honorat, où était la ville nommée *Vergoanum* [1].

Gallia comata (Gaule chevelue).

Dans Mela et dans Pline [2], le reste de la Gaule est décrit sous le nom de *Gallia comata*, ou Gaule chevelue, séparément de la Narbonnaise, et après l'Espagne. Strabon et Ptolémée [3] n'établissent pas cette distinction, et décrivent de suite les quatre portions de la Gaule. Parmi les trois portions qui nous restent encore à faire connaître, la première dont nous devions nous occuper est l'Aquitaine.

Aquitania (l'Aquitaine).

Pour connaître l'étendue de l'Aquitaine au temps d'Auguste, il faut d'abord observer que cet empereur, après avoir soumis en entier ce pays, s'attacha ensuite à dompter les peuples des Pyrénées. Les Pyrénées forment une limite naturelle entre la Gaule

---

[1] Martian. Capella, lib. vi, p. 206. — Ptol., lib. ii, c. 10, p. 51 (56).
[2] Mela, lib. iii, cap. 2, tom. i, p. 83, edit. Tzschuck. — Plin., *Hist. nat.*, lib. iv, cap. 31 (17), tom. ii, p. 358, edit. Lem.
[3] Strabon, lib. iv. — Ptolem., lib. ii, cap. 7, 8, 9 et 10, p. 45 à 51 (46 à 56), edit. Bert. — Conférez ci-dessus, tom. i, p. 282.

et l'Espagne, et projettent, à leur extrémité orientale, le cap Creuz, *promontorium Pyreneum*, qui, dans tous les temps, a dû être regardé comme la limite entre les deux pays ; mais du côté de l'occident les Pyrénées, au lieu de continuer jusqu'au golfe de Fontarabie, où la côte semble déterminer par son resserrement les limites naturelles de la péninsule Hispanique, abaissent leurs sommets et disparaissent, au contraire, dans cet endroit, pour se diriger ensuite parallèlement à la côte d'Espagne, en traversant la Biscaye et les Asturies. Il paraît démontré que, du moins après la soumission entière de l'Aquitaine et des peuples des Pyrénées, sous Auguste, les limites de la Gaule furent, à l'occident de même qu'à l'orient, déterminées sur la côte au promontoire le plus avancé, et non dans le point le plus enfoncé des deux golfes voisins des Pyrénées. Nous avons déjà vu que l'extension du diocèse de Bayonne jusqu'à Saint-Sébastien prouve que les limites de la Gaule franchissaient sur la côte le détour du golfe et l'alignement de la grande chaîne des Pyrénées. Ptolémée fait commencer la Gaule à l'*OEaso promontorium*, que ses mesures font correspondre au cap Machicaco [1], près duquel se trouve encore aujourd'hui un lieu nommé Ea. Cette position s'accorde parfaitement avec le texte de Mela, qui place un lieu nommé *OEaso* bien avant les Pyrénées ; cependant ces montagnes sont considérées par lui, et par tous les anciens, sous un point de vue général, comme la limite de la Gaule et de l'Espagne. Mais il résulte évidemment

---

[1] Voyez Gossellin, *Recherches sur la Géographie systématique et positive des Anciens*, tom. IV, p. 156 et 157.

de tout ce que nous avons dit, que les limites de la Gaule étaient les mêmes que celles de l'ancien diocèse de Bayonne, c'est-à-dire qu'elles s'étendaient jusqu'à Saint-Sébastien [1].

Dans l'intérieur, les limites de l'Aquitaine éprouvèrent encore, sous Auguste, des changemens bien plus considérables, puisque cet empereur y incorpora une grande partie des peuples de la Celtique de César. Strabon est l'auteur qui a parlé le plus en détail de cette nouvelle division.

« Les peuples situés entre la Garonne et la Loire,
« dit-il, qu'on a réunis à l'Aquitaine, sont les
« *Helvii*, qui commencent au Rhône. Après eux,
« sont les *Vellaï* (ou *Villaoi*), qui autrefois fai-
« saient partie des *Arverni*, mais qui, aujourd'hui,
« forment un peuple séparé. Viennent ensuite ces
« mêmes *Arverni*, les *Lemovices* et les *Petrocorii*;
« les *Nitiobriges*, les *Cadurci* et les *Bituriges*, sur-
« nommés *Cubi*. Le long de l'Océan, on trouve les
« *Santones* et les *Pictones*, ceux-ci près de la Loire,
« et ceux-là près de la Garonne, ainsi que je l'ai
« déjà dit; et enfin, dans le voisinage de la Nar-
« bonnaise, sont les *Ruteni* et les *Gabali* [2].

Ce passage de Strabon nous prouve que, pour ce qui concerne l'Aquitaine, cet auteur avait puisé dans des matériaux authentiques et récens, à l'époque où il écrivait; et comme il était contemporain d'Auguste, il mérite ici la plus grande confiance. On ne doit

---

[1] Voyez ci-dessus, tom. I, p. 399, et Oïhenart, *Notitia Vasconiæ*, p. 172 et 173.

[2] Strabo, *Geogr.*, lib. IV, p. 190 (289), edit. Alm.; tom. II, p. 41, de la trad. franç.

donc pas supposer qu'il se soit trompé en nommant les *Helvii* au nombre des peuples réunis à l'Aquitaine; d'autant plus que c'est par-là qu'il commence son énumération, et qu'au lieu de se contenter de nommer simplement ces *Helvii*, il remarque aussi leur situation au bord du Rhône; enfin il ajoute qu'ils étaient limitrophes des *Vellaï* ou *Vellavi*. D'un autre côté, comme nous savons par César que les *Helvii* faisaient partie de la Province romaine, et que nous les voyons encore faire partie de la Narbonnaise dans Pline et dans Ptolémée, nous ne devons pas douter qu'après avoir été enlevés à la Province romaine, ils ne lui aient été ensuite restitués. Si l'on fait attention que, de ce côté, les *Arverni* se prolongent jusque sur les bords du Rhône, on concevra facilement comment des considérations fondées sur la géographie naturelle et sur la clarté des limites ont fait comprendre les *Helvii* tantôt dans la Province romaine, et tantôt dans l'Aquitaine. D'ailleurs Auguste, qui céda la Narbonnaise au sénat et au peuple romain, put avoir des raisons politiques pour restreindre les limites de cette province, et en retrancher le Vivarais. Il suffisait pour cela qu'il eût besoin d'y tenir des troupes en station, afin de contenir les montagnards; il ne cédait au peuple romain que les provinces entièrement pacifiées, et qui n'avaient plus besoin, pour rester en paix, de la force militaire [1].

---

[1] Voyez Dio, lib. LIII, cap. 22, p. 717, et lib. LIV, cap. 4, p. 755, edit. Reim. — Mandajors, *Hist. critique de la Gaule narbonnaise;* Paris, in-12, 1733, p. 384. — Conférez ci-dessus, tom. I, p. 273 et 274 de cet ouvrage.

Comme Strabon ne parle ici que des peuples situés entre la Loire et la Garonne, il ne nomme ni les *Convenœ* ni les *Bituriges vivisci*, qui furent aussi réunis à l'Aquitaine par Auguste, et qui complètent le nombre de quatorze, auquel Strabon lui-même nous apprend que se montait la totalité des peuples réunis à l'Aquitaine.

Strabon a dû d'autant plus ne pas rappeler ici les noms de ces deux peuples qu'il venait d'en parler peu auparavant. « Les *Bituriges josci*, dit-il, sont « le seul peuple étranger qui habite parmi les Aqui- « tains sans en faire partie. Leur place de commerce « est *Burdigala*, ville située sur une espèce d'anse « formée par les embouchures de la Garonne [1]. » Le surnom de *Josci*, que Strabon donne à ces *Bituriges*, est évidemment une corruption de celui de *Vibisci*, dont on doit accuser les copistes de cet auteur. Ausone [2] et une inscription romaine [3], trouvée à Bordeaux, constatent la véritable leçon de ce surnom : ces autorités se trouvent d'accord avec l'ancienne traduction latine de Ptolémée. Strabon est le premier auteur ancien qui fasse mention de *Burdigala*, capitale des *Bituriges vivisci*. La position de cette

---

[1] Strabo, *Geogr.*, lib. IV, p. 190, tom. II, p. 39 de la trad. franç.; et ci-dessus, part., II, ch. 2, tom. I, p. 304 et 360 de cet ouvrage. — Ausone, *Mos.*, 18. — *Clar.*, *Urb.*, 14. — Paulin., *Epist.*, 4, 9, p. 299, 223, 440 et 460, de l'édit, *ad usum Delph.*, in-4°. — Amm. Marcell., xv, 11. — Eutrop., ix, 10, p. 669, edit. Tzschuck. — P. 437, edit. Verheyk.

[2] Ausone : « *Vivisca ducens ab origine gentem.* » In *Mosell.*, v. 338, p. 330. — Ptolem., *Geogr.*, lib. II, cap. 7, p. 46 (50), edit. Berkel.

[3] Venuti, *Dissertations sur les anciens monum. de la ville de Bordeaux*, p. 9.

ville ancienne à Bordeaux moderne est prouvée par les mesures des routes de la Table et de l'Itinéraire, qui partent de *Mediolanum*, Saintes, *Vesuna*, Périgueux, *Aginnum*, Agen, *Elusa*, Eause, *aquæ Tarbellicæ*, Aqs [1]. Les monumens romains qu'on a trouvés à Bordeaux, et les belles ruines antiques de l'édifice dit Palais-Gallien, confirment encore l'exactitude des mesures. Il est étonnant qu'un aussi savant homme que Valois [2] ait prétendu rompre l'accord des monumens historiques avec les mesures anciennes, et les vestiges encore subsistans d'antiquités, en insinuant que Bordeaux peut avoir changé de place et avoir été situé au nord de la Garonne. Les deux passages de Grégoire de Tours et de l'appendice de la Chronique de Frédégaire, qu'il rapporte, ne fournissent pas du tout la conséquence qu'il veut en tirer. Quoi qu'il en soit, l'infatigable abbé Lebeuf fit, en 1749, un voyage exprès à Bordeaux, pour examiner sur les lieux cette opinion de Valois, qui, de la part d'un autre, eût à peine mérité une réfutation. L'abbé Lebeuf, aidé de tous les secours de l'autorité, ne put découvrir sur l'autre rive la moindre trace ni le moindre vestige d'antiquité; il fit, pour réfuter l'erreur de Valois, un Mémoire qui a été publié par extrait dans ceux de l'Académie des Inscriptions [3].

---

[1] Voyez l'*Analyse des Itinéraires*, tom. III de cet ouvrage.

[2] Valesii *Notitia Galliæ*, p. 88.

[3] Académie des Inscriptions et Belles-Lettres, *Mémoires*, t. XXVII, p. 145. — Élie Vinet est, je crois, le premier qui, dans divers ouvrages particuliers, et dans son Commentaire latin sur Ausone, nous ait fait connaître les antiquités romaines de Bordeaux. Dans le discours préliminaire des *Annales de Bordeaux*, par M. Bernardau (Bordeaux 1808), on trouvera une Notice sur tous ceux qui

Les limites de l'ancien diocèse de Bordeaux nous représentent donc, avec exactitude, celles des anciens *Bituriges vivisci*[1], dont le territoire, en partie situé au nord de la Garonne, n'était point, par cette raison, compris en entier dans l'Aquitaine de César, et n'y fut réuni que sous Auguste. Comme, d'un autre côté, la capitale de ces peuples, *Burdigala*, était placée, avec une autre portion de leur territoire, au midi de la Garonne, Strabon ne les a point compris au nombre des peuples celtes réunis à l'Aquitaine, situés entre la Garonne et la Loire.

Indépendamment de *Burdigala*, Ptolémée donne encore aux *Bituriges vivisci* une ville qu'il nomme *Noviomagus*. On n'a aucun moyen de déterminer la position de cette ville, dont Ptolémée seul a parlé. D'Anville, pour ne pas l'omettre sur sa Carte, l'a mise à Castelnau de Médoc, qui paraît avoir été aussi le chef-lieu d'un peuple particulier, connu sous le nom de *Meduli*[2]. D'autres ont posé *Noviomagus* à la pointe de Graves[3]. Nous reviendrons

ont spécialement écrit sur l'histoire de Bordeaux ; mais, dans sa longue nomenclature, il a cependant oublié les Mémoires de l'Acad. des Inscript. et Belles-Lettres. Or, outre le Mémoire déjà cité, on trouve, tom. III, p. 260, et XII, p. 239 des Mémoires intéressans sur les antiquités de Bordeaux. Dans ces derniers temps, M. Jouannet a ajouté d'importans documens à ceux que l'on possédait. Voyez *Dissertations sur quelques antiquités découvertes à Bordeaux*, en 1828, petite rue de l'Intendance. Recueil académ., séance du 14 mai 1828, p. 1 et suiv. Conférez Cayla, *Magas. encycl.*, XI, 2, 156. — Millin, *Voyage en France*, tom. IV, p. 608 à 662. — Quant aux trop fameuses Inscriptions de Nérac, publiées par M. Dumège et autres antiquaires, on sait qu'elles sont toutes fausses.

[1] Voyez Denys de Sainte-Marthe, *Gall. Christ*, tom. II, p. 785.
[2] D'Anville, *Notice*, p. 449 et 494.
[3] Dumège, *Statistique des Pyrénées*, tom. II, p. 7, expose toutes les opinions émises jusqu'ici sur Noviomagus.

sur les *Meduli*, dont il est fait mention par Ausone à une époque très postérieure à celle dont nous traitons. Il en est de même des *villa* nommées *Lucaniacus* et *Pauliacus* dans Ausone [1], qu'on place à Lugagnac et à Pauliac.

Nous avons déjà assigné la position des *Convenæ*, et nous avons observé qu'avant l'entière soumission de l'Aquitaine et même des autres parties de la Gaule, ils faisaient partie des possessions romaines dans la Gaule, et qu'ils étaient renfermés, quoique Aquitains, dans la Province romaine. Auguste ne fit en quelque sorte que les restituer à l'Aquitaine, dont ils se trouvaient détachés depuis que Pompée les avait soumis.

En décrivant la Celtique de César, nous avons parlé en détail des quatorze peuples situés entre la Loire et la Garonne, que Strabon nous apprend avoir été réunis à l'Aquitaine; nous avons fait connaître leurs positions, les limites de leurs territoires, ainsi que l'emplacement de leurs villes capitales [2].

Il nous reste à faire mention de petits peuples de l'Aquitaine, mentionnés par Pline, dont les capitales ne sont point connues, et dont l'emplacement ne peut être déterminé que par des conjectures plus ou moins probables. La conquête des cantons les plus vantés de l'Aquitaine par Messala, les fréquens passages des Romains dans les Pyrénées pour se rendre en

---

[1] Ausonius, *Epistol.* 3, 4 et 5, p. 439, 450, 452 et 454, de l'édit. *ad usum Delph.*, et dom Bouquet, *Recueil des Hist. de France*, tom. 1, p. 741. — *Variétés bordelaises*, tom. 11, p. 114.

[2] Strabo, *Geogr.*, lib. IV, p. 189 et 190 (288 et 289); tom. 11, p. 41, de la trad. franç., et ci-dessus, tom. 1, p. 282 à 306 de cet ouvrage.

Espagne, avaient multiplié les relations sur les habitans des diverses vallées de cette vaste chaîne; et comme il arrive toujours pour les pays très fréquentés, les descriptions géographiques avaient été converties en topographies minutieuses.

Mais avant de passer à Pline, observons que Strabon[1] nous parle des beaux Thermes des *Onesii*, chez les *Convenæ* : le nom et la position de cette cité se retrouvent dans le lieu moderne nommé Ozon, près de Tournay, et non loin de Bagnères-en-Bigorre sur l'Adour, dans le département des Hautes-Pyrénées, et Bagnères paraît être les Thermes des *Onesii* dont Strabon a fait mention. Bagnères-en-Bigorre fut un lieu célèbre dès le temps d'Auguste par ses sources thermales, ainsi que le prouve la belle inscription qui s'y trouve encore, et que nous y avons vue. Les mesures anciennes nous démontrent que Bagnères est aussi l'*aquis Convenarum* de l'Itinéraire d'Antonin[2] : on peut présumer que ce surnom de *Convenarum* n'a été donné à ces *aquæ* par le rédacteur d'Antonin, que parce qu'il les confondait avec d'autres *aquæ*, qui sont à Bagnères-de-Luchon et à Capbern, plus rapprochées de la vallée où est Saint-Bertrand-de-Comminges, ou *Lugdunum Convenarum*, que le Bagnères dans la vallée de Campan, qui appartient à la Bigorre. L'inscription de Bagnères-de-Bigorre ne fait aucune mention du surnom de *Conve-*

---

[1] Strabo, lib. IV, p. 190 (290); tom. II, p. 41, de la trad. franç.

[2] Voyez l'*Analyse des Itinéraires*, tom. III, et tom. I, p. 306, de cet ouvrage. — D'Anville s'est fortement trompé dans l'application des mesures anciennes pour cette partie, et ne veut pas reconnaître aquæ Convenarum dans Bagnères-en-Bigorre.

narum. Nous nous sommes convaincu, par l'examen que nous en avons fait sur les lieux, que la route ancienne ne circulait pas comme aujourd'hui par Coarraze, par le village de Saint-Pé et Lestelle, ni par Lourdes; mais qu'elle allait en droite et directe ligne de Nay à Bagnères, en passant par Adé, puis ensuite à Labarthe-de-Nesle, et de là à Saint-Bertrand-de-Comminges. Au-delà de Adé on découvre les vestiges d'une autre route antique qui s'embranchait avec celle-ci, et se dirigeait sur Capbern; mais aucun monument ancien ne prouve d'une manière certaine, comme l'inscription que j'ai citée pour Bagnères-de-Bigorre, que ni Capbern, ni Bagnères-de-Luchon, aient été célèbres chez les anciens pour leurs eaux thermales. Quelques marbres antiques ont été trouvés à Bagnères-de-Luchon, en 1765, et nous avons vu nous-mêmes, dans le cabinet de l'abbé de Tersan, l'inscription portant : ILIXONI DEO FAB. FESTA. V. S. L. M. [1]. Ce qui donnerait, dans le nom d'une divinité locale, l'étymologie du nom moderne, et un lieu ancien à placer à Bagnères-de-Luchon; mais cela ne prouve pas l'existence d'un établissement thermal antique dans cet endroit.

Les *Tornates* de Pline [2] doivent être placés à Tournay, que je viens de mentionner.

C'est encore près de là, et dans le canton connu sous le nom de Nébousan, que d'Anville, avec raison, place les *Onobrisates* de Pline. D'Anville se fonde sur

---

[1] Cette inscription a été gravée par M. Chaudruc de Crazannes, p. 54, de son ouvrage sur la Novempopulanie. — Voyez le *Dictionnaire*, tom. III de cet ouvrage.

[2] Plin., lib. IV, cap. 33 (19), tom. II, p. 370, edit. Lem., et tom. I, p. 506, de cet ouvrage.

un petit lieu nommé Cioutat, entre l'Adour et la Nesle; et comme ce nom de *Cioutat* est le même que le mot de *civitas*, ville, il considère ce lieu comme la capitale d'un ancien peuple. Ensuite il corrige le mot d'*Onobrisates*, en celui d'*Onobusates*, pour faire ressembler davantage ce nom à celui de Nebousan; mais il est évident que cette terminaison de *brisates* est le mot celtique *briva*, corrompu par les Romains de tant de manières. Aussi les manuscrits s'accordent-ils tous sur cette terminaison, et ils ne diffèrent que par les deux premières syllabes : au lieu d'*Onobrisates*, on lit dans quelques uns *Olobrisates*. Sous cette dernière forme, ce nom n'a plus que peu de rapport avec celui de Nebousan, et peut-être pourrait-on se hasarder à placer les *Olobrisates* à Oleac, arrondissement de Tarbes, canton de Tournay. Au reste, cette position s'éloigne peu de celle qu'a donnée d'Anville. Mais comme ce pays n'a d'autre ville que Saint-Gaudens, il est plus naturel de penser que cette ville, avant d'avoir pris le nom du saint qu'elle porte aujourd'hui, avait le nom du peuple, Onobrisates [1].

Les *Sediboniates* de Pline [2] doivent être placés à Sebi, dans le département des Basses-Pyrénées, arrondissement d'Orthez, canton d'Arsac.

On retrouve le nom des *Bercorates* dans celui de Bercouats, que portent encore aujourd'hui les habitans d'un lieu anciennement nommé Barcou, maintenant Jouanon, dans la paroisse de Bias et dans le

---

[1] Dumége, *Statistique du département des Pyrénées*, tom. II, p. 36. — Froidour, *Mémoires du pays et État de Nebousan*.

[2] Plin., lib. IV, cap. 33 (19), tom. II, p. 371, edit. Lem.

canton de Born, diocèse de Bordeaux, département de la Gironde[1].

Les *Penpedunni*[2] doivent être placés au port Pinède.

Les *Lassunni*[3], sur les bords de la rivière nommée Lassanaïco-Erreca, dans les vallées de Baïgorry et des Aldudes.

Les *Succases*, à Succos, dans le département des Basses-Pyrénées, canton de Saint-Palais sur la Padagoy. — Plusieurs auteurs veulent placer ce petit peuple dans la paroisse de Saucats, près de Buch, diocèse de Bordeaux; mais ils seraient trop près de Bordeaux[4].

Les *Vassei* de Pline ne peuvent être les mêmes que les *Vasarii* de Ptolémée; car ces derniers sont bien certainement les *Vasates*, ou ceux de Basas. Les *Vassei* doivent être placés aux environs de la montagne de Vassia, dans les Hautes-Pyrénées, près de Bagni, dans la vallée de Bastan.

Les *Cambolectri*[5] doivent être séparés des *Agesinates*. Leur réunion dans le texte de Pline n'est qu'une conjecture de Hardouin; il est évident aussi que ces *Cambolectri* ne sont pas les mêmes que le peuple du même nom dans la Province romaine[6], puisque, ainsi que nous l'avons déjà vu, Pline dé-

---

[1] Baurein, *Variétés bordelaises*, tom. IV, p. 19 et 20.

[2] Selon les meilleurs manuscrits, et non pas *Bipedimui*, comme portent les éditions.

[3] Selon les meilleurs manuscrits, et non pas *Sassumini*, comme dans beaucoup d'éditions.

[4] Baurein, p. 19. — Valesii *Not.*, p. 524.

[5] Plin., *loco citato*, lib. IV, c. 33 (19), tom. II, p. 373, edit. Lem.

[6] Plin., lib. III, cap. 5 (4), tom. II, p. 63, edit. Lem.

signe ces derniers par le surnom de *Atlantici*, pour les distinguer des autres. Le nom des *Cambolectri* de l'Aquitaine paraît se retrouver dans celui de Cambo, arrondissement de Bayonne, canton d'Espelette, lieu célèbre aujourd'hui par ses eaux minérales.

Les *Sennates* habitaient les environs de Sennac, dans les Hautes-Pyrénées, arrondissement de Tarbes, canton de Rabsteins [1].

Les *Sibyllates* sont placés par d'Anville, avec assez de probabilité, dans la vallée de Soule : cette vallée est nommée *vallis Subola* dans Frédégaire. Ce nom de *Subola*, suivant Oïhenart [2], désigne un pays couvert de bois ou sauvage; par contraction, on a dit *Sola*, qu'on a traduit par le mot Soule; il ne faut pas confondre ce peuple avec les *Sibutzates* de César ou ceux de Sobusse [3].

Les *Osquidates montani*, dont le nom précède celui des *Sybillates*, occupaient la vallée d'Ossau [4].

Les *Anagnutes* étaient probablement situés à Agnos, département des Basses-Pyrénées, canton de Sainte-Marie, près la Mielle. On ne doit pas les confondre avec les *Agnotes* de la Celtique mentionnés par Artémidore, et dont nous avons déjà parlé.

Valois [5] a très bien observé que le nom des *Belindi* de Pline se retrouvait presque sans altération

---

[1] Plin., lib. IV, cap. 33 (19), tom. II, p. 573, edit. Lem.

[2] Oïhenart, *Notitia Vasconiæ*, p. 402.

[3] Voyez ci-dessus, part. II, ch. 2, tom. I, p. 303.

[4] C'est une singulière idée que celle de Valois, qui veut écrire Ossidates, et faire de ce peuple les Datii de Ptolémée. Voyez *Valesii Notitia*, p. 31, et ci-après.

[5] *Notitia Galliæ*, p. 524. — Voyez ci-dessus, tom. I, p. 306.

dans le bourg des Landes nommé Belin, qui existe sur la route de Bordeaux à Bayonne. Ce lieu est du diocèse de Bordeaux, et son nom, dans quelques titres, est *Belinum*. Le passage de la rivière de Leyre à Belin est appelé *pons Belini* dans ces mêmes titres.

Le nom des *Monesi* se reconnaît aussi très facilement dans celui de Moneins, entre Pons et Navarreins. On a retrouvé, dit-on, d'anciens ouvrages de castramétation près de Moneins, qui remontent au temps des Romains [1], et l'Edrisi parle de ce lieu [2].

Guidé par la seule analogie des noms, on a placé aussi assez heureusement les *Camponi* dans la vallée de Campan [3]. Mais il est difficile d'assigner les positions de certains peuples nommés sans aucun ordre par Pline [4] : ses *Ambilatri*, qu'il ne faut pas confondre avec les *Ambiliates* de César, occupaient, suivant nous, les environs de Mirebeau et de Châtelleraut, où l'on trouve Amberre et Saint-Genest-d'Ambierre, près de Lancloistre; les *Vellates* nous semblent avoir occupé les environs de La Valette, au sud d'Angoulême; et les *Venami*, le canton de Benanges, dont Cadillac est la capitale.

Nous avons déjà remarqué précédemment qu'il était très probable que les *Consoranni*, dont la position dans le Couserans est prouvée par les monumens historiques, et dont Pline fait mention comme

---

[1] Dumège, *Statistique des Monts Pyrénéens*, tom. II, p. 30.
[2] Edrisi, sive, *Geogr. Nubiens.*, pars II, *climatis quint.*, p. 220.
[3] D'Anville, *Notice*, p. 196.
[4] Plinius, lib. IV, cap. 33 (19), tom. II, p. 369. — Voyez ci-dessus, p. 283, 284, 291, 292, 303, 305 et 306.

étant situés dans l'Aquitaine, étaient les mêmes que les *Consuaranni* placés, dans le même auteur, tout auprès des *Consoranni*, dans la description de la province Narbonnaise; et nous avons développé les raisons qui nous ont porté à partager ce peuple entre la Narbonnaise et l'Aquitaine [1]. Nous ajouterons seulement ici qu'un passage d'une vie manuscrite de Glycerus ou Lycerius, Saint-Lizier, semble prouver que, dans le moyen âge, Saint-Lizier, la capitale des *Consoranni*, avant de prendre le nom du peuple, et ensuite celui de l'évêque Liziers, portait celui d'*Austria*; mais ce nom existait-il du temps des Romains? C'est ce que l'on ignore [2].

D'autres peuples mentionnés par Pline appartiennent à cette portion de la Celtique qui fut réunie à l'Aquitaine par Auguste.

Celui qui le premier réclame notre attention, parce qu'il est possible d'en déterminer la position avec quelque dégré de certitude, ce sont les *Agesinates*, que Pline nous indique lui-même comme renfermés dans le territoire des *Pictones*. « *Agesinates Pictonibus juncti.* » D'Anville a très bien observé que le nom de ce peuple se retrouve dans celui d'Aisenai, un des trois archidiaconés qui composaient le diocèse de Luçon. Dans les bulles d'érection de ce diocèse, par Jean XXII, au commencement du xiv° siècle, il est fait mention de ce doyenné sous le nom d'*Asianensis*, et dans d'anciens titres il est question du prieuré même d'Aisenai.

La difficulté de placer les *Antobroges*, que Pline

---

[1] Voyez ci-dessus, tom. 1, p. 196.
[2] Voyez d'Anville, *Notice*, p. 241, et Valois, p. 155.

dit être dans l'Aquitaine, limitrophes de la province Narbonnaise, a déterminé plusieurs auteurs à confondre ces peuples avec les *Nitiobriges;* mais cependant Hardouin, qui penchait pour cette opinion, dit que tous les manuscrits portent *Antobroges.* Le texte de Pline est ainsi : « *Rursus Narbonensi pro-« vinciæ contermini Ruteni, Cadurci, Antobroges, « Tarneque amne discreti a Tolosanis Petrocori « Maria circa oram.* » Ce qui contient une erreur évidente; car les *Petrocorii* sont séparés des *Tolosani* par les *Cadurci* et par les *Nitiobriges.* Il faut donc lire, avec un manuscrit : « *Cadurci, Antobroges « Tarne amne discreti a Tolosanis; Petrocori*[1]*, « Maria circa oram.* » Le texte, ainsi rétabli, porte les *Antobroges* au nord du Tarn et des *Tasconi,* dans la partie méridionale du diocèse de Cahors, aux environs d'un lieu nommé Antonin, et dans le diocèse de Montauban.

Dans tous les manuscrits de Pline, on lit *Latusates*[2] et non *Tarusates,* qu'on y a substitué pour se conformer au texte de César. Cependant comme Pline nomme un assez grand nombre de petits peuples dans l'Aquitaine, dont César n'a point fait mention, et dont les noms ne se retrouvent dans aucun autre auteur, on ne doit pas se permettre de changer ici son texte, d'autant plus que le nom des *Latusates* se retrouve dans un lieu nommé Latus,

---

[1] Joseph Scaliger, dans ses notes sur Ausone, lib. II, cap. 10, a proposé une correction semblable; mais, comme il substituait Nitiobriges à Antobroges, d'Anville (*Notice,* p. 517), se refuse avec raison à admettre cette correction. — Plin., lib. IV, cap. 33 (19).

[2] Voyez Plin., lib. IV, cap. 33 (19), tom. II, p. 373, edit. Lem.

département de la Vienne, arrondissement et canton de Montmorillon, à deux lieues trois-quarts de cette ville, où sont des antiquités célèbres.

Nous avons déterminé ailleurs les positions des autres petits peuples des Pyrénées et de l'Aquitaine dont Pline a fait mention [1]; occupons-nous actuellement de Ptolémée.

Si on excepte les *Helvii* qu'il place dans la Narbonnaise, Ptolémée s'accorde avec Strabon pour le dénombrement des peuples de l'Aquitaine, à la réserve d'un seul, dont le nom, ainsi que celui de leur capitale, ne se retrouve nulle part ailleurs. Ce peuple sont les *Datii*, et leur capitale est *Tasta*. Il est extrêmement remarquable que le nom de ce peuple et celui de sa capitale ne varie dans aucune des nombreuses éditions que l'on a faites de sa géographie, quoiqu'elles offrent, pour presque tous les autres noms, des variantes plus ou moins considérables. Sanson a voulu placer les *Datii* à Aqs; mais comme il est bien démontré par les mesures des Itinéraires que ce lieu est *aquæ Tarbellicæ*, et la capitale des *Tarbelli* de Ptolémée, l'opinion de Sanson ne saurait se soutenir. D'Anville, dans sa Carte de la Gaule au temps de César, dressée en 1745 pour l'histoire romaine de Crevier, avait placé les *Datii* dans la partie méridionale des *Lemovices* sans autre raison que le vide offert dans cette partie de l'ancienne Gaule par le défaut de positions romaines. Les *Datii* n'avaient point de rapports nécessaires avec une carte de la Gaule au temps de

---

[1] Voyez ci-dessus, tom. 1, p. 292, 303, 305 et 306.

248   GÉOGRAPHIE ANCIENNE DES GAULES.

César; mais il semble que dans une carte générale de la Gaule ancienne, un peuple indiqué dans Ptolémée, avec sa capitale, ne pouvait être omis sans nécessité. Il faut que d'Anville ait reconnu l'impossibilité de former sur ce point une conjecture, puisqu'il n'a pas jugé à propos d'insérer ce peuple sur sa carte, et qu'il déclare dans sa Notice [1] que sa position est totalement inconnue.

Cependant Ptolémée [2] fournit quelques indications, et dit :

« Sous les *Gabali*, sont les *Datii*, et leur capi-
« tale *Tasta*.

« Sous ceux-ci, sont les *Auscii*. »

Ainsi donc les *Datii* se trouvaient immédiatement au midi des *Gabali*, et plus au nord que les *Ausci*. Il ne faut pas chercher une indication plus précise dans les cartes de Ptolémée; car les longitudes et les latitudes des positions intérieures, fondées sur la combinaison d'Itinéraires mélangés, sont presque toutes erronées. J'observerai en outre que les *Datii*, n'étant mentionnés par aucun autre auteur, étaient évidemment un de ces petits peuples enclavés dans les limites d'un autre peuple, plus considérable, dont ils tiraient leur origine, et sous la dépendance duquel ils se trouvaient.

Or, immédiatement au midi des *Gabali*, dont la capitale était *Anderitum*, Anterrieux, sont les *Ruteni*, et dans la partie septentrionale du territoire de ce peuple, qui touchait aux *Gabali*, je trouve une rivière nommée Daze, dans le département de

[1] D'Anville, *Notice*, p. 73.
[2] Ptolem., *Geogr.*, lib. ii, cap. 7, p. 46 (50), edit. Berk.

l'Aveyron, arrondissement de Rhodez; sa source est près de Lunel-Saint-Félix, et elle se rend dans la Dourdon, près d'un endroit nommé Conque, probablement un ancien *Condate*. Non loin de cette rivière Daze, au midi, est un lieu nommé Testet [1]. D'après la conformité qui se trouve entre la position indiquée par Ptolémée, entre les noms anciens et les noms modernes, je crois pouvoir placer les *Datii* ou *Dacii* dans la partie nord du territoire des *Ruteni*, entre le Lot et l'Aveyron, et dans ce qui formait en 1790 le district de Saint-Albin [2]. J'observerai qu'au défaut d'autre preuve, celle que je tire de la ressemblance des noms est ici d'autant plus forte, qu'il ne se trouve pas dans toute l'étendue de la France une seule rivière, une seule montagne, un seul lieu tel petit qu'il soit, qui approche autant des noms de *Datii* et de *Tasta*. Les noms de Daze et de Testet, uniques dans la géographie de la France, se trouvent précisément répondre par leur position aux indications données par le géographe grec pour le peuple qu'il nomme *Datii*, et pour *Tasta* sa capitale.

Je terminerai ce qui concerne l'Aquitaine en observant que l'île d'Oléron qu'on doit considérer comme une dépendance des *Santones*, est pour la première fois mentionnée par Pline sous le nom d'*Uliarius* [3]; Sidoine Apollinaire surnomme les lièvres de cette île *Olarionenses* [4]. Quant à l'île

---

[1] Voyez la grande Carte de France, dite de Cassini, n° 16, feuille 144.

[2] Ce district a été changé depuis, et réuni à celui de Rhodez.

[3] Plin., lib. iv, cap. 33 (19), tom. ii, p. 374, edit. Lem.

[4] Sidon. Apoll., lib. viii, ep. 6. — *Coll. des Hist. de Fr.*, t. i, p. 57.

de Ré, il n'en est parlé dans aucun auteur ancien, mais le géographe de Ravenne[1] copiait sans doute un ancien, lorsqu'il ajoute le nom de *Ratis* ou de *Radis* à la suite de celui d'*Ollarione*.

De la Celtique ou Lyonnaise.

Nous avons prouvé, contre le sentiment de la plupart des auteurs qui ont écrit sur la Gaule, que la Celtique, dans la période de temps dont nous traitons, conserva le pays des *Sequani*, des *Helvetii* et des *Lingones*. Ainsi donc, en retranchant de la Celtique de César tous les peuples qui furent réunis à l'Aquitaine par Auguste, et dont nous venons de donner les noms, on aura la Celtique d'Auguste; mais cette époque fournit quelques détails de plus sur les peuples qui habitaient cette portion de la Gaule.

Il faut observer d'abord qu'elle changea de nom, et qu'elle fut appelée Lyonnaise (*Lugdunensis*), du nom de Lyon, l'une de ses villes, qui prit en peu de temps un accroissement rapide, et que Strabon nous décrit comme la ville la plus considérable et la plus peuplée des Gaules, après Narbonne. Ainsi *Lugdunum*, colonie romaine, devint non seulement la capitale du petit peuple des *Segusini*, mais encore celle de toute la Lyonnaise ou Celtique, et la principale ville de la *Gallia comata*, ou Gaule chevelue. On doit observer cependant que le même Strabon nous dit que les gouverneurs romains faisaient leur résidence à *Duricortora*, Reims [2].

---

[1] Anonymi Ravennatis, *Geogr.*, lib. v, p. 311, edit. Percher.
[2] Strabo, lib. iv, p. 194 (297); tom. ii, p. 56, de la trad. franç.

Nous avons vu que César ¹ et aussi Strabon ² ne connaissent d'autres peuples que les *Lexovii*, entre la Seine (au nord de laquelle étaient les *Caleti*) et les *Unelli* ou *Veneli*, qui étaient dans le Cotentin. A une époque bien postérieure à ces deux auteurs, Ptolémée ³ n'indique pas non plus d'autre peuple que les *Lexubii* sur toute cette côte : cependant nous allons prouver que les *Bodiocasses* et les *Viducasses* de Pline ⁴ en occupaient une partie : il en résulte donc que, du moins selon l'opinion des géographes que nous avons cités, ils étaient compris dans les limites des *Lexovii*, et qu'ils ne formaient qu'une sous-division de ces peuples.

Dans la Notice de la Gaule ⁵ on trouve, au nombre des cités de la Celtique, *civitas Baiocassium*; et quoique les Itinéraires des routes romaines de cette partie de la Gaule ne soient point venus jusqu'à nous, on ne peut douter que le chef-lieu de ce peuple n'ait été Bayeux, qui a conservé le nom de *Bajocæ* en latin ; il est évident aussi que les *Bodiocasses* de Pline, que quelques manuscrits nomment aussi *Vadiocasses*, sont les mêmes que les *Baiocasses* de la Notice ; et un canton du diocèse de Bayeux a toujours conservé le nom du peuple, et a été appelé *pagus Bagasinus*, en français, le Bessin. Cependant les *Baiocasses* ne formèrent que tard, et long-temps après l'extinction de la puissance romaine

---

¹ Cæsar, *de Bello gallico*, lib. III, cap. 9, 17 ; lib. VII, cap. 75.
² Strabo, lib. IV, p. 193. — Voyez ci-dessus, t. I, p. 384 et 394.
³ Ptolem., lib. II, cap. 8, p. 47 (50).
⁴ Plin., lib. IV, cap. 32 (18), tom. II, p. 368.
⁵ *Notitia provinc., Galliæ.* — *Collect. des Hist. de France*, tom. I, p. 122, et Guérard, *Essai*, p. 13 et 145.

dans les Gaules, un diocèse particulier : l'antiquité du diocèse de Bayeux ne remonte pas au-delà du commencement du vi[e] siècle. Ceci explique pourquoi tant d'auteurs anciens ont fait mention des *Lexovii* sans parler des *Baiocasses,* qui n'en étaient qu'une subdivision. Les mesures des Itinéraires anciens [1], ainsi que je l'ai dit, démontrent que le nom romain de la capitale de *Baiocasses,* avant qu'elle eût pris celui du peuple, était *Augustodurus.*

Avant qu'on eût découvert les restes considérables d'une ville ancienne dans le village de Vieux, près de Caen, on croyait que les *Viducasses,* qui dans Pline se trouvent nommés à côté des *Bodiocasses,* étaient le même peuple que ces derniers, et n'en étaient qu'une répétition. Le père Hardouin le décide ainsi, tout en convenant qu'il n'a point trouvé de variantes dans les manuscrits à cet égard. Cependant une inscription romaine gravée sur marbre, depuis long-temps connue, qui se trouvait au château de Thorigny, où elle avait été transportée de Vieux, du temps de François Ier, par les soins de Joachim de Matignon, constatant l'existence des *Viducasses* [2], semblait devoir protéger le texte de Pline contre l'ignorance des modernes; et les restes d'une ville romaine antique, découverts à Vieux, près de Caen, par l'intendant Foucault, en 1704, ont achevé de rendre aux paroles de cet ancien l'autorité qu'elles n'auraient pas dû perdre, en déterminant avec certitude la position de *civitas*

---

[1] Voyez ci-dessus, tom. 1, p. 395, 397, et l'*Analyse des Itinéraires,* tom. III de cet ouvrage.
[2] Voyez *Mém. de l'Acad. des Inscr.,* tom. 1, p. 291, et tom. xxi, p. 489. — *Mém. des Antiq. de France,* tom. VII, p. 289.

Viducasses à Vieux moderne. Le rapport des noms, et les monumens historiques, viennent ici à l'appui de cette découverte. Les titres de l'abbaye de Fontenay, qui n'est séparée de Vieux que par la rivière d'Orne, font mention de Vieux sous le nom de *Videocæ*. Il est donc bien constaté que les *Viducasses* étaient situés dans les limites du diocèse de Bayeux, et que le centre de leur territoire était Vieux : mais comme ces peuples n'ont jamais formé un diocèse particulier, il est impossible de déterminer exactement leurs limites. Il me paraît seulement démontré que d'Anville[1] leur attribue un territoire trop étendu en leur donnant presque la moitié du diocèse de Bayeux; mais cet habile géographe observe, avec beaucoup de sagacité, qu'un lieu nommé Fins, entre les paroisses de Villi et de Saint-Vaast, au nord de Villiers-le-Bocage, marque évidemment de ce côté les limites des *Viducasses* et des *Baiocasses*; sauf cette indication, les *Viducasses* doivent être inscrits aux environs de Vieux et de Caen comme une sous-division des *Baiocasses*, et sans limites particulières.

De nombreux vestiges de routes antiques, encore existans, qui aboutissent à Vieux ou y tendent, démontrent cependant l'ancienne importance de cette cité : il reste des portions de ces routes entre Vieux et Exmes (*Oximum*), entre Vieux et Bagneux, et entre Vieux et Lizieux : ces constructions antiques ajoutent aux preuves que les mesures des Itinéraires nous donnent pour fixer la position de *Noviomagus* à Li-

[1] D'Anville, *Notice*, p. 701, et Caylus, *Ant.*, tom. v, p. 309, Pl. 110. — *Recueil des Hist. de France*, tom. 1, p. 146. — Maffei, *Gall. Ant.*, p. 77.

sieux, et celle d'*Arægenuæ* à Argentan¹. A tous ceux qui se sont appliqués à éclaircir cette partie difficile de la géographie ancienne de la Gaule, sans pouvoir y réussir, il faut ajouter l'illustre Fréret, qui l'a si peu comprise, et a fait à cette occasion une méprise si grossière, qu'on ne peut concevoir comment elle a pu échapper à un aussi savant homme et à l'illustre Compagnie qui entendit la lecture de son Mémoire, et en admit l'extrait dans son recueil².

La fausse application des mesures des Itinéraires, et les erreurs qui en ont été la suite, ont, comme conséquence nécessaire, produit une interprétation erronée du texte de Ptolémée. D'Anville et Belley, qui ont fait le plus d'efforts pour éclaircir ce point de géographie, quoique différens d'opinion, se réunissent pour supposer que les *Biducesii* de Ptolémée sont les mêmes que les *Viducasses* de Pline. Or il fallait avoir un grand mépris pour le texte de Ptolémée, ou l'examiner avec bien peu d'attention, pour faire une pareille supposition. On sait que cet auteur, dans la description des côtes, suit un ordre entièrement géographique. Sa marche est tellement méthodique, que la place qu'il assigne aux *Biducesii* dans l'ordre de son énumération, suffira seule pour nous faire retrouver leur position. Après le *Gobæum promontorium*, ou la pointe de la rade de Gobestan, près le Bec-du-Raz, Ptolémée³ nomme le *Stalio-*

---

¹ Voyez l'*Analyse des Itinéraires*, tom. III de cet ouvrage, et ci-dessus, tom. I, p. 395 et 396.

² Fréret, *Mém. de l'Acad. des Inscript. et Belles-Lettres*, tom. XIV, p. 168. Il prend un petit lieu du Calvados nommé Hamars pour Famars, et confond ce *fanum Martis* avec le Famars de la Belgique !

³ Ptolem., lib. II, cap. 8, p. 46 (50).

canus portus, ensuite le *Tetus fluvius*, les *Biducesii*, l'*Argenis fluv. ostia*, les *Veneli*, et le port de la ville de *Crociatonum*; l'embouchure du fleuve *Olina*, les *Lexubii*, et chez eux *Nœomagus*; les *Caleti*, et l'embouchure de la Seine. Ptolémée reprend sur-le-champ cette description en sens inverse, et il dit : « Les *Caletæ*, et après eux les *Lexubii*, ensuite les « *Veneli*, les *Biducesii*; et enfin, en dernier, sont les « *Osismii*, jusqu'au promontoire *Gobæum*. » La position des *Veneli* ou *Unelli*, et des *Osismii*, se trouvant déjà déterminée précédemment, il devient évident que Ptolémée, qui ne connaît point les *Curiosolites* de César, ou les *Cariosvelites* de Pline, donne toute la côte nord de la Bretagne aux *Biducesii*, et les place entre ceux du Cotentin à l'est, et les *Osismii* à l'ouest. Quoique la capitale de ce dernier peuple se trouve rejetée, par les chiffres des Tables de Ptolémée, loin dans l'intérieur et hors de la position qu'elle occupait, cependant nous voyons que ce géographe, par l'ordre de son énumération, place, de même que tous les autres auteurs de l'antiquité, les *Osismii* à l'extrémité de la Bretagne et dans le département actuel du Finistère. Ainsi donc les *Biducesii* occupaient le diocèse de Saint-Brieux; et en effet, le chef-lieu de ce diocèse avait conservé l'ancien nom du peuple dont il avait été la capitale : avant de prendre le nom du saint qu'elle porte aujourd'hui, cette ville se nommait Bidué [1], et le nom des *Curiosolites* se retrouve pareillement dans celui du village moderne de Corseult.

[1] Piganiel de La Force, *Descript. de la France*, tom. VIII, p. 412, dit : « Saint-Brieux était un village nommé Bidué, lorsqu'on y éta-« blit un siége épiscopal. » — Voyez ci-dessus, tom. I, p. 381.

Il reste donc démontré, par ce rapprochement, que le diocèse de Saint-Brieux nous représente en partie les limites des *Biducesii;* et puisqu'ils sont devenus après un diocèse particulier, ils paraissent avoir surpassé en importance, du temps de Ptolémée, les *Curiosolites,* qui ne formaient plus à cette époque qu'une sous-division, et dont cet auteur n'a pas fait mention. D'un autre côté César [1] et Pline [2], qui nomment les *Curiosolites,* ne parlent pas des *Biducesii,* parce que, de leur temps, cette dernière cité le cédait en importance à la première, et se trouvait renfermée dans ses limites. Quant à Strabon, il ne donne presque aucun détail sur la Celtique.

Les mesures données pour cette partie de la côte des Gaules par Ptolémée, présentent une lacune qui offre des difficultés presque inextricables [3], et qui démontrent le mélange de plusieurs périples mal combinés entre eux. Un de ces périples porte le *Nœomagus limen,* ou port des *Lexovii,* à Neville, près Port-en-Bessin, dans les limites des *Lexovii* de Ptolémée, qui, on doit se le rappeler, occupaient toute la côte du département moderne du Calvados; *Argenis fluv.,* à la rivière de Saint-Brieux; *Tetus fluvius,* à la rivière de Tréguier; *Staliocanus,* à la rivière de Morlaix, près de laquelle se trouve un lieu nommé la Tour-Blanche, ou, en celtique, Liocan. Mais selon le texte des Tables latines, *Nœomagus* serait reporté encore plus à l'est, et correspondrait à Neville, près

---

[1] Cæsar, lib. II, cap. 34; lib. III, cap. 7; lib. VII, cap. 74.
[2] Plin., lib. IV, c. 32 (18). — On lit dans Pline Cariosvelites; mais, de même que César, il les nomme avec les Unelli, et les *Cariosvelites* sont évidemment les *Curiosolites* de ce dernier auteur.
[3] Voyez Gosselin, *Recherches,* tom. IV, p. 78 à 158.

Barfleur, et *Crociatonorum portus* au port de Barneville.

De toutes ces combinaisons que donnent les Tables de Ptolémée, il résulte qu'exact dans son ensemble, le périple employé par cet ancien pour la construction de sa Carte reportait, par l'erreur peut-être d'un seul chiffre, toutes les positions beaucoup trop à l'ouest, puisqu'elles ne font point correspondre l'*Olina fluvius* à la rivière de l'Orne, ni les autres positions anciennes aux lieux où nous les font retrouver les Itinéraires anciens et les monumens historiques : d'où il résulte que, pour faire usage des mesures de Ptolémée pour cette partie de sa Carte, il faut partir d'un point certain, tel que l'*Olina fluvius*, qui est bien certainement l'Orne, puisque *Olina* est le nom que portait ce fleuve dans tous les monumens du moyen âge; c'est par ce moyen que nous avons cru pouvoir fixer le port de la ville des Lexoviens, le *Nœomagus limen* de Ptolémée, à l'embouchure de la Rille, près Conteville [1], où se trouve, sur la Carte du diocèse de Lisieux, par d'Anville, un petit lieu nommé Neuville. Mais d'après tous ces rapprochemens, on voit que, selon les époques, on a considéré comme peuple dominant, dans les diocèses de Saint-Brieux et de Saint-Malo, les *Biducesii* ou les *Curiosolitæ* de César, ou *Cariosvelites* de Pline, qui paraissent cependant y avoir existé simultanément; et nous avons déjà observé qu'un lieu nommé

---

[1] Voyez ci-dessus, tom. 1, p. 397. — Gossellin, *Recherches*, t. IV, p. 77, 80, 83 et 158. — La différence des textes grecs et des textes latins de Ptolémée, démontre ce mélange de périples dont j'ai parlé, et le raisonnement de M. Gossellin sur *Olina* et *Nœomagus* repose, suivant nous, sur une pétition de principe.

Finiac, non loin de Saint-Brieux, dénotait les limites de leur territoire respectif[1]; sans doute à l'époque où nous sommes, et antérieurement à la formation du diocèse de Saint-Brieux, les *Curiosolitæ*, ou ceux de Corseult, étaient considérés comme le peuple principal. L'Itinéraire et la Table ne nous fournissent aucune mesure pour déterminer la position de *civitas Biducesiorum*, à Saint-Brieux, ni de *civitas Curiosolitæ* à Corseult; et ces deux positions reposent uniquement sur les preuves que nous avons développées. Mais la Table vient à notre secours pour *Vorganium*, capitale des *Osismii*, et les mesures qu'elle nous fournit portent ce lieu à Concarneau[2]. La Table nous donne aussi *Cronciaconum*; et dans Ptolémée, *Crociatonorum portus*, placé par lui chez les *Veneli* ou *Unelli*, paraît être le port de *Cronciaconnum* de la Table[3]. D'après les mesures, on doit placer ce port à celui d'Audouville, sur la côte orientale du Cotentin.

Ainsi que je l'ai déjà dit, les mesures des Itinéraires et de la Table qu'on avait crues discordantes entre elles, et qui ne le sont pas, démontrent[4] que *Cronciaconnum* est Turqueville; que *Cosedia* est un lieu tout différent de *Constantia*; que *Legedia* vient se placer auprès de Saint-Léger et de Lezeau; qu'*Alauna* était située aux ruines de l'ancienne ville romaine qui se trouvent dans la paroisse d'Alaume,

---

[1] Voyez ci-dessus, tom. 1, p. 581, et Cæsar, *de Bello gallico*, lib. 11, cap. 34. — Plin., lib. iv, cap. 33 (18).

[2] Voyez ci-dessus, tom. 1, p. 385, et l'*Analyse des Itinéraires*, tom. iii de cet ouvrage. — Ptolem., lib. 11, cap. 7, p. 47 (50 et 51), edit. Bert.

[3] Voyez ci-dessus, tom. 1, p. 585, 393, 395, 396 et 397.

[4] Voyez l'*Analyse des Itinéraires*, tom. iii de cet ouvrage.

à Valogne ¹, et qu'enfin *Coriallum* est le port de
Cherbourg, où il a été trouvé des antiquités romaines, et dont il est question dans le ix⁰ siècle,
sous le nom de *pagus Coriovallensis*. Outre que les
auteurs qui m'ont précédé n'ont pas connu les véritables mesures de l'Itinéraire qui se trouvaient dans
les plus anciens manuscrits, et qu'ils ont supposé
que les *Viducasses* étaient les mêmes que les *Biducesii*, plusieurs ont aussi cru voir une identité
parfaite entre *Cosedia* de la Table et de l'Itinéraire,
et le *civitas Constantia* de la Notice; cependant il
était facile d'observer que *Cosedia* se trouvant
écrit de même dans l'Itinéraire et dans la Table, qui
ne sont pas toujours parfaitement d'accord pour l'orthographe des noms, il en résultait nécessairement
que *Cosedia* n'était pas le même lieu que *Constantia*,
Coutances : à la vérité, dans la Table, *Cosedia* se
trouvait accompagné de l'édifice qu'on a consacré
aux capitales; on a conclu de là que ce lieu ne
pouvait être autre que *Constantia*, chef-lieu du
diocèse, dans le moyen âge. L'abbé Belley ² est celui
qui a le plus appuyé sur cet argument; mais il n'a
pas observé qu'il existe plusieurs noms de villes
dans la Table, accompagnés de cet édifice, qui n'ont
jamais été des capitales, tandis que d'autres qui l'ont
été en sont dépourvues; soit que ces aberrations se
trouvassent dans la carte primitive, soit qu'on en
soit redevable au copiste de cet ancien monument.

¹ Voyez, *Mercure de France*, février 1743, p. 311, la lettre du chevalier de La Roque. Voyez aussi le plan de ces antiquités dans Caylus, tom. vii, p. 314, Pl. 90 et 91.

² Voyez Belley, *Acad. des Inscr.*, tom. xxviii, p. 475, et tom. xli, p. 565, édit. in-4°, ou tom. xlviii et lxxxi de l'édit. in-12.

Pour ne point sortir de la Gaule, je ne citerai que *Veteribus*, Buderich, simple station militaire sur les bords du Rhin, qui est accompagnée de l'édifice consacré aux capitales, et *Lutetia*, Paris, capitale des *Parisii*, qui en est dépourvue.

Une autre cause d'erreur et de difficulté, pour cette partie de la géographie ancienne de la Gaule, a été la ressemblance des noms de l'*Argen fluvius* de Ptolémée, avec la ville d'*Arægenuæ*, donnée comme capitale dans la Table, et enfin la ressemblance du nom d'*Ingena*, capitale des *Abrigcatui*, selon Ptolémée[3], avec ceux d'*Arægenuæ* et d'*Argen*. Il en est résulté qu'on a cru qu'*Ingena* ou Avranches était *Arægenuæ*, et que le fleuve *Argen* devait être la rivière qui coule à *Arægenuæ*; mais la direction des routes, dans la Table, ne pouvait s'accorder avec cette supposition, et malheureusement les textes des Tables latines et grecques, dans Ptolémée, présentent pour cette partie des chiffres et des combinaisons différentes. Nous savons qu'*Arægenuæ* ne peut être Avranches, et est Argentan; et comme le fleuve qui coule à Argentan est l'Orne, que Ptolémée connait sous le nom d'*Olina*, l'*Argen fluvius* de Ptolémée n'a point de rapport avec la position d'*Arægenuæ* ni avec son fleuve, et il faut chercher ce fleuve ailleurs. Dans les résultats que nous présentent les Tables de Ptolémée, nous pouvons regarder comme certains ceux où les textes latins et grecs sont d'accord, et ne sont pas contredits par d'autres monumens anciens; considérer comme incertains ceux où ces textes diffèrent, et présentent pour les mêmes po-

---

[3] Ptolem., lib. II, cap. 8, p. 47 (51). — *Tab. peut.*, §. 1, B.

sitions anciennes des positions modernes différentes. Pour les positions des côtes, dont nous nous occupons, *Titus fluvius*, et *Staliocanus portus*, sont dans le premier cas; le texte latin, comme le texte grec, concourent à placer *Tetus fluvius* à la rivière de Tréguier, et *Staliocanus portus* à Liocan, à l'embouchure de la rivière de Morlaix; mais *Argen fluv. ostia* est, par les combinaisons que présentent les Tables grecques de Ptolémée, placé à Agan, près de Saint-Brieux, ou à Agon, près de Coutances; et, selon le texte des Tables latines, à l'embouchure de l'Ardée ou de la Selum, près de laquelle est un lieu nommé Argennes, un peu au sud d'Avranches [1]. Nous croyons que cette dernière combinaison est la seule qui donne la véritable solution; mais enfin la chose est moins certaine que pour les deux autres positions. Quant à l'*Ingena* de Ptolémée, on ne peut douter que cette dernière ville ne soit la *civitas Abrincatui* de la Notice de la Gaule, et que ce peuple ne soit représenté par le diocèse moderne d'Avranches. Cela se trouve démontré par une suite non interrompue de monumens historiques qui remontent au commencement du vi{e} siècle [2]. Pline est le premier qui fasse mention des *Abrincatui* [3]; mais Ptolémée est le seul des anciens qui ait parlé de leur capitale, et qui ait donné quelques renseignemens sur leur situation. Après avoir mentionné les *Aulerci cennomani*, il dit : « Après ceux-ci sont les

---

[1] Conférez Gosselin, *Recherches*, tom. IV, p. 78, 79, 80, 81, 83, 84, 158, et ci-dessus, tom. I, p. 385, 386, 596 et 397.

[2] Voyez *Gallia christiana*, tom. II, p. 467.

[3] Plin., lib. IV, cap. 32 (18), tom. II, p. 366, edit. Lem.

« *Namnetæ*, dont la capitale est *Condivicnum*, et
« ensuite jusqu'à la Seine, les *Abrigcatui*, dont
« la capitale est *Ingena*, 21° 45′ long. 50° 30′ lat. »
Or, d'après la position assignée ici par Ptolémée
aux *Abrigcatui*, non seulement ils se trouveraient
rejetés dans l'intérieur, mais ils seraient sur les
bords de la Seine, et toucheraient cependant aux
Namnetes où à ceux de Nantes [1]. Nous observerons
que le texte de Ptolémée offre dans cet endroit une
répétition évidente; car un peu plus haut, après
avoir parlé des *Veneti* ou de ceux de Vannes, il
dit : « Sous ceux-ci sont les *Samnitæ*, proche la
« Loire. » On ne peut méconnaître dans ces *Samnitæ*, dont il n'est question dans aucun autre
auteur, les *Namnetes* ou ceux de Nantes, qui se
trouvaient sur la côte, et qui, ici, bien placés mais
mal nommés, sont encore mentionnés une seconde
fois dans la description de l'intérieur, et, pour cette
fois, très bien nommés, mais très mal placés. Ces
doubles emplois proviennent de ce que Ptolémée
ou Marin de Tyr, dont la Carte a servi à Ptolémée
pour dresser ses Tables, formaient leurs descriptions des côtes d'après des matériaux, ou des auteurs,
différens de ceux qu'ils employaient pour décrire
l'intérieur; c'est ce que Ptolémée lui-même nous
apprend dans ses Prolégomènes. Les *Abrigcatui* ne
sont pas, à la vérité, mentionnés par Ptolémée sur
la côte; mais une des combinaisons de ses Tables conduit, ainsi que nous venons de le dire pour *Argen
fluv. ostia*, à l'embouchure de la Sélune, chez les

---

[1] Voyez ci-dessus, tom. 1, p. 576, 577 et 579. — Ptolem., lib. II,
cap. 8, p. 47 (51), edit. Bert.

Abrigcatui [1]; et il est probable que si, dans Ptolémée, ils se trouvent omis dans cet endroit, c'est pour éviter la répétition qui résultait de la position du même peuple, dans l'intérieur, d'après d'autres documens. On voit encore des traces de ce combat d'élémens différens dans ce que Ptolémée dit des *Osismii* : d'une part, il les place près du *Gobœum promontorium*; et de l'autre, la position qu'il assigne à *Vorganium*, leur capitale, les éloigne beaucoup de ce promontoire. Il en serait absolument de même pour les *Abrigcatui* si on adoptait l'ingénieuse correction de Valois [2], et, si au lieu de *Sekoana*, on lisait *Senoana* dans le texte de Ptolémée ; alors il serait question de la *Senuna*, ou Sélune, petite rivière qui se décharge dans la mer près d'Avranches, et à l'embouchure de laquelle les combinaisons des mesures du texte latin de Ptolémée nous portent pour *Argen fluv. ostia*. Alors Ptolémée aurait placé, d'une part, les *Abrigcatui* sur la côte, tandis que la position assignée à leur capitale les transporterait dans l'intérieur. Quoi qu'il en soit, on aura pu observer ici la ressemblance qui existe entre ces noms *Ingena* et *Argen*, et il est extrêmement remarquable que le texte latin de Ptolémée fait un fleuve d'*Argen*, tandis que le texte grec nous laisse incertain de savoir si c'est une ville ou un fleuve.

Mais comme les mesures entre les deux textes donnent des résultats entièrement dissemblables, il nous

---

[1] Voyez Gossellin, *Recherches*, tom. iv, p. 80, 84.

[2] Valesii, *Notitia Galliar.*, p. 1.

[3] Senuna est le nom que cette rivière porte dans divers écrits du moyen âge.

paraît probable que le texte grec qui nous porte à Agon, près Saint-Brieux, à l'embouchure de la rivière de Saint-Brieux, sur les bords de laquelle est un lieu nommé Argantel, nous donne le nom et la position d'*Argen*, port des *Biducesii*, et peut-être l'ancien nom de leur capitale, avant qu'elle eût pris le nom du peuple représenté dans le moyen âge par le nom de *Bidué*, nom effacé depuis par le nom plus moderne de Saint-Brieux. Dans cette hypothèse, il faudrait distinguer dans Ptolémée l'*Argen fluv. ostia*, la Sélune, d'*Argenus*, ville, qui serait Saint-Brieux, deux positions toutes différentes cependant de l'*Arægenuæ* de la Table, qui est Argentan, et d'*Ingena*, qui est Avranches[1]. Les Tables de Ptolémée paraissent avoir été singulièrement altérées dans cet endroit, et présentent de nombreuses variantes. La variante qui conduit, pour *Argenis*, à l'embouchure de la rivière d'Agon[2], nous fait reconnaître le nom d'Argen, répété plusieurs fois sur cette côte, qui paraît avoir été la cause de ces erreurs. En effet je trouve que, dans les diverses chartes du XIe siècle, il est plusieurs fois fait mention d'un lieu près d'Agon nommé *Argenceio*, et depuis, Archanchy. La position de ce lieu est clairement indiquée dans ces chartes, près de *mons Catonis* ou Montchaton, de Vaussieux, et de La Feuillée.

Terminons ce qui concerne la Celtique d'Auguste, par observer que les *Tricasses* et les *Meldi* qui, du temps de César, étaient réunis aux *Senones*, parais-

---

[1] Voyez Gossellin, *Recherches*, tom. IV, p. 78 à 84, et 158 et les Cartes n°s 8, 9 et 10.

[2] *Gallia christiana*, tom. II, 226, 235 et 248, *Instrumenta*.

sent en avoir été détachés du temps d'Auguste, pour former des divisions distinctes ; cependant Strabon ne fait pas mention des *Tricasses*, mais il parle des *Meldi*, et la séparation de ces deux peuples a dû avoir lieu en même temps¹. Nous avons précédemment traité de la position et des limites de ces peuples, quand il a fallu déterminer celle des *Senones* ². Quant au diocèse d'Auxerre, *civitas Autissiodurum*, il ne fut détaché des *Senones* qu'à une époque très postérieure à celle dont nous traitons. Il en est de même des *Aureliani*, qui ne paraissent avoir été distingués des *Carnutes* que sous l'empereur Aurélien.

La colonie établie chez les *Rauraci*, et qui prit le nom d'Auguste (dont il est question dans le monument trouvé à Gaëte déjà cité), paraît y avoir été transplantée quatorze ans avant J.-C., ainsi qu'il résulte du rapprochement d'un passage de Dion et d'une inscription; et, dès lors, on a dû commencer à considérer les *Rauraci* comme une division distincte et séparée des *Sequani* ³.

Il est fait mention dans les anciens de quelques îles sur les côtes de la Celtique. Pline ⁴ est le premier qui, en parlant des Vénètes, nomme les *Veneticæ insulæ* qui en dépendent. Il est évident que cette dénomination générale comprend les îles de Belle-Ile, de Houat, d'Hédic, de Groa ou Grouais. On a appliqué le nom d'une île nommée *Vindilis*, dans l'Iti-

---

¹ Strabo, lib. iv, tom. i, p. 194 (297), edit. Alm.; tom. ii, p. 56, de la trad. franç.
² Voyez ci-dessus, tom. i, p. 406 à 415.
³ Schæpflin, *Alsat. illustr.*, et ci-dessus, tom. i, p. 522. — Plin., lib. iv, cap. 31 (17), tom. ii, p. 364, edit. Lem.
⁴ Plin., lib. iv, cap. 33 (19), tom. ii, p. 374, edit. Lem.

néraire maritime, à Belle-Ile, nommé Guedel dans le moyen âge, et celui de *Siata*, nommé dans le même Itinéraire, à l'île de Houat[1]. *Uxantis*, ou l'île d'Ouessant, dans la dépendance des *Osismii*, est célèbre comme étant la même que l'*Uxisama* de Pythéas. Pline, en racontant les découvertes de ce célèbre navigateur[2], la désigne sous le nom d'*Axantos*; son nom plus moderne, dans Aimoin[3], est *Osa*; et dans Guillaume-le-Breton, elle est nommée *Ossa*. Mela[4] désigne bien clairement l'île de Sein, lorsqu'il place *Sena* dans l'Océan britannique, vis-à-vis le rivage des *Osismii*. On se rappelle à ce sujet son singulier récit sur les neuf vierges, vrais types de nos fées bretonnes[5] qui s'y étaient réfugiées. Pline nomme cette île *Siambis*, et quelques unes de nos Cartes modernes écrivent Seim. Quant à *Cæsarea* et *Sarnia*, mentionnées seulement dans l'Itinéraire maritime, on les rapporte avec raison, ce me semble, à Gersey, et Gernesey moderne, et cela est certain, du moins pour la première. L'île d'Aurigny, qui est auprès, doit nécessairement représenter l'île *Riduna* du même Itinéraire maritime, et toutes trois peuvent être considérées comme dans la dépendance des *Unelli* ou *Veneli*. Au reste, si on excepte les îles

---

[1] Voyez ci-dessus, tom. 1, p. 378. — Peut-être *Siata* est l'île de Cers, dont le village est nommé Sark sur la Carte de Cassini.

[2] Plin., lib. IV, cap. 30 (16), tom. II, p. 357, edit. Lem.

[3] Aimoin, de Mir. S. Benedict., lib. II, c. 11. — Valesii *Notitia*, p. 625.

[4] Mela, lib. III, cap. 6, p. 92, edit. Tzschuck.

[5] Conférez nos lettres sur l'*Origine de la Féerie*, et notre *Dissertation sur les Contes de Fées* attribués à Perrault, dans l'édition de ces contes donnée par le bibliophile Jacob, in-8°.

d'Ouessant et de Sein, aucune des îles dont nous venons de parler ne se trouve mentionnée par des auteurs antérieurs à l'époque dont nous traitons.

Belgique.

Dans la Belgique, Pline[1], selon son usage, nomme quelques côtes particulières enclavées dans le territoire de peuples déjà connus : tels sont les *Oromarsaci* qui sont joints au *pagus Gesoriacus* et les *Britanni*. Comme Pline procède ici à partir de l'Escaut, on peut placer, ainsi que nous l'avons dit avec d'Anville[2], les *Oromarsaci*, chez les *Morini*, dans le district situé entre Calais et Gravelines, qui est appelé terre de Merk ou Mark, et est voisine du Boulonais, ou du *Gesoriacus pagus*. Les *Britanni*, qui sont nommés à côté des *Ambiani*, peuvent être placés à l'embouchure de la Somme, mais plus près de la côte, et en tirant davantage vers *Gesoriacum*, que ne l'a fait d'Anville. On doit observer cependant que ces positions ne sont basées que sur des conjectures, qui ne sont pas même appuyées sur la ressemblance d'aucun nom moderne. Pline nous montre, de ce côté, *Gessoriacus*, comme le port principal, et en nous disant que la distance de ce port au rivage le plus prochain de l'Angleterre est de 50 milles (distance très exacte), il nous fait voir par-là que c'était le port le plus fréquenté de son temps, et celui où l'on s'embarquait pour la Bretagne. Mais le *portus Morinorum Britannicus*,

---

[1] Plin., lib. IV, cap. 31 (17), tom. II, p. 358, edit. Lem.
[2] Strabo, lib. IV, p. 194, trad. franç., tom. II, p. 56.
[3] Voyez ci-dessus, tom. I, p. 441 et 442. — Malebrancq, p. 475.

dont il est fait mention à la fin de sa description de l'Europe [1], n'est point *Gesoriacum* comme on l'a cru ; c'est le *portus Itius* de César ou Wissant. En effet, Pline voulant interpréter et corriger la mesure de Polybe, entre l'extrémité de l'Italie et l'Océan, évalue cette distance à 1168 m. p. Cette mesure, qui donne 15° 35', prise sur la Carte de la partie occidentale de l'empire romain, par d'Anville, nous porte, à partir du promontoire Japygie, juste à *Itius portus*, ou Wissant, et elle serait fausse pour *Gesoriacum*, ou Boulogne : elle est probablement basée sur la Carte d'Agrippa, et elle se trouve un peu plus grande que celle de Polybe, parce que celui-ci, comme le dit Pline lui-même, conduisait sa mesure jusqu'à l'endroit le plus proche sur la côte de l'Océan, c'est-à-dire sur le point le plus enfoncé de cette côte, qui est la Canche ; Agrippa, au contraire, prolongeait la sienne jusqu'au point le plus saillant. Lorsque Pline veut parler de *Gessoriacus*, il le mentionne toujours par son nom, et il n'aurait pas employé cette seule fois une aussi longue périphrase. D'ailleurs on aperçoit sur-le-champ la raison de cette périphrase ; il y avait deux ports chez les *Morini*, *Gesoriacum*, Boulogne, et *Itius portus*, Wissant ; comme ce dernier était le plus rapproché des côtes de Bretagne, on le désignait par le surnom de Britannique, *portus Morinorum Britannicus*. Entre *Terruanna*, Terrouenne, et *Itius portus*, Wissant, il existe encore une chaussée de construction romaine que Malebrancq appelle chemin Leulingue [2].

---

[1] Plin., *Hist. nat.*, lib. IV, c. 37 (25), tom. II, p. 394, edit. Lem.
[2] Voyez Henry, *Essai sur le Boulonais*, p. 83.

Les *Hassi* ou *Bassi* se trouvent mentionnés seulement dans quelques éditions de Pline'. D'Anville, d'après la seule ressemblance des noms, les a placés dans un canton du diocèse de Beauvais, dont le nom est Haiz ou Hez, et qui contient une forêt qui conserve ce même nom. Au milieu de cette forêt Saint-Louis avait une maison, nommée La Neuville-en-Hez; mais l'existence de ce peuple nous paraît douteuse; et le savant Hardouin pense que la leçon *Hassi* ou *Bassi*, ne se trouvant pas dans les manuscrits, mais seulement dans les éditions de Parme et de Froben, il convient d'effacer ce mot, dû à la répétition des dernières syllabes du mot *Bellovaci* du texte de Pline. J'ajouterai que dans les monumens du moyen âge on n'a découvert jusqu'ici, dans la *civitas Belvacensis*, aucun *pagus* dont le nom ait de l'analogie avec *Bassi* ou *Hassi*². Toutefois nous pensons, avec d'Anville, que l'existence du nom de Haiz dans ce pays doit, dans le doute, empêcher de supprimer ce peuple.

Ptolémée³ est le seul auteur qui ait fait mention des *Vadicassii*, et il les place dans la Celtique, et non dans la Belgique. Ils ne formèrent point un diocèse particulier, et cette seule circonstance suffit pour nous démontrer que c'était un de ces peuples subordonnés, enclavés dans le territoire d'un autre peuple plus considérable. Ptolémée nomme les *Vadicassii*

' Voyez Plin., in-folio, édit. Hardouin, tom. 1, p. 238. — D'Anville, *Notice*, p. 363, et *Mém. sur les côtes de la Gaule*, p. 9.

² Guérard, *Essai sur le système des divisions territoriales de la Gaule*, p. 149.

³ Ptolem., lib. 11, cap. 8, p. 48 (52).

à côté des *Meldi ;* il dit qu'ils sont proches de la Belgique, et il leur donne pour capitale un lieu nommé *Nœomagus*. Du reste, les monumens historiques et les mesures nous manquent également pour déterminer la position de ce peuple. Nous sommes donc réduits aux conjectures, et d'après les indications données par Ptolémée, la meilleure est sans contredit, celle qui place les *Vadicassii* dans le duché de Valois, et qui assigne à *Nœomagus* la position de Vez, dont le nom paraît dérivé de celui de *Vadicasses*. Tel est le sentiment de d'Anville et de Valois. Vez est l'ancienne capitale du Valois, qui, dans les capitulaires de nos rois et dans Flodoard, est nommée *pagus Vadensis* et *Vadisus* [1]; mais les *Vadicasses,* ainsi placés, se trouvent faire partie du territoire des *Sylvanectes,* des *Suessones* et des *Meldi,* puisque leur territoire se trouve partagé entre ces trois diocèses; ils appartenaient donc, si toutefois il n'y a pas erreur sur leur position, à la Belgique, et non à la Celtique : c'est ce qui a fait penser à quelques auteurs que les *Vadicassii* de Ptolémée étaient les mêmes que les *Bodiocasses* de Pline, nommés *Vadicasses* dans quelques éditions de cet auteur, ou les *Baiocasses* de la Notice des provinces de la Gaule, et que *Nœomagus* était Bayeux, dont le nom antérieur à celui d'*Augustodurus* nous est inconnu; mais alors les *Vadicassii* de Ptolémée ne seraient plus, comme il l'indique, *ad Belgicam,* près de la Belgique, ni à côté des *Meldi*.

Il y a dans Ptolémée un peuple nommé *Subanecti*

[1] Carlier, *Hist. du Duché de Valois*, tom. 1, p. 5, 160 et 162.
[2] Plin., lib. iv, cap. 32 (18), tom. ii, p. 368, edit. Lem.

dans le texte actuel de cet auteur, et, dans les manuscrits latins, *Ubanecti*, ainsi que sur les anciennes cartes jointes à ces manuscrits. Le nom de ce peuple manquait dans la plupart des manuscrits grecs, et il n'a été suppléé que par le manuscrit palatin, qui porte *Soumanektoï* [1]. Ptolémée nomme ce peuple avec les *Nervii*, les *Veromandui* et les *Suessones*; il appelle sa capitale *Rhatomagus*. On a, avec beaucoup de vraisemblance, considéré ce peuple comme le même que les *Sylvanectes* de la Notice des Gaules. Des monumens historiques non interrompus [2] prouvent que *civitas Sylvanectensium* est Senlis; et par conséquent que le diocèse de ce nom nous donne la position, l'étendue et les limites des *Ubanecti* de Ptolémée; mais comme l'Itinéraire, dans la route de *Cæsaromagus*, Beauvais, à *Suessonas*, Soissons, offre une position qui a le nom d'*Augustomagus*, on a pensé que ce nom ne pouvait avoir été porté que par une ville capitale, et on l'a appliqué à Senlis. Les conjectures coûtent peu, lorsqu'on se rend peu difficile sur les raisons qui peuvent leur donner quelque degré de probabilité. On a dit qu'il y avait erreur dans Ptolémée pour le nom de la capitale des *Ubanecti*, et qu'il fallait lire *Augustomagus* au lieu de *Rhatomagus*. Pour démontrer combien cette erreur, quoique universelle, est manifeste, il suffira d'observer que Senlis ne se trouve pas sur la route de *Cæsaromagus*, Beauvais, à *Suessonas*, Soissons; que toutes les mesures entre *Cæsaromagus* et *Augustomagus* sont fausses, si on les applique à Senlis; de même qu'entre *Augusto-*

---

[1] Voyez Ptolem., lib. II, cap. 9, p. 49 (53), edit. Bert.
[2] *Gallia christiana*, tom. x, p. 1578.

magus et *Suessonas*. Ces mesures sont au contraire parfaitement exactes si, sans aucune supposition préalable, on suit la route directe de *Cæsaromagus*, Beauvais, à *Suessonas*, Soissons; route sur laquelle on retrouve encore des vestiges de l'ancienne voie romaine. Non seulement de cette manière les mesures offrent un accord parfait avec le local, mais le résultat présente des indices non douteux d'exactitude. En voici le tableau, extrait de l'Itinéraire entier que l'on trouve dans le tome III de cet ouvrage.

Route de Cæsaromagus, *Beauvais*, à Suessonas, *Soissons.*

ITINÉRAIRE WESSELING, p. 380.	lieues gauloises.	milles romains.	CARTES DE CASSINI, n°s 1, 2, 44.	MILLES ROMAINS. de 760 toises.	TABLE de PEUTINGER, §. 1, c.	lieues gauloises.	milles romains.	CARTES de CASSINI, n°s 1 et 2.
Cæsaromagus..			Beauvais.......		*Cæsaromagus*..			Beauvais.
Litanobriga...	18	27½	Pt.-Ste.-Maxence	27				
Augustomagus.	4	6	Verberie......	6	*Augustomagus*.	22	33	Verberie.
Suessonas....	22	33	Soissons.......	33				
		66½		66				33

On doit observer que la ville de Sainte-Maxence était désignée par le nom de Pont, avant qu'on y eût ajouté celui de la sainte, qui la distingue aujourd'hui; et que, dès le VIIe siècle, il est question de ce lieu dans les monumens de notre histoire, comme important pour le passage de l'Oise [1]. Le nom de

---

[1] Lebeuf, *Dissertations*, tom. 1, p. 350.

Pont, est le même que le mot celtique *Briga*, qui termine le nom latin correspondant. Il est question de *Vermeria*, Verberie, dès le commencement du ix⁰ siècle. A cette époque cette ville très ancienne fut détruite, et, comme elle changea de nom, elle changea aussi d'emplacement. On a retrouvé les ruines de l'ancienne ville vers la Borde, au-delà du chemin nommé la Chaussée-Brunehauld, et dans l'endroit appelé Malassise. On a de tout temps déterré dans ce lieu des débris d'antiquités et des restes d'aquéduc, qui annoncent évidemment une ville romaine. On suit les vestiges de l'ancienne route depuis la montagne jusqu'à Fay, et dans la vallée, depuis Rhuys jusqu'à Saintines [1]. Enfin peut-être n'est-il pas inutile d'observer que la petite rivière qui arrose Verberie conserve, dans le nom d'Autone, des vestiges de celui d'*Augustomagus*. Quoi qu'il en soit de ce rapprochement, on doit avoir d'autant plus de confiance aux mesures de l'Itinéraire pour *Augustomagus*, qu'elles présentent en deux stations la même distance que la Table nous donne en une seule. Ceux qui, comme d'Anville, conduisent la route à Senlis, placent *Litanobriga* à Creil. Or il n'y a, de ce lieu à *Cæsaromagus*, Beauvais, que 23 milles romains, au lieu de 27 que demandent les Itinéraires; entre Senlis et Soissons il y a 38 milles romains, au lieu de 33 qu'il faudrait; et entre Creil et Senlis il y a 7 milles romains, au lieu de 6. Il fallait que d'Anville pensât lui-même que cette combinaison de mesures était tout-à-fait inadmissible; car je trouve que neuf ans

---

[1] Carlier, *Hist. du Duché de Valois*, tom. 1, p. 6 et 7, et Le Moine, *Hist. de Soissons*, tom. 1, p. 35.

274 GÉOGRAPHIE ANCIENNE DES GAULES.

après la publication de sa Notice de la Gaule, il a consigné cette note dans la Table des matières de sa Géographie ancienne [1], au mot *Litanobriga* : « Creil, si ce n'est Pont-Sainte-Maxence. » Ptolémée vient encore à l'appui du résultat fourni par les mesures; seul il nous donne le nom de la capitale des *Ubanecti* ou *Subanecti*, à l'orient de la rivière *Sequana* ou la Seine, qui sont bien les *Sylvanectes* de la Notice de la Gaule [2], et tous ses manuscrits s'accordent à nommer cette capitale *Rhatomagus*. C'est ainsi qu'elle a dû être appelée avant d'avoir pris le nom du peuple, d'où est dérivé celui de Senlis. On doit donc placer *Augustomagus* à Verberie, sur le territoire des *Suessones*, mais sur les confins des *Bellovaci*, des *Sylvanectes* et des *Vadicasses*.

Quant aux *Ulmanetes* mentionnés par Pline [3], le nom de ce peuple, sur l'orthographe duquel tous les manuscrits sont d'accord, n'a que peu de rapport avec celui des *Sylvanectes*, auquel on a voulu le rapporter. J'observe sur les bords du Rhin un district qui fut retranché des *Treveri*, entre *ara Ubiorum*, *Rigomagus* ou Rimagen, et *Bingium*, Bingen, qui n'est attribué à aucun peuple, et je trouve dans ce district, assez resserré, plusieurs noms qui ont un rapport évident avec celui de l'ancien peuple dont nous cherchons à découvrir l'emplacement : tel est Ulmen, arrondissement de Bonn;

---

[1] D'Anville, *Géogr. anc.*, p. 233, édit. in-folio; tom. III, p. 179, édit. in-12; tom. II, p. 709, des OEuvres in-4°.

[2] Ptolémée, lib. II, c. 9, p. 49 (55), edit. Bert. — *Notit. Galliar.* — Guérard, *Essai*, p. 18. — Voyez ci-dessus, tom. I, p. 512.

[3] Plin., lib. IV, cap. 31 (17), tom. II, p. 363, edit. Lem.

Ulmersbach, arrondissement de Coblentz, et Ulmet
dans le département de la Sarre, arrondissement de
Birkenfeld. Comme nous n'avons point d'autre indication pour placer ce peuple que la ressemblance
des noms, il convient d'autant mieux de les inscrire
dans cet endroit, qu'ils remplissent un vuide dans
la Carte de la Gaule ancienne. Cette position s'accorde aussi parfaitement avec le texte de Pline, qui
nomme les *Ulmanetes* à côté des *Tungri* et des *Sunici*,
dont en effet ils étaient voisins. Il est probable que
les *Ulmanetes*, auxquels Pline donne l'épithète de
liberi, nation germanique, furent transportés sur
la rive gauche du Rhin à la même époque que les *Caracates*, les *Vangiones* et les *Nemetes*, ce qui n'avait
pas encore eu lieu au commencement du règne d'Auguste. Alors les *Treveri*, aussi bien que les *Mediomatrici*, étendaient leurs limites jusqu'au Rhin ; mais
les *Mediomatrici* avaient déjà reçu sur leur territoire
les *Triboci*, dans le diocèse moderne de Strasbourg, et
entre le Rhin et les Vosges. « Parmi les *Mediomatrici*,
« dit Strabon, sont les *Triboci*, qui vinrent s'établir
« chez eux après avoir quitté la Germanie [1]. » Mais
on voit que du temps de Strabon on commençait déjà
à considérer ces deux peuples séparément ; car il dit
quelques lignes plus bas : « Après les *Mediomatrici*
« et les *Triboci*, on trouve le long du Rhin les
« *Treveri*. » Il n'était donc pas encore question alors,
sur la gauche du Rhin, des *Vangiones* et des *Nemetes* ; car, s'ils avaient été dès lors établis dans la
Gaule, Strabon n'aurait pas manqué d'en faire mention, puisqu'il n'oublie pas la transmigration des

[1] Strabo, lib. IV, p. 193, et *ibid*, tom. II, p. 52, trad. franç.

Ubii et des *Triboci*. Il observe aussi que les *Menapii* occupaient les deux rives du fleuve, ce qui prouve qu'ils n'étaient pas encore resserrés par les colonies de Germains qu'Auguste transplanta depuis sur leur territoire[1].

Par suite des liaisons amicales qui s'établirent ainsi entre les Romains gaulois et les Germains habitant les bords du Rhin, on construisit sous Auguste un pont en pierre, entre Coblentz et Andernach, près de Cunostein-Engers, dont les restes subsistent encore aujourd'hui, et ont été examinés et décrits, dans le dernier siècle, par le jésuite Reienberg et M. de Hontheim[2]; et il paraît même que les Romains, pour empêcher que ce pont ne fût fatale à la sûreté de la province, avaient construit un fort près de là, sur la rive droite du Rhin. On a découvert les ruines de ce fort à une demi-lieue de Neuwied, par des fouilles faites depuis 1791 jusqu'en 1801. On a trouvé dans ces ruines des médailles, des statues, des ustensiles; et dans les environs, des vestiges de routes qui y conduisaient[3].

Tout porte donc à penser que la transplantation des *Vangiones* et des *Nemetes* n'eut lieu qu'après la

---

[1] Voyez ci-dessus, tom. 1, p. 458, 464, 512, 518, 526, 529.

[2] Hontheim, *Podr.*, p. 200; Tacite parle de ce pont, *Annal.*, lib. 1, c. 69.

[3] Minola, *Kurze Ubersichte dessen, was sich unter den Rœmern seit Jul. Cæsar, bis auf die Eroberung Galliens durch die Franken am Rheinstrome merkwurdiges ereignete*, in-12 thal; Ehrenbreistein, in-12, 1804, p. 175, 184 et suiv. — Conférez Mathiæ, *Recueil des Mémoires et Actes de la Société des Sciences et Arts du département du Mont-Tonnerre*, tom. 1, et Hoffmann, dans *Niederrheinisch-Westphœlische Blætter*, par Aschenberg, tom. 1, cah. 2, p. 343; Hertzrodt, *Notice sur les anc. Trévirois*, p. 45.

victoire que Nonius Gallus remporta, l'an 27 avant J.-C., sur les *Treveri* révoltés [1], que l'on punit alors par la perte d'une partie de leur territoire. Les *Morini* s'étaient probablement joints à cette révolte, puisqu'ils furent aussi domptés de nouveau, cette même année, par C. Carinas, qui mit en déroute les Suèves, lesquels, à la faveur de cette circonstance, avaient passé le Rhin [2]. Nous voyons, d'après le récit de Tacite [3], que d'abord les *Vangiones* et les *Nemetes* habitaient la rive droite du Rhin, aux environs du mont *Taunus*, que l'on croit être celui d'Heyrich près de Mayence [4]. J'ai déjà observé que les *Nemetes* [5] avaient pour capitale *Noviomagus* ou *Nemetes*, Spire, et les *Vangiones*, Worms, et j'ai montré que le nom de ces peuples était transposé dans Ptolémée. C'est une chose très remarquable que tous les peuples qui parlent la langue esclavonne, appellent encore aujourd'hui les Allemands *Nèmec* ou *Nimz*, ou *Niamz* [6]. La position de *Borbetomagus* à Worms est démontrée par les Itinéraires [7].

Au nord des *Vangiones*, et dans les environs de Mayence, on doit placer les *Caracates* de Tacite [8]. On trouve en effet dans les environs les noms de

---

[1] Dio, lib. LI, cap. 20, p. 652 (458), edit. Reim.
[2] Dio, lib. LI, cap. 21, p. 653 (459), edit. Reim.
[3] Tacit., *Annal.*, XII, 27. — *Hist.*, IV, 70. — *Germ.*, 28.
[4] Schæpflin, *Alsatia illustrata*, tom. I, p. 136 et 362.
[5] Voyez ci-dessus, tom. I, p. 518 et 522.
[6] En bohémien, on dit Nèmec; en polonais, Niemec; en lette, Nimz; dans le dialecte de la Carniole, Niemc; dans celui de la Valachie Niamz. — Voyez Ewers, *Von Ursprunge der russischen Staaten*, in-8°, 1808; Riga et Leipzig : imprimé à Mittau.
[7] Voyez l'*Analyse des Itinéraires*, tom. III de cet ouvrage.
[8] Tacite, *Hist.*, IV, 70.

Karbach, Karlick, Karweiler, Karthauser. *Mogontiacum* a dû être la capitale de ce peuple, et la position de cette ville à Mayence moderne est prouvée non seulement par l'histoire, mais encore par les mesures de la route romaine qui suivait le cours du Rhin, depuis *Brigantium,* Bregenz, jusqu'à *Lugdunum,* Leyde. *Bonconica,* dont la position à Oppenheim est démontrée par tous les Itinéraires, était dans les limites de leur territoire [1].

Les *Veruni* ou les *Verodunenses* [2] ne commencèrent probablement à être séparés, aussi bien que les *Triboci,* de la grande cité des *Mediomatrici,* qu'à l'époque dont nous traitons. Pline est le premier auteur qui en fasse mention comme peuple de la Gaule.

Les *Catelauni,* s'ils ne sont pas les mêmes que les *Castologi* de Pline, sont pour la première fois mentionnés comme peuple distinct des *Remi* dans Eumène et dans Ammien Marcellin, ensuite dans Eutrope et la Notice des Gaules [3]; mais cependant, je le répète, il est probable qu'Auguste, lorsqu'il régla, l'an 27 de J.-C., l'administration des Gaules, morcela en autant de divisions particulières les peuples qui étaient réunis en un seul corps de nation, par des considérations politiques, ou à cause de leur commune origine.

Les *Ubii* furent, dès le commencement du siècle d'Auguste, transplantés en entier dans la Gaule :

[1] Voyez l'*Analyse des Itinéraires,* tom. III de cet ouvrage.

[2] Ce sont les *Varni* de Ptolémée, lib. VI, cap. 10, p. 159 (185). — Voyez ci-dessus, tom. I, p. 524.

[3] Voyez ci-dessus, tom. I, p. 488. — Conférez Eumen., *Grat. act. const.,* cap. 4. — Eutrop., lib. IX, cap. 13, p. 677, edit. Tzschuck. — Ammian. Marcell., lib. xv, cap. 11. — Guérard, *Essai,* p. 18.

c'est Strabon [1] qui nous apprend ce fait curieux : il eut lieu l'an 37 avant J.-C.; mais ce ne fut qu'après la victoire remportée en l'an 16 avant J.-C. [2] sur les Germains, et après avoir vaincu les Sicambres huit ans après, c'est-à-dire l'an 8 avant J.-C., qu'une portion des Suèves et des Sicambres s'établirent dans la Gaule [3]. Suétone nous apprend que ces peuples furent transportés sur les bords du Rhin, les plus voisins des lieux qu'ils habitaient [4]; et comme les Sicambres demeuraient sur la rive orientale du Rhin, il est évident qu'on les transplanta sur la rive occidentale, entre le Rhin et l'Escaut, et que, par conséquent, sous le nom de *Gugerni* [5], ils occupaient tout le terrain qui s'étend d'un côté, depuis Ruremonde jusqu'à Cuyck; et de l'autre côté, depuis Ordinghen, jusqu'à l'endroit où le Rhin se divise à Schanckenschantz.

Quant aux *Suevi*, leur emplacement se trouve déterminé avec assez de certitude par nos anciennes chroniques. Dado, dans la Vie de saint Éloi [6], dit

---

[1] Strabo, lib. IV, p. 194 (215), et tom. II, p. 53, de la trad. franç. — Tacit., *Germ.*, cap. 28.

[2] Dio Cass., lib. LIV, p. 534.

[3] Strabo, lib. VII, p. 290 (414), edit. Alm.; t. III, p. 19, trad. fr. — Sueton., in *Oct. Cæs. Augusti vita*, c. 21, et in *Tiberio*, c. 9.

[4] « Ex Germanis Suevos et Sicambros dedentes sese in Galliam « traduxit atque in proximis Rheno agris collocavit. » (Sueton., *loco citato.*) — Voyez encore Tacit., *Ann.*, lib. XII, cap. 39. — Aurelius Victor *de Moribus imperat.*, cap. 1.— Eutropius, lib. VII, cap. 9, p. 314, edit. Verheyck, et p. 457, edit. Tzschuck. — Eutrope dit qu'Auguste fit transporter sur l'autre rive du Rhin quatre mille captifs. Mais d'après Suétone, il faut corriger, quarante mille. Sueton., in *Tiberio*, cap. 9, tom. I, p. 367, edit. Hase.

[5] Plin., IV, 3. Tacit., *Hist.*, IV, 26; V, 16, 18, et la remarque de Wessel., *Itiner.*, p. 373. — *Britannia romana*, lib. II, ch. 5.

[6] Dado, lib. II, cap. 3.

que ce saint, « non seulement parcourait les villes
« et les municipes qui lui étaient confiés ; mais qu'il
« convertit des *Flandrenses*, des Anversais, des
« *Frisii*, des *Suevi*, et d'autres Barbares habitant
« les parties les plus reculées du rivage de la mer, et
« qui jamais n'avaient entendu parler du saint Évan-
« gile. » A l'époque où écrivait l'auteur, dans le
IXe siècle, les *Frisones* occupaient en effet le rivage
jusqu'à l'Escaut occidental [1]. Les *Suevi*, d'après le
passage que nous venons de citer, doivent être situés près d'eux, et comme eux cependant occuper
les bords de la mer. Ils sont ici, et dans le chapitre VIII de la même Vie de saint Éloi, désignés
comme voisins des Anversais ; ils doivent donc nécessairement avoir été placés dans la Belgique seconde,
et non dans la Germanie : ils étaient à l'ouest et au
midi de l'Escaut, et sur la côte occidentale qui en
est voisine, c'est-à-dire dans le territoire, dont
L'Écluse, Gand, Termonde, Anvers et Axel, forment
les limites. Ce qui confirme encore la position que
je leur assigne, c'est qu'ils se trouvent nommés ici
avec les *Flandrenses*, qui occupaient le *pagus Flan-
drensis* ou les environs de Bruges. J'ai précédemment prouvé que le nom des *Menapii*, autrefois si
étendu lors des transmigrations qui eurent lieu sous
Auguste, fut restreint à tout le pays renfermé à
l'occident de l'Escaut, depuis ce fleuve jusqu'au *Ta-
buda flumen*. D'après cela on voit que les *Suevi*
faisaient en quelque sorte partie des *Menapii*, ou
du moins qu'ils habitaient sur leur territoire. Aussi

---

[1] Menso-Alting., part. II, tab. 1, *Descript. Frisiæ*, in-folio, 1701.

lisons-nous dans la Chronique intitulée *de Gestis Normanorum*, pour les années 823 à 825, que les Normands, après avoir passé l'hiver à Courtray, se jetèrent ensuite sur les *Menapii* et les *Suevi*, dont ils firent un grand carnage [1]. Tout confirme donc la position que j'assigne aux *Suevi*; et ne se trouvant séparés du Wahal ou du Rhin que par les îles de la Zélande et par les embouchures de l'Escaut, ils ne s'éloignent pas des lieux indiqués par Suétone, c'est-à-dire de la contrée voisine du Rhin. « *Juxtaque ripam Rheni sedibus assignatis collocavit.* » Enfin, peut-être n'est-il pas inutile de remarquer que dans le milieu du district où je reconnais l'emplacement des *Suevi*, au nord-est de Gand, se trouve un lieu, Sevenecke, dont le nom a beaucoup de rapport avec celui de cet ancien peuple.

Ces colonisations de Germains, fruits d'une sage politique, se continuèrent pendant tout le règne d'Auguste, et même après lui sous Tibère. Les *Tungri* peuplèrent le territoire désert des *Eburones*, et plus dans l'intérieur, et sur les confins des *Nervii*, se fixèrent les *Toxandri* et les *Betasii*, inconnus à César.

Il est impossible de déterminer avec précision les limites de ces peuples, que les Romains administrèrent militairement, et qui par conséquent ne formèrent pas de cités, ou de diocèses particuliers, comme les autres peuples de l'intérieur de la Gaule belgique.

Les *Ubii* resserraient à l'est l'ancien territoire

---

[1] Voyez Valesii *Notitia galliar.*, p. 527; il a transcrit les textes.

des *Eburones* [1] : après leur transmigration [2] qui eut lieu par la protection d'Agrippa, ils bâtirent une ville qui fut d'abord nommée *oppidum Ubiorum;* cette ville ayant obtenu par la protection d'Agrippine, fille de Germanicus, une colonie de vétérans, fut nommée *colonia Agrippina* [3]. La position de *colonia Agrippina* à Cologne moderne est démontrée par l'histoire, par de nombreux vestiges d'antiquités trouvés en différens temps [4], et enfin par les mesures des Itinéraires et de la Table et celles de la colonne de Tongres, pour les routes qui partent d'*Atuatuca*, Tongres, de *Lugdunum Batavorum*, Leyde, et *Argentoratum*, Strasbourg [5]. Ces mêmes mesures démontrent la position de *Bonna* à Bonn, mentionné d'abord par Tacite, et ensuite par Ptolémée [6]; il en est de même de *Rigomagus*, qui est Rimagen [7], et dont Ammien Marcellin a parlé; de *Gelduba*, aujourd'hui Gelb ou Geloub, dont Pline fait

---

[1] Voyez ci-dessus, tom. 1, p. 504, 505 et 514.

[2] Ce fut Marcus Agrippa, gouverneur de la Belgique, qui leur accorda un refuge dans la Gaule, lorsqu'ils furent pressés par les Cattes. — Voyez Strabon, lib. IV, p. 194 (215); et c'est à Agrippa que Tacite fait allusion, lorsqu'il dit (*de Germ.*, cap. 28), que les Ubii aimaient à être appelés Agrippinenses, du nom de leur fondateur. Ce n'était cependant pas d'après lui qu'ils étaient ainsi nommés, ainsi que nous l'apprend Tacite lui-même : aussi Juste Lipse voulait corriger, Agrippenses.

[3] Tacit., *Ann.*, lib. XII, cap. 27.

[4] Voyez Murator., *Inscript.*, tom. II, p. 1020.

[5] Voyez l'*Analyse des Itinéraires*, ainsi que pour les lieux suivans, tom. III de cet ouvrage.

[6] Tacit., *Hist.*, IV, 19, 20, 25, 62, 70, 77; V, 22. — Ptolem., lib. II, cap. 9, p. 49 (53), edit. Bert.

[7] Amm. Marcell., lib. XVI, cap. 4.

mention comme d'une forteresse [1]; de même *Novesium* de Tacite est Nuys [2]; mais *Gesonia*, que d'Anville a inséré sur sa Carte de la Gaule ancienne, n'a jamais existé que dans l'imagination des commentateurs de Florus. Le *Marcodurus* de Tacite est le même lieu que le *Marcomagus* de l'Itinéraire, et les mesures anciennes en déterminent la position à Marmagen. Le *Colbiacum* ou *Calbiacum* de Tacite, considéré comme *Tolbiacum* de l'Itinéraire, est devenu célèbre par la victoire de Clovis. Tacite [3] place ce lieu sur les confins des *Agrippinenses*, et l'Itinéraire dit que c'était l'un des *vici* d'un petit peuple nommé *Superni* : les mesures, appliquées avec exactitude sur la Carte, nous portent en effet à Suernich pour le chef-lieu des *Superni* : ce lieu est à 2,100 toises au nord de Zülpich ou Zolpich, où l'on s'accorde à placer *Tolbiacum*. Une mesure donnée par Tacite détermine avec précision la position d'*ara Ubiorum* à God-Dorff ou village de Dieu, près d'un lieu nommé Vislingen, qui rappelle le nom de la *vicesima legio* qui y fut long-temps stationnée, et à 60 mille romains de distance de *Vetera*, qui est Buderich, conformément à ce que nous dit Tacite [4] et aux mesures des Itinéraires romains.

Les *Gugerni* resserraient à l'est les *Toxandri*, et ils avaient les *Batavi* au nord et les *Ubii* au midi : le petit nombre de positions que renfermait leur

---

[1] Plin., lib. xix, cap. 4.
[2] Ammien Marcellin fait aussi mention de *Novesium*.
[3] Tacit., *Hist.*, lib. iv, cap. 79, tom. ii, p. 488, edit. Lem.
[4] Voyez l'*Analyse des Itinéraires*, tom. iii de cet ouvrage. — Tacit., *Annal.*, lib. i, cap. 39, 57.

étroit territoire ont été, comme beaucoup d'autres des bords du Rhin, illustrées par la plume de Tacite. Tel est *Asciburgium*, Asbourg, que les habitans prétendaient avoir été fondé par Ulysse; *colonia Trajana*, qui est Kelln, près de Clèves; *Tricesima*, qui portait aussi le surnom d'*Ulpia*, d'après le surnom semblable de l'empereur Trajan, et qui, par cette raison, se trouve confondu dans l'Itinéraire avec *colonia Trajana*, mais qui est un lieu essentiellement différent que les mesures portent à Alpen, près de *Veteris* ou *Vetera*, qui est Buderich. Les mesures de la route qui suivait les bords du Rhin, et qui est détaillée dans la Table, démontrent avec la plus grande certitude la position de ces différens lieux [1].

Le pays des *Eburones* se trouvant désert et dépeuplé par la conquête sanglante de César, Auguste le concéda aux Germains nommés *Tungri*, qui, avec les *Ubii*, devinrent par la suite le peuple dominateur dans toute l'étendue du vaste pays compris au nord de la forêt des Ardennes, entre l'Escaut et le Rhin [2]. Je trouve une première preuve de ce fait, dans la disparition des *Eburones*, peuple Germain d'origine, ainsi que nous l'apprenons dans César, et la substitution de ce nom de *Tungri* à celui des *Eburones*, ce qui fait dire à Tacite : « Les premiers « qui passèrent le Rhin, autrefois appelés *Germani*, « aujourd'hui désignés par le nom de *Tungri*, expul- « sèrent les Gaulois du territoire qu'ils occupaient [3]. » Une seconde preuve, plus formelle, se tire d'un

---

[1] Voyez l'*Analyse des Itinéraires*, tom. III de cet ouvrage.
[2] Voyez ci-dessus, tom. I, p. 504, 505 et 514.
[3] Tacit, *German.*, cap. 2.

passage curieux de Procope, sur l'invasion des Francs, qui a été bien traduit et bien commenté par Gibert [1]. Procope, en décrivant les nations voisines des Francs, qui avaient passé le Rhin et s'étaient établies autrefois dans la Gaule, dit: « A « l'orient des *Arboruches* étaient les *Thoringiens*, « qui occupaient des terres qu'Auguste, le premier « des empereurs, leur avait concédées [2]. » Sans m'arrêter aux *Arboruches*, dont l'établissement dans les Gaules est postérieur à l'époque qui fait l'objet de cet ouvrage, et qui a occasioné tant de discussions, je me contenterai d'observer qu'il est bien évident que Procope désigne ici sous le nom de *Thoringii* les *Tungri* de Tacite et des auteurs latins. Cluverius reproche à tort à Procope de ne s'être pas servi de ce dernier nom. Nous voyons dans Grégoire de Tours [3], qui a écrit en latin, le nom de *Thuringii* employé pour désigner les *Tongri*, et ce dernier mot ne paraît même être qu'une abréviation ou une corruption du premier [4]. Il est impossible de déterminer les limites précises des *Tungri*; on sait, d'après la Notice des provinces des Gaules, que leur capitale et celle des *Ubii* ou *Agrippinenses* avaient la suprématie dans toute l'étendue de la Germanie inférieure [5]. *Atuatuca* ou *Atuatucum*, cette unique

[1] Gibert, *Mém. pour servir à l'Histoire des Gaules*, p. 248.
[2] Procope, *de Bello gothico*, lib. I.
[3] Gregor. Turon., lib. II, ch. 9. — D. Bouquet, *Hist. de France*, tom. II, p. 166.
[4] L'abbé Dubos, *Hist. critique de l'établissement de la monarchie française*, tom. I, p. 428, édit. in-12, cite même un manuscrit de Grégoire de Tours, où il est écrit: « Dispargum quod est in termino Thoringorum *vel Tongrorum*. »
[5] Voy. *Notitia prov. Gall.* — *Recueil des Hist. de France*, p. 123.

forteresse des *Eburones*, du temps de César, devint la capitale des *Tungri*, ainsi que nous l'apprennent Ptolémée, l'Itinéraire, la Table de Peutinger et la colonne de Tongres : les mesures déterminent la position d'*Atuatuca* au village de Tongres, par trois routes qui se rattachent à *colonia Agrippina*, Cologne, *Bagacum*, Bavay, et *Noviomagus*, Nimègue. Ammien Marcellin fait mention de cette ville sous le nom du peuple, et l'appelle par conséquent *Tungri*[1]. Dès l'an 385, cette ville fut saccagée et ruinée par les Huns, et ne se rétablit jamais. La forteresse que les Romains opposaient aux Francs dans ce canton était *Lagium*, près de Tongres, dont parle la Notice de l'Empire, et que l'on fixe avec quelque dégré de vraisemblance à Luaige, simple village sur le Jecker[2]. Le siège épiscopal du diocèse de Tongres fut par la suite transféré de Tongres à Maestricht, et ensuite de Maestricht à Liége ; il comprenait aussi le diocèse de Namur, détaché dans les temps modernes de celui de Liége par Paul IV. Malines, qui est une métropole qui date de la même époque, reconnaissait la juridiction des évêques dont le siège primitif était Tongres. Une lettre de saint Remi prouve que le diocèse de Tongres étendait son territoire jusqu'aux frontières de celui de Rheims. C'est près de Tongres que l'on a trouvé, en 1817, cette pierre milliaire octogone que nous avons si souvent citée, ou sont détaillées

---

[1] Amm. Marcellin, lib. xvii. — Voyez ci-dessus, tom. i, p. 502, 504, 505 et 514. — Ptolem., lib. ii, cap. 9, p. 49 (53).

[2] Bucher., *Belg. rom.*, p. 492, et Wastelain, *Gaule belgique*, p. 45 et 194.

les routes qui conduisaient d'*Atuatuca* aux principales villes des Gaules, dans huit directions différentes [1].

Au nord des *Tungri*, et dans la Campine des modernes, habitaient les *Toxandri*, dans le pays nommé Taxandrie dans le moyen âge. Pline [2] est le premier auteur qui fasse mention des *Toxandri*. Ammien Marcellin parle de *Toxiandria locus*, qui a du être leur capitale, et que quelques auteurs judicieux s'accordent à placer à Tessender-Loo, d'après les rapports de nom et de situation; car on n'a aucune mesure ni aucun monument historique qui puisse déterminer la position de ce lieu d'une manière certaine. La Taxandrie, dans le moyen âge, était bornée au nord par les comtés de Teisterbant et de Masgauw; à l'orient, par le Masgauw; à l'occident, par le Brabant et les pays de Riën et de Striën : ce pays représentait presque tout l'ancien territoire des *Menapii* [3]. Ainsi les *Menapii*, déjà resserrés par les *Gugerni* à l'est, et par les *Toxandri* au midi, se trouvent entièrement confinés à l'occident de l'Escaut; c'est ce que Pline exprime très bien en disant : « Près de l'Escaut sont les *Toxandri*, qui renferment plusieurs cités, et ensuite les *Menapii*. »

Pline mentionne les *Betasii* avec les *Sunici* et les *Tungri* [4]; Tacite [5] les joint dans ses récits aux *Nervii* et aux *Tungrii* : toutes ces indications confirment

---

[1] Voyez l'*Analyse des Itinéraires*, tom. III de cet ouvrage, et Hennequin, *Dissertatio inauguralis de origine et natura principatus urbis Trajecti ad Mosam*, p. 13; Louvanii, 1829, in-8°.

[2] Plin., lib. IV, cap. 31, tom. II, p. 360, edit. Lem.

[3] Desroches, *Mem. sur les dix-sept Provinces*, p. 34, et *Notit. eccles. Belg.*, cap. 26.

[4] Plin., *Hist. nat.*, lib. IV, cap. 31, tom. II, p. 360.

[5] Tacit., lib. IV, sect. 56 et 66.

la conjecture d'un géographe qui, avant Ortelius, avait proposé de reconnaître le nom des *Betasii* dans celui de Beetz, situé sur la rive gauche de la Cette, au midi de Haalen. J'y ajoute le nom de Biez, qui se trouve près de Bruxelles, dans le même canton. Gruter rapporte une inscription où il est question des *cives Betasii*, ce qui indique évidemment les habitans de la ville des *Betasii* : ainsi ce petit peuple conserva long-temps son nom, qui cependant disparut dans le moyen âge. Un autel en marbre blanc, trouvé près de Hoogstrate, à côté de la nouvelle route qui conduit d'Anvers à Breda, dans un lieu nommé Sundert, fait mention de la déesse *Sandraudiga* [1].

La marche de Civilis contre les Tongres place les *Sunici* entre la Roer et la Meuse, ou entre Aix-la-Chapelle et Maestricht, où était le *pons Mosæ*, dont il est fait mention dans le récit de Tacite.

Dans l'île des Bataves à peine connue de César, Pline et Tacite [2] placent les *Batavi* et les *Canninefates*; j'ai déjà précédemment déterminé l'étendue de l'île des Bataves, beaucoup trop resserrée par Cluverius et d'Anville [3]. « Les *Canninefates*, dit Tacite, « habitent une partie de l'île des *Bataves*, et ils ont « la même origine, la même langue, le même courage, mais ils sont inférieurs en nombre. » Il est évident, d'après cela, que les *Canninefates* n'étaient qu'une division des *Batavi*, et comme le nom de Betuwe, dérivé de celui de *Batavia*, est resté attaché à l'extrémité orientale de l'île, Menso-Alting,

---

[1] Bast, *second Supplément au Recueil d'Antiquités romaines et gauloises*, in-4°, p. 248; Gand, 1813.

[2] Tacit., *Hist.*, lib. iv, cap. 66. — Plin., cap. 31 (17).

[3] Voyez ci-dessus, tom. 1, p. 494 à 500.

PARTIE II, CHAP. IV.

et d'après lui d'Anville, ont eu raison de placer les *Canninefates* à l'extrémité occidentale de l'île, dans le Rhynland, le Delftland et le Schieland ; mais il faut étendre ces peuples un peu plus vers le nord que ne l'ont fait Alting et d'Anville, puisque les mesures données par Ptolémée prouvent que l'embouchure du Rhin, qui détermine les limites des Bataves, était plus au nord que Leyde, et au lieu aujourd'hui nommé Zandwoort[1]. Cette extension de territoire s'accorde aussi mieux avec les récits de Tacite qui font des *Cannanefates*, une nation assez redoutable. Il ne faut pas oublier d'observer que le nom de ce peuple est *Canninefates*, d'après une inscription rapportée par Gruter ; il est probable que les *Canninefates* ou *Cannanefates* s'étendaient un peu au-delà de l'île Batave proprement dite, puisque Velleius les place dans la Germanie : ils furent domptés par Tibère, mais sous le règne d'Auguste, et vers l'an 4 de Jésus-Christ.

Dans le commencement du règne d'Auguste, on ne connaissait rien au-delà de l'île des Bataves, à peine soumise ; mais lorsque Drusus, douze ans avant l'ère chrétienne, eut pénétré dans l'intérieur du pays de ces redoutables Germains ; lorsqu'il se fut avancé jusqu'à l'*Amisius* ou l'Ems ; lorsque l'année suivante il fut parvenu jusqu'au Weser, et trois ans après jusqu'à l'Elbe ; alors les Romains, qui jusqu'à cette époque s'étaient contentés de repousser les Germains sur leur territoire, ou n'avaient fait chez eux que de légères incursions, firent avancer leurs armées

---

[1] Voyez Gossellin, *Recherches*, tom. IV, p. 91, 98 et 159, p. 101 à 120.

jusque dans le centre de la Germanie. Tibère porta le premier les aigles romaines victorieuses jusque sur les bords de l'Elbe[1] : alors non seulement on fortifia par des positions militaires, par des villes et des colonies, les rivages Gaulois du Rhin, mais presque partout on forma des établissemens sur la rive opposée, afin d'être entièrement maître de la navigation. Ces positions furent singulièrement multipliées sur les bords de l'île des Bataves, parce que cette portion de l'Empire, entrecoupée par des marais et des lagunes, présentait plus de facilité aux Barbares pour la défense et pour l'attaque, et parceque les habitans, plus féroces et moins civilisés, avaient aussi plus besoin d'être contenus. Drusus fit agrandir le lit du Rhin à l'endroit ou il détache le bras le plus oriental qui se rend à la mer, ce qui forma le canal qui porta le nom de son auteur. Ce canal se trouve aujourd'hui représenté par cette partie de l'Yssel qui s'étend d'Arnheim à Doesburg. Par là Drusus facilita, ou plutôt établit, la navigation jusqu'au lac *Flevo* et jusqu'à la mer : il opposa une nouvelle barrière aux Germains ; il agrandit de ce côté le territoire de l'Empire ; il recula les limites de la Gaule jusqu'aux rives de la branche orientale du Rhin de Ptolémée, le *Flevus fluvius*, l'Yssel. La branche occidentale du Rhin de Ptolémée, presque anéantie par la rivière artificielle nommée le Leck, que l'on creusa dans le viie siècle, fut augmentée par une digue que Drusus avait fait construire pour rete-

---

[1] Dio Cassius, liv. LIV, §. 33, p. 763 ; liv. LV, §. 1er, p. 770 et 771. — Velleius Paterculus, lib. II, cap. 106, p. 517 et 518. — Dio Cassius, lib. LV, cap. 28, p. 801 et 802.

nir les eaux qui tendaient à s'échapper au midi. Cette digue resserrait le lit du Rhin vis-à-vis Wikby-Duûrstede [1], afin de rendre l'écoulement des eaux moins rapide et d'en faire refluer une partie dans le Rhin oriental, ou le nouveau canal. Drusus ne termina pas entièrement ce grand ouvrage. Soixante-trois ans après, Paullinus Pompeius le fit achever; et la manière dont Tacite s'exprime à ce sujet prouve que cette digue n'était point en travers du fleuve, comme quelques auteurs modernes l'ont cru, mais qu'elle en suivait les rives et en resserrait le lit [2]. Cette digue nous explique pourquoi Pline a dit, en parlant de ce bras du Rhin, *modicum alveum*, et Tacite, *servatque nomen et violentiam cursus*. Il n'y a point, comme on l'a cru, de contradiction entre ces deux auteurs, et on conçoit facilement comment une rivière peut être à la fois étroite et rapide.

L'extension que prit de ce côté la Gaule, du temps d'Auguste, se trouve encore prouvée par Ptolémée, qui de son temps termine cette contrée à l'embouchure orientale du Rhin. Les mesures démontrent que l'embouchure orientale du Rhin, dans Ptolémée, est celle que l'on connait aujourd'hui sous le nom de Flie-Stroom, entre les îles de Flieland et de Schelling, qui représente l'ancienne embouchure du *Flevum* ou de l'Yssel, avant que la grande inondation

---

[1] Menso-Alting, p. 54, Carte v, *Descript. agri Frisii; Notitia Bataviæ et Frisiæ*, 1698, in-folio. — Gossellin, *Recherches*, tom. iv, p. 92 à 101, Cartes 9 et 10.

[2] « Ne tamen segnem militem attinerent, ille (Paullinus) inchoa-
« tum ante tres et sexaginta annos à Druso aggerem *coercendo*
« *Rheno* absolvit. » — Tacit., *Annal.*, lib. xiii, cap. 53. — *Ibid.*,
lib. ii, cap. 6. — Plin., lib. iv, cap. 29 (15).

qui eut lieu dans le XIIIe siècle eût converti en une vaste lagune le *Flevo lacus* des tems anciens; qu'il eût détaché du continent les îles de Schelling et d'Ameland, et englouti sous les eaux les nombreux villages du pays de Stavero[1].

Ces mesures de Ptolémée se trouvent d'accord avec celles d'Agrippa, gendre d'Auguste. «Elles portaient, « dit M. Gossellin, la longueur des rivages, depuis les « Pyrénées jusqu'au Rhin, à 1,800 m. p., c'est-à-dire « à la valeur de 1,440 minutes de dégrés [2], ou de 480 « de nos lieues marines. On trouve à ces mêmes côtes, « depuis le cap Machicaco ou *OEaso promontor.*, « où commençait la Gaule, jusqu'à l'embouchure du « Rhin appelée le passage de Vlie, 1,470′ 30″, ce qui « représente 490 de nos lieues : la différence est de « 10 lieues, et se perd dans de petites sinuosités « que les anciens auront négligées. »

Enfin les mesures de la route tracée dans l'Itinéraire et dans la Table, entre *colonia Agrippina*, Cologne, et *Lugdunum*, Leyde, confirment celles de Ptolémée. Ces mesures, dont jusqu'ici on n'a pas reconnu l'exactitude, et qu'on n'a pas su appliquer sur le terrain, démontrent[3] que plusieurs des villes, villages et postes militaires, que les Romains avaient multipliés sur cette extrême frontière de leur empire, étaient situés au nord du bras du Rhin qui bornait l'île des Bataves; bras qui, dans Ptolémée, est appelé

---

[1] Conférez le *Mém. sur les dix-sept Provinces*, par Desroches, et l'*Histoire des Pays-Bas*, de Guichardin.

[2] Agrippa, *apud Plinium*, lib. IV, cap. 31. Ce passage est mal ponctué dans l'édition d'Hardouin. — Gossellin, *Recherches*, tom. IV, p. 64.

[3] Voyez l'*Analyse des Itinéraires*, tom. III de cet ouvrage.

Rhin du milieu; qui, dans Pline et dans d'autres auteurs, était le Rhin proprement dit. En effet, quoique le Rhin, dans une partie de son cours, eût été en quelque sorte déclaré la limite de l'empire romain, cependant il est facile de prouver que les Romains formèrent des établissemens au-delà de ce fleuve, et qu'ils en occupèrent successivement les deux rives, en s'étendant, pour certains endroits, à une assez grande distance dans l'intérieur des terres, à l'orient du fleuve, ou dans la Germanie. Je ne parle pas du cours du Rhin vers les lieux voisins de sa source, lorsque, se dirigeant de l'est à l'ouest, il coulait comme au sein même de la domination romaine, et qu'il divisait l'Helvétie de la Rhétie, et de la Vindélicie; mais je ne considère ici que cette partie principale du cours de ce fleuve à partir des environs de Bâle, où, se tournant vers le nord, il formait réellement la limite de la Gaule et de l'empire romain. Nous voyons en descendant ses rives que tout le grand-duché de Bâle des modernes, à l'orient du Rhin, était occupé par les Romains, puisque des colonnes milliaires trouvées sur les lieux démontrent l'existence d'une voie romaine, qui pénétrait dans la Germanie, et qui, partant d'*Argentoratum*, Strasbourg, aboutissait à *Aquæ*, qui est Baden moderne, ville bâtie et habitée par des Romains [1]. Plus vers le nord, Ammien Marcellin nous apprend [2] que Valentinien fit construire diverses for-

---

[1] Voyez Schœpflin, *Alsatia illustrata*, tom. 1, où ces colonnes sont gravées : plusieurs se trouvent réunies à la source principale de Baden-Baden, où nous les avons vues en 1833.

[2] Amm. Marcellin, lib. xxxviii, cap. 2, p. 520, edit. Vales.

teresses qui étendaient les limites de la Gaule de ce côté.

C'est au confluent du Rhin et du Mayn, et non dans le duché de Bade, comme le dit d'Anville, qu'une foule de Gaulois romains cultivèrent ces terrains vagues, voisins des *Catti* [1], qui furent surnommés *decumates*, parce qu'ils payaient la dîme de leur fruit : ces terrains étaient entourés d'un rempart dont les ruines existent encore, et qui sont connues sous le nom de Pfahlgraben [2] : *mox limite acto*, dit Tacite en parlant de ces colonisations, *promotisque præsidiis, sinus imperii et pars provinciæ haberetur*. Les *Mattiaci fontes calidi*, de Pline, sont placés par plusieurs auteurs à Wisbaden, dans l'état de Nassau, non sans quelque vraisemblance [3].

Encore plus au nord, et vis-à-vis *colonia Agrippina* ou Cologne, sur l'autre rive du Rhin, les Romains avaient bâti une forteresse dans l'emplacement de Deutz moderne. Ceci est démontré par une inscription trouvée à Deutz même [4]. C'est surtout vers les embouchures du Rhin que les Romains avaient

---

[1] Tacit., *Germ.*, 29.

[2] Mannert, *Geogr. der Griechen und Römer*, tom. III, ch. 10, p. 280 à 291.

[3] Plin., lib. XXXI, cap. 17, tom. VIII, p. 378, edit. Lem. — Amm. Marcell., 19. — Schæpflin, *Alsatia illustrata*, p. 553.

[4] *Deuso*, mentionné dans la Chronique de Jérôme, à l'année 373, « Saxones cæsi Deusone in regione Francorum, » était près de la mer, et doit correspondre à Deynse, comme l'a conjecturé Fréret. — Voyez dom Bouquet, *Recueil des Hist. de France*, tom. I, p. 611. — Ortelius, *Thes.* — Bast., *Recueil d'Antiquités gauloises*, in-4°, 1808, p. 30. — On a trouvé des médailles de Posthume, en bronze et en argent, dont le revers représente un Hercule, avec la légende HERC. DEVSONENSI. — Conférez le *Dictionnaire géogr. des Gaules*, tom. III de cet ouvrage.

cherché à étendre le plus loin possible leur domination à l'orient de ce fleuve : aussi voyons-nous au-delà de l'île Batave, et principalement sur la côte, se continuer la chaîne des positions romaines. Tel était le *Flevum castellum*, forteresse que les Romains avaient bâtie à l'embouchure du lac *Flevo*, probablement dans l'île qui aura retenu de ce lieu le nom de Flieland ou Vlieland, et qui autrefois faisait partie du continent. Plus loin encore était la ville d'*Amisia*, bâtie à l'embouchure de l'Ems. Les vaisseaux romains, après avoir descendu le Rhin, pénétraient dans le bras oriental de ce fleuve jusque dans lac *Flevo*, et après être entrés dans la mer par l'embouchure orientale, ils longeaient la côte et arrivaient à *Amisia*[1]. Tacite, qui décrit très clairement et en détail cette navigation des Romains, ne laisse aucun doute sur l'extension de leur puissance au nord de l'île des Bataves. Il nous en fournit encore une preuve plus formelle, lorsqu'il raconte la révolte des *Frisii*[2]. Nous y voyons ce peuple qui habitait au nord des Bataves, et entre le Rhin du milieu et le Rhin oriental, refuser de payer l'impôt et s'insurger. « Le sénat, dit Tacite en terminant son ré-
« cit, fut peu touché qu'on déshonorât les *extré-
« mités de l'Empire*. » Donc les extrémités de l'Empire renfermaient les *Frisii*, et ces peuples faisaient partie de la Gaule qui se terminait au Rhin oriental. Olennius, général romain, ayant voulu réprimer ces *Frisii*, fut repoussé par eux, s'enfuit et se réfugia dans le *Flevum castellum*, « où l'on tenait,

---

[1] Tacit., *Ann.*, cap., 63-70, et lib. IV, cap. 5 et 8.
[2] *Id.*, lib. IV, cap. 73 et 74, tom. I, p. 252, édit. de Brottier.

« dit Tacite, un corps assez considérable de légion-
« naires et d'alliés pour défendre cette côte de
« l'Océan [1]. » Julius Capitolinus [2] parle des *Frisii*
au-delà du Rhin, *Frisii transrhenani*, ce qui
prouve qu'on les distinguait des *Frisii* en deçà du
Rhin. Or, comme l'espace de terrain compris entre
le Rhin proprement dit et le Wahal fut de tout
temps occupé par les Bataves, il ne reste aux *Frisii*
que le territoire renfermé entre le Rhin et l'Yssel :
donc cette dernière rivière était réputée une branche
du Rhin, puisque les peuples qui habitaient au-delà
étaient nommés Transrhénans.

Lorsque Civilis, à la fin du cinquième livre de
l'Histoire de Tacite, demande à conférer avec le général romain, l'historien nous apprend que cette
conférence eut lieu, non sur les bords du Rhin,
mais sur ceux du fleuve *Nabalia*. Or il y a tout lieu
de présumer que le *Nabalia flumen* [3] est l'Yssel ou
la branche orientale du Rhin. En effet, nous ne
voyons dans aucun auteur que cette branche jusqu'à
son arrivée dans le lac ait porté le même nom qu'à
son embouchure, qui s'appelait *Flevum* lorsqu'elle
sortait du lac dans la mer. Il est probable qu'il
en était de cette branche comme de celle qui se
rendait dans la Meuse, et qui portait dans le commencement le nom de *Vahalis*, pour prendre ensuite celui de *Mosa*, et enfin celui d'*Helium* ; mais
nous voyons dans Ptolémée [4] une position nommée
Navalia, qui est la première de la Germanie, et

---

[1] Tacit., *Ann.*, lib. IV, cap. 72, tom. 1, p. 501, edit. Lem.
[2] Julius Capitolinus, p. 81.
[3] Voyez ci-dessus, tom. 1, p. 497. — Tacit., *Hist.*, lib. V, cap. 26.
[4] Ptolem., *Geogr.*, lib. II, cap. 11, p. 54 (59).

qui se trouve précisément sur les bords de la branche orientale du Rhin qui est l'Yssel, ainsi que les mesures le démontrent [1]. Ceci semble achever de prouver que l'Yssel, dans une partie de son cours, se nommait *Nabalia* ; et puisque la conférence eut lieu sur les bords de ce fleuve, il est évident qu'il formait alors la limite de l'empire romain et de la Gaule. Cette limite paraît avoir été tracée par le canal de Drusus ou l'Yssel moderne, depuis Arnheim jusqu'à Doesburg, et ensuite par le *Nabalia* ou *Navalia*, nom qui provenait peut-être des vaisseaux, *naves*, que les Romains y tenaient en station pour les besoins de la navigation, ou pour la défense des frontières. Ainsi le *Navalia*, l'Yssel, jusqu'à son entrée dans le lac *Flevo*, ensuite la rive orientale de ce lac, et le *Flevus fluvius*, depuis sa sortie du lac *Flevo* jusqu'à l'embouchure orientale du Rhin, nommée *Flevum ostium*, terminaient la limite.

Il suffit de jeter les yeux sur une carte détaillée de ce pays, pour apercevoir les motifs qui empêchèrent les Romains de multiplier leurs positions trop loin au nord de l'île des Bataves, et pour leur ôter toute idée de tracer une route dans un pays tout entrecoupé de marais. Il leur suffisait d'être maîtres de la côte et de la navigation du fleuve; ils n'avaient pas besoin de placer des postes militaires dans un pays que la nature défendait suffisamment : ils ne cherchèrent donc jamais à défricher par eux-mêmes un sol ingrat, presque noyé sous les eaux : il leur suffisait d'avoir assujetti à payer l'impôt les habitans demi-barbares de cette humide et froide contrée.

[1] Voyez Gossellin, *Recherches*, tom. IV, p. 64, 69, 91, 101 et 159.

Cependant, avant que les Romains eussent pénétré si loin vers le nord, avant qu'ils eussent pratiqué la voie romaine qui conduisait droit à *Lugdunum*, Leyde, ou près de l'embouchure occidentale du Rhin, route qui tantôt se dirigeait au nord et tantôt au midi du fleuve [1], les limites de la Gaule et de l'empire romain se terminaient à la branche du Rhin qui cerne au nord l'île des Bataves. Et comme cette branche du Rhin conservait spécialement le nom de ce fleuve, tandis que celle qui se rendait dans la Meuse portait celui de *Vahalis*, et que celle qui était la plus orientale était encore désignée sous un autre nom, il en résulta quelque confusion dans les écrits des géographes de l'antiquité. Cette confusion fut encore augmentée par les travaux faits à la branche orientale du Rhin par Drusus, qui, depuis cette époque, fut mieux connue, mais qui tantôt fut considérée comme un bras du fleuve, et tantôt comme un canal de communication avec la mer. Le peu d'habitations romaines qui existaient entre le Rhin proprement dit, et sa branche orientale, le peu de connaissance détaillée et précise que l'on avait de ce pays ingrat, le peu d'intérêt qu'on y prenait, contribuaient encore à entretenir cette confusion.

Ainsi, quoique César eût dit, dès le principe, que le Rhin se perdait dans la mer par plusieurs embouchures [2], Asinius, qui écrivait au commencement du règne d'Auguste ou un peu avant, ne voulait recon-

---

[1] Voyez l'*Analyse des Itinéraires*, tom. III de cet ouvrage. — D'Anville a tout placé au midi du Rhin, et il a dérangé toutes les mesures.

[2] *Multis capitibus in Oceanum influit;* Cæsar, *de Bello gall.*, lib. IV, cap. 20. — Voyez ci-dessus, tom. I, p. 495.

naître que deux bras du Rhin, et reprend ceux qui lui en donnaient davantage [1]. Strabon paraît avoir puisé dans Asinius la mesure des côtes septentrionales de la Gaule, qu'il applique à tort a toutes les côtes de l'Ibérie et de la Gaule baignées par l'Océan. Cette mesure, qui est de 5,000 stades, répond juste en stades de 500 à la distance du cap Saint-Mahé, à l'ancienne embouchure du Rhin : ce qui prouve encore que, du temps d'Asinius, la Gaule se terminait à l'embouchure du bras occidental, limite de l'île Batave [2]. Virgile dit *Rhenusque bicornis* [3] : donc l'opinion dominante de son temps était que le Rhin n'avait que deux bras principaux. Cette opinion pouvait provenir de ce que l'on considérait le Wahal non comme bras du Rhin, mais comme appartenant aussi bien à la Meuse qu'à ce fleuve, et de ce qu'on appliquait le nom de canal de Drusus à tout le cours de l'Yssel, ou à tout le bras oriental du Rhin ; car je ne dois pas oublier d'observer que Ptolémée seul a fait mention de l'embouchure moyenne du Rhin, que ses mesures portent à Bakkum [4]. Le bras qui formait cette embouchure est celui qui, encore aujourd'hui, se détache du Rhin à Daûrstede, en conservant le nom de Kromme-Rhyn, Rhin bicorne,

---

[1] Asinius, apud Strab., lib. IV, p. 193 (294); tom. II, p. 50, de la trad. franç.

[2] Voyez Gossellin, *Recherches*, tom. IV, p. 91 à 156, et les Cartes n°s 9 et 10. — Tacit., *Hist.*, lib. V, cap. 15, 19.

[3] Virgil., *Æn.*, VIII, vers. 727. — Claudien, XXI, vers. 199, nomme région bifide, *bifidos tractus*, l'île des Bataves; et VIII, vers. 652, fait mention des cornes du Rhin, *cornua Rheni*; il faut voir le contre-sens singulier que fait à ce sujet son traducteur français.

[4] Ptolem., lib. II, cap. 9, p. 52 (48), edit. Bert.

qui se bifurque de nouveau à Utrecht, pénètre dans le Pampus, sous le nom de Vecht, en ressort sous le nom de Zaan, et se perd ensuite dans les sables près de Bakkum. L'origine de cette branche était trop près de la mer et formait un cours d'eau trop peu étendu, pour qu'elle pût être considérée comme différente de celle dont elle dérivait, par des auteurs qui ne décrivaient pas les rivages, comme Ptolémée, mais le cours du Rhin dans l'intérieur des terres, et les principaux embranchemens qu'il forme lorsqu'il se décharge dans la mer.

L'examen des différens auteurs qui ont parlé du Rhin confirme ce que je viens d'avancer.

Ainsi, quoique Tacite connût parfaitement la branche orientale du Rhin, qui communiquait avec le Rhin proprement dit par le canal de Drusus, il ne donne cependant que deux branches au Rhin, et à l'exemple de César il conserve à celle qui est au nord le nom de Rhin, et nomme l'autre *Vahalis*. Aussi nomme-t-il les *Frisii*, dont une partie du moins étaient renfermés entre le Rhin et l'Yssel, un peuple au-delà du Rhin[1] ; mais cependant dans la suite de son récit, ainsi que nous l'avons remarqué tout à l'heure, il considère les *Frisii* (du moins en partie) comme étant sous la domination des Romains.

Mela eut connaissance de la branche la plus orientale du Rhin ; mais comme il ne mentionne pas le Wahal, il ne donne au Rhin que deux bras, l'un qui coule à gauche, auquel il conserve le nom de Rhin proprement dit (c'est le bras occidental de Ptolémée,

---

[1] Tacit., *Ann.*, lib. 11, cap. 6. — *Hist.*, lib. v, cap. 26.

dont l'embouchure était à Zandwoort), l'autre à droite, qui, selon sa description, s'épanchait en formant le lac *Flevo*, et entourait l'île du même nom, puis resserrait de nouveau ses rives, et se prolongeait jusqu'à la mer sous la forme d'un fleuve. On sait en effet qu'avant les grandes inondations du xiii° siècle, le Flie était si peu large entre Enckhuysen et Staveren, qu'en 1203 on allait encore à pied et à cheval de l'une à l'autre de ses rives ¹ : ce qui s'accorde très bien avec la description de Mela ². Son *Venetus lacus* est évidemment le Boden-See, ou lac Constance, et son *Acronium lacus* est le Zeller-See, qui communique au lac Constance par un canal étroit et court ³.

Pline donne au Rhin trois embouchures, et quoiqu'il intervertisse l'ordre géographique dans son énumération, en rapprochant son texte de la description si détaillée de Mela, il devient évident que l'*Helium ostium* est l'embouchure du Wahal et de la Meuse réunis, que c'est l'*immensum Mosæ os* de Tacite : l'ancienne dénomination se conserve dans celle de Hel-Boet et de Bri-Hel, que portent encore les deux canaux de la Meuse, séparés par l'île de Rosenburg, près de son entrée dans l'Océan. Pline nomme *Flevum* l'embouchure la plus orientale, et conserve au bras intermédiaire, qui bornait l'île des Bataves, le nom de Rhin. Malgré ces notions si exactes et si complètes, Pline ⁴, arrêté par ce nom de Rhin, que porte le bras intermédiaire, semble in-

---

¹ Voyez Desroches, *Mém. sur les dix-sept Provinces*, p. 9.
² Mela, lib. ii, cap. 2, tom. i, p. 84, édit. de Tzschuck.
³ Voyez Leichtlen, *Schwaben unter den Röm.*, charte n° 3.
Plin., lib. iv, cap. 29 (15), tom. ii, p. 353, edit. Lem.

décis s'il doit donner les embouchures du Rhin à la Germanie ou à la Gaule, et il prend le singulier parti de les donner successivement à toutes deux. En effet, à la suite de la description de la Germanie, il place la description du pays renfermé entre les différens bras du Rhin, sans omettre l'île des Bataves. Dans le chapitre suivant, il décrit la Grande-Bretagne et les îles qui sont au nord, telles que *Scandia, Nerigon* ¹, *Thule*. Ensuite il passe à la Gaule, en commençant par la Belgique; et parmi les peuples qui en font partie, il nomme encore les *Frisiabones*, dont il a déjà fait mention dans la description de la Germanie. Enfin il termine sa description de la Belgique en nommant de nouveau les *Batavi*. Puis, il ajoute : « Et les peuples que j'ai « déjà nommés dans les îles du Rhin, *et quos in in-* « *sulis Rheni diximus,* » c'est-à-dire les *Frisii*, les *Chauci*, les *Sturii*, les *Marsatii*, qu'il a précédemment nommés dans les îles que l'on trouve entre l'*Helium* et le *Flevum*, les deux embouchures du Rhin les plus éloignées : ces îles étaient formées par des rivières, des marais et des lagunes. De même Tacite place les *Canninefates* dans la Gaule, tandis que Velleius Paterculus ² en fait un peuple de la Germanie, parce qu'ils s'étendaient au nord de ce bras du fleuve qui avait conservé le nom de Rhin, et qu'on

---

¹ Plin., lib. iv, cap. 3o (16), tom. ii, p. 358, edit. Lem. — C'est bien à tort que l'on a voulu appliquer ces noms à la Norwége et à la Suède. C'est dans les Hébudes, dans les îles Orcades et en Irlande, qu'il faut les chercher. Scanda est probablement Sanda dans les Orcades, et je soupçonne que Nerigon est l'île de Lewis, dans laquelle on trouve un promontoire nommé Néry.

² Tacit., lib. iv, cap. 15. — Velleius, lib. ii, cap. 15.

avait été habitué à considérer long-temps comme la limite de la Gaule.

Les *Frisii* mentionnés par Pline, Tacite, Ptolémée, l'auteur de la Table de Peutinger et Æthicus, paraissent avoir été le peuple principal de toute la contrée au nord des Bataves. Ce sont eux qui ont donné leur nom à une partie de ce pays, qui est nommé *Friseus*, dans une ancienne inscription [1]. Tacite confirme la position que Pline leur assigne, lorsqu'il dit que les *Frisii* entourent le lac immense de *Flevo*; mais ils s'étendaient aussi au-delà de la branche orientale du Rhin, et ne faisaient plus alors partie de la Gaule. Aussi Tacite les distingue très bien en deux portions : les *Frisii majores*, qui se trouvaient à l'est du Zuyder-Zee, dans les seigneuries de Frise, de Groningue et d'Over-Yssel, et les *Frisii minores* [2], qui paraissent être les *Marsatii* de Pline, et qui occupaient la West-Frise, la Nord-Hollande et la seigneurie d'Utrecht.

Les *Sturii* on dû se trouver à l'orient du lac Flevo.

Les *Chauci*, qui habitaient de même, ainsi que nous l'indique Tacite, entre l'Ems et le Weser, ont dû occuper l'extrémité nord-est du lac Flevo, dans le comté de Drent.

Quoi qu'il en soit de la position de ces différens peuples, sur laquelle on ne peut faire que des conjectures plus ou moins vagues, il est évident que le texte de Pline, d'accord avec celui de Ptolémée, prouve que l'île, ou les îles, comprises entre le Rhin

---

[1] Menso-Alting., *Notitia Germ. inferioris antiquæ*, p. 72. — Id., *Descr. Frisiæ*, p. 60. — Mannert, *Geogr. der Alten.*, t. III, p 300.
[2] Tacit., *Ann*, lib. XIII, cap. 2.

proprement dit et l'Yssel, c'est-à-dire les provinces de Hollande, d'Utrecht et d'Arnheim, faisaient aussi partie de la Gaule, dont les limites étaient la branche orientale du Rhin, ou l'Yssel, la côte septentrionale du Zuyder-Zee, et le canal du Zuyder-Zee, connu sous le nom de Flie-Stroom.

Cependant plusieurs savans, ne faisant point attention au témoignage formel de Ptolémée et au récit de Tacite, ni aux mesures des Itinéraires, ont pris partie pour l'un ou pour l'autre des chapitres de Pline, où le territoire situé entre les bouches du Rhin se trouve successivement attribué à la Gaule et à la Germanie.

D'après le chapitre sur la Germanie, Junius a voulu enlever à la Gaule l'île des Bataves [1], tandis que Pontanus et Cellarius, frappés de l'idée que l'île des Bataves était le dernier pays de la Gaule, vers le nord, et sachant bien que la Gaule se terminait à la branche orientale du Rhin, qui est l'Yssel, ont agrandi cette île des Bataves, et lui ont aussi attribué tout le territoire situé entre l'Yssel ou le Rhin oriental, et le Rhin proprement dit : ce qui contredit le témoignage de tous les auteurs de l'antiquité, et notamment de Pline, qui nous donne la mesure de l'île des Bataves avec la plus exacte précision, et qui dans les deux chapitres dont il est question, après avoir mentionné cette île, nous dit expressément qu'il y a encore d'autres îles entre l'*Helium* et le *Flevum*, ou entre les deux branches extrêmes du

---

[1] Pline et Ptolémée placent l'île des Bataves dans la Belgique, et Tacite dit en termes exprès : *Batavi exigua Galliarum portio*. — Tacit., *Hist.*, lib. IV, cap. 32.

Rhin. D'un autre côté, Cluvier, Menso-Alting et d'Anville, qui restreignent l'île des Bataves dans ses justes limites, mais qui considèrent le bras du Rhin, renfermant au nord les *Batavi*, comme l'extrême frontière de la Gaule, ne s'accordent ni avec Pline, ni avec Tacite, ni avec Ptolémée; ils ont donné à la Gaule ancienne moins d'étendue qu'elle n'en a eu réellement : tous les géographes qui les ont suivis, Wastelain [1], Mannert et autres, ont embrassé cette erreur.

Cette erreur, comme c'est l'ordinaire, en a entraîné plusieurs autres. Persuadés que le bras intermédiaire était la limite de l'empire romain, et que toutes les positions de lieux devaient être au midi de ce bras, et non au nord, Cluverius, d'Anville et autres, les ont presque tous mal placées. Tacite, dans le cinquième livre de son Histoire, relativement à la guerre de Civilis en Batavie, mentionne un grand nombre de ces lieux; et comme les commentateurs et les traducteurs de ce grand historien ne pouvaient bien comprendre, sans le secours de cartes géographiques, les marches des armées décrites dans cette partie de son ouvrage, ils ont eu recours à Cluverius et à d'Anville. Dans l'impossibilité cependant où ils se sont trouvés de concilier avec les cartes de ces deux auteurs les récits de Tacite, ils ont, dans leurs traductions, défiguré le texte par des contre-sens manifestes, où l'ont obscurci et embrouillé, dans leurs commentaires, par leurs étranges inter-

---

[1] L'ouvrage de Wastelain a été publié une année plus tard (1761), que la Notice de la Gaule de d'Anville; mais il n'a pas eu connaissance de son ouvrage. Il aura suivi Cluvier.

prétations[1]. Comme il y a dans la route romaine qui conduit à *Lugdunum*, Leyde, une portion des distances indiquées dans l'Itinéraire en milles romains, et une autre portion en lieues gauloises[2], d'Anville n'a pu les appliquer avec exactitude sur le local, parce qu'il n'a pas aperçu ce mélange de deux mesures différentes, qui a eu lieu dans quelques parties de l'Itinéraire, quoique rarement. Voilà pourquoi il a contourné cette route d'une manière si étrange, pour pouvoir aboutir aux lieux que des recherches antérieures, et des analogies évidentes dans les noms, avaient déterminés d'avance. Il en résulte que les mesures des Itinéraires sont devenues inutiles à d'Anville pour retrouver les positions qu'on ne pouvait découvrir que par ce moyen. Aussi, avec sa Carte aussi bien qu'avec celle de Cluverius, on comprend mal les récits de Tacite. Le dernier, et peut-être le plus ingénieux commentateur de cet historien[3], celui qui paraît l'avoir étudié avec le plus de ténacité, s'est bien aperçu de l'insuffisance de la Carte de d'Anville et de celle de Cluverius, et il n'a trouvé d'autre moyen, pour expliquer son auteur, que de placer les noms des lieux dans une situation à peu près semblable à celle où le texte de Tacite les exige, mais sans aucun égard aux mesures des Itinéraires, à la configuration actuelle du terrain, et aux textes des autres auteurs qui ont parlé de ces même lieux.

[1] Voyez les notes de Brottier, et celles de Dotteville et de Dureau de La Malle.

[2] Voyez l'*Analyse des Itinéraires*, tom. III de cet ouvrage.

[3] Edme Ferlet, *Observations littéraires, critiques, politiques et militaires sur les Histoires de Tacite*, 2 vol. in-8°, tom. II, p. 184.

Il a ainsi construit une Carte imaginaire, qui ne peut remplir aucun but, et qui surtout ne jette aucune lumière sur le texte qu'elle est chargée d'éclaircir, puisqu'elle ne dit rien de plus que le texte même d'après lequel elle a été dressée. J'ai développé tout cela dans un Mémoire particulier [1] : il me suffit dans cet ouvrage d'avoir mis le lecteur sur la voie. Je me contenterai d'ajouter qu'en plaçant *Lugdunum* à Leyde; *Vada*, à Wageningen; *castra Herculis*, à Hervelt; *Arenatio*, à Arth, près d'Herwen; *Burginatio*, à Schankenschantz, ou au point de séparation du Wahal ou du Rhin; *Carvone*, à Rheenen; *Grinnibus*, à Warich et à Bochstein; *Tablis*, à Ablas; *Batavodurum*, à Wykby-Duûrstede, ainsi que le prouvent les mesures anciennes confirmées sur plusieurs points par des monumens historiques, on verra s'évanouir toutes les difficultés qu'on a cru trouver dans cette partie de l'ouvrage de Tacite, et disparaître les prétendues contradictions qu'il présente avec les autres auteurs qui ont parlé de ces lieux.

Les conquêtes des Romains avaient changé les idées des anciens, et particulièrement des Grecs, sur la Celtique. Selon un fragment important de Denys d'Halicarnasse, dont nous devons la découverte à M. Angelo Maio [2], les Grecs, comme au temps d'Éphore, faisaient sous Auguste commencer la Celtique au *Zephyros*, ou au couchant équinoxial; mais ils

---

[1] *Mém. géograph. sur la Guerre de Civilis en Batavie*, ms., et ci-après, *Analyse des Itinéraires*, tom. III de cet ouvrage.

[2] Dionys. Halicarn., lib. XII à XX, ch. 26 et 27, *apud Scriptor. veter. nov. collect. ex Vatican. Codic. editæ* ab Angelo Maio, tom. II, p. 486.

étendaient cette contrée vers l'orient, jusqu'au méridien qui passe par le pôle boréal, lui attribuant, non pas le quart du monde habitable, mais presque le quart de l'Europe[1]. Cette contrée, selon eux, formait un carré. A l'orient, les Alpes; à l'occident, la mer; au sud, les Pyrénées et la Méditerranée, composaient, sur trois de ses quatre côtés, ses bornes et ses limites naturelles : le quatrième côté, ou le côté septentrional, était formé par les frontières des Scythes et des Thraces, que l'on ne connaissait pas bien, et par l'*Ister* ou le Danube. Mais il est important de remarquer que, dans ce vaste carré de la Celtique, on comprenait non seulement la Gaule, mais encore la Germanie. Le Rhin, considéré comme le plus grand fleuve d'Europe après l'*Ister*, le Danube, coupait en deux la Celtique; et par conséquent, selon les idées systématiques des géographes grecs de cette époque, il coulait de l'est à l'ouest, et avait au sud la Gaule, et au nord la Germanie : la Gaule, qui s'étendait depuis le Rhin jusqu'aux Pyrénées; la Germanie, qui, depuis la forêt d'Hercynie, se prolongeait jusqu'aux monts Riphées, et jusqu'aux limites des Scythes et des Thraces. De ces deux parties de la Celtique, la Gaule était considérée comme fertile, abondante en fruits, et très propre à la nourriture des bestiaux. Selon les uns, un géant nommé Celtus, qui y avait régné, avait donné son nom à toute la Celtique; selon les autres, un fleuve qui descend des Pyrénées, nommé *Celtus* (la Garonne), de la contrée qu'il arrosait, fournissait la véritable

---

[1] Voyez ci-dessus, tom. I, p. 209.

étymologie de ce mot. Comme ce fut le premier fleuve considérable que les Grecs découvrirent et rencontrèrent, en longeant les côtes de l'Océan atlantique, ils se servirent du nom qu'il portait pour désigner la plus occidentale des quatre grandes portions du monde habitable. Enfin, selon d'autres, les Grecs, dans leurs premières navigations dans ce pays, ayant trouvé dans le golfe gaulois, le golfe de Gascogne, des habitans plus civilisés que ceux qu'ils avaient rencontrés jusque-là, nommèrent ce pays pour cette raison Κελσικὴν, et ce mot, par le changement d'une seule lettre, a produit le mot de *Celtica*. Tel est l'exposé de Denys d'Halicarnasse.

TROISIÈME PARTIE.

DEPUIS LA FIN DU RÈGNE D'AUGUSTE, OU L'ENTIÈRE CONQUÊTE DE LA GAULE TRANSALPINE ET LA SOUMISSION DES PEUPLES DES ALPES, JUSQU'A LA CHUTE DE L'EMPIRE D'OCCIDENT.

CHAPITRE I.

Depuis la fin du règne d'Auguste jusqu'à la fin du règne de Vespasien, ou depuis l'an 14 de J.-C., jusqu'à l'an 79 de J.-C.

A. — De la Gaule transalpine.

Les deux Gaules sont décrites : il ne nous reste plus qu'à faire connaître les changemens successifs qu'elles éprouvèrent dans leurs subdivisions en provinces, et les lieux dont la fondation, ou l'apparition dans l'histoire, paraît postérieure au siècle d'Auguste.

Les Romains avaient succombé dans le projet qu'ils avaient formé de soumettre à leur joug les peuples de la Germanie : le sang des légions de Varus avait cimenté la liberté de cette contrée[1]. Les empereurs qui succédèrent à Auguste se contentèrent de contenir ces nations belliqueuses par des légions qu'ils entretenaient le long du Rhin, par des forts qu'ils y construisirent, ainsi que par des camps fortifiés, toujours garnis des meilleures troupes de l'Empire.

L'organisation militaire de cette frontière pro-

---

[1] Dio Cassius, lib. LVI, c. 19 et 20, p. 820 et 821, edit. Reim.

duisit une division en quelque sorte toute militaire. La subdivision qu'elle opéra commença dans la Belgique, plus que toute autre province exposée aux incursions des Barbares. Tacite nous fait connaître une *Belgique* proprement dite, une *Germanie inférieure* et une *Germanie supérieure* [1]. C'est par une suite de cette distinction que Pline dit que la *Belgique* s'étend de la Seine à l'Escaut. « *A Scaldi ad* « *sequanam Belgica,* » ce qui n'était vrai qu'en séparant la Belgique de la Germanie inférieure de Tacite, qui écrivit peu de temps près Pline. Ce dernier indique même encore assez clairement ces deux divisions ou provinces [2], lorsqu'en faisant l'énumération des divers habitans de la Belgique, il mentionne à part, et comme nation germanique habitant sur les bords du Rhin, les *Vangiones,* les *Triboci* et les *Nemetes,* trois peuples qui formèrent depuis la province appelée *Germanie supérieure;* cependant Pline a soin d'observer que ces trois peuples se trouvent aussi dans la Belgique *in eadem provincia* [3].

Ptolémée ne fait aussi mention des deux Germanies que comme de sous-divisions de la Belgique [4]. Dion Cassius [5] parle aussi de ces deux sous-divisions : l'une, supérieure, qui commence aux sources du Rhin; l'autre, inférieure, qui s'étend jusqu'à l'Océan bri-

---

[1] Tacit., *Ann.*, XIII, 53, et *Hist.*, I, 9, 12, 58, 59. — *Ann.*, III, 41; IV, 73 : « Inferioris Germaniæ proprætori, vexilla legionum e superiore provincia adcivit. » — Voyez Labarre, *Mémoires de l'Acad. des Inscript.*, tom. VIII, p. 404.

[2] Plin., lib. IV, cap. 31 (17), tom. II, p. 358, edit. Lem.

[3] Plin., lib. IV, cap. 31, (17).

[4] Ptolemæus, lib. II, cap. 9, p. 49 (53).

[5] Dio Cassius, lib. LIII, p. 704, edit. Reim.

tannique, sous le nom de Germanie. Dans chacune d'elles il y eut un lieutenant militaire qui obéissait au gouverneur général de toute la Belgique, comme on le voit à l'égard de Drusus, sous le règne d'Auguste, et à l'égard de Germanicus, sous celui de Tibère[1]. Ces deux Germanies furent principalement composées des peuples germains qui avaient été transplantés dans la Gaule, les *Ubii*, les *Tungri*, les *Vangiones*, les *Nemetes* et les *Tribocci*. De Marca a voulu attribuer cette sous-division à Tibère; Saumaise[2], à Hadrien. Les auteurs de l'histoire de Languedoc[3] la reportent au temps de Néron, mais de Labarre a très bien prouvé qu'elle eut lieu dès le règne d'Auguste.

Le général qui commandait sur toute la frontière, non seulement avait la suprématie dans toute la Belgique, mais encore chez les *Sequani* et les *Helvetii*, qui faisaient partie de cette frontière. Par cette raison on réunit les *Sequani*, les *Helvetii*, et même les *Lingones* et les *Leuci*, à la Belgique. Cette réunion se trouve prouvée par les textes de Pline et de Ptolémée, qui comprennent dans la Belgique ces peuples de la Celtique de César, quoiqu'on ne puisse cependant déterminer l'époque précise de ce changement. Cette réunion agrandit considérablement la Belgique, en restreignant d'autant la Celtique, sur laquelle on avait déjà tant pris pour former la nouvelle Aquitaine. Cet agrandissement de la Belgique

---

[1] Voyez Tacitus, *Ann.* XIII. — *Id., Ann.* I. — Labarre, *Acad. des Inscript.*, tom. VIII, p. 404.

[2] Salm., *Epit.* 6.

[3] *Hist. du Languedoc*, tom. I, p. 625.

fut le second changement considérable qu'éprouva la division des Gaules, depuis la conquête faite par les Romains; l'agrandissement de l'Aquitaine ayant été le premier. Mais on ne doit pas oublier que la Gaule transalpine, malgré ce changement, comme au temps de César, resta toujours divisée en quatre parties : la Narbonnaise, l'Aquitaine, la Celtique et la Belgique; seulement les limites de ces divisions furent très différentes. Les deux Germanies ne doivent être considérées que comme deux réunions de petits peuples germaniques nouvellement transplantés dans la Gaule, et mis par cette raison sous un commandement militaire. Elles ne formaient pas plus, à l'époque dont nous nous occupons, des provinces distinctes et séparées, que les autres peuples de la Gaule contenus dans les quatre divisions générales. Aussi Ptolémée, qui écrivait sous Hadrien, ne connaît encore que quatre divisions, et son texte, combiné avec celui de Pline, nous prouve que du temps de ces deux auteurs, et antérieurement, la Gaule était divisée de la manière suivante :

1°. PROVINCIA NARBONENSIS. La Narbonnaise d'Auguste.

2°. — AQUITANIA. L'Aquitaine d'Auguste.

3°. — LUGDUNENSIS. La Lyonnaise d'Auguste, en retranchant les *Sequani*, les *Helvetii*, les *Lingones* : ce qui porte en général les limites de cette province, au midi, à la Loire; et, à l'orient, à la Saône.

4°. PROVINCIA BELGICA. La Belgique d'Auguste, plus les *Sequani*, les *Helvetii* et les *Lingones;* mais cette dernière grande division présentait les subdivisions suivantes :

(A). *La Belgique proprement dite,* qui s'étendait entre la Seine et l'Escaut, et qui, vers l'orient, renfermait aussi dans ses limites les *Sequani*, les *Helvetii* et les *Lingones*.

(B). *Germania inferior*. La Germanie inférieure ou seconde, qui s'étendait entre l'Escaut et le Rhin, et qui, au midi, descendait jusqu'à l'*Obringa* ou l'*Obrincus fluvius :* mais on ne sait pas bien quelle est cette rivière, dont Ptolémée seul a parlé; nous pouvons cependant déterminer les limites de la Germanie seconde ou inférieure d'après les villes que cet auteur a inscrites dans cette sous-division de la Belgique. Ces villes sont les suivantes :

Batavodurum, Wykby-Duûrstede; *Vetera civitas,* Buderich; *legio trigesima Ulpia,* Alpen, confondu à tort par Ptolémée avec *Agrippinensis,* Cologne; *Bonna,* Bonne; *legio prima,* ou *Trajana legio,* Kellen; *Moguntiacum,* Mayence.

J'ai déterminé avec plus d'exactitude qu'on n'avait fait jusqu'ici les positions de ces différens lieux, par le moyen des mesures de l'Itinéraire et de la Table, pour la route ¹ romaine qui partait de Milan ou du centre de l'Italie, qui traversait les Alpes, et qui, suivant ensuite constamment les rives du Rhin,

---

¹ Voyez l'*Analyse des Itinéraires,* tom. III de cet ouvrage. — Ptolem., *Geogr.,* lib. II, cap. 9, p. 49 (53).

aboutissait à Leyde, *Lugdunum*, ou au rivage de l'Océan. Si le texte de Ptolémée est exact, *Moguntiacum*, Mayence, qui depuis a été la métropole de la Germanie supérieure ou première, lorsque ces subdivisions de la Belgique furent érigées en provinces particulières, fut d'abord attribuée à la Germanie seconde ou inférieure. On a pensé qu'il y avait dans cet endroit dérangement ou erreur dans le texte de Ptolémée; et en donnant aux deux Germanies les mêmes limites qu'elles ont dans Ammien Marcellin, et dans la Notice de l'Empire, on a placé l'*Obringa fluvius* à l'Ahr. Mais si l'on s'en tient au texte de Ptolémée, l'*Obringa fluvius* doit être au midi de Mayence; nous n'avons aucun moyen de nous décider entre ces diverses autorités qui se combattent; nous rappellerons seulement, que c'est l'admission de ces deux divisions de la Germanie inférieure et de la Germanie supérieure qui restreignit à l'est les territoires des *Treveri* et des *Mediomatrici*, auparavant limités par le Rhin.

(C). *Germania superior.* La Germanie supérieure, ou seconde, renfermait, selon Ptolémée, les peuples suivans :

Les *Nemetes*, dont les villes sont : *Nœomagus*, Spire, et *Rufiana*, qui n'est point Rufac, mais Nieder-Rœdern près de Seltz. Les *Vangiones*, dont les villes sont : *Borbetomagus*, Worms, et *Argentoratum*, Strasbourg; mais il y a ici une évidente transposition dans le texte de Ptolémée. *Argentoratum* appartient aux peuples nommés immédiatement après, qui sont les *Triboci*, auxquels Ptolémée donne pour villes *Breucomagus*, Brumat, et *Helcebus*, Hell.

Les *Rauraci*, dont les villes sont : *Augusta Rauracorum*, Augst, et *Argentuaria*, Artzenheim.

Nous avons précédemment déterminé l'emplacement, l'étendue et les limites, de ces différens peuples, ainsi que les positions de leurs villes capitales. Dans les Notices de l'Empire et les autres monumens postérieurs à Ptolémée, les *Rauraci* ne font point partie de la Germanie supérieure, et se trouvent, ainsi que les *Helvetii*, enclavés dans la province qui depuis prit le nom des *Sequani*. Ceci semblerait prouver que les limites des deux Germanies ont varié, et qu'elles n'étaient point les mêmes, au temps de Ptolémée, qu'à une époque postérieure, lorsqu'elles furent définitivement converties en provinces : alors Ptolémée aurait eu raison de donner *Moguntiacum*, Mayence, à la Germanie inférieure, et l'*Obrincus fluvius* serait au midi de cette ville; ceci ne souffrirait aucune difficulté si le texte de Ptolémée ne contenait encore, relativement à cette même Belgique, avec les autres écrivains de l'antiquité, une contradiction manifeste dont il est difficile de rendre raison. Toutes les éditions de cet auteur s'accordent à mettre *colonia Equestris*, qui est Nyon, et *Aventicum*, Avenches, dans le territoire des *Sequani;* ce qui contredit non seulement César, et tous les auteurs anciens, sur les limites respectives des *Helvetii* et des *Sequani*, mais ce qui est contraire aussi au texte même de Ptolémée, qui dit, après avoir mentionné les *Leuci* et les *Lingones* : « Après eux
« et le mont Jura sont les *Helvetii*, près du Rhin,

« dont les villes sont *Ganodurum* et *forum Tiberii*. »
On n'a pu retrouver avec certitude l'emplacement
de ces deux villes [1]. Il y a tout lieu cependant de
présumer que le *forum Tiberii* est l'île de Reichnau ;
car Strabon [2], en décrivant le lac Constance, nous
dit qu'il y a une île qui servit de fort et de réceptacle
à Tibère, dans les combats qu'il fut obligé de livrer
avec ses navires aux *Vindelici*. Or, comme il n'y a
qu'une seule île sur le lac Constance, qui est l'île de
Reichnau, on ne peut se méprendre à cet égard. Après
la cessation de la guerre, cette île se trouvait admirablement bien située pour devenir l'entrepôt du
commerce entre les Barbares et les Romains, qui,
entretenant une défiance mutuelle et bien fondée les
uns envers les autres, avaient besoin de communiquer ensemble. La célébrité que Tibère avait précédemment donnée à ce lieu lui aura fait donner le
nom de *forum Tiberii* [3]. On voit évidemment, d'après
le passage de Ptolémée que nous venons de citer,
que ce géographe, d'accord avec tous les autres auteurs anciens, regardait le Jura comme la limite des
Sequani et des *Helvetii*. Il n'a pu donc, sans erreur,
leur attribuer *colonia Equestris*, Nyon, et *Aventicum*,
Avenches, qui sont à l'est. Nous verrons bientôt
qu'après avoir été donné à la province des Alpes
pennines, *Aventicum* fut, ainsi que toute l'Helvétie,

---

[1] Voyez ci-dessus, tom. I, p. 316 et 317. — Ptolem., lib. II, cap. 9, p. 50 (54).

[2] Strabo, lib. VII, p. 443.

[3] Haller, *Helvetien*, t. II, p. 137, place *forum Tiberii* à Zurzach sur le Rhin, où on a trouvé des ruines ; lieu un peu à l'ouest de Kaysersthul, où le plaçait Beatus Rhenanus. M. Leichtlen met *forum Tiberii* à Steckborn, ce qui le rapproche de l'île Reichnau.

réuni à la grande province des *Sequani* : mais ce n'est que par erreur que cette ville a pu être considérée comme renfermée dans le territoire de ce peuple, dont les limites ne sont nullement les mêmes que celles de la province qui reçut leur nom. Il est dit dans Frédégaire qu'*Aventicum* reçut, sous Vespasien, une colonie romaine : de là sans doute le titre de *Flavia* qu'elle porte sur plusieurs inscriptions. Si donc le texte de Ptolémée, dans l'état où les copistes nous l'ont transmis, est convaincu d'erreur et de contradiction relativement aux *Sequani* et aux *Helvetii*, il convient de même d'abandonner ce texte pour le reste de la Belgique lorsqu'il contredit les autres monumens de l'antiquité, et de rétablir les limites des deux Germanies telles que nous les offrent les textes d'Ammien Marcellin et de la Notice de l'Empire, quoique ces textes soient postérieurs à celui de Ptolémée [1]. Alors, il faudra remonter, vers le nord, les limites de la Germanie supérieure, jusqu'à l'Ahr, qui sera l'*Obringa fluvius* de Ptolémée, et retrancher de cette province les *Rauraci*. La frontière méridionale des *Triboci* ou du diocèse de Strasbourg devient alors celle de toute la Germanie supérieure. Cette opinion paraît d'autant plus vraisemblable, que nous avons déjà prouvé qu'il existait une transposition évidente dans le texte de Ptolémée, relativement aux *Vangiones* et aux *Triboci*, ainsi qu'aux villes qui leur sont attribuées. Nous devons observer d'ailleurs que Pline nomme les *Rauraci* avec les *Sequani*, et qu'il paraît former

---

[1] Amm. Marc.; *Notitia dignitat. imper.* — Voyez ci-après, p. 330.
[2] Gruter, 375, n° 1. — Spon. Miscell., *Erud. antiq.*, p. 148.

une sous-divison particulière des *Nemetes*, des *Tribocci* et des *Vangiones*.

J'ai dit que ces trois divisions d'une même province, savoir, la Belgique proprement dite et les deux Germanies, n'avaient qu'un seul chef militaire ; on le voit par l'exemple de Drusus et celui de Germanicus, qui commandaient en chef dans toute l'étendue de la Belgique considérée comme province. De plus, deux inscriptions rapportées par Gruter et par Spon prouvent que ces mêmes divisions se trouvaient aussi réunies pour l'administration civile et financière. Une de ces inscriptions porte : « *Proc* « (*urator*) *a rationibus provinciæ Belgicæ et duarum* « *Germaniarum* ; » et l'autre : « *Proc. ration. priva-* « *tarum per Belgic. et duas Germanias.* » Ces inscriptions se rapportent à l'époque dont nous traitons, et au temps où il n'existait encore qu'une seule Belgique et deux Germanies ; mais ces inscriptions sont de la fin de cette époque, et lorsque les sous-divisions de la Belgique commençaient déjà à être considérées comme des provinces distinctes et à en recevoir le titre. Enfin, vers l'an 58 de J.-C., nous voyons la Belgique gouvernée par un légat, tandis que la Germanie est soumise à des chefs militaires [1].

---

[1] Un de ces chefs, Lucius Vetus, voulut faire construire un canal pour joindre la Saône, la Moselle et le Rhin ; mais Ælius Gracilis, légat de la Belgique, s'y opposa, et le canal n'eut pas lieu : donc leur juridiction était séparée. Voyez Tacite, *Annal.*, lib. xiii, cap. 53, tom. ii, p. 138, édit. de Brottier ; tom. ii, p. 283, edit. Lem. Tacite parle dans cet endroit de la Germanie et de la Belgique comme de deux provinces distinctes ; et dans son Histoire, lib. i, cap. 59, tom. iii, p. 88, edit. Lem., il dit aussi : « Valerius Asiaticus, Bel- « gicæ provinciæ legatus. »

Les limites générales de la Gaule jusqu'à la fin de l'époque dont nous traitons s'étaient un peu reculées vers le nord, ainsi que je l'ai prouvé précédemment; du reste elles ne varièrent pas, puisque, ainsi que je l'ai déjà observé, les Alpes graies, pennines, cottiennes et maritimes, sont mises par Pline et Ptolémée dans l'Italie : elles n'étaient donc pas réunies à la Gaule du temps d'Hadrien et d'Antonin-le-Pieux, époque à laquelle Ptolémée écrivait.

Jamais peut-être les armes romaines ne furent plus redoutables aux nations guerrières de la Germanie, que vers la fin du règne de Tibère, l'an 25 de J.-C., après les découvertes de Drusus et de Germanicus, et lorsque enfin Domitius eut fait fuir les Barbares jusqu'au-delà de l'Elbe qu'il traversa[1]. Tacite nous a conservé le détail des légions réparties à cette époque dans les différentes provinces de l'Empire[2]; et nous voyons que toutes les Espagnes étaient gardées par trois légions; l'Afrique et l'Egypte, chacune par deux; qu'il n'y en avait que quatre dans tout le vaste pays qui s'étend depuis la Syrie jusqu'à l'Euphrate, et qui comprenait l'Albanie, l'Ibérie, et d'autres royaumes que la grandeur romaine protégeait contre les empires voisins; qu'il n'y en avait que deux dans la Mœsie, sur les rives du Danube, et deux autres dans la Dalmatie; mais qu'il y en avait huit sur les rives du Rhin, destinées à contenir également les Ger-

---

[1] Tacitus, *Annal.*, lib. IV, cap. 44 : « Post exercitu flumen « Albim transcendit, longius penetrata Germania quam quisque « priorum; easque ob res insignia triumphi adeptus est. »

[2] Tacitus, *Annal.*, lib. IV, cap. 5, tom. I, p. 400, edit. Lem.

mains et les Gaulois : ainsi les Romains employaient presque autant de troupes pour défendre les Gaules que pour garder toutes les autres provinces de l'Empire réunies. La plus grande partie de toutes ces forces devaient se trouver concentrées entre le Necker et le Mayn, entre la Sieg et la Lippe, ou entre Bonn et Emerick, puisque, comme je l'ai déjà observé dans les autres parties du cours du Rhin, les Romains avaient formé des établissemens à l'orient de ce fleuve.

B. — De la Gaule cisalpine.

La Gaule cisalpine n'éprouva aucun changement dans ses divisions durant la période de temps dont nous traitons. Seulement après la mort du roi Cottius, qui eut lieu sous le règne de Néron, les États de ce prince furent réunis à l'empire Romain[1] et à l'Italie. Ils formèrent une province particulière, qui porta le nom du roi qui l'avait gouvernée; elle fut ensuite régie par un président ou un procurateur. Plusieurs inscriptions confirment ce que les auteurs anciens nous apprennent sur ce fait : une, entre autres, rapportée par Gruter[2], porte : « *Procuratori et præsidi Alpium Cotti.* » Dans une autre inscription, trouvée à Suse en 1782, on voit dénommé un certain Titus Cassius, prêtre flamine d'Auguste, de la ville d'Embrun et de la province cottienne. « *Tito*

---

[1] Voyez Sueton., *Nero*, 18, tom. II, p. 173, edit. Hase. — Aurel. Victor., *de Cæs.*, cap. 5, p. 326, edit. *ad usum Delph.* — Sextus Rufus, ap. Eutrop., edit. Verheyk. — Amm. Marcellin., lib. xv, cap. 10 et 11.

[2] Gruter, p. 493, n° 7.

« *Cassio, quintumviro civitatis Ebrodunensis, fla-
« mini Augustali, provinciæ Cottianæ*[1]. »

Tacite nous apprend que l'empereur Néron conféra le droit de villes latines aux peuples des Alpes maritimes[2]. Ce fut sans doute à cette époque, c'est-à-dire vers les dernières années du règne de Néron, qu'on en forma un district ou une province particulière. Tacite, dans son Histoire, en parle comme d'une province qui avait son procurateur particulier en l'an 69 de J.-C.[3]. « Marius Maturus, dit-il, était « alors procurateur des Alpes maritimes. Après avoir « rassemblé le peuple et surtout la jeunesse, il entre- « prit de repousser les partisans d'Othon des fron- « tières de la province. » Mais, ainsi que je l'ai déjà observé, cette province et celle des *Alpes graiæ* ne furent réunies à la Gaule que postérieurement à Constantin[4].

---

[1] Durandi, *Notizia dell' antico Piemonte traspadano*, part. 1; *Marca di Torino*, p. 66. — Sachetti, *Memorie della chiesa di Susa*, p. 2-4.

[2] Tacit., *Annal.*, lib. xv, cap. 32; édit. de Brottier, tom. ii, p. 219; — tom. ii, p. 446, edit. Lem.

[3] Tacit., *Hist.*, lib. ii, cap. 12, edit. de Brottier, tom. iii, p. 89; tom. iii, p. 154, edit. Lem. — Id., *Hist.*, lib. iii, cap. 42, tom. iii, p. 314, edit. Lem.

[4] Conférez *Histoire générale de Languedoc*, tom. i, p. 629, note 35.

CHAPITRE II.

Depuis l'an 80 de J.-C., époque de la mort de Vespasien, jusqu'à l'an 360 après J.-C., époque du séjour de Julien-l'Apostat à Paris. Division de la Gaule transalpine en onze provinces.

La division que nous avons indiquée subsista depuis le règne de Vespasien jusqu'au règne de Dioclétien ; il n'y eut dans cet intervalle aucun changement dans la géographie civile ou administrative des Gaules. Mais la révolte des Bataves, et les guerres qui eurent lieu avec les Germains, produisirent quelques révolutions physiques, et des altérations considérables dans le territoire compris entre les embouchures du Rhin, où la terre et l'eau semblent se combattre, et qui semble avoir été destiné par la nature à ne jamais rester dans le même état. Le canal que fit creuser Corbulon, et qui prit par cette raison le nom de *fossa Corbulonis*[1], eut principalement pour but de prévenir les inondations : il dut diminuer considérablement la branche du Rhin intermédiaire qui conservait plus particulièrement le nom de Rhin. En effet, le terrain qui se trouve incliné vers le midi a dû produire un versement partiel des eaux du Rhin, par cette coupure, dans l'embouchure du Wahal et de la Meuse réunis. La mesure qui nous est donnée[2] prouve que ce canal était peu éloigné du rivage, et qu'il aboutissait,

---

[1] Tacit., *Annal.*, xi, cap. 20, tom. ii, p. 43, edit. Lem. — Dio, lib. lx, p. 968, edit. Reim.

[2] Dion dit que ce canal avait 170 stades. — Tacit., *loco citato*, dit 25 milles romains, qui font 174 stades, qui donnent 21,282 toises Cette mesure est exacte entre les deux points indiqués.

d'une part, à *Lugdunum*, Leyde, et de l'autre, au *Flenium* de la Table, qui est Vlaerdingen. Le bras du Rhin qui passait à Leyde, ou le Rhin proprement dit, avait dû être déjà considérablement réduit lorsque *Civilis* eut rompu la digue que Drusus avait commencée, et qu'avait achevée Paulinus Pompeius, pour retenir les eaux du fleuve, qui tendaient à s'écouler vers le midi dans la Meuse et le Wahal, et qui alors durent se précipiter de ce côté avec d'autant plus de violence qu'elles étaient retenues par un moyen factice : aussi ce fut d'abord par ce côté que les Germains pénétrèrent lorsqu'ils voulurent s'emparer des Gaules.

J'ai dit que la division tracée dans le chapitre précédent subsista jusqu'à Dioclétien. En effet, ainsi que je l'ai déjà observé, Ptolémée, qui vivait sous Marc-Aurèle Antonin, ne divise la Celto-Galatie, c'est-à-dire la Gaule transalpine, qu'en quatre éparchies [1] ou provinces; l'Aquitaine, la Lyonnaise, la Belgique et la Narbonnaise. Cependant il place comme sous-divisions dans la Belgique les deux Germanies. Spartianus [2] nous rapporte que Didius Julianus gouverna long-temps, et avec probité, la Belgique : « *Didius Julianus Belgicam sancte ac diu rexit.* » Il nous dit aussi que Septimius Severus reçut comme légat le gouvernement de la Lyonnaise : « *Lugdunensem provinciam, legatus, accepit* [3]. » Eutrope dit que Tetricus, qui vivait vers

---

[1] Voyez Ptolem., lib. II, cap. 7, p. 49 (45).

[2] Spartianus in *Didio Juliano*, cap. I, p. 106, edit. Lipsiæ, 1774, in-8°. — *Rec. des Hist. de France*, tom. I, p. 536.

[3] Id., in *Severo*, cap. 3, p. 115, edit. 1774, l'an de J.-C. 186. — Voyez *Hist. de France*, tom. I, p. 536.

l'an 264, administrait l'Aquitaine lorsqu'il fut élu empereur : « *Aquitaniam præsidis jure adminis-* « *travisse* [1]. » Tetricus fut défait par Aurélien vers l'an 273 ; le jurisconsulte Paul, qui vivait à la fin du IIe siècle, met Vienne dans la Narbonnaise : ainsi donc il est démontré que non seulement sous Auguste, mais même sous Tibère, sous Julien, sous Aurélien et plus tard, il n'y avait qu'une seule et unique Belgique, qu'une seule et unique Lyonnaise ou Celtique, qu'une seule Aquitaine, qu'une seule Narbonnaise : ce sont ces quatre provinces que Velleius Paterculus appelle *tractum omnem Galliæ provinciarum;* et les trois premières sont nommées *tres Galliæ,* dans les médailles de Galba et dans le monument érigé à *Viducasses,* Vieux, l'an 238, en l'honneur de Titus Sinnius Solemnis [2].

Il est étonnant, malgré des autorités aussi évidentes, que Scaliger, d'Anville et beaucoup d'autres, aient persisté à croire que la Gaule se trouvait divisée en six provinces sous le règne d'Auguste.

Il paraît que ce fut Dioclétien qui érigea le premier en autant de provinces séparées quelques sous-divisions de la Gaule, telles que les deux Germanies et plusieurs peuples principaux ; ceci semble prouvé par un passage de Lucius Cecilius où il blâme cet

---

[1] Vers l'an 271. Eutrop., lib. IX, cap. 10, p. 669, edit. Tzschuck; p. 437, edit. Verheyk. — Ceci se trouve confirmé par Trebellius Pollio, cap. 24, *de Tetrico seniore,* p. 347, edit. Lipsiæ, 1774, in-8°. — *Recueil des Hist. de France,* tom. I, p. 539, et par Aurelius Victor, *de Cæsaribus,* cap. 33, p. 402, edit. *ad usum Delph.*

[2] *Mém. des Antiq. de France,* tom. VII, p. 294.

empereur d'avoir morcelé les provinces: « *Provinciæ quoque in frusta concisæ* [1]. »

Une inscription célèbre, relative à la réparation des murs de *Vitodurus* [2], qui est du temps où régnaient conjointement Dioclétien, Constance-Chlore, Maximien, Galère, c'est-à-dire vers la fin du IIIe siècle, constate l'existence de la *provincia Maxima Sequanorum* ou de la Grande-Séquanaise considérée comme province distincte, puisque cette province s'y trouve mentionnée. Quoique cette inscription, qui est, ou était, à Constance, dans la chapelle de Saint-Blaise, ait été donnée comme sincère par Tschudi, l'un des plus respectables écrivains de la Suisse, cependant Bochat jette des doutes sur les trois derniers mots, et il se fonde à cet égard sur ce qu'Orose, qui écrivait dans le Ve siècle, fait mention de l'Aquitaine, de la Narbonnaise, de la Lyonnaise et de la Gaule belgique, sans dire un mot de la Séquanaise. Schæpflin, qui admet cette inscription comme vraie, mais qui prétend prouver, d'après Zosyme, que l'établissement de la province nommée *Maxima Sequanorum* n'a eu lieu que dans le IVe siècle, en 317, retranche aussi les trois derniers mots PROV. MAX. SEQ. de notre inscription, et suppose qu'ils y ont été ajoutés [3]. Nous regar-

---

[1] Lucius Cecilius, apud *Lactantium*. — Voyez Labarre, *Mém. de l'Académie des Inscript.*, tom. VIII, p. 407.

[2] Gruter, *Inscript.*, p. 166. — *Mémoires de l'Académie*, tom. VIII, p. 416. — Bochat., *Mém. crit. sur l'Histoire ancienne de la Suisse*, tom. I, p. 426. — Haller, *Helvetien unter den Rœmern*, tom. I, p. 270.

[3] Conférez Orosius, *Hist.*, lib. XI, cap. 2. — Zosym., *Hist. rom.*, lib. XI, cap. 34. — Stumpf., *Schweizer-Chronik*, lib. V, cap. 10. —

dons, au contraire, comme très probable qu'une nouvelle division des Gaules eut lieu sous Dioclétien, vers l'an 292, lorsqu'il créa deux Césars pour régner avec lui et avec Maximien, son ancien ami. Mais aucun monument connu, jusqu'à ce jour, ne nous indique d'une manière précise en combien de provinces Dioclétien divisa la Gaule : on doit seulement présumer que cette grande portion de l'Empire en occident éprouva encore de nouvelles subdivisions sous Constantin-le-Grand, qui sépara, dans le gouvernement des provinces, le pouvoir civil du pouvoir militaire, et qui paraît avoir créé les diocèses.

D'après cette nouvelle division de l'Empire par Constantin, la Gaule transalpine, l'Espagne et l'île Britannique, ne formèrent qu'une seule préfecture, gouvernée par un préfet du prétoire. Le lieu de la résidence du gouverneur général, que Strabon nous apprend avoir été de son temps à *Durocotorum*, Reims, fut fixé à *Augusta Trevirorum*, Trèves, qui dès le temps de Mela était déjà considérée comme une des principales villes des Gaules. Après la création des diocèses, cette ville devint la capitale de la Gaule, de l'Espagne et de la Grande-Bretagne réunies [1]. Chacune de ces trois divisions formant un diocèse était gouvernée par un vicaire, sous les ordres du préfet. Le vicaire particulier des Gaules résidait à *Arelate*, Arles : cette dernière ville fut donc dès lors consi-

---

Plantin, *Helvet. antiq. et nova*, p. 64 et 241. — Schæpflin, *Alsatia illustr.*, tom. I. — Bochat, tom. I, p. 562. — Haller, *Helvetien*, tom. I, p. 273.

[1] Emm., *Panegyricus in Constantinum*, cap. XXII. — D. Bouquet, *Rec. des Hist. de France*, tom. I, p. 716. — Voyez *Codex Theodos.*, tom. II, p. 428, tom. IV, p. 670.

dérée comme la capitale particulière du *vicariat des Gaules;* mais elle n'avait que le second rang, et cédait le premier à Trèves, qui lui était supérieure en qualité de capitale de la préfecture des Gaules, grande division de l'Empire qui, ainsi que nous venons de le dire, avec les Gaules, comprenait aussi l'Espagne et la Grande-Bretagne. Lorsque les peuples germains eurent envahi Trèves, le préfet du prétoire qui y faisait son séjour se retira d'abord à Autun, ensuite à Arles, où l'empereur Honorius, ainsi que nous le verrons, convoqua les députés des sept provinces des Gaules qui lui restaient encore : alors Arles se trouva la seule et unique capitale des Gaules, et, comme telle, eut le rang sur Vienne, capitale particulière de la province dans laquelle elle se trouvait située.

Eusèbe, dans son Histoire ecclésiastique, dit [1] : « Lyon et Vienne, métropoles remarquables de la « Gaule. » Ce passage, qui est inexact pour le temps de Marc-Aurèle, époque des événemens racontés par Eusèbe, prouve qu'au temps où écrivait cet historien, sous Constantin, la Viennaise formait une province séparée de la Narbonnaise; et en effet, dans le concile d'Arles, l'an 314 de J.-C., l'an 9 du règne de Constantin, les villes d'Arles, de Marseille, de Vienne, de Vaison, d'Orange, sont données à la Viennaise.

Vopiscus nous dit que les tyrans Procule et Bonose avaient attiré dans leur parti les Bretagnes, les Espagnes et les provinces de la Gaule narbonnaise, *braccatæ Galliæ provincias* [2] : ceci semblerait supposer

---

[1] Euseb., lib. v, cap. 1, et dans D. Bouquet, *Rec. des Hist. de France*, tom. 1, p. 541.
[2] Vopiscus, in *Probo*, cap. 18, p. 427, edit. Leipzig, 1774, in-8°.
— D. Bouquet, *Rec. des Hist. de France*, tom. 1, 541.

qu'en 280 la province Narbonnaise se trouvait déjà divisée en plusieurs provinces, et nous avons prouvé le contraire. Il est évident qu'ici Vopiscus, de même qu'Eusèbe, s'exprime avec exactitude pour le temps où il écrivait, mais non pour celui des événemens qu'il raconte.

Il est fait mention de la *Lyonnaise première*[1] dans une loi du Code théodosien, de l'an 319.

Saint Hilaire, évêque de Poitiers, dans une lettre adressée aux évêques de toutes les provinces, en 358[2], est le premier qui nous donne une division de toute la Gaule en plusieurs provinces, telle qu'elle fut établie du temps de Constantin, ou peu après ; l'inscription de cette lettre est ainsi conçue :

« *Dominis et beatissimis fratribus et coepiscopis provinciæ Germaniæ I, Germaniæ II, et I Belgicæ, et Belgicæ II, et Lugdunensis I, et Lugdunensis II, et provinciæ Aquitanicæ, et provinciæ Novempopulanæ, et Narbonensis, plebibus, et clericis Tolosanis.* »

Une inscription rapportée par Gruter, qui est de l'an 362, et où Saturnin est nommé président de l'Aquitaine, vient à l'appui de la lettre de saint Hilaire, et nous prouve qu'il n'y avait à cette époque

---

[1] *Cod. Theod.*, tom. IV, p. 52, edit. 1665. Je dis de la Lyonnaise première, et non pas de la Lyonnaise seconde, comme l'avance à tort D. Bouquet, *Préface des Historiens de France*, tom. I, p. xv, qui rapporte aussi cette loi à l'an 312 ; mais cette dernière erreur est celle de Godefroy et non la sienne, puisqu'il la corrige dans une note à la page 746 du même volume.

[2] Valesii *Notitia Galliar.*, p. 300. — D. Bouquet, *Rec. des Hist. de France*, p. xv de la Préface. La lettre s'adresse aussi au clergé d'Albion, *ac provinciarum Britanniarum*.

qu'une seule Aquitaine : mais nous avons démontré l'existence d'une *provincia Viennensis* ou d'une province Viennaise, ainsi que celle d'une Grande-Séquanaise, *Maxima Sequanorum*. Si, comme il est probable, ces diverses provinces avaient les mêmes limites que lors de la Notice de l'Empire, il en résulte qu'à l'avénement de Julien-l'Apostat à l'empire, la Gaule se trouvait divisée de la manière suivante : je préviens que, dans cette énumération, je suivrai l'ordre de la lettre de saint Hilaire; ce qui est très remarquable, c'est que cet ordre est presque le même que celui qu'Ammien Marcellin a adopté dans son énumération des provinces de la Gaule, quelques années après : je détaillerai, d'après la Notice[1], les peuples qui étaient renfermés dans chaque province, et par conséquent les limites de ces provinces, puisque celles des peuples qui les composent ont été déterminées précédemment dans cet ouvrage.

GERMANIA PRIMA

Dont la métropole et les cités sont :

	Diocèses de
Metropolis Mogunciacensium....	Mayence.
Civitas Argentoratensium....	Strasbourg.
— *Nemetum*.........	Spire.
— *Vangionum*........	Worms.

GERMANIA SECUNDA.

Metropolis civitas Agrippinensium.	Cologne.
— *Tungrorum*........	Tongres.

---

[1] Voyez Gruter, p. 465. — *Recueil des Hist. de France*, tom. 1, p. 122. — Guérard, *Essai*, p. 12 et suiv. — Gronovius, *Varia geographica*, p. 40.

BELGICA PRIMA.

Diocèses de

Metropolis civitas Treverorum. . . .	Trèves.
Civitas Mediomatricorum, Mettis.	Metz.
— Leucorum, Tullo.	Toul.
— Verodunensium.	Verdun.

BELGICA SECUNDA.

Metropolis civitas Remorum. . . .	Reims.
Civitas Suessionum.	Soissons.
— Catellaunorum.	Châlons-sur-Marne.
— Veromanduorum. . . .	St.-Quentin.
— Atrabatum.	Arras.
— Camaracensium.	Cambray.
— Turnacensium.	Tournay.
— Silvanectum.	Senlis.
— Bellovacorum.	Beauvais.
— Ambianensium.	Amiens.
— Morinum.	Terrouenne.
— Bononensium.	Boulogne.

Sous Dioclétien, la portion de la Belgique qui tant de fois avait été repeuplée par des Germains en reçut encore de nouveaux : parmi eux il y avait des peuples qui devaient bientôt y entrer en maîtres, s'emparer de la Gaule entière, et lui imposer un nouveau nom. Eumène, dans son Panégyrique de Constance-Chlore, dit que des *Chamaves* et des *Frisiens* avaient été transplantés dans les Gaules, et étaient devenus cultivateurs ; et qu'enfin, par les ordres de Maximien, les champs incultes des *Nerviens* et des

Tréviriens, étaient fécondés par des *Lètes* et des *Francs* [1]. Ces colonies furent d'abord trop peu nombreuses pour donner de nouveaux noms aux cantons qu'elles habitèrent. On doit fixer néanmoins l'établissement de ces nouvelles colonies des Gaules, trop peu remarquées, vers l'an 293 et 294; il est probable que ces *Lètes* étaient une tribu de *Sarmates* ou de *Sauromates*, dont Ausone fait mention dans son poëme sur la Moselle, et qu'il rencontra au passage de la rivière *Nava*, la Nahe, qui coule dans le Rhin à Bingen.

Arvaque Sauromatum nuper metata colonis [2].

Ce seraient alors les colons français qu'on aurait

[1] Ex *Panegyrico* Eumenii in Constantium, cap. ix et xxi. — *Rec. des Hist. de France*, tom. 1, p. 714.

[2] Auson., *Precatio*, v. 31, p. 292 (332). — Id., *de Mosella*, x, v. 1 et 9, p. 298 et 299 (354), edit. *ad usum Delph.*, 1730, in-4°. — D'après la conjecture ingénieuse de l'abbé Dubos, il semblerait que le nom de *Læti*, dérivé de *lætus*, servait à désigner tous les peuples barbares, enrôlés au service de l'empereur romain, ou qui se trouvaient naturalisés ou domiciliés dans l'Empire; alors on ne doit plus être étonné de trouver dans différens endroits des Gaules les Lætes bataves, les Lætes teutons, etc.; cependant Zosyme dit, en parlant du tyran Magnence (Zosym., *Hist.*, lib. ii, p. 134) : « Il était « d'origine étrangère, et avait vécu parmi les Lætes, nation gau- « loise. » Ce passage, il faut le dire, l'abbé Dubos le rapporte avec une grande bonne foi, mais il ne l'explique pas, dans son système, d'une manière satisfaisante. — Dubos, *Hist. critique de l'établissement de la Monarchie française dans la Gaule*, tom. 1, p. 142. Il y a un passage d'Ammien Marcellin qui confirme celui de Zosyme, et qui démontre que les Læti étaient un peuple particulier de la Germanie, puisque cet historien (lib. xvi, cap. 11), dit que les Lætes barbares surprirent Lugdunum dans la Batavie. « Læti « barbari invasere Lugdunum incautam. » D. Bouquet (*Rec. des Hist. de France*, tom. 1, p. 440) observe très bien que le mot Læti ne peut se prendre ici pour un adjectif.

transplantés chez les Nerviens; et c'est en effet chez les Nerviens, et dans les cités voisines, c'est-à-dire dans les cités ou les diocèses de Cambray et de Tournay, que les Francs, attirés et soutenus sans doute par leurs compatriotes établis dans ces contrées, firent leurs premières conquêtes.

Un ou deux ans après ces transplantations des Francs dans la Gaule, Constance repoussa une troupe de cette nation qui avait envahie la Batavie, et il transporta cette même année différentes tribus de Francs dans les Gaules pour cultiver des terres; mais il est probable qu'il leur conféra ces terres, par l'incapacité où il se trouvait de se défendre contre leurs incursions [1].

On voit, ainsi que je l'ai dit précédemment, que le petit territoire des *Morini* fut subdivisé en deux cités. Dans quelques manuscrits de la Notice il y a *civitas Morinorum, id est Ponticum* ou *Pontium*. Ce *Ponticum* paraît être le *Pontibus* de l'Itinéraire, que les mesures déterminent à Ponches-sur-l'Authie, et qui est certainement l'origine du nom de Ponthieu; mais ces mots *id est Ponticum* sont évidemment une addition faite dans le moyen âge à quelques manuscrits de la Notice [2].

Civitas Turnacensium représente ici l'ancien territoire des *Menapii*, et *civitas Cameracensium* celui des *Nervii*, dont *Bagacum*, Bavaie, était la ville centrale. Ces deux diocèses étant précisément ceux

---

[1] Eumen., *Panegyricus in Const.* — D. Bouquet, *Rec. des Hist. de France*, tom. I, p. 715.

[2] Voyez Gronovius, *Var. Geogr.*, p. 45. — *Rec. des Hist. de France*, tom. II, p. 2 et 5.

dans lesquels furent principalement transportés les *Chamavi,* les *Frisii,* les *Suevi,* les *Læti,* les *Franci,* ne conservèrent plus, par cette raison, les noms des anciens peuples qui autrefois y dominaient.

MAXIMA SEQUANORUM, la Grande-Séquanaise.

Quoique saint Hilaire n'ait pas fait mention dans sa lettre de cette province, nous avons prouvé son existence depuis le règne de Dioclétien. L'inscription relative aux murs de *Vitodurus* démontre que le nord de l'Helvétie appartenait à la Grande-Séquanaise; mais comme Ammien Marcellin [1] place *Aventicum* dans la province des Alpes pennines, il y a tout lieu de présumer que le midi de l'Helvétie fut donné d'abord à cette dernière province. L'Helvétie était, sous Valens, entièrement réunie à la Séquanaise, puisque Eutrope [2], qui écrivait à cette époque, dit en parlant de Jules César : « Il dompta les « *Helvetii,* qu'on appelle aujourd'hui *Sequani. Is* « *primo vicit Helvetios, qui Sequani appellantur.* »

	Diocèses de
Metropolis civitas Vesontiensium.	Besançon.
Civitas Equestrium, Noiodunus.	Nyon.
— *Elvitiorum, Aventicus.*	Avenche.
— *Basiliensium..*	Bâle.
Castrum Vindonissense..	Windisch.
— *Ebredunense..*	Yverdun.
— *Rauracense..*	Augst.
Portus Abucini..	Port-sur-Saône.

[1] Amm. Marcellin., lib. xv, cap. 11, p. 104, edit. Vales., 1671, in-folio. — D. Bouquet, *Rec. des Hist. de France,* tom. I, p. 546.
[2] Eutrope, lib. vi, cap. 17, p. 364, edit. Tzschuck.

La position de *portus Abucini* est prouvée par une vie manuscrite de saint Urbain, évêque de Langres, qui porte que saint Valier fut enterré à *portum Bucinum;* et saint Valier est précisément le patron du lieu nommé Port-sur-Saône [1].

Les positions de tous les autres lieux ont déjà été démontrées, et se trouvent toutes prouvées par les mesures des Itinéraires [2].

Dans presque toute l'étendue de la grande province des *Sequani*, la division ecclésiastique ne donne que de faibles éclaircissemens sur l'ancienne topographie et sur les limites des peuples. Lors de l'établissement de la féodalité, les divisions civiles se trouvant détruites, les archidiaconés et les diaconés furent distribués sur un plan différent de ceux qui existaient auparavant : les pouillés des diocèses, dont les plus anciens ne remontent pas au-delà de quatre siècles, ne nous donnent plus la géographie de l'âge romain, et il faut s'aider d'autres moyens pour la retrouver [3].

LUGDUNENSIS PRIMA, Lyonnaise première.

	Diocèses de
Metropolis civitas Lugdunensium.	Lyon.
Civitas Æduorum.	Autun.
— *Lingonum.*	Langres.
Castrum Cabillonense.	Châlons-sur-Saône.

[1] Dunod, *Hist. de Séquanois*, p. 209, et Valois, *Notice,* p. 456.
[2] Voyez l'*Analyse des Itinéraires,* tom. III de cet ouvrage.
[3] Perreciot, *Dissertation historique sur le comté d'Elsgau,* dans l'Almanach du comté de Bourgogne, pour l'an 1789, in-18, p. 97 à 198.

Castrum Matisconense. . . . . . Mâcon.
Civitas Senonum. . . . . Sens. Nous ne donnons point ici à Sens le titre de métropole comme dans la Notice, parce que cette ville n'a pu être considérée comme telle que lorsque les deux Lyonnaises ont été divisées en quatre provinces.
— Carnotum. . . . . Chartres,
— Autisiodurum. . . . . Auxerre.
— Tricassium. . . . . . . Troyes.
— Aurelianorum.. . . . . Orléans.
— Parisiorum. . . . . . . Paris.
— Meldorum. . . . . . . Meaux.
— Biturigum. . . . . . . Bourges.

J'ajoute cette dernière cité d'après l'autorité d'Ammien Marcellin [1]. A la vérité, la Notice des provinces de la Gaule, dressée vers l'an 401, restitue les *Bituriges* à l'Aquitaine; mais il suffit de jeter les yeux sur la Carte pour juger que cette dernière province, avant d'avoir été divisée, se trouvait beaucoup trop étendue, comparativement aux deux Lyonnaises. Il est donc bien plus naturel de croire qu'on aura annexé à une des Lyonnaises, ou Celtiques, une des portions de l'Aquitaine, précédemment ôtée à la Celtique, que de penser qu'Ammien Marcellin, qui avait résidé long-temps dans les Gaules, ait pu commettre une erreur aussi grave.

---

[1] Ammian. Marcellin., lib. xv, cap. 11 : « Lugdunensem primam
« Lugdunus ornat, et Cabillonus, et Senones, et Biturigæ, et mœ-
« nium Augustudini magnitudo, vetustas. »

PARTIE III, CHAP. II.

LUGDUNENSIS SECUNDA, Lyonnaise seconde.

	Diocèses de
Metropolis civit. Rotomagensium.	Rouen.
Civitas Baiocassium.	Bayeux.
— *Abrincatum.*	Avranches.
— *Ebroicorum.*	Évreux.
— *Sagiorum.*	Séez.
— *Lexoviorum.*	Lisieux.
— *Constantia.*	Coutances.
— *Turonum.*	Tours.
— *Cenomannorum.*	Le Mans.
— *Redonum.*	Rennes.
— *Andicavorum.*	Angers.
— *Namnetum.*	Nantes.
— *Coriosopitum.*	Cornouailles.
— *Venetum.*	Vannes.
— *Ossismorum.*	St.-Pol-de-Léon.
— *Diablintum.*	Jubleins.

AQUITANIA, l'Aquitaine.

Nous venons d'en exclure *civitas Biturigum*, qui, dans la dernière division des Gaules, devint la métropole de l'Aquitaine première ; mais à l'époque dont nous traitons, l'Aquitaine, non encore divisée, formait, même après en avoir retranché les *Bituriges*, une très vaste province, et contenait les cités suivantes :

Metropolis civitas Burdigalensium. Bordeaux.

Tout porte à croire que Bordeaux, qui, à l'époque dont nous traitons, était la ville la plus considérable de toute l'Aquitaine, portait le titre de métropole.

         Diocèses de

Civitas Arvernorum......... Clermont.
— *Rutenorum*......... Rhodez.
— *Albiensium*......... Alby.
— *Cadurcorum*........ Cahors.
— *Lemovicum*......... Limoges.
— *Gabalum*.......... Anterrieux.
— *Vellavorum*........ Saint-Paulien.
— *Agennensium*....... Agen.
— *Ecolismensium*...... Angoulême.
— *Santonum*......... Saintes.
— *Pictavorum*........ Poitiers.
— *Petrocoriorum*...... Périgueux.

NOVEMPOPULANA, la Novempopulane.

Metropolis civitas Elusatium..... Eause.
Civitas Aquensium.......... Acqs.
— *Lactoratium*......... Lectoure.
— *Convenarum*......... St.-Bertrand-
            de-Comenge.
— *Consorannorum*....... Saint-Lizier.
— *Boatium*........... Tête-de-Buch.
— *Benarnensium*....... La vieille tour,
           à l'est de Maslacq.
— *Aturensium*......... Aire.
— *Vasatica*.......... Bazas.
— *Turba*............ Tarbes.
— *Elloronensium*....... Oloron.
— *Ausciorum*......... Auch.

PROVINCIA NARBONENSIS, la Narbonnaise.

Metropolis civitas Narbonensium..	Narbonne.
Civitas Tolosatium........	Toulouse.
— *Nemausensium*.......	Nîmes.
— *Lutevensium*.........	Lodève.
— *Castrum Uceciense*.....	Uzès.

Je pense qu'*Uceciense*, Uzès, quoique qualifié de simple *castrum*, était à cette époque, et pendant la domination romaine, le chef-lieu d'un diocèse qui renfermait non seulement le diocèse d'Uzès, mais encore celui d'Alais, et je fonde mon opinion sur les considérations suivantes. Dans une lettre de Pascal II, à Bertrand, archevêque de Narbonne, en date de 1099, on lit :

« *Statuimus enim eidem ecclesiæ tuæque frater-*
« *nitati has civitates, Tolosam videlicet, Carcasso-*
« *nam, Elnam, Biterrim, Agathem, Magalonam,*
« *Nemausum, Euticam, Lugdouvem, debitam sem-*
« *per exhibere obedientiam* [1]. »

Le savant éditeur de ces lettres, dom Brial, ne sachant que dire sur *Eutica*, l'a omis dans son *Index geographicus*, et on ne trouve point ce lieu dans Adrien de Valois. Cependant il est évident, d'après la lettre de Pascal, qu'*Eutica* doit être le chef-lieu d'un diocèse, de même que *Lugdouvem* (Luteva), *Nemausum*, etc. En jetant les yeux sur la France ecclésiastique on aperçoit, malgré le peu de ressemblance du nom, qu'*Euticam* n'est autre chose qu'*Ucetia*, Uzès, ou *castrum Ucesiense*.

[1] *Recueil des Hist. de France*, tom. xv., p. 17.

L'article d'*Ucetia*, dans le Gallia christiana [1], ne présente pas ce nom sous la forme que lui donne Pascal II, cependant on y voit que dans le moyen âge *Ucetia* se nommait aussi *Ucetica*.

M. de Mandajors, dans un savant Mémoire sur les limites de la France et de la Gothie [2], prouve que le canton nommé *Ucetica* comprenait les diocèses d'Uzès et d'Alais, ou d'*Aresetum*; que ce dernier n'est qu'un démembrement du diocèse d'Uzès, et dans l'intérieur de ce canton d'*Ucetica*, se trouve un lieu nommé Euzet-Sainte-Croix, un peu au nord de Maurice-de-Caze-Vieille, dans le département du Gard : on trouve aussi dans le même département, et dans le canton même d'Uzès, Saint-Michel d'Euzet. Ceci me fait croire que la leçon *Eutica*, dans les lettres de Pascal, est exacte, et que cette forme provient de l'ancien nom du canton nommé *Usetica*. Pour distinguer les lieux situés dans ce diocèse, ou canton, des autres qui portaient les mêmes noms de saints, on a ajouté le nom du canton, et on a dit Saint-Michel-Eusétique ou Usétique, Sainte-Croix-dans-l'Eusétique ou l'Usétique. Ceci démontre qu'on a écrit autrefois *Eusetica* au lieu d'*Usetica*. D'*Eusetica*, par contraction, est dérivé *Eutica* : ainsi l'on voit qu'*Ucetia* et *Eutica*, qui paraissent présenter une assez grande différence, sont cependant les mêmes noms.

Un simple coup d'œil jeté sur une carte de la Gaule, lors de sa dernière division en dix-sept pro-

---

[1] *Gallia christiana*, tom. VI.

[2] Mandajors, *Mém. de l'Acad. des Inscript. et Belles-Lettres*, tom. VIII, p. 450.

vinces, ou telle que l'a représentée d'Anville, suffit pour démontrer que la Narbonnaise, lorsqu'on en eut démembré une nouvelle province sous le nom de Viennaise, ne contenait pas la partie dont on forma depuis la Narbonnaise seconde, puisque alors elle eût été beaucoup trop grande pour la Viennaise, et aurait eu son territoire séparé en deux par le territoire de cette dernière province. La Narbonnaise seconde a donc évidemment été démembrée de la Viennaise, quoiqu'on n'en ait aucune preuve historique. Cette dernière province renfermait, à l'époque dont nous traitons, les villes ou cités suivantes :

PROVINCIA VIENNENSIS, la Viennaise.

	Diocèses de
Metropolis civitas Viennensium..	Vienne.
Civitas Genavensium.	Genève.
— *Gratianopolitana*. . .	Grenoble.
— *Helviorum*.	Alps en Vivarais.
— *Deensium*.	Die.
— *Valentinorum*.	Valence.
— *Tricastinorum*.	Aoste en Diois.
— *Vasiensium*.	Vaison.
— *Arausicorum*.	Orange.
— *Cabellicorum*.	Cavaillon.
— *Avennicorum*.	Avignon.
— *Arelatensium*.	Arles.
— *Massiliensium*.	Marseille.
— *Aquensium*.	Aix.

Cette ville n'a pu être érigée en métropole que lorsqu'on la prit à la Viennaise, avec toutes celles qui suivent, pour en former une province distincte sous le nom de Narbonnaise seconde.

— *Aptensium*. . . . . . . Apt.
— *Reiensium*. . . . . . . Riez.
— *Foro Juliensium*. . . Fréjus.
— *Vappincensium*. . . . Gap.
— *Segesteriorum*. . . . Sisteron.
— *Antipolitana*. . . . . Antibes.

Ainsi, à la fin de cette période, en l'an 360, la Gaule transalpine se trouvait subdivisée en onze provinces; et comme, dans le même espace de temps, la Gaule cisalpine n'offre rien de commun avec la Transalpine, sous le rapport géographique, et ne présente même rien qui n'eût été déjà traité, si ce n'est l'éclaircissement géographique de la table Véléiane, dite de Trajan, dont il sera question ci-après, nous continuerons à suivre les changemens qui s'opérèrent dans les divisions de la Gaule transalpine, jusqu'à la chute de l'empire romain.

CHAPITRE III.

Depuis l'an 360 jusqu'à l'an 369.

Lorsque Julien vint dans les Gaules, n'étant pas encore empereur, vers l'an 356 de J.-C., ce pays était depuis un siècle le théâtre de guerres sanglantes où les Romains luttaient avec désavantage contre les Barbares qui ravageaient et dépeuplaient ces contrées, qu'une longue paix, et les bienfaits de la civilisation, avaient rendues si florissantes. Les peuples belliqueux de la Germanie s'étaient établis dans les environs des cités qu'ils avaient ruinées. Les murailles de quarante-cinq villes se trouvaient détruites, et plusieurs autres, quoique éloignées de la frontière, et des incursions des Barbares, avaient été abandonnées par leurs habitans, et étaient restées désertes [1]. La chute de l'empire d'Occident fut pendant quelque temps retardée par la valeur de Julien, et les sages précautions de Valentinien [2] qui, en 365, fit construire beaucoup de forteresses sur le Rhin, dont les rives n'étaient plus suffisamment protégées par la terreur qu'inspirait le courage des légions romaines. Cinquante ans plus tard, la domination des empereurs romains devait être pour jamais anéantie, et les Francs, les Bourguignons et les Wisigoths, devaient

[1] Amm. Marcellin, lib. xiv, cap. 10, lib. xv, cap. 5, 6, 8, et seq. — Julianus, *Epistola ad S. P. Q. Atheniensem*, Juliani imperatoris *Opera*, p. 277; edit., Lips., in-folio, 1696. — Ex *Veter. Panegyricis*, in *Panegyrico Mamertini*, cap. iii et iv.

[2] Zosymi, *Hist.*, lib. iv, cap. 3-12, p. 284, 299, edit. Heynii; Lipsiæ, 1784, in-8°.

imposer un nouveau nom à cette contrée, et substituer aux divisions tranquillement établies par les sénatus-consultes et les décrets impériaux, celles qui résultaient des nouveaux États qui y furent créés par la force des armes, et qui, mal cimentés par le sang, le carnage et la désolation, essuyèrent tant de variations dans leurs limites, dans leur gouvernement, leurs lois et leurs mœurs.

Cependant c'est pendant ce demi-siècle, qui nous reste à parcourir, que la Gaule reçut sa dernière forme, et subit ses dernières divisions. La dernière de toutes est en dix-sept provinces : elle est détaillée d'une manière exacte et précise dans la Notice des provinces de la Gaule, qui fut écrite à l'époque même de la chute entière de la puissance romaine dans les Gaules, à laquelle nous devons nous arrêter. Si cette dernière division, la seule que l'on trace sur les cartes, et qu'on décrive dans les traités de géographie de l'ancienne Gaule, est une des moins utiles pour l'étude de l'histoire, c'est la plus importante pour les commencemens de l'histoire moderne, et surtout pour la longue et ténébreuse série des siècles du moyen âge; car, ainsi que je l'ai déjà observé, les dernières divisions, et les dernières dénominations romaines, ont continué à se propager jusqu'à nos jours, dans les diocèses et les divisions ecclésiastiques. Nous devons donc ne rien négliger pour présenter d'une manière exacte, et dans tous ses détails, cette dernière division, ainsi que celles qui l'ont immédiatement précédée.

Mais non seulement, dans les derniers temps de la puissance romaine, il s'établit des divisions particulières beaucoup plus nombreuses que celles qui avaient existé dans les siècles antérieurs, mais on vit naître des divisions générales auparavant inconnues.

Nous avons déjà eu plusieurs fois occasion d'observer que les anciens, à commencer par César, parlent souvent des Gaules en faisant abstraction de la Province romaine, ou Narbonnaise, qu'ils regardaient comme une division à part. L'Aquitaine, qu'ils trouvèrent habitée par un peuple entièrement différent des Gaulois du centre, avec lesquels les Belges, au nord, avaient une grande affinité, est aussi décrite par eux comme une division séparée. Nous en avons un exemple remarquable dès le temps de Strabon, qui décrit l'une après l'autre la Narbonnaise et l'Aquitaine, mais qui mêle ensemble la description des deux autres provinces de la Gaule. Nous allons voir qu'Ammien Marcellin semble séparer presque entièrement l'Aquitaine du reste de la Gaule; et, peu d'années après lui, nous verrons cette même Aquitaine, et la Narbonnaise, former une division entièrement distincte, qu'on désignait sous le nom des *cinq provinces* ou des *sept provinces*.

Pour faire connaître les divisions de la Gaule à l'époque dont nous traitons, nous traduirons le texte même d'Ammien Marcellin, qu'on a trop légèrement accusé d'erreur. Il avait fait la guerre dans les Gaules, et il est, après César, l'historien qui fournit le plus de notions géographiques sur ce pays.

Mais je dois observer que l'Histoire d'Ammien Marcellin a été composée dans deux temps différens; en effet, le début du xxvii° livre nous prouve que tous les livres qui précèdent ont été terminés avant l'avénement de Valentinien à l'empire, c'est-à-dire avant l'an 364. Tous les autres, c'est-à-dire depuis le xxviiᵉ livre jusqu'au xxxiᵉ, sont écrits postérieurement à la mort de Valens, c'est-à-dire après l'an 380. La description de la Gaule se trouve dans le xvᵉ livre : elle a donc précédé l'an 364.

Voici, selon Ammien Marcellin [1], les provinces que l'on comptait alors dans toute l'étendue des Gaules :

1. « La seconde Germanie, qui, bornée à l'ouest « par la première Germanie, renfermait Cologne, *colonia Agrippina,* et Tongres, *Tungri,* ainsi qu'un « grand nombre de villes fortifiées et bien bâties. »

A l'époque où écrivait Ammien, *Toxiandria,* Tessender-Loo, était occupée par les Francs [2]. Cologne avait été presque entièrement détruite par les Barbares, c'est lui-même qui nous raconte ce fait, qui eut lieu vers l'an 356 [3]. Il n'était resté sur les bords du Rhin ni villes ni châteaux, excepté une tour près de Cologne. Ammien mentionne aussi à ce sujet *Rigomagus,* Rimagen, et *Confluentes,* Coblentz, qui étaient dans la Germanie première, et dans un autre endroit, *Juliacum,* Juliers ou Giulick [4]. La position de tous ces lieux est déterminée par les mesures des Itinéraires [5], ainsi que celle de *Trice-*

---

[1] Amm. Marcellin., lib. xv, c. 8, p. 95, et c. 11, p. 102, edit. Vales.
[2] *Id.,* lib. xvii, cap. 8, p. 170.
[3] *Id.,* lib. xvi, cap. 3, p. 113.
[4] *Id.,* lib. xvii, cap. 2, p. 157.
[5] Voyez l'*Analyse des Itinéraires,* tom. iii de cet ouvrage. — Pour Rimagen, j'observerai que, dans le moyen âge, Rimagen est nommé *Rugmach;* voyez Valois, p. 477.

sima à Alpen; lieu près duquel Julien défit les Francs nommés *Attuarii* [1].

2. « La première Germanie, où l'on trouve, outre
« plusieurs municipes, Mayence, *Mogontiacus*,
« *Vangiones*, Worms, *Nemetæ*, Spire, et Stras-
« bourg, *Argentoratum*, célèbre par la défaite des
« Barbares [2]. »

Nous voyons que *Borbetomagus*, Worms, et *Noviomagus*, Spire, n'étaient plus, dès ce temps, désignées que par les noms des peuples dont elles étaient les capitales. Le lieu nommé *Tres Tabernæ* dans Ammien Marcellin [3] est évidemment le *Tabernæ* de l'Itinéraire sur la route d'*Argentoratum*, Strasbourg, à *Divodurum*, Metz [4], lieu que les mesures portent, à Elsâss-Zabern, en français Saverne. Il faut se garder de confondre ce lieu avec le *Tabernæ* de la route qui va le long du Rhin, qui est Rhein-Zabern, et dont Ammien Marcellin fait aussi mention dans un autre endroit [5], avec *Brocomagus*, qui est Brumpt, et *Saletio*, Seltz : tous lieux de la Germanie première, dont les positions sont démontrées par les mesures des Itinéraires [6].

3. « Après ces provinces vient la Belgique première,

---

[1] Voyez Ammian., lib. xx, cap. 10, p. 254; lib. xviii, cap. 2, p. 187.

[2] Amm. Marcellin, lib. xv, cap. 11, p. 103.

[3] *Id.*, lib. xvi, cap. 11, p. 137.

[4] Voyez l'*Analyse des Itinéraires*, et tom. iii de cet ouvrage.

[5] Ammian., lib. xvi, cap. 3, p. 112.

[6] Voyez l'*Analyse des Itinéraires*, tom. iii de cet ouvrage. — De l'autre côté du Rhin et vis-à-vis de Mayence, étaient les Buccinobantes. Voyez Amm. Marcellin, lib. xxiv, cap. 4. — Valentinien avait fait construire une forteresse au confluent du Necker et du Rhin, voyez lib. xxviii, cap. 2, p. 520.

« qui comprend Metz, *Mediomatricos*, et Trèves,
« *Treviros*, où les princes font leur résidence ¹. »

Ces derniers mots font allusion aux préfets du diocèse des Gaules, dont la résidence était à Trèves. J'ai déjà observé que le diocèse des Gaules comprenait la Gaule transalpine, l'Espagne et la Grande-Bretagne réunies. Au livre XVI⁰, Ammien Marcellin fait mention de *Decem Pagi* ², qui est Dieuse moderne, ainsi que le démontrent les mesures des Itinéraires pour la route d'*Argentoratum*, Strasbourg, à *Divodurum*, Metz : ce lieu était chez les *Mediomatrici*. J'ai déjà dit que *Calydona* ³ devait être placé aux ruines près de Thionville et près de la forêt de Caldnoven ⁴. *Scarpona* ⁵ était sur les limites des *Mediomatrici* et des *Leuci*. Les mesures des Itinéraires portent la position de ce lieu à Charpaigne ; il est mentionné par Ammien Marcellin et Zosyme, au sujet de la victoire de Jovinus, en 366. La Moselle a changé de cours, et en ôtant ce lieu au diocèse de Toul, elle l'a donné à celui de Metz.

4. La seconde Belgique est limitrophe de la première : « Parmi les villes remarquables que l'on
« y trouve, sont Amiens, *Ambiani*, Châlons, *Cata-*
« *launi*, et Rheims, *Remi*. » Ammien Marcellin, en parlant d'Amiens, dit (lib. XV) : *Urbs inter alias eminens*, ville qui est au nombre des plus éminentes.

---

[1] Amm., lib. XV, cap. 11, p. 103.
[2] *Id.*, lib. XVI, cap. 3, p. 112.
[3] *Id.*, lib. XXVII, c. 1, p. 475. — Voyez t. I, p. 516, de cet ouvrage.
[4] *Id.*, lib. XXVII, cap. 2, p. 476, ou tom. I, p. 433, de cet ouvrage.
[5] Benoît, *Hist. du diocèse de Toul*, p. 11 et 12. — Amm. Marcell., lib XV, cap. 11, p. 103.

Dans l'étendue de cette division, Ammien Marcellin, dans le cours de son Histoire, a plusieurs fois occasion de mentionner *Bononia* [1], Boulogne, comme le port où l'on s'embarquait pour la Grande-Bretagne : le nom de *Gesoriacum* n'était déjà plus en usage. Le port de la Grande-Bretagne où l'on abordait se nommait *Rutupiæ*, qui est Richborough [2].

5. « Chez les Séquanais sont Besançon, *Bisontios*, « et Augst, *Rauracos*, et plusieurs autres villes con- « sidérables. »

C'est à tort que de Moulines [3] traduit *Rauracos* par Basle. Ammien Marcellin est précisément le premier auteur qui fasse mention de Basle sous le nom de *Basilia* : ce lieu, peu d'années après, dans la Notice, porte le titre de ville, tandis que *Augusta Rauracorum* [4] n'est plus mentionnée que comme un château, *castrum Rauracense* [5] : tant étaient rapides les changemens que les grands mouvemens des peuples, qui avaient lieu à cette époque mémorable, produisaient sur cette frontière de l'Empire. Schæpflin donne d'assez bonnes raisons [6] pour placer la forteresse nommée *Robur* par Ammien Marcellin, bâtie en 374 par Valentinien, sur le sol qu'occupe aujourd'hui la cathédrale de Basle, quoique d'autres auteurs veuillent placer ce lieu sur le sommet du

---

[1] Amm. Marcellin, lib xxvii, cap. 8, 494.
[2] Voy. ci-dessus, t. i, p. 451-458, et Gossellin, *Rech.*, t. iv, p. 88.
[3] Amm. Marcellin, ou les dix-huit livres de son Histoire qui nous sont restés, traduits en français, 3 vol in-12. Berlin, 1775, tom. i, p. 166.
[4] Voyez ci-dessus, tom. i, p. 314, 322 et 323.
[5] Voyez *Notitia provinc. Galliæ*. — *Recueil des Hist. de France*, tom. i, p. 122. — Guérard, *Essai*, p. 21 et 22.
[6] Amm., lib. xxx, c. 3. — Schæpflin., *Alsat. illustr.*, tom. i, p. 181.

Jura, ou ailleurs que Bâle, mais de même sur les bords du Rhin. *Argentoria,* à Artzenheim, mentionnée aussi par Ammien Marcellin, se trouve déterminée par les mesures des Itinéraires, sur les limites des *Sequani* et de la *Germanie première* [1].

Il paraît certain, d'après ce que nous allons lire à la fin de ce détail des provinces d'Ammien Marcellin, que de son temps la *provincia Maxima Sequanorum* ne s'étendait que jusqu'à la chaîne des Vosges, et qu'on avait compris *Aventicum,* Avenche, et presque toute l'Hélvétie, dans la *province des Alpes graies et pennines* : ces limites étaient très conformes à la géographie naturelle [2].

6. « La Lyonnaise première est illustrée par les
« villes de Lyon, de Châlons, de Sens et de Bourges
« (*Lugdunum, Cabillonus, Senones et Bituriges*),
« ainsi que par Autun (*Augustodunum*), dont les
« murailles attestent encore l'ancienne grandeur. »

J'ai déjà observé qu'on avait à tort accusé Ammien Marcellin d'erreur, pour avoir mis la ville de Bourges dans la Lyonnaise première, qui y fut probablement pendant quelque temps réunie, parce que l'Aquitaine, ayant été la dernière subdivisée, se trouvait trop grande proportionnellement aux autres provinces.

Dans un autre endroit de son ouvrage, Ammien Marcellin fait encore mention des vastes murailles d'Autun ruinées par le laps de temps, et en parlant,

---

[1] Muller, *Schweiz Gesch.*, th. 1, §. 80. — Ukert, *Geogr. der Griech. und Röm.*, tom. II, p. 498.

[2] Amm. Marcellin, lib. XXXI, cap. 10, p. 636; edit. Valesii. — Conférez ci-dessus, tom. I, p. 323 et 556, et l'*Analyse des Itinéraires*, tom. III de cet ouvrage.

dans le même chapitre, de la marche de Julien, il mentionne [1] successivement *Arbor*, *Sedelaucus* et *Cora*. Je pense que cet *Arbor*, qu'il ne faut pas confondre avec le lieu du même nom situé sur le lac Constance, mentionné aussi par Ammien Marcellin, peut être rapporté, avec quelque degré de vraisemblance, à Arbot-sur-Aube, dans le département de la Haute-Marne, arrondissement de Langres. *Sedelaucum* est évidemment le *Sidolocum* de l'Itinéraire, dont les mesures, pour la route d'*Augustodunum*, Autun, à *Aballo*, Avallon, déterminent la position à Saulieu moderne [2]. Pasumot [3] a très bien démontré que *Cora* était situé à la Ville-Auxerre près Saint-Moré et non à Cure comme le croyait d'Anville : ainsi les gens du pays indiquaient deux routes à Julien pour se rendre plus au nord sur les bord du Rhin, l'une par *Sedelaucum* et *Cora*, c'était la route de Sens; l'autre plus directe, par *Arbor*, Arbot, c'était celle de Langres [4].

7. « La Lyonnaise seconde, où se trouvent Rouen
« (*Rotomagi*), Tours (*Turini*), Évreux (*Mediolanum*) et Troyes (*Tricassini*). »

Dans le cours de son ouvrage, Ammien Marcellin mentionne encore *Parisiis*, Paris, lieu chéri par l'empereur Julien, et qui n'était encore qu'une très petite ville, *Senonas*, Sens, *Autisiodurum*, Auxerre, toutes comprises dans cette division.

8. Dans le commencement de sa description géné-

---

[1] Amm. Marcellin, lib. x, cap. ii, p. 110.
[2] Voyez l'*Analyse des Itinéraires*, tom. iii de cet ouvrage.
[3] Pasumot, *Mém. Géogr. sur quelques Antiquités de la Gaule*. Paris, in-12, 1765, p. 57 et suiv.
[4] Voyez ci-dessus, tom. i, p. 321 et 328.

rale des Gaules, Ammien Marcellin dit : « Les Gau-
« lois nommés Celtes sont encore séparés des Belges
« par la Marne (*Matrona*) et la Seine (*Sequana*),
« rivières également considérables qui traversent la
« Lyonnaise, se joignent, puis entourent de leurs
« flots réunis la forteresse des Parisiens nommée
« Lutèce (*Parisiorum castellum Luteciam nomine*),
« et vont se perdre dans la mer près des Camps-
« de-Constance (*prope castra Constantia fun-*
« *duntur in mare*)[1]. » Cette description est très
exacte ; mais comme il a plu aux modernes de voir
dans les *castra Constantia* la ville de Coutances,
nommée aussi *Constantia*, dont il n'est fait mention
que dans le commencement du VIe siècle, ils
n'ont vu, dans ce que dit ici Ammien Marcellin,
qu'ignorance, qu'absurdités et contradictions. Il
était cependant bien facile de se rappeler que l'empereur
Constance, vers l'an 296 de J.-C., dans
une expédition contre l'Angleterre, fit transporter
son armée par une flotte qui descendit la Seine[2] ;
il dut donc, à cette époque, faire construire un fort
à l'embouchure de cette rivière, d'où ses troupes
s'embarquaient, et un port pour contenir sa flotte.
Tout porte à croire que ce fort ou ces *castra Constantia*
étaient sur la côte méridionale de l'embouchure
de la Seine, où se trouve aujourd'hui Honfleur.

[1] Amm. Marcellin., lib. xv, cap. 11, p. 102.
[2] Le préfet du prétoire Asclepiodotus commandait cette armée.
Voyez Eumenius, *Panegyricus in Constantium*, cap. xv. — *Recueil
des Hist. de France*, tom. I, p. 714. « Prior siquidem Gesoriaceno
« littore quamvis fervidum invectus Oceanum, etiam illi exercitui
« tuo, quem Sequana in fluctus evexerat, irrevocabilem injecisti
« mentis ardorem. »

En effet, la Table nous fournit au nord une route qui se termine près de la mer par une position nommée *Carocotinum*, peu éloignée du Havre [1]. Au midi, l'Itinéraire et la Table s'arrêtent à *Breviodurum*, Pont-Autou. Il est difficile de penser que le détour que fait cette route n'eût pas pour objet de communiquer avec une autre qui menait à un port de mer : ceci me porte à placer les *castra Constantia* d'Ammien Marcellin, près du port des *Lexovii* et du *Nœomagus* de Ptolémée, à Conteville, un peu à l'ouest d'Honfleur. Ce lieu est nommé *Contavilla* dans les titres du moyen âge; il est situé dans le *pagus Lisvinus*, nommé encore aujourd'hui Lieuvin, et par conséquent chez les *Lexovii* [2]. Quoi qu'il en soit de cette conjecture, ce que je viens de dire suffit pour justifier Ammien Marcellin de l'erreur grossière qu'on lui attribuait.

8. « Les Alpes graies et pennines ont, sans men-
« tionner des villes plus obscures, Avenche, *Aven-*
« *ticum*, déserte à la vérité, mais qui a été autrefois
« assez considérable, ainsi que le prouvent ses édifices
« à demi ruinés [3]. »

L'inscription relative à la réparation des murs de *Vitodurus*, Ober-Winterthur, dont nous avons parlé,

---

[1] Voyez l'*Analyse des Itinéraires*, tom. III; et ci-dessus, tom. I, p. 385 et 396.

[2] Voyez la Carte du diocèse de Lisieux, par d'Anville; *Mém. de la Société des Antiquaires de Normandie*, tom. IX, et Longuerue, *Description de la France*, tom. I, p. 76.

[3] Amm. Marcell., lib. xv, cap. 11, p. 104. — Dans la Germanie les Lentienses habitaient le nord du lac Constance, et le district moderne nommé Linzgau. — Amm. Marcell., lib. xv, c. 4, et lib. III, c. 40. — Conférez Leichtlen's, *Schwaben*, p. 206, et la Carte n° 3.

prouve seulement que du temps de Dioclétien le nord de l'Helvétie appartenait aux *Sequani;* mais nous voyons par Ammien Marcellin que si l'Helvétie avait été réunie en entier à la grande province des Séquanais, elle fut ensuite partagée lorsqu'on forma une nouvelle province des Alpes graies et pennines, *Alpes graiæ et penninæ,* qu'on réunit à la Gaule. Cette nouvelle province, qui comprenait une partie de l'Helvétie, a dû être composée des cités suivantes :

> *Civitas Elvitiorum, Aventicus*. . . Avenche.
> — *Centronum, Darantasia.* . Moustier, en Tarantaise.
> — *Vallensium, Octoduro*. . . Martigny ou Martinach, en Valais.

Ceux qui ont accusé Ammien Marcellin d'erreur, pour avoir attribué à la province des Alpes graies et pennines une partie de l'Helvétie, n'ont pas fait attention que, si cette nouvelle province avait été restreinte à la Tarantaise et au Valais, comme elle le fut peu de temps après, elle eût été ridiculement petite, comparativement aux autres provinces de la Gaule, qui n'avaient point été subdivisées, comme elles le furent depuis. Les limites de la province des Alpes graies et pennines étaient d'ailleurs, au temps d'Ammien Marcellin, très conformes à la géographie naturelle. Cette province se trouvait separée, à l'ouest et au nord-ouest, de la Grande-Séquanaise par la chaîne du Jura. Lorsque les Germains se furent emparés du nord de l'Helvétie et y eurent formé des établissemens, la Séquanaise, rétrécie par cette conquête, fut augmentée de tout le midi de l'Helvétie, et *Aventicum*, Avenche, s'y trouva compris. La Séquanaise formant un commandement militaire et une des provinces frontières de l'Empire, ce changement était nécessaire pour lui conserver le rang qu'elle occupait, et que n'aurait pu remplir une province aussi peu étendue, aussi peu peuplée, que les Alpes graies et pennines, avec des limites aussi resserrées que celles qu'elle a depuis reçues.

« Telles sont (dit Ammien Marcellin) les pro-
« vinces et les principales villes des Gaules. »

Ces mots sont remarquables : Ammien Marcellin a commencé par annoncer qu'il allait décrire les provinces de toute la Gaule, *per omnem ambitum Galliarum*, et il termine ici en disant : « *Hæ provinciæ urbesque sunt splendidæ Galliarum :* » puis il passe ensuite à la description de l'Aquitaine et de la Narbonnaise, ce qui prouve bien qu'il séparait ces deux portions du reste de la Gaule, c'est cette division qui a depuis été désignée tantôt sous le nom des cinq provinces, et tantôt sous celui des sept provinces. Ce qui le prouve, c'est que la Notice de l'Empire termine de même l'énumération des *provinces Gallicanes* par celle des Alpes graies et pennines, et décrit sous le nom des *sept provinces* la Viennaise et la Narbonnaise.

« Dans l'Aquitaine, qui est du côté des Pyrénées,
« et cette partie de l'Océan qui touche à l'Espagne,
« on trouve :

9. « La province Aquitanique, qui renferme de
« grandes et belles cités, parmi lesquelles, sans par-
« ler de beaucoup d'autres, Bordeaux, *Burdigala*,

« et Clermont, *Arverni*, se font particulièrement
« remarquer, ainsi que Saintes, *Santones*, et Poi-
« tiers, *Pictavi*.

10. « La Novempopulane, qui se glorifie d'Auch,
Ausci, et de Bazas, *Vasates*.

11. « Dans la Narbonnaise se trouvent renfermées
« Narbonne, *Narbona*, et Toulouse, *Tolosa*, qui en
« sont les principales villes. »

Ceux qui sont familiarisés avec le latin souvent
barbare d'Ammien Marcellin liront sans difficulté :
« *in Narbonensi clusa est Narbona et Tolosa, prin-*
« *cipatum urbium tenent,* » ainsi qu'il est écrit dans
les premières éditions de cet auteur et dans les manuscrits. En substituant *Elusa* à *clusa* on a encore
attribué à Ammien une erreur qu'il n'a point com-
mise, puisque *Elusa*, Eause, était dans la Novempopulane, qu'il distingue formellement de la Narbonnaise. Il n'est pas vrai que, dans la Table de
Peutinger, le copiste ait mis *Clusa* pour *Elusa* ainsi
que l'avance, dans sa note, Valois, pour justifier la
correction qu'il fait subir au texte d'Ammien [1].

12. « La Viennaise est décorée par un grand
« nombre de villes, dont les principales sont Vienne,
« *Vienna*, Arles, *Arelatæ*, et Valence, *Valentia*;
« auxquelles on joint Marseille, *Massilia*, dont l'al-
« liance a souvent été utile aux Romains dans des
« circonstances périlleuses.

« Près de Marseille sont les Salluviens, *Salluvii*,
« Nice, *Nicæa*, Antibes, *Antipolis*, et les îles Stœ-
« chades, *insulæ Stœchades*. »

[1] Voyez Amm. Marcellin., lib. xv, cap. 11, p. 104, edit. Valesii,
in-folio, 1681, p. 104.

Il semble d'après ces derniers mots que l'on commençait, du temps d'Ammien Marcellin, à joindre à la Gaule le district montagneux si long-temps réuni à l'Italie, qui depuis forma une province particulière sous le nom d'Alpes maritimes. Cependant nous apprenons d'une manière certaine qu'à l'époque où Ammien écrivait la description qu'on vient de lire, la Gaule se trouvait seulement divisée en douze provinces.

Ce fut vers ce temps que l'Allobrogie commença à perdre son nom antique, pour prendre celui de *Sapaudia*, dont on ignore l'étymologie. Ammien Marcellin est le premier qui en fasse mention; il dit en décrivant le cours du Rhône : « *Per Sapaudiam fertur et Sequanos* [1]. » On retrouve ensuite deux fois le nom de *Sapaudia* dans la Notice de l'Empire ; et enfin dans le moyen âge cette dénomination devint si générale, qu'elle fit disparaître celle d'Allobrogie. La Chronique de Prosper Tyro, sous l'an 443 [2], fait mention de la *Sabaudia* ; et dans le partage des États de Charlemagne, en 806, il est question de la *Saboja*, qui s'y trouve distinguée de la Maurienne et de la Tarantaise, et du mont Cenis [3]. Mais l'Allobrogie, en prenant le nom de *Sapaudia*, au lieu de restreindre ses limites, comme l'ont pensé Valois et d'Anville, les agrandit encore, si, comme on n'en peut douter, l'*Ebrudunum Sapaudiæ* de la

---

[1] Amm. Marcellin, lib. xv, cap. 11, p. 105.

[2] Prosperi Tyronis, *Chronicon.* — *Recueil des Hist. de France*, tom. 1, p. 396, n° 20.

[3] *Car. M. Chart. divis. imp.*, dans *Eginharti Vita Caroli Magni*, édit. de Bredow ; Helmstad, in-12, 1806, p. 155 ; et D. Bouquet, *Recueil des Hist. de France*, tom. v, p. 771.

Notice [1] de l'Empire est Iverdun. Alors la *Sapaudia*, vers le nord, renfermait cette partie de l'Helvétie, comprise entre le Jura, le lac Léman et le lac de Neuf-Châtel. Mais il ne paraît pas que, vers le midi, l'Allobrogie, sous le nouveau nom de *Sapaudia*, eût rien perdu de son territoire, lorsqu'elle fut cédée aux Bourguignons en 443, puisqu'en 520 elle confinait encore à la Provence [2]. Lors du partage de l'empire de Charlemagne, en 806, la *Saboia* avait encore ses anciennes limites, et si elle se trouve distinguée de la Maurienne et de la Tarantaise, c'est que les *Centrones* et les *Medulli* n'ont jamais fait partie de l'Allobrogie. D'Anville a donc eu tort de restreindre ce nom de *Sapaudia* à la partie septentrionale de l'Allobrogie, et Valois se trompe lorsqu'il croit que cette ancienne province de Savoie se réduisait aux limites du duché moderne qui porte ce nom. Ce n'est que dans le Xe siècle qu'on vit la *Sapaudia* subdivisée en plusieurs comtés particuliers, savoir : la Savoie propre, le Génevais, le comté de Grenoble, etc.

On n'a point, ce me semble, rendu raison de cette extension de la *Sapaudia* au-delà des limites de l'Allobrogie, et pourquoi cette division empiétait sur l'Helvétie et la Séquanaise. Cette extension, selon

---

[1] *Notitia dignitatum imper. roman.*, sect. 65, p. 121, édit. de Labbe, in-12, 1651, ou p. 179, verso, edit. Pancirol., 1608, in-fol.

[2] Voyez Durandi, *Notizia dell' antico Piemonte traspadano*, part. 1, p. 66; et les autorités qu'il cite, dont les principales sont la lettre LXXe d'Avitus, alors évêque de Vienne, à Sigismond, dans Sirmond, *Opera varia*, tom. II, col. 3. — Muratori, *Rerum ital.*, tom. 1, part. II, p. 115. — La Charte d'Humbert, évêque de Vienne, en 991, dans Salvaing, *de l'Usage des fiefs*, ch. 33, p. 140.

nous, provient d'une division militaire qu'on trouve, dans la Notice de l'Empire, désignée sous le titre de province, et nommée Gaule riveraine, *provincia Gallia riparensis*. Ce commandement, qui comprenait tout le pays à l'occident du Rhône ou toute la Viennaise, concernait les flottilles stationnées sur ce fleuve à Arles, à Marseille, sur les lacs de Genève et d'Yverdun, sur les rivières qui en dépendent [1], et sur l'Isère, à Grenoble [2]. Lorsqu'on voulait parler de la partie nord de cette division, le mot d'Allobrogie devenait insuffisant; le nom de *Sapaudia*, qui seul exprimait la chose que l'on voulait désigner, dut nécessairement prévaloir.

[1] *Notitia dignitatum imperii romani*, §. 65, p. 121, edit. Labbe, ou p. 179, verso, edit. Pancirol., 1608, in-folio.

[2] « Præfectus classis Barcariorum, Ebruduni Sapaudiæ. Tribu-« nus cohortis primæ Flaviæ, Sapaudiæ Calaronæ. » [Cularone.]

CHAPITRE IV.

Depuis l'an 369 jusqu'en 381 après J.-C.

Quatre ou cinq ans après l'époque que nous avons fixée pour la description d'Ammien Marcellin, Sextus Rufus indique quatorze provinces dans les Gaules, au lieu de douze que nous trouvons dans Ammien Marcellin. Dans ce court intervalle de temps on avait divisé l'Aquitaine en deux provinces, en y réunissant la cité des *Bituriges,* Bourges, qui en avait été détachée, et le district des Alpes maritimes, qui avait été réuni à la Gaule, et avait formé une province nouvelle. Dans son énumération, Sextus Rufus suit un ordre inverse de celui d'Ammien; mais on ne doit pas oublier d'observer qu'il distingue de même la Gaule de l'Aquitaine. Voici comme il s'exprime :

« Il y a dans la Gaule (c'est-à-dire dans la pré-
« fecture des Gaules), en y comprenant l'Aquitaine,
« et les Bretagnes, dix-huit provinces. *Sunt in*
« *Gallia, cum Aquitania et Britanniis, decem et*
« *octo provinciæ* [1] :

1. *Alpes maritimæ,*
2. *Provincia Narbonensis,*
3. *Viennensis,*
4. *Aquitaniæ duæ,* 1
5. 2

---

[1] *Breviarium Sexti Rufi,* dans l'Eutrope de Verheyk, p. 701. C'est la seule édition savante que je connaisse de ce petit ouvrage très intéressant pour l'histoire et pour la géographie, qui mériterait d'être imprimé à part avec un ample commentaire.

6. *Novempopulana,*
7. *Lugdunenses duæ,* 1
8. 2
9. *Alpes Graiæ,*
10. *Maxima Sequanorum,*
11. *Germaniæ duæ,* 1
12. 2
13. *Belgicæ duæ* 1
14. . . . . 2 »

L'île de Bretagne ou l'Angleterre moderne est divisée en quatre provinces, ce qui forme le nombre de dix-huit provinces annoncé par Rufus pour ces deux pays réunis.

Comme il y a tout lieu de présumer que les territoires des Alpes maritimes, et des deux Aquitaines, étaient les mêmes à l'époque de leur formation que lorsqu'on dressa, trente ans après, la Notice de l'Empire, nous donnerons, d'après cette Notice, comme nous l'avons fait précédemment pour les autres divisions, la liste des cités qui composaient ces trois nouvelles provinces : ce qui en déterminera l'étendue et les limites.

PROVINCIA ALPIUM MARITIMARUM.

Diocèses de

Metropolis civitas Ebrodunensium. Embrun.
Civitas Diniensium. . . . . Digne.
— *Rigomagensium.* . . . . Chorges [1].
— *Sollinensium.* . . . . . . Castellane [2].
— *Sanitiensium.* . . . . . . Senez.

---

[1] Voyez ci-dessus, tom. 1, p. 539 et 540.
[2] V. ci-dessus, t. II, p. 105, et D. Bouquet, *Hist. de Fr.*, t. I, p. 84.

	Diocèses de
Civitas Glannativa.	Glandève.
— *Cemmelenensium*.	Cimiez.
— *Vintiensium*.	Vence.

AQUITANIA PRIMA.

Metropolis civitas Biturigum. . . .	Bourges.
Civitas Arvernorum.	Clermont.
— *Rutenorum*.	Rhodez.
— *Albiensium*.	Alby.
— *Cadurcorum*.	Cahors.
— *Lemovicum*.	Limoges.
— *Gabalum*.	Anterrieux[1].
— *Vellavorum*.	St.-Paulien.

AQUITANIA SECUNDA.

Metropolis civitas Burdigalensium.	Bordeaux.
Civitas Agennensium.	Agen.
— *Ecolismensium*.	Angoulême.
— *Santonum*.	Saintes.
— *Pictavorum*.	Poitiers.
— *Petrocoriorium*.	Périgueux.

On voit que par ce changement on enleva à la Lyonnaise première toute la cité de Bourges, portion de l'ancienne Aquitaine, qu'on lui avait annexée pour la dédommager des peuples qu'on en avait précédemment retranchés. Si donc on ôte la cité de Bourges

---

[1] Sous ce nom sont compris les diocèses de Saint-Flour et de Mende. — Conférez ci-dessus, tom. 1, p. 350 à 355, et mes *Recherches sur la Géographie ancienne et sur celle du moyen âge,* 1822, in-4°, p. 1 à 45, ou *Hist. et Mém. de l'Institut royal de France, Acad. des Inscript. et Belles-Lettres,* tom. v, p. 386 à 418.

de la liste des cités que nous avons données précédemment à la Lyonnaise première, on aura l'étendue et les limites de cette province pendant l'époque dont nous traitons. L'étendue et les limites des autres provinces ont été déterminées précédemment.

En voyant encore le détail des nouveaux partages dans les chapitres qui vont suivre, le lecteur demandera peut-être quelle était la raison de ces fréquentes subdivisions que l'on voit se succéder dans les Gaules avec tant de rapidité, durant les derniers temps de la chute de l'empire romain en occident. La voici. Les empereurs se trouvant incapables de résister au torrent de Barbares qui, de tous côtés, faisaient des irruptions dans l'Empire, se virent forcés de céder, ou d'abandonner plusieurs des provinces qui en faisaient partie : pour se consoler de ces pertes, ils subdivisaient les provinces qui leur restaient, afin d'avoir l'air de régner toujours sur un même nombre de provinces, et aussi afin de se procurer un prétexte pour augmenter les impôts. Claudien, dans son invective contre Eutrope, se plaint de ces mesures désastreuses, enfantées par l'avidité, et par un misérable orgueil. Il introduit l'Orient, qui dit :
« La cour ne s'occupe que de danses et de festins ;
« elle oublie dans les jouissances de ce qui lui reste
« le souvenir de ce qu'elle a perdu. Pour que le
« trafiqueur de l'Empire mutilé n'éprouve pas de
« diminution dans ses revenus, la province qui reste
« est partagée, et supporte à elle seule le fardeau
« d'un double tribunal, et d'un double impôt. C'est
« par cet art qu'on nous rend les peuples qui ne
« sont plus sous notre dépendance ! C'est ainsi que

« le nombre de nos pertes accroît le nombre de nos
« tyrans ! »

> *Aula choris epulisque vacat, nec perdita curant;*
> *Dum superest aliquid. Ne quid tamen, orbe reciso,*
> *Venditor amittat, provincia quæque superstes*
> *Dividitur, geminumque duplex passura tribunal*
> *Cogitur alterius pretium sarcire peremptæ :*
> *Sic mihi restituunt populos ! hac arte reperta,*
> *Rectorum numerum, terris pereuntibus, augent* [1].

C'est durant la période de temps qui fait l'objet de ce chapitre qu'on vit naître aussi la distinction des *cinq provinces*, et des *sept provinces* comme divisions distinctes des *Gaules* proprement dites. Le plus ancien monument où il soit fait mention des cinq provinces est le concile de Valence, de l'an 374 [2]. Dans sa lettre synodique, ce concile s'exprime ainsi : « Aux bien-aimés frères évêques, établis par les *Gaules* « et les *cinq provinces*. » L'empereur Maxime écrit en 385, au pape Sirice, qu'il établira un synode, ou de toutes les Gaules, ou seulement des cinq provinces [3]. Une loi des empereurs Arcadius et Honorius, de l'an 399, est adressée à Proclien, vicaire des *cinq provinces* [4]. Enfin les évêques du concile de Turin, en 401, adressent leur lettre synodique [5] « aux évê- « ques établis dans les Gaules et dans les *cinq pro- « vinces ;* » mais la Notice des Gaules, qui fut

---
[1] Claudiani, *Poemata*, xx, 584, tom. i, p. 613, edit. Artaud.
[2] Dom Bouquet, *Préface de la Collect. des hist. de France*, tom. i, p. xvii.
[3] Dom Bouquet, *Recueil des Hist. de France*, loco citato.
[4] Voyez *Codex theodosian.*, edit. Lugd., in-folio, 1665, tom. vi, p. 280 Ann. 399, — et *Recueil des Hist. de France*, tom. i, p. 763. — Voyez Symmachus, lib. iv, *Ep.*, 36.
[5] Sirmondus, tom. i, *Concil. Galliæ*, p. 27. — *Recueil des Hist. de France*, tom. i, p. 774.

dressée peu après, divise toute la Gaule en *provinces Gallicanes* et en *sept provinces*[1]. La Notice nomme ces sept provinces; ce sont : la Viennaise, l'Aquitaine première, l'Aquitaine seconde, la Novempopulane, la Narbonnaise première, la Narbonnaise seconde, et les Alpes maritimes. Or, comme nous avons vu que du temps d'Ammien Marcellin et de la lettre du concile de Valence, l'Aquitaine et la Narbonnaise n'étaient pas encore divisées en deux, il s'ensuit que ces sept provinces n'en formaient que cinq, et il est démontré que les sept provinces sont les mêmes que les cinq provinces, qui avaient été partagées. Il est évident aussi que cette dénomination des cinq provinces n'a pu avoir lieu qu'après la formation de celle des Alpes maritimes, qui n'existait pas à l'époque où Ammien Marcellin a écrit sa description ; et c'est sans doute parceque cette province venait d'être créée, que Sextus Rufus commence par elle son énumération des douze provinces de la Gaule. L'usage de désigner les Narbonnaises, les Aquitaines, la Viennaise, la Novempopulane et les Alpes maritimes, par le nom des sept provinces, se retrouve encore dans des monumens postérieurs à la Notice. Ainsi le pape Zosyme reconnaît cette division dans la lettre qu'il écrit, en 417[2], à tous les évêques établis dans les Gaules et dans les sept provinces. L'empereur Honorius, dans sa constitution de l'an 418, adressée à Agricola,

---

[1] *Notitia provinc. Galliar.*, dans le *Recueil des Hist. de France*, tom. 1, p. 125 et 124.

[2] Zosymi papæ *Epistola ad episcopos Galliæ*, apud Sirmondum, tom. 1, *Concil. Galliæ*, tom. 1, p. 27.

préfet des Gaules, ordonne aux *sept provinces* de se trouver à Arles tous les ans [1].

Cependant on a objecté que, dans la Notice des dignités de l'Empire, que les uns rapportent au règne de Valentinien III, en 425, d'autres à l'an 404, il est question de l'intendant des finances et de l'intendant particulier des *cinq provinces* [2] ; mais alors les Goths s'étaient déjà rendus maîtres de deux de ces sept provinces, savoir : la seconde Aquitaine, et la Novempopulane [3]. On avait donc raison de désigner ce qui restait de la *Gallia braccata,* par le nom des cinq provinces, puisqu'il n'en restait en effet que cinq.

Il est probable que lorsque la première Aquitaine se fut soulevée et eut formé pendant quelque temps un État indépendant, sous le nom d'Armorique, on substitua la Lyonnaise première à l'Aquitaine dans le nombre des sept provinces; du moins Hincmar, qui vivait sous Louis-le-Débonnaire, en parlant de l'édit d'Honorius de l'an 418, nomme les sept provinces, et dans sa liste il inscrit la Lyonnaise, et ne parle pas de la première Aquitaine. L'abbé Dubos rapproche de ce passage d'Hincmar l'édit d'Honorius où cet empereur s'exprime ainsi : « Nous voulons « encore que nos officiers qui administrent la justice « dans la Novempopulane et dans la seconde Aqui- « taine, celles des sept provinces qui sont les plus

---

[1] Sirmondus in *Notis* ad Sidonium, p. 245. — *Rec. des Hist. de France,* t. 1, p. 766. — Ch. Giraud, dans la *Notice sur Fabrot,* p. 196.

[2] *Notitia dignit. imper. rom.* , §. 42, p. 83 de l'édit. de Labbe, et sect. 43, p. 87. — *Recueil des Hist. de France,* tom. 1, p. 126 et 127. — Böcking, *Ueber die Notitia dignit.;* Bonn, 1834, p. 121.

[3] Idatii, *Chronicon.,* an 419. — *Rec. des Hist. de Fr.,* t. 1, p. 616.

« éloignées d'Arles.... » Or, dit l'abbé Dubos, pour que la *Novempopulane* et la *seconde Aquitaine* fussent, parmi les sept provinces, les plus éloignées d'Arles, il fallait que la première ne fût point comprise dans ce nombre, puisque Bourges et les extremités de la première Aquitaine sont plus loin d'Arles que la seconde Aquitaine, et la Novempopulane [1]. Ce raisonnement n'est point exact : plus de la moitié de toute la première Aquitaine se trouvait plus rapprochée d'Arles que les frontières de la Novempopulane et de la seconde Aquitaine, les plus proches d'Arles. Ces deux dernières provinces, se trouvant au-delà de la première Aquitaine par rapport à Arles, étaient, en les prenant en masse, plus éloignées qu'elles de cette capitale des Gaules. Tout porte à croire qu'en 418, époque de l'édit d'Honorius, les sept provinces étaient les mêmes qu'en 401, lors de la publication de la Notice de la Gaule sous le même empereur. La première Lyonnaise n'aura été substituée que postérieurement à la première Aquitaine : ce qui aura trompé Hincmar [2], qui aura jugé de l'état des choses du temps d'Honorius, par ce qui avait existé dans un temps plus rapproché de celui où il écrivait.

L'édit d'Honorius et la Notice des dignités de l'Empire sont les derniers monumens où il soit fait mention des cinq provinces, et des sept provinces [3]. Le nom de *Septimanie*, attribué à une partie

[1] Dubos, *Établissement de la Monarchie française dans les Gaules*, tom. I, p. 374 et 383 ; édit. in-12, 4 vol. Paris, 1742.

[2] Hincmar, *Epist.* VI, cap. 17 ; edit. Mogont., p. 311, et Dubos, p. 384 et 387.

[3] Dubos, tom. I, p. 376, dit : « On peut voir dans les Annales

de la Narbonnaise, a une origine toute différente de cette dénomination des sept provinces [1].

Cette division de la Gaule en deux portions distinctes a donné lieu encore, dans des temps postérieurs, à une dernière division générale, ou au moins a introduit les dénominations nouvelles de *Gaule citérieure* et de *Gaule ultérieure*, qui n'ont point, dans les auteurs de ces siècles, la même signification que dans les temps classiques. La *Gaule citérieure* représentait, à l'époque dont nous traitons, les cinq ou les sept provinces, et comprenait en général toute la Gaule au midi de la Loire, et de cette portion du Rhône qui coule de l'ouest, et avant sa jonction avec la Saône ; et la *Gaule ultérieure* était tout le reste de la Gaule au nord de cette même portion du Rhône et du cours de la Loire. Cependant ces dénominations paraissent avoir eu très souvent des significations relatives : ainsi l'auteur de la Vie de saint Éloy, et Prosper dans sa Chronique, qui écrivaient dans le nord de la Gaule, placent Limoges et Valence dans la Gaule ultérieure, parce qu'en effet cette Gaule était ultérieure par rapport à eux [2].

L'usage de considérer l'Aquitaine et la Narbonnaise comme une seule et même division, fit disparaître la dénomination de *tres Galliæ*, ou des trois

---

« ecclésiastiques du père Lecomte, tom. 1, p. 161, plusieurs pas-
« sages d'auteurs, soit du IVe, soit du Ve siècle, qui font foi que
« la division de la Gaule en Gaule proprement dite, et en pays des
« cinq ou des sept provinces, avait lieu dans le langage ordinaire. »
Nous pourrions ajouter beaucoup au nombre de ces passages.

[1] D'Anville, *Notice*, p. 26.
[2] Voyez *Recueil des Hist. de France*, tom. 1, p. 639. — Valois et Dubos n'ont point fait attention à ces circonstances. Voyez Dubos, tom. 1, p. 464. — Valesii, p. 301.

Gaules, qui désignait l'Aquitaine, la Lyonnaise et la Belgique d'Auguste. On conçoit aussi que, depuis la réunion des *sept provinces* sous une seule et même division, on dut, dans les descriptions géographiques, s'occuper séparément de ces deux portions distinctes des Gaules, et la description de la Narbonnaise d'Auguste dut se trouver toujours à côté de celle de l'Aquitaine. On a peine à croire que, d'après un rapprochement si simple et si naturel, les savans auteurs de l'Histoire générale du Languedoc se soient imaginé que, sous le nom d'Aquitaine, Ammien Marcellin, Rufus et d'autres anciens, aient désigné non seulement l'Aquitaine, mais encore toute la Narbonnaise, et que ce sentiment ait été adopté par dom Bouquet dans sa savante Préface du Recueil des Historiens de France. Malgré des autorités aussi imposantes, cette opinion est du nombre de celles qui n'ont pas besoin d'être réfutées, parce qu'elle ne repose sur aucune base, et qu'elle est contredite par les textes mêmes des auteurs sur lesquels on a cherché à l'appuyer, et que nous avons rapportés.

Comme au temps de César, à l'époque d'Ammien Marcellin, l'ancienne Province romaine, c'est-à-dire la Narbonnaise et la Viennaise, était considérée comme un pays distinct de la Gaule proprement dite, qui commençait à Lyon. A partir de cette ville, on évaluait les distances en lieues gauloises, et on cessait de les compter en milles romains [1].

[1] Ammi. Marcell., lib. xv, c. 11, p. 205; — *Tab. Peut.*, seg. 2, A. Il n'y a rien dans le texte d'Ammien Marcellin qui ait trait à une seconde Narbonnaise, comme le prétend M. Durandi (*Antico stato d'Italia*, p. 201), qui cite, pour appuyer son opinion, un texte d'Ammien Marcellin tout différent de celui qu'on trouve dans cet auteur.

CHAPITRE V.

Depuis l'an 380 jusqu'en 401.

Le concile d'Aquilée, en 381, fait mention de deux Narbonnaises ; et comme Sextus Rufus, dans son énumération, n'en indique qu'une, il s'ensuit que, dans les dix années qui se sont écoulées entre l'époque où a écrit Sextus Rufus et celle du concile d'Aquilée, la Viennaise fut divisée en deux, de même que l'avait été l'Aquitaine, et on donna le le nom de Narbonnaise seconde à la province nouvellement formée [1].

Il est probable que cette nouvelle subdivision fut faite par Gratien, qui se rendit en 379 dans les Gaules, pour y régler l'administration [2].

D'après la Notice de l'Empire, les cités ou diocèses qui furent attribuées à chacune des provinces nouvellement créées sont ainsi qu'il suit :

PROVINCIA NARBONENSIS SECUNDA.

	Diocèses de
Metropolis civit. Aquensium	Aix.
— *Aptensium*	Apt.
— *Reiensium*	Riez.
— *Foro Juliensium*	Fréjus.
— *Segesteriorum*	Sisteron.
— *Antipolitana*	Antibes.

[1] D. Bouquet, *Recueil des Hist. de France*, Præfat., p. 16.
[2] Zosym., lib. IV, c. 24, p. 522, edit. Reitemayer, 1784, in-8°. — *Codex Theod.*, tom. IV, p. 311, tom. V, p. 73. — Socrates, *Hist. ecclesiast.*, lib. V, c. 6. — D. Bouquet, *Recueil des Hist. de France*, tom. I, p. 582, 604.

L'évêché d'Antibes n'a été transféré à Grasse qu'en 1244 [1].

PROVINCIA VIENNENSIS.

	Diocèses de
Metropolis civ. Vienniensium. . . .	Vienne.
Civitas Genavensium.	Genève.
— *Gratianopolitana.* .	Grenoble.
— *Albensium.*	Alps, près de Viviers.
— *Deensium.*	Die.
— *Valentinorum.* . . .	Valence.
— *Tricastinorum.* . . .	Aoste en Diais.
— *Vasiensium.*	Vaizon.
— *Arausicorum*	Orange.
— *Avennicorum.* . . .	Avignon.
— *Arelatensium..* . . .	Arles.
— *Massiliensium.* . . .	Marseille.

On devine facilement pourquoi cette nouvelle province demembrée de la Viennaise ne fut pas nommée Viennaise, mais Narbonnaise seconde. Ces trois provinces réunies composaient primitivement, après la division d'Auguste, la province Narbonnaise; et lorsque cette grande province eut été, par suite de temps, divisée en trois autres, il parut sans doute convenable de ne pas restreindre ce nom de Narbonnaise à une seule des trois portions qu'elle renfermait, tandis que le nom de Viennaise en aurait rempli la plus grande partie.

[1] *Gallia christ.*, tom. III, p. 1101.

Ainsi, en 381, la Gaule se trouvait partagée en quinze provinces, dont nous avons fait connaître l'emplacement, l'étendue et les limites.

Nous touchons enfin à la dernière division qui eut lieu, ainsi que nous allons le voir, par la subdivision des deux Lyonnaises, ou par la formation de la troisième et de la quatrième Lyonnaise : ce qui porta à dix-sept le nombre des provinces de la Gaule.

CHAPITRE VI.

Depuis l'an 401 jusqu'en 420.

Durant cette dernière époque, l'empire romain, qui avait plus que jamais besoin d'union, de prudence et de courage, pour repousser les Barbares qui se précipitaient sur lui de toutes parts, ne présente plus que le tableau hideux des dissensions et des guerres civiles ; et ses chefs, également coupables, se montrent également méprisables. Mais cependant la tyrannie de Maxime, l'insolence d'Arbogaste, les misérables querelles des priscillianistes, ne furent point aussi fatales aux Gaules que la perfidie et l'horrible trahison de Stilicon, qui, en 406, dépouilla le Rhin des troupes qui y étaient stationnées, pour donner un libre cours aux ennemis qui assiégaient cette frontière. Le dernier décembre de l'année 406 fut le jour fatal ou les Barbares franchirent le Rhin, qu'ils ne repassèrent plus [1]. Saint Jérôme, dans l'épitre 91, adressée à Ageruchia, qui est de l'an 409, décrit dans les termes suivans les résultats de la mesure de Stilicon et les calamités que les Gaules éprouvaient alors : « Des nations innombrables se
« sont répandues dans toutes les Gaules ; les Quades,
« les Vandales, les Sarmates, les Alains, les Gé-
« pides, les Hérules, les Saxons, les Bourguignons,

---

[1] Prosper, *Fasti ad annum*, 406. — *Recueil des Hist. de France*, tom. 1, p. 586, 598, 627, 637 et 657 — Salvianus, *de Gubernatione Dei*, lib. vii, p. 265 ; édit. de Ritter.—Schæpflin, *Alsatia illustrata*, tom. 1, p. 425.

« les Allemands, les Pannoniens, ont ravagé tout
« le pays renfermé entre les Alpes et les Pyrénées,
« l'Océan et le Rhin. O déplorable république!
« Mayence, cette cité jadis illustre, a été prise et
« ruinée; plusieurs milliers d'hommes ont été mas-
« sacrés dans son église. Worms a été détruite après
« un long siége. Les habitans de la puissante ville
« de Reims, ceux d'Amiens, d'Arras, de Térouenne,
« de Tournay, de Spire, de Strasbourg, ont été
« transportés en Germanie. Les Aquitaines, la No-
« vempopulane, les provinces Lyonnaises et Nar-
« bonnaises ont été universellement ravagées, et le
« petit nombre de villes que leurs remparts ont
« protégées contre le fer destructeur, ont été dépeu-
« plées par la famine. Je ne puis faire mention de
« Toulouse sans répandre des larmes! [1] »

L'année où saint Jérôme écrivait ceci, c'est-à-dire vers la fin de l'an 409 ou le commencement de l'an 410, l'usurpateur Constantin, qui s'était fait déclarer empereur, ayant fait passer en Espagne les troupes qui étaient destinées à garder les Gaules, les habitans de la Grande-Bretagne, une des trois portions du diocèse des Gaules, osèrent se soustraire à l'obéissance de l'Empire et chasser ses officiers. « L'exemple des Bretons insulaires, dit Zosyme,
« fut suivi par les peuples du commandement Ar-
« morique et par ceux de quelques autres provinces
« de la Gaule, qui chassèrent les officiers de l'em-

---

[1] Hieronym., *Epist.* 91, *ad Ageruchiam*, p. 748, edit. Par. ou *Epist.* 123, tom. I, p. 908. — Zosym., *Hist.*, lib. v et vi, et Grégoire de Tours, lib. II, cap. 9. — *Recueil des Hist. de France*, tom. 1, p. 416, 586, 598, 627, 637, 777, 782. — Salvian., lib. VII, cap. 12.

« pereur, se mirent en liberté, puis établirent dans
« leur patrie une forme de gouvernement répu-
« blicain. »

Les noms des provinces romaines disparurent pour faire place à ceux de *Neustria*, d'*Austria* de *Burgundia*, de *Gothia* ou de *Septimania*, et de *Vasconia* : la majeure partie de l'*Aquitania*, non l'antique et primitive *Aquitania*, mais celle d'Auguste, conserva seule son ancienne dénomination. Enfin, lors de l'entière conquête de Clovis et de la consolidation de la monarchie des Francs, cette vaste contrée comprise entre les Pyrénées, les Alpes, le Rhin et l'Océan, perdit son ancien nom de Gaule pour prendre celui de *Francia* [1]; mais, ainsi que je l'ai déjà observé, les anciennes dénominations et les anciennes limites des provinces subsistèrent dans la hiérarchie ecclésiastique, parce que les juridictions dont elles étaient composées furent respectées par les vainqueurs.

C'est sans doute à cette circonstance que nous sommes redevables de la conservation du précieux monument géographique, qui nous donne la division des provinces des Gaules dans le plus grand détail à l'époque de l'invasion des Barbares et de la chute de

---

[1] Mais avant que ce nom se fût étendu sur tout ce vaste territoire, celui de Gaule subsista encore quelque temps pour désigner toutes les parties de l'ancienne Gaule qui n'avaient point été occupées par les Francs, lors de la première invasion. La *Francia* contenait la *Neustria* et l'*Austria*, au nord de la Loire; et la *Gallia* renfermait l'*Aquitania*, la *Burgundia*, la *Provincia* et la *Septimania*. Valois (*Notitia Galliar.*, p. 305) apporte de ceci des preuves nombreuses, et d'Anville a eu tort de ne pas consigner cette distinction curieuse dans sa Carte d'une partie de l'Europe dans le moyen âge : elle est très utile pour bien comprendre une foule de monumens historiques.

la puissance romaine dans l'occident : je veux parler de la Notice des provinces et des peuples ou cités de la Gaule, *Notitia provinciarum et civitatum Galliæ*.

Cette Notice paraît avoir été dressée avant l'an 401 ou 402, époque du synode de Turin, où nous voyons qu'Arles commençait déjà à disputer la suprématie sur Vienne : elle est antérieure à l'époque où Honorius transféra à Arles le siège de la préfecture des Gaules, qui auparavant était à Trèves; puisque nous apprenons que Vienne est, dans cette Notice, la métropole de la Viennaise, et non Arles; elle est surtout antérieure à la loi d'Honorius, de l'an 418, qui ordonne aux *sept provinces* de s'assembler désormais à Arles tous les ans.

Dans les monumens historiques postérieurs à cette Notice, on dit le plus souvent les dix-sept provinces sans y ajouter le nom de Gaules, parce que dans le reste de l'empire romain il n'y avait aucun autre diocèse ou vicariat qui contînt le même nombre de provinces.

D'après ce que nous avons dit précédemment, il suffira de transcrire cette Notice pour établir l'emplacement, l'étendue et les limites, des diverses provinces dont se compose cette dernière division des Gaules.

On n'oubliera pas d'observer que cette Notice subdivise toute la Gaule en deux grandes portions : 1°. les provinces Gallicanes, qui étaient au nombre de dix, et 2°. les sept provinces ; ce qui est conforme à ce que nous avons vu établi dans les actes, et les monumens historiques, qui précèdent immédiatement l'époque de la Notice.

NOTITIA

PROVINCIARUM ET CIVITATUM GALLIÆ.[1]

I.

IN PROVINCIIS GALLICANIS QUÆ CIVITATES SINT.

Provincia Lugdunensis prima. — N° III.

Diocèses de

Metropolis civitas Lugdunensium.	Lyon
— Æduorum.	Autun.
— Lingonum.	Langres.
Castrum Cabilonense.	Châlons.
— Matisconense.	Mâcon.

Nous voyons dès le debut de cette Notice que la division de la Gaule par diocèses, quoique basée en partie sur la division des Gaules en différens peuples, fit cependant disparaître cette dernière : ainsi les

---

[1] Cette Notice se trouve dans un grand nombre d'écrits : dans Gronovius, *Varia geographica*; Lugd., in-8°, p. 40. — Valesii *Notitia*, Præfatio, p. xxvi. — J. Sirmondi, *Concilia galliæ*, tom. i. — *Gallia christiana*, tom. i. — *Recueil des Hist. de France*, tom. i, p. 122, et tom. ii, p. 1 à 10. — Dans le *Geographiæ espiscopalis Breviarium*, de Labbe, in-18; Parisiis, 1661, p. 379. L'auteur, à la fin, p. 384, promet une édition de cette Notice par ordre alphabétique, collationnée sur plus de vingt manuscrits : ce travail a-t-il paru? On trouve encore cette Notice dans Dubos, *Hist. critique de l'établissement de la Monarchie française dans la Gaule*, tom. i, p. 73. — La dernière et la meilleure édition (sauf une omission grave) a été donnée dans l'*Essai sur le système des divisions territoriales de la Gaule, depuis l'âge romain jusqu'à la fin de la dynastie carlovingienne*; 1832, in-8°, p. 12 à 34; elle offre la collation et les variantes de près de trente manuscrits.

Ædui, representés par *civitas Æduorum* ou le diocèse d'Autun, ne nous offrent plus qu'une portion du territoire occupé par les anciens *Ædui*; et la Notice commence même par une division nouvelle, qui ne correspond précisément à aucun peuple, *Civitas Lugdunensium* : la capitale de ce diocèse, *Lugdunum*, ayant le titre de métropole de cette première division des Gaules, peut aussi être considérée non seulement comme le chef-lieu de la province et du diocèse particulier où elle se trouve, mais encore des dix provinces Gallicanes, comme Arles le devint des sept provinces et de toute la Gaule. *Civitas Lugdunum* renferme les *Segusiani* et les *Ambarri*, et son étendue et ses limites sont les mêmes que celles de l'ancien diocèse de Lyon.

Il resulte encore de ceci que la Carte de la Gaule ancienne de d'Anville, si estimable sous tant de rapports, est défectueuse dans son plan fondamental, puisqu'elle représente la Gaule divisée en dix-sept provinces, et que les subdivisions ne sont pas par diocèses mais par peuples : elle ne se rapporte donc exactement à aucune époque, ni à celle de la Notice, ni aux époques antérieures. Une carte de la Gaule à l'époque dont nous traitons doit être une France ecclésiastique, telle qu'elle était avant la révolution, dégagée de tous les changemens qui ont eu lieu postérieurement à l'an 402. Ces changemens étaient toujours insérés dans cette Notice, ce qui en a produit un grand nombre de copies interpolées, dont on n'a publié qu'un trop petit nombre. — Il eût fallu en effet les publier toutes, les rapprocher, les comparer, les ranger dans l'ordre chronologique, et on en eût tiré d'excellens éclaircissemens pour l'histoire particulière de chaque diocèse. On s'est toujours contenté de reproduire cette Notice telle qu'elle avait été donnée par le père Sirmond, parce qu'on regarde cette copie comme la plus ancienne et comme exempte d'interpolation. — Je n'en crois rien, et je trouve dès le début des preuves assez évidentes que cette copie de la Notice est déjà postérieure au siècle d'Honorius. Tous les manuscrits portent le nombre des cités ou diocèses de la Lyonnaise première à trois, *numero tres*, et on ne trouve dans la liste que trois lieux qui portent le titre de *civitas*; mais nous y voyons le nombre des diocèses porté à cinq par l'addition du *castrum Cabilonense* et du *castrum Matisconense* : ce qui prouve que l'érection de ces deux derniers diocèses est postérieure à la Notice, et qu'ils y ont été ajoutés. En effet le commencement de l'histoire du diocèse de Mâcon ne remonte pas au-delà du vi^e siècle, et celle de celui de Châlons au-delà de la fin du ve [1]. Nous ne possédons donc pas encore une Notice des provinces de la Gaule telle qu'elle fut dressée du temps d'Honorius.

J'observerai de plus que lorsque les Bourguignons, d'origine germanique, se furent emparés de cette province, avant de perdre son nom antique et d'être confondue avec d'autres provinces voisines, elle conserva le nom de Lyonnaise germanienne

---

[1] Voyez *Gallia christiana*, tom. iv, p. 861 et 1039. — Il ne faut pas beaucoup de critique pour apercevoir qu'on n'aurait jamais dû inscrire Donatianus au nombre des évêques de Châlons, et que la liste des évêques de ce diocèse ne peut commencer qu'à Paul II, en 470.

Lugdunensis Germania : c'est ainsi que l'appelle dans ses lettres Sidoine Apollinaire [1].

Provincia Lugdunensis secunda. — N° VII.

		Diocèses de
Metropolis civitas	*Rotomagensium.*	Rouen.
—	*Bajocassium.*	Bayeux.
—	*Abrincatum.*	Avranches.
—	*Ebroïcorum.*	Évreux.
—	*Sagiorum.*	Séez.
—	*Lexoviorum.*	Lisieux.
—	*Constantia.*	Coutances.

L'emplacement et les limites de tous les diocèses et districts dont les capitales sont ici désignées ont été précédemment déterminés; et toutes se trouvent nommées dans des monumens historiques antérieurs à la Notice, à la réserve de *civitas Sagiorum*, qui pourtant paraît devoir être rapportée aux *Sesuvii* de César [2]. La liste des évêques de ce diocèse ne commence à avoir de date certaine que vers le commencement du VIe siècle. On croit qu'ils résidèrent d'abord à *Oximus*, Exme [3], ville très ancienne, et qui paraît avoir existé du temps des Romains, puisqu'une voie romaine dont on suit les vestiges depuis Bayeux la traversait. L'étendue et les limites de *civitas Sagiorum* se trouvent donc exactement déterminées par celles du diocèse de Séez, tel qu'il existait avant la révolution [4]. — Ar-

[1] Sidonius Apollinaris, lib. v, *Epist.* 7 (cette lettre est de l'an 427).
[2] Voyez ci-dessus, tom. I, p. 391.
[3] *Gallia christiana*, tom. II, p. 675.
[4] Le Diocèse de Séez, divisé en ses cinq archidiaconés, levé exactement sur les lieux par Fr. L. de La Salle, dédié à monseigneur Barnabé Turgot, évêque de Séez; 1718. — Hadriani Valesii *Notitia Galliarum*, p. 41.

gentan, où l'on croit devoir placer l'*Arægenuæ* de la Table, et qui par-là semblerait avoir des titres pour être considérée comme l'ancien chef-lieu de ce diocèse, est nommé *Argencias* dans les plus anciens monumens, et fut détruite presque entièrement dans le xie siècle [1].

La Notice est aussi le premier monument historique qui fasse mention de *Constantia*, et rien ne prouve que cette ville soit de beaucoup antérieure à cette époque. Ptolémée mentionne, chez les *Unelli*, le port de *Crotiatonum*, et les mesures de la Table portent au port d'Audouville cette même ville, qu'elle mentionne avec un peu d'altération dans le nom. La Table indique bien aussi, dans le Cotentin, une capitale sous le nom de *Cosedia*; mais les mesures qu'elle fournit, d'accord avec celles de l'Itinéraire, portent la position de ce lieu dans un endroit obscur nommé La Cousinière, ou à Pont-Tardif [2], assez loin au nord de Coutances ou *Constantia*. Cette dernière ville n'est mentionnée ni dans les Itinéraires ni dans la Table, et ne saurait être la même que *Cosedia* ou *Crotiatonum*. On doit encore moins la confondre avec les *castra Constantia*, qu'Ammien Marcellin nous indique avoir été situés à l'embouchure de la Seine. La célébrité de *Constantia*, Coutances, a fait disparaître le nom des *Unelli* ou *Veneli*, et ceux de leurs deux capitales primitives. Toute cette portion de la première Lyonnaise a pris dans le moyen âge le nom de *pagus*

---

[1] *Recueil des Hist. de France*, tom. x, p. 657, et le *Dict. géogr.*, tom. iii de cet ouvrage.

[2] Voyez tom. i, p. 385.

Constantinus, et chez les modernes, de Cotentin : le *civitas Constantia* et les *Unelli*, se trouvent représentés par le diocèse de Coutances.

Comme la Notice ne fait pas mention des *Viducasses* de Pline, il est évident que cette cité ne formait pas un diocèse particulier et se trouvait renfermée dans les limites du diocèse de Bayeux, *civitas Bajocassium*.

La Notice est aussi le premier monument qui fasse mention de *civitas Lexoviorum* comme ville. L'analyse des mesures de Ptolémée nous a prouvé que le port des *Lexovii*, le *Nœomagus Lexoviorum*, était situé à Néville [1], près de Conteville, dans l'estuaire que forme l'embouchure de la Seine. Ainsi le diocèse de Lisieux nous représente bien l'étendue et les limites de *civitas Lexoviorum* de la Notice, mais non pas celles des *Lexovii*, beaucoup plus étendues : nous avons fixé précédemment ces dernières.

Provincia Lugdunensis tertia. — N° IX.

	Diocèses de
Metropolis civitas Turonum..	Tours.
Civitas Cenomannorum.	Le Mans.
— *Redonum*.	Rennes.
— *Andicavorum*	Angers.
— *Namnetum*..	Nantes.
— *Coriosopitum*.	Cornouailles.
— *Venetum*..	Vannes.
— *Osismorum*..	Saint-Pol-de-Léon.
— *Diablintum*.	Jubleins.

Les *Coriosopiti* ou *Corisopiti* sont ici mentionnés pour la première fois. Dans le procès que Nominoé,

[1] Voyez ci-dessus, tom. 1, p. 397.

qui, vers le milieu du ix° siècle, prit le titre de roi, fit aux évêques de cette province, l'évêché de Cornouailles est appelé *Corisopitensis* ; et dans des lettres datées de 1166, l'évêque de Quimper s'intitule : « *Corisopitensis ecclesiæ humilis minister*[1]. » Il n'y a donc aucun doute que le diocèse de Quimper ne nous représente le *Corisopitum* de la Notice ; mais plus anciennement ce mot de *Cornu Galliæ*, ou Cornuailles [2], comprenait tout le pays des *Osismii*, ou toute l'extrémité de la Bretagne. Nous avons vu que la capitale des *Osismii*, *Vorganium*, était située sur la côte méridionale, où est actuellement Concarneau : il en résulte que le diocèse ou le district des *Corisopiti* a été formé dans les derniers temps de la puissance romaine dans les Gaules, et que le *civitas Osismorum* de la Notice ne représente plus qu'une partie des anciens *Osismii*. Les diocèses de cette partie de la Gaule étant de création récente, on ne peut savoir quel est le lieu moderne qui nous représente *civitas Osismiorum* de la Notice dans son acception de capitale, et non de diocèse. Il est probable que c'est Saint-Pol-de-Léon, qui devint d'assez bonne heure le siége d'un évêché, et près duquel les mesures de Ptolémée placent le *Staliocanus portus*, le seul port que Ptolémée mentionne chez les *Osismii*.

Provincia Lugdunensis, [sive] *Senonia*. — N° VII.

Diocèses de

Metropolis civitas Senonum. . . . . . . Sens.
— *Carnotum*. . . . . Chartres.
— *Autissiodurum*. . . Auxerre.

[1] Voyez les *Hist. de Bretagne* de D. Lobineau et de D. Morice.
[2] Lib. II, *de Miraculis sancti Petri Benedicti*, dans le *Recueil des Hist. de France*, et le *Dictionn. géogr.*, tom. III de cet ouvrage.

  Civitas Tricassium. . . . Troyes.
  — *Aurelianorum*. . . Orléans.
  — *Parisiorum*. . . . Paris.
  — *Meldorum*. . . . . Meaux.

La Notice des provinces de la Gaule est le premier monument historique qui fasse mention des *Aureliani* comme d'un district séparé des *Carnuti ;* mais ce nom d'*Aureliani*, appliqué à l'antique ville de *Genabum*, semble prouver que cette séparation eut lieu sous le règne de l'empereur Aurélien : ainsi *civitas Carnotum* ne représente plus qu'une portion de l'ancien territoire des *Carni*, et se réduit au diocèse moderne de Chartres. L'autre portion, à l'époque dont nous traitons, doit être attribuée aux *Aureliani*. Les autres cités ou diocèses de cette province sont composées du territoire des peuples dont ils portent le nom, et dont nous avons précédemment déterminé l'emplacement, l'étendue et les limites. Dans quelques copies de la Notice, au nom de cette province est ajouté le nom de *Senonia*, et ce nom, plus court, et par conséquent plus commode, prévalut, ainsi que nous le voyons dans Sidoine Apollinaire [1] ; et l'on a omis par cette raison le nom de *quarta*, ou quatrième, qui appartient à cette Lyonnaise.

  Provincia Belgica prima. — N° IV.

Diocèses de

Metropolis civit. Treverorum. . . . . . Trèves.
 Civitas Mediomatricorum, Mettis. Metz.
  — *Leucorum, Tullo*. . . . . Toul.
  — *Verodunensium*. . . . . . Verdun.

---

[1] Sidonius Apollinaris, *Epistol.*, lib. vi, epist. 5. — *Recueil des Hist. de France*, tom. 1, p. 797.

L'emplacement, l'étendue, les limites de ces différentes cités, sont les mêmes que ceux des peuples dont ils ont reçu le nom, et qui ont déjà été déterminés précédemment.

Belgica secunda. — N° XII.

Diocèses de

Metropolis civit. Remorum. . . . . Reims.
— *Suessionum*. . . . Soissons.
— *Catellaunorum*. . Châlons-sur-Marne.
— *Veromanduorum*. Saint-Quentin.
— *Atrabatum*. . . . . Arras.
— *Camaracensium*. . Cambray.
— *Turnacensium*. . . Tournay.
— *Sylvanectum* . . . Senlis.
— *Bellovacorum*. . . Beauvais.
— *Ambianensium*. . Amiens.
— *Morinum*. . . . . Térouenne.
— *Bononiensum*. . . Boulogne.

Gesoriacum ou Boulogne, étant un lieu de passage pour Albion ou l'île de Bretagne, formait un district très peuplé et très fréquenté, ainsi que le prouvent les voies romaines qui y aboutissent : on en forma donc un diocèse séparé, que l'on détacha du territoire des *Morini*. Le territoire particulier de *Teruanna*, Térouenne, forma alors un diocèse particulier, très restreint à cause de la vaste étendue des *Menapii* ou du diocèse de Tournay. Une Notice de la Gaule qui paraît interpolée porte *civitas Morinum, Tarawanna Pontium*[1]; mais si cette Notice était

[1] Voyez *Recueil des Hist. de France*, tom. II, p. 2, et Guérard, *Essai*, p. 19.

exacte, le territoire des *Morini* aurait empiété sur celui des *Ambiani*. Une autre copie confirme celle-ci et porte civitas Morinorum, id est Ponticum[1] : aussi Valois prétend-il, avec quelque raison, que ce *Ponticum* n'est pas le *Pontes* de la Table, capitale du Ponthieu. J'ai prouvé précédemment que la cité de Tournay, dans la Notice, représentait tout le terrritoire des *Menapii* situés à l'ouest de l'Escaut, et selon les limites établies sous Auguste, après la transplantation des nations germaniques sur le territoire des *Menapii* qui occupaient une portion du pays à l'est de ce fleuve. Ainsi la cité de Tournay renfermait non seulement le diocèse de Tournay, mais encore celui de Bruges, de Gand et d'Ypres, et toute la contrée située entre l'Escaut, l'Océan, les diocèses de Térouenne et d'Arras, et l'ancien diocèse de Cambray. Comme c'est dans la cité de Tournay que la monarchie des Francs a pris naissance, et qu'aucun auteur moderne n'a su discerner les limites de cette cité ni l'origine de sa formation, il en est résulté que nos premiers annalistes ont été mal compris, et que par conséquent les commencemens de notre histoire ont été mal exposés.

Après la première invasion de Clodion, les diverses tribus des Francs se partagèrent les cités qu'ils avaient conquises, et chaque cité fut gouvernée par un chef ou un roi particulier. Ainsi, du temps de Clovis, il y avait un roi franc à Boulogne, un autre roi franc, nommé Cararic[2], régnait à Térouenne.

[1] *Rec. des Hist. de France*, t. II, p. 2, 9 et 10, et Guérard, p. 19.
[2] Voyez Gregorius Turon., *Hist.*, lib. II, c. 41. — L'abbé Dubos, tom. III, p. 23.

Les *Morini*, malgré leur peu d'étendue, partagés du temps de la Notice en deux cités, formèrent donc deux petits royaumes francs. A la même époque, Ragnacaire, autre roi franc, régnait à Cambray, c'est-à-dire qu'il était roi des *Nervii*. Enfin Clovis, et avant lui Chilpéric, possesseur de Tournay, commandaient aux *Menapii* : son royaume était donc le plus vaste, quoique peut-être il ne fût pas le plus peuplé. Coupé par des marais, protégé par la mer et par l'Escaut, ce pays offrait à ses habitans le plus de facilités pour la défense et pour l'attaque. D'ailleurs les rois Francs et leurs adhérens, fixés dans les villes riches et populeuses des *Nervii* et des *Morini*, se laissèrent plus facilement corrompre par le luxe et la mollesse des Gaulois romains, ce que n'éprouvèrent point ceux auxquels l'âpre et déserte Ménapie était tombée en partage. Voilà ce qui rendit si facile à Clovis la conquête des petits royaumes qui entouraient le sien [1]. La conquête de la plus grande partie des Gaules par le roi des Francs de la Ménapie dut nécessairement rendre riche et florissante cette contrée, désormais à l'abri de toute invasion, puisqu'elle était la patrie des plus forts et des plus puissans : elle dut donc devenir plus riche et plus florissante; aussi la voyons-nous, dès les premiers temps de l'histoire des Francs, se couvrir d'habitations et de villes qui n'existaient pas du temps des Romains; tandis que les contrées de l'intérieur, autrefois si riches et si populeuses, pillées et dévastées, se dépeuplèrent.

---

[1] Voyez dans Grégoire de Tours, lib. II, cap. 42, la peinture qu'il fait des vices de Ragnacaire et de ses sujets francs.

Provincia Germania prima. — N° IV.

Diocèses de

Metropolis civitas Mogunciacensium. . Mayence.
— *Argentoratensium*. . Strasbourg.
— *Nemetum*. . . . . . Spire.
— *Vangionum* . . . . Worms.

J'ai déjà déterminé l'étendue et les limites de cette province, formée par la transplantation des peuples Germaniques, aux dépens du territoire des *Treviri* et des *Mediomatrici*, et d'abord nommée *Germanie supérieure*. Cette province ne contenait que les portions, situées à l'ouest du Rhin, des différens diocèses ici désignés. Les positions des chefs-lieux sont, ainsi que nous l'avons observé, determinées par les mesures. Plusieurs anciennes copies de la Notice portent *civitas Nemetum, Spira;* et *Wangionum, Warmatia*[1].

Provincia Germania secunda. — N° II.

Diocèses de

Metropolis civitas Agrippinensium. . Cologne.
— *Tungrorum* . . . . Tongres.

Les diocèses qui ont été créés dans la Germanie seconde étant la plupart postérieurs à la domination romaine, il est impossible de déterminer, avec exactitude, les limites respectives des deux diocèses primitifs qui se partageaient la Germanie seconde. C'est donc par exclusion, et en déterminant les lieux qui appartenaient aux provinces environnantes, que l'on parvient à tracer avec certitude l'étendue et les limites

---

[1] Voyez les anciennes Notices des Gaules dans le *Recueil des Historiens de France*, tom. II, p. 2, B, et p. 5, C, p. 9, C, et p. 10, C; et Guérard, *Essai*, p. 20.

de la Germanie seconde. Après avoir tracé les limites de la Belgique première et seconde, tout ce qui reste de la Gaule, au nord, appartient nécessairement à la Germanie seconde. Comme nous voyons que les provinces frontières sont les plus resserrées, parce qu'elles n'étaient occupées que par des colonies militaires, il est à présumer que *civitas Agrippinensium* avait les mêmes limites que le diocèse de Cologne du côté de la Gaule. A la vérité le diocèse de Tongres se trouvera avoir une étendue considérable, mais on a des preuves de cette grande extension de territoire. Saint Remi se plaint dans une lettre que l'évêque de Tongres, en voulant étendre sa juridiction sur Mouson, entreprend sur les limites du territoire de Reims. Le siége du diocèse de Tongres a été transféré à Maestricht et ensuite à Liége, et les six évêchés placés sous la juridiction de ce dernier sont d'une création récente, et ont été institués par le pape Paul IV en 1559 [1].

Provincia Maxima Sequanorum. — N° IV.

	Diocèses de
Metropolis civit. Vesontiensium	Besançon.
— *Equestrium, Noiodunus.*	Nyon.
— *Elvitiorum, Aventicus.* .	Avenche.
— *Basiliensum.*	Bâle.
Castrum Vindonissense.	Windisch.
— *Ebrodunense.*	Iverdun.
— *Rauracense*	Augst.
Portus Abucini.	Port-sur-Sâone.

[1] Conférez Valesii *Notitia*, et le *Gallia christiana*, tom. v, p. 123, 159, 246, 307, et Hennequin., *Diss. Inaug. de origine et natura principatus urbis Trajecti ad Mosam;* Lovan., 1829, in-8°, p. 48, 70.

Les *Allemani* ayant passé le Rhin, les Alpes graies et pennines, qui jamais n'avaient été considérées comme province frontière, cédèrent à la Grande-Séquanaise, qui était organisée pour la défense de l'Empire, *Aventicum*, Avenche, et tout ce qui était en avant des Alpes. La province des Alpes graies et pennines se trouva restreinte au Valais, à la Tarantaise et à la Maurienne, et toute l'Helvétie se trouva jointe à la Séquanie.

La liste des lieux de cette province confirme d'une manière bien évidente l'observation que j'ai faite précédemment, que la copie de la Notice la plus ancienne, et la plus exacte qui nous reste, n'était pas exempte d'interpolation. Elle n'annonce, dans le titre de la province des Séquaniens, que quatre cités ou diocèses; et en effet, dans les lieux mentionnés, il n'y a que les quatre premiers qui méritent ce nom. Les quatres derniers n'ont que le titre de *castrum* et de *portus*, et ont évidemment été ajoutés postérieurement. La preuve qu'ils n'ont jamais formé des diocèses particuliers, c'est que *castrum Rauracense* figure ici avec *civitas Basiliensum* qui l'avait remplacé, et qui se trouvait tout auprès.

A la réserve de *portus Abucini* que l'on place à Port-sur-Sâone [1], d'après des autorités historiques, les positions de tous les autres lieux sont déterminées par les mesures des Itinéraires [2].

Du côté de la Rhætie, un lieu nommé *Fines* dans l'Itinéraire, que les mesures portent à Pfin, déterminent avec d'autant plus de certitude les limites de l'Hel-

---

[1] Voyez ci-dessus, tom. I, p. 321.

[2] Voyez l'*Analyse des Itinéraires*, tom. III de cet ouvrage.

vétie, vers l'orient, que dans la Notice des dignités de l'Empire, nous voyons qu'*Arbor Felix* dépendait de la Rhætie et non de l'Helvétie, puisqu'il se trouvait, selon les expressions de cette Notice, « *sub « dispositione viri spectabilis Rhœtiæ primæ et « secundæ* ¹, » et que Pline donne les *Sarunetes* (ceux de Sargans) à la Rhætie, *Rhætorum Sarunetes* ².

Provincia Alpium graiarum et penninarum. — N° II.

	Diocèses de
Civitas Centronum, Darantasia. . .	Moustiers en Tarantaise.
— *Vallensium, Octoduro*.	Martigny en Valais.

Toute l'Helvétie ayant été attribuée à la grande province militaire des Séquanais, la province des Alpes maritimes se trouva réduite au Valais et à la Tarantaise, et les hauteurs qui bornent le Valais à l'occident, du côté du Chablais, paraissent avoir été la limite des deux districts, ou diocèses, qui se partageaient cette province. Aucune de ces deux cités ne fut érigée en métropole, et jusqu'à la fin du VIII° siècle, le diocèse de Tarantaise a été soumis à la métropole de Vienne ³. Aussi *Darantasia* quoique mentionnée la première ne porte pas le titre de *metropolis*. J'ai déjà remarqué que le siége épiscopal de *civitas Vallensium*, *Octodurus*, avait été transporté à

---

¹ *Notitia dignit. imper. sectio* 59, p. 112 de l'édit du père Labbe : *Tribunus cohortis herculeæ Pannoniæ Arbor*.

² Plin., *Hist. nat.*, lib. III, c. 24 (20), tom. II, p. 190, edit. Lem.

³ Voyez *Gallia christiana*, tom. XIII, p. 700.

Seduni, Sion, avant la fin du vi[e] siècle. J'ai aussi observé que lorsqu'on réunit le royaume de Cottius à l'empire romain, on l'incorpora dans l'Italie, dont il forma une province ou un district séparé, gouverné par des délégués particuliers : mais lorsqu'on forma la province des Alpes graies et pennines, et celle des Alpes maritimes, pour les réunir à la Gaule, le royaume de Cottius se trouva divisé en deux portions, dont l'une fit partie des nouvelles provinces et appartint à la Gaule, tandis que l'autre portion, incomparablement la plus petite et presqu'en entier composée du Briançonnais, du val de Suze et de la Maurienne, fut réunie à l'Italie. Cependant les diocèses de ces provinces continuèrent toujours à dépendre de Turin jusqu'à ce que la ville d'Arles, étant devenue le siége de la préfecture des Gaules, fut érigée en métropole. Alors la nouvelle province des Alpes renferma bien la vallée de la Tarantaise, mais non celle de Saint-Jean-de-Maurienne, comme l'a cru d'Anville, qui, sans aucun examen, a pris pour limites les plus hauts sommets de la chaîne. Nous voyons dans la vie de sainte Tigni la ville de Saint-Jean-de-Maurienne mentionnée comme étant située dans la vallée cottienne, « *quæ dicitur Cottiana.* » Grégoire de Tours affirme que Rufus, évêque de Turin, entre les années 560 et 570, se réfugia à Saint-Jean « parce que, dit l'historien, ce lieu appartenait à la « ville de Turin dans le temps que Rufus était « évêque [1]. » La Maurienne et le Briançonnais fai-

---

[1] Grégoire de Tours, *de Gloria martyrum*, lib. 1, cap. 14, col. 176: « Quia locus ille ad Taurinensum quamdam urbem pertinebat tem- « pore illo, quo Ruffus erat episcopus. »

saient alors partie du royaume de Bourgogne; mais vers la fin de l'année 576, les Lombards ayant cédé le val de Suze au roi Gontran, celui-ci, sans consulter le pape, institua le nouveau diocèse de Saint-Jean-de-Maurienne, en y réunissant le val de Suze, et en démembrant le diocèse de Turin. C'est en vain que l'évêque de Turin se plaignit au pape Grégoire-le-Grand, et que celui-ci en écrivit à Syagrius et même aux rois des Francs Théodoric et Théodebert [1]. Après quelques années, c'est-à-dire en 588, les évêques d'Embrun et de Maurienne se disputèrent sur les limites respectives de leurs diocèses, et le même roi Gontran ordonna qu'elle seraient rétablies telles qu'elles étaient auparavant. En conséquence de cette décision, on planta des bornes *inter parochiam Maurianensem et episcopatus conjacentes*, c'est-à-dire entre les diocèses d'Embrun, de Maurienne et de Turin. Les bornes furent établies « *in partibus Italiæ in loco qui dicetur Vologia, usque in partes Provinciæ, uno distans milliario a civitacula nomen sibi impositum Rama* [2]; » c'est-à-dire : « En Italie, depuis Vallovia (à l'extrémité du val de « Suze, au fond de la vallée vis-à-vis Avigliana), jus- « qu'à l'extrémité de la province des Alpes maritimes « et de l'Italie, à Casse-Rom (le *Rama* de l'Itiné- « raire). » On ne connaît pas l'époque à laquelle la vallée de Briançon fut enlevée au diocèse de Saint-Jean-de Maurienne et réunie à celui d'Embrun, mais cela n'eut lieu que postérieurement à la fin du

---

[1] Gregor., *Epist.*, lib. ix, epist. 15.
[2] Voyez Besson, *Mém. des diocèses de Savoie*, dans les *Preuves*, n° cix, p. 478.

xᵉ siècle et même beaucoup plus tard; peut-être fut-ce lorsque l'empereur Conrad-le-Salien réunit de nouveau la Maurienne à l'archevêché de Turin, réunion qui fut de courte durée [1].

On voit évidemment, par ce que nous venons de dire, que Gontran forma un diocèse et une province particulière de la vallée de Suze, de Saint-Jean-de-Maurienne et de Briançon; et quoiqu'à cette époque on nommât encore vallée de Cottius la vallée de Saint-Jean-de-Maurienne, à cause des *Medulli* qui l'avaient habitée, et qui étaient un des peuples principaux de l'État de Cottius, cependant cette vallée cessa, ainsi que celle de Briançon, de faire partie de la province des Alpes cottiennes dont nous parlerons ci-après, et par conséquent de l'Italie; mais jusqu'alors ces deux vallées y avaient toujours été comprises, et n'avaient jamais fait partie des Gaules. L'Itinéraire et la Table, ainsi que les autorités que je viens de rapporter, le prouvent évidemment. Les Alpes graies et pennines se terminaient, au midi, aux montagnes qui forment les limites de la Tarantaise et de la Maurienne, et les Alpes maritimes près de Casse-Rom ou de *Rama* de l'Itinéraire. Les Allobroges confinaient à l'Italie, et n'en étaient point séparés par les provinces des Alpes pennines et des Alpes maritimes, ainsi que d'Anville l'a tracé sur sa Carte [2]. Cette vallée de Maurienne fut, de tout temps, peu connue et peu fréquentée par les Romains. La foi ajoutée aux miracles qui s'étaient

---
[1] Guichenon, diplôme de l'an 1038, *Bibl. sebus. cont.* 1, n° 93.
[2] Voyez Durandi, *Notizia dell' antico Piemonte traspadano*, p. 33, 67 et 68, et l'*Analyse des Itinéraires*, tom. III de cet ouvrage.

opérés à Maurienne engagea Gontran à l'agrandir, à en faire une ville et à l'ériger en chef-lieu de diocèse. Ainsi, dans une Notice des provinces, publiée par Duchesne, du temps de Gontran, ou postérieurement, la Maurienne est attribuée à la Gaule et aux Alpes graies et pennines, et ainsi mentionnée : *civitas Morienna, a Gondranno rege constructa*. Ce nom de Maurienne fit disparaître entièrement celui des *Medulli ;* et dans le testament d'Abbon, de l'an 739, on lit *vallis Maurigenica*. Lorsqu'on eut établi les provinces des Alpes graies et pennines, et des Alpes maritimes, d'après les limites que je viens de déterminer, la vallée de la Maurienne, qui auparavant faisait partie de la province cottienne détruite par cet arrangement, resta comme isolée entre la Gaule et l'Italie, faisant partie de cette dernière, et en étant cependant séparée par de très hauts sommets : aussi forma-t-elle un district particulier, désigné sous le nom d'*Alpes graiæ* dans certaines copies de la Notice. Les sommets qui semblent plus particulièrement désignés sous le nom d'*Alpes graiæ,* dans ces Notices, sont ceux du mont Cenis et les monts adjacens. Strabon est le seul parmi les anciens qui ait fait une mention expresse de cette partie des Alpes, non qu'il les désigne sous un nom particulier, mais les lacs qu'il décrit ne peuvent être que ceux du mont Cenis. La première mention de ce mont date du VIIIe siècle et se trouve dans le testament d'Abbon ; mais dans ce siècle, ce mont commença à devenir le passage ordinaire en Italie. Le roi Pépin le passa avec son armée en 755, et Charlemagne en 774. Louis-le-Débonnaire y fonda l'hospice qui s'y trouve, en 825 [1]. J'observerai, en terminant, que les Alpes graies, dans les derniers historiens, grecs et romains, sont confondues avec les Alpes pennines. Zosyme et Procope parlent des Alpes cottiennes, maritimes et pennines, mais ne font pas une seule fois mention des Alpes graies.

II.

ITEM IN PROVINCIIS SEPTEM [2] :

Ainsi l'on voit clairement que les sept provinces qui vont suivre formaient une division distincte du reste de la Gaule.

Provincia Viennensis. — N° XIII.

Diocèses de

Metropolis civitas Viennensium. Vienne.
Civitas Genavensium. . . . . Genève.
— *Gratianopolitana.* . . Grenoble.
— *Albensium.* . . . . Alps en Vivarais.
— *Deensium.* . . . . Die.
— *Valentinorum.* . . . . . Valence.
— *Tricastinorum.* . . . . . Aoste en Diais.
— *Vasiensium.* . . . . . . Vaison.
— *Arausicorum.* . . . . . Orange.
— *Cabellicorum.* . . . . . Cavaillon.

[1] Durandi, *Marca di Torino*, p. 71 et 72; Frédégaire, *Ann. Francor.* dans Duchesne, tom. 1, p. 774. « Peppinus cum exer- « citu suo monte Cinisio transacto, etc. » *Id.* — « Perrexit ipse (Ca- « rolus Magnus) per montem Cinisium. » *Id.*, tom. II, p. 28. — Regino, *ad ann.* 774, tom. I, *Rerum German.*, p. 36, édit. de Struvius. — *Recueil des Hist. de France*, tom. XII, p. 281.

[2] M. Guérard a omis ces mots dans son édition, et cet oubli fait disparaître une des deux grandes divisions établies par la Notice.

Diocèses de

Civitas Avennicorum.	Avignon.
— Arelatensium.	Arles.
— Massiliensium.	Marseille.

On ignore à quelle époque le chef-lieu du diocèse des *Tricastini* fut transporté à Saint-Paul-Trois-Châteaux : il est probable que ce fut en 450, lors du partage de la Viennaise par le pape Léon.

Arles fut nommée *Constantina* en 418, par l'édit d'Honorius, à cause du césar Constantin fait consul. J'ai déjà observé que tant que la puissance romaine dans la Gaule eut encore un reste de vie, Arles eut après l'édit d'Honorius [1] la suprématie, relativement au civil, sur toutes les autres villes, et fut alors érigée en archevêché. Vienne, comme chef-lieu primitif de la province Viennaise dans laquelle Arles se trouvait située, disputa à cette dernière la suprématie. Le pape Zosyme reconnut la supériorité d'Arles sur Vienne; mais cette décision ayant occasioné des divisions entre les deux diocèses de la même province, le pape Léon, en 450, sous Valentinien III, fit faire un partage définitif de la Viennaise en deux provinces,

[1] On trouve un texte nouvellement publié de cet édit dans l'excellente *Notice sur la Vie de Fabrot*, par M. Ch. Giraud, professeur à la Faculté de droit d'Aix; 1833, in-8°, p. 197. — Hincmar de Reims, au ix° siècle, parle de cet édit, et cite d'anciennes lettres apostoliques qui s'y rapportent : son authenticité ne saurait donc être douteuse. — Voyez Sirmond, tom. 11, p. 730. — De Cusa l'a publié le premier, Cusani *Opera;* Paris, in-fol., p. 71. — Ensuite Joseph Scaliger, *Lectiones Ausonianæ;* 1573, p. 24. — Ensuite Sirmondi *Opera*, 1696; Paris, tom. 1, p. 115-160. — Ensuite D. Bouquet, *Rec. des Hist. de France*, t. 1, p. 766. — Bouche, *Chorographie de Provence*, tom. 1. — Puis il a été traduit par Dubos, *Mon. française*, tom. 1, p. 241, ou 371 de l'in-12; par Lalaurière, *Hist. d'Arles*, années 418 et 421; Guizot, *Cours d'Hist. de Fr.*, 1828.

et fit accorder à Vienne le diocèse de Vienne, et ceux de Valence, de Tarantaise, de Genève et de Grenoble; et à Arles, tous les autres diocèses de la Viennaise, savoir : ceux d'Arles, de Die, des *Tricas tini,* dont le siége fut probablement alors transporté d'Aoste à Saint-Paul-Trois-Châteaux, de Vaison, d'Orange, de Cavaillon, d'Avignon, de Marseille. C'est-à-dire que cette province fut divisée en deux sous le rapport ecclésiastique, et que la portion attribuée à l'ancienne capitale contenait le pays des Allobroges et celui des *Centrones.* Il est probable qu'on commença dès lors à distinguer cette nouvelle division sous le nom particulier de *Sapaudia,* dont l'étymologie est inconnue [1].

Provincia Aquitanica prima. — N° VIII.

	Diocèses de
Metropolis civitas Biturigum.	Bourges.
Civitas Arvernorum.	Clermont-Ferrand.
— *Rutenorum.*	Rhodez.
— *Albiensium.*	Alby.
— *Cadurcorum.*	Cahors.
— *Lemovicum.*	Limoges.
— *Gabalum.*	Anterrieux.
— *Vellavorum.*	Saint-Paulien.

Si le siége épiscopal du diocèse des *Gabali* s'établit momentanément à Javoux, ce qui est très douteux, *Mimate,* Mende, au midi, remplaça *Gabalum,* comme depuis, *Indiciacus,* Saint-Flour, a fait disparaître *Anderitum,* Anterrieux [2].

---

[1] Sirmondus, tom. I, *Concil. Galliæ,* p. 27. — *Recueil des Hist. de France,* tom. I, p. 776.

[2] Mémoires de l'Institut de France (*Académ. des Inscriptions*), tom. VI, p. 386, 390, 406.

Provincia Aquitanica secunda. — N° VI.

	Diocèses de
Metropolis civitas *Burdigalensium*. .	Bordeaux [1].
— *Agennensium*. . .	Agen.
— *Ecolismensium*. .	Angoulême.
— *Santonum*.	Saintes.
— *Pictavorum*. . . .	Poitiers.
— *Petrocoriorum*. . .	Périgueux.

Provincia Novempopulana. — N° XII.

	Diocèses de
Metropolis civitas *Elusatium*.	Eause.
Civitas *Aquensium*.	Acqs ou Dax.
— *Lactoratium*.	Lectoure.
— *Convenarum*.	St.-Bertrand-de-Comenge.
— *Conserannorum*.	Conserans ou Saint-Lizier.
— *Boatium*.	Bouges, à Tête-de-Buch.
— *Benarnensium*.	Béarn, entre Maslacq et Lagor.
— *Aturensium*.	Aire.
— *Vasatica*.	Basas.
— *Turba, ubi castrum Bigorra*.	Tarbes.
— *Elloronensium*.	Oloron.
— *Ausciorum*.	Auch.

Des nombreux diocèses, ou cités, qui composaient cette province, deux seulement sont enveloppés de quelque obscurité, c'est *Boatium* et *Benarnensium*. Il est bien difficile de penser que le *Boios* de l'Itiné-

---

[1] De Marca, *Hist. de Béarn*, p. 32, place à Embrau, près de Blaye, l'*Ebromanus* d'Ausone dans sa lettre à saint Paulin ; mais le texte (p. 499) porte *Hebromagus*.

raire¹ ne soit pas la capitale de la cité des *Boiates ;* et ce qui semble confirmer cette opinion, c'est qu'une ancienne Notice des provinces porte *Boatium, quod est Boius in Burdigalensi* : alors ce diocèse répondrait aux anciens *Boiates,* et n'aurait rien de commun avec un autre diocèse plus au midi qui fut créé depuis, et dont il est question dans la Notice des Dignités de l'Empire, sous le nom de *Lapurdum.* Ce dernier nom se conserve dans celui de Labour, que porte le pays; mais la ville a changé le sien pour celui de Bayonne, qui, en langue basque, signifie baie bonne, *baia ona* ².

Mais d'une part les invasions des *Vascones,* ou Gascons, dans la Novempopulane, et ensuite des Normands et des Sarrasins, détruisirent toutes les villes où siégeaient des évêques, et anéantirent leur juridiction. On fut obligé de créer un seul évêque pour toute l'étendue du pays qui, après l'ancienne destruction de la province romaine, avait pris le nom de *Vasconia.* Cet évêque de Gascogne eut sous sa juridiction l'évêché de Lescar (qui avait succédé à celui de *Beneharnum*), ceux d'Acqs, d'Aire, de Bayonne, de Bazas et d'Oloron ³, de sorte que toutes les limites des diocèses primitifs de la Gaule disparurent, et que de nouvelles divisions succédèrent aux anciennes : l'emplacement même de ces diocèses, *Boatium* et *Beneharnum,* n'a point laissé de trace dans le pays ni dans l'histoire.

¹ *Itinér.*, edit. Wesseling, p. 456.
² De Marca, *Hist. de Béarn*, liv. i, ch. 8, p. 30.
³ De Marca, *Hist. de Béarn*, liv. ii, ch. 8, p. 221, 222. En 1032 l'évêque Raimond, lors de la prise de possession du comté de Bordeaux par le comte Odo, signe *évêque de Gascogne.*

Dans les derniers temps, l'évêché moderne de Bayonne avait des limites très resserrées, et se trouvait borné au nord par l'Adour; tellement que le bourg du Saint-Esprit, qui est au bout du pont de la ville, dépendait de l'évêché d'Acqs[1]; mais l'ancien évêché de Labourd, *Lapurdum*, auquel il a succédé, avait au contraire une grande étendue, et cet évêché comprenait les vallées du pays de Labourd, d'Arberoa, d'Orsais, de Cize, de Baïgorri, de Bastan, de Lerin, d'Hernani, jusqu'à Saint-Sébastien en Guipuscoa[2]. Les évêques et les vicomtes de ce pays ont toujours pris le titre de *Lapurdenses* jusqu'au milieu du XIIe siècle; après cette époque, ils se nomment indifféremment *Lapurdenses* et *Baionenses*. Le mot *Lapurra* signifie, dit-on, en Basque, un pays désert. On ne retrouve que dans l'Itinéraire les traces de quelques peuples dont il est fait mention dans les auteurs anciens comme existant dans les Landes.

Nul doute que le nom de *Beneharnum*, qui paraît pour la première fois comme simple station dans l'Itinéraire d'Antonin, et que nous voyons ensuite figurer comme un diocèse particulier dans la Notice des Gaules, n'ait donné son nom à la vicomté ou province de Béarn; mais cette province, dans son extension moderne, n'a aucun rapport avec l'ancien diocèse, puisqu'à l'époque de la rédaction de la Notice qui nous donne connaissance du diocèse de

---

[1] De Marca, *Hist. de Béarn*, p. 30.

[2] Voici le texte du rescrit du pape Célestin III, en 1194, où les limites de l'*episcopatus Lapurdensis* sont ainsi expliquées : « Vallem « quæ dicitur Lapurdi. Vallem quæ dicitur Arberoa. Vallem quæ « dicitur Orsaïs. Vallem quæ dicitur Cizia. Vallem quæ dicitur « Lerin. Vallem quæ dicitur Lesseca. Vallem quæ dicitur Oiarzu, « usque ad S. Sebastianum. » — De Marca, p. 33.

Beneharnum, subsistait aussi celui d'Oloron, *civitas Elloronensium*, l'*Illuro* de l'Itinéraire.

Les divisions les plus claires et les plus anciennes qui nous soient données de ce pays sont celles qu'établissent les *fores* ou lois fondamentales, rédigées très postérieurement dans les XIIIe et XIVe siècles. D'après les usages constans, maintenus par une pratique non interrompue, et par une tradition subsistant depuis un temps immémorial, ces fores sont au nombre de quatre, celui de Morlaas, celui d'Oloron (*Iluro*), celui d'Ossau (*Osquidates*), celui de la vallée d'Aspe (*Aspa luca*)[1]. Il n'y a donc que Morlaas (aujourd'hui grand village situé dans une des plaines les plus stériles du Bearn) qui n'ait point de lieux anciens qui lui correspondent. Morlaas est l'ancienne capitale des vicomtes de Bearn, le premier lieu où ils ont frappé monnaie; car Pau a une origine toute moderne, et doit son existence au château que Gaston y fit construire au milieu du XVe siècle[2]. Mais Morlaas n'a jamais été le chef-lieu d'un diocèse et ne peut représenter l'ancienne cité de *Benarnum*, le *Beneharnum* de l'Itinéraire, dont nous voyons, dans Grégoire de Tours, un évêque figurer, en 506, au concile d'Agde[3]. Dans ce même siècle, la ville de *Benarnum*, ou *Behenarnum*, est donnée dans un partage à Emadius. Emadius, dit Grégoire de Tours, « *cum ducatum urbium Turonicæ atque Pictavæ administraret, adhuc et Vici juliensis atque* BENARNÆ *urbium principatum accepit*[4]. »

---

[1] De Marca, *Hist. de Béarn*, liv. v, ch. 1-6, p. 337.
[2] *Id.*, *Hist. de Béarn*, liv. I, ch. 11, p. 47.
[3] *Id.*, *Hist. de Béarn*, liv. I, ch. 11, p. 44.
[4] Greg. Turon., lib. IX, ch. 7. — *Rec. des Hist. de Fr.*, t. II, p. 357.

Lescar, quoique s'éloignant moins que Morlaas de la route romaine où passait *Beneharnum*, s'en écarte trop pour qu'on puisse y placer cette ancienne ville. D'ailleurs on sait que Lescar a succédé à *Beneharnum*, comme chef-lieu de l'évêché, mais dans un autre emplacement. La fondation de Lescar est connue dans tous ses détails par l'ancien cartulaire de cette ville, que de Marca a publié. On apprend par ce cartulaire qu'après l'invasion des Normands tout ce beau coteau où domine la ville de Lescar n'était qu'une vaste forêt, et qu'il n'y avait qu'une petite église ou chapelle ruinée consacrée à la Vierge et à saint Jean-Baptiste, lorsque dans le commencement du xie siècle, en 1034, Lopofort, poussé par les remords d'un crime qu'il avait commis pour obéir aux ordres du duc de Gascogne, d'après le conseil de son évêque (c'est-à-dire l'évêque de *Beneharnum*), se retira dans ce lieu avec sa femme pour s'y consacrer à Dieu [1].

Dans ce silence de l'histoire, il faut donc se confier aux mesures des Itinéraires anciens, qui sont les seuls monumens qui puissent nous éclairer sur la position de *Beneharnum*. Ces Itinéraires nous fournissent deux routes où *Beneharnum* est mentionné [2] ; l'une partait de *Burdigala*, Bordeaux, et aboutissait à *Cæsar Augusta*, Saragosse, en Espagne, par la vallée d'Aspe ; l'autre se dirigeait à l'est pour aboutir à *Lugdunum convenarum*, Saint-Bertrand-de-Comenge, et se

---

[1] De Marca, *Hist. de Béarn*, p. 212 et 214. « Et misit se cum « episcopi consilio et comite, et uxore sua, in civitatem quæ dici- « tur Lascurris ; et ibi invenit nisi silvam, et ecclesiolam B. Joan- « nis Baptistæ, et B. Mariæ quæ fuit sedes erat destructa, et fuit « ibi factus monachus. » *Chart. Lascurr.*

[2] Anton., *Itiner.*, edit. Wesseling, p. 452 et 457.

prolonger sur *Tolosa*, Toulouse, en partant également de Bordeaux. Ces deux routes avaient leur point de bifurcation à *Beneharnum*. Si donc les mesures anciennes sont exactes, si nous possédons la vraie leçon des Itinéraires, ou, ce qui est la même chose, si les manuscrits que nous avons nous présentent des variantes qui puissent s'accorder avec le terrain, le point d'intersection de ces deux routes doit nous donner *Beneharnum* : et en effet, l'ensemble des mesures de l'Itinéraire entre *Burdigala* et *Cæsar Augusta* se trouve parfaitement exacte dans son ensemble et dans ses détails. En nous renfermant dans la portion de cet Itinéraire qui concerne notre Gaule, nous trouvons que *summo Pyreneo* correspond au port de Berneret, *Aspa Luca* à Accous, et au pont de Lesquit, à l'extrémité sud du beau bassin où la vallée s'élargit et renferme plusieurs villages. Bedous est aujourd'hui le plus considérable de tous ces villages, mais Accous est le plus ancien, et possédait ce qu'on appelait autrefois la Métrocomie, ou la prééminence sur toutes les autres paroisses de la vallée. Celle d'Accous avait le surnom de Capdulh, mot dérivé de *capitolium, capitalis locus*, ou capitale [1]. Plusieurs inscriptions réunies par Palassou, dans un petit ouvrage sur la vallée d'Aspe, attestent le passage de la route romaine dans cette vallée, et nous-même nous y avons reconnu, dans l'endroit le plus étroit, des constructions évidemment romaines.

Ces mêmes mesures de l'Itinéraire sont également exactes pour *Ilurone*, Oloron, qui, dans les temps anciens, comme dans les temps modernes, était le

---

[1] De Marca, *Hist. de Béarn*, liv. 1, cap. 12, 3, p. 69.

grand marché entre l'Espagne et la Gaule de ce côté, et qui le fut aussi dans le moyen âge. Une lettre d'Eulogius de Cordoue à l'évêque de Pampelune, Vuilesandus, de l'an de 851, témoigne que le commerce des marchands français florissait dans Saragosse, quoique cette ville fût occupée par les Maures ; et à cette époque les Maures eux-mêmes vendaient de l'encens sur le marché d'Oloron [1].

La position qui vient ensuite est celle de *Beneharnum*, que l'Itinéraire nous indique à la distance de 12 lieues gauloises ou 18 milles romains d'Oloron. Mais pour que cette mesure nous donne la direction de la route du sud au nord, il faut qu'elle concorde avec celle de la route qui se dirigeait du nord au sud, et avec celle qui allait de l'est à l'ouest. Pour la première, le lieu le plus prochain de *Beneharnum* que les Itinéraires nous donnent, est *Aquis*, ou Acqs, ou Dax, qui est, comme on n'en peut douter, *Aquæ Tarbellicæ* des anciens. La distance entre ce lieu et *Beneharnum* est de 19 lieues gaul. ou 28 ½ m. rom., et déjà l'intersection de ces deux routes s'éloigne peu de la ligne droite entre *Iluro*, Oloron, et d'Acqs, et fait passer cette route par Orthez, un des plus anciens lieux du Béarn, déterminant le point de jonction un peu au sud-est de cette ville, laissant un angle très ouvert qui présente sa pointe à la route qui vient du sud-est. L'analyse des Itinéraires, pour cette troisième route, nous a fait reconnaître les *Aquæ* de l'inscription portant une dédicace à Auguste, Bagnères-de-Bigorre, pour les *Aquæ* des Itinéraires anciens, *Aquæ convenarum*, selon certains manu-

[1] De Marca, *Hist. de Bearn*, ch. 13, p. 3, 313.

scrits. La variante du manuscrit de l'Itinéraire de Longolianus, qui donne 8 au lieu de 18 entre cet *Aquis* et *oppidum Novum,* nous place à Nay pour cette dernière position, et la mesure de 18 lieues gauloises qui nous est donnée par l'Itinéraire, entre *oppidum Novum* et *Beneharnum*, nous porte juste au point d'intersection des deux autres routes, c'est-à-dire à un lieu ancien nommé Castelnon, aujourd'hui détruit, entre Maslacq et Lagor, à 1,500 toises environ de chacun de ces bourgs, sur les bords de la petite rivière Lageu, entre cette rivière et le Gave, vis-à-vis Lendresse et Arance. Confiant dans un tel accord et dans un tel résultat, nous avons visité et parcouru ces lieux, et nous nous sommes assuré que plusieurs constructions d'une date bien plus récente n'avaient pas laissé de vestiges sur la superficie du sol. Maslacq ou Marslag, lieu dont l'origine remonte à la fin du xie siècle, a fait disparaître jusqu'aux derniers vestiges de Muret et de l'église de Muret ou Mured, qui est souvent mentionnée dans l'histoire de Béarn, et qui fut bâtie sur les bords du Gave par Raimond-le-Vieux, évêque de Lescar [1]. Cette église, m'a-t-on dit dans le pays, a été enlevée par le Gave, et remplacée par celle de Sainte-Marie-de-Maslacq. L'histoire nous démontre qu'il existait aussi dans ce lieu un fort qui y précéda l'église, et dont Garisal s'est saisi en 1080[2]. Le mariage du vicomte de Gaston avec la comtesse Peronelle fut célébré dans l'église de Mured, en 1196. Il n'existe plus de trace de ces constructions non plus que de *Beneharnum*. Une métairie située à quel-

[1] De Marca, *Hist. de Béarn*, p. 400, 417 et 499.

que distance porte le nom de Bernet : à peu de distance aussi entre Arance et Lagor, mais trop près de Lagor pour convenir parfaitement à la position de *Beneharnum*, est le hameau de Benejacq[1]. Ce lieu est ancien. Gaston céda tous ses droits sur la seigneurie et le village de Benejac. En 1599, Henri IV, dans son édit pour le réglement de la religion, indiqua le hameau de Benejacq pour la résidence de l'évêque de Lescar[2].

Après avoir fixé, par les mesures appliquées sur la Carte de Cassini, le point d'intersection des trois routes qui donnaient la position de *Beneharnum*, il restait une objection à résoudre. — Nos mesures sont prises entre d'Aqs et le point de *Beneharnum*, entre ce lieu et Bagnères, *Aquis*, en suivant des routes droites, connues, et encore pratiquées. Mais lorsque je m'informai des ingénieurs des ponts et chaussées et des habitans du pays, à Orthez et à Pau, s'il existait une route en ligne directe entre Maslacq et Oloron, on m'indiqua des routes de traverse qui rendaient plus courte la distance entre Maslacq et Navarreins, entre Orthez et Moneins, mais qui, me ramenant toujours à l'un de ces deux lieux par où passe la route actuelle, allongeaient encore trop le trajet pour convenir aux mesures de l'Itinéraire. On m'assura que la route que je cherchais n'avait jamais existé, et que la nature

---

[1] De Marca, *Hist. de Béarn*, liv. v, ch. 1-11, p. 376. — En 1273, Gaston de Béarn est nommé Gasto de Bierna, voyez de Marca, p. 633. Sur le plan du cadastre qui m'a été communiqué à Pau, Benejacq se trouve dans les limites de la commune de Lagor, et forme la section F.

[2] Poeydavant, *Hist. des troubles survenus en Béarn*, tom. II, p. 364.

du sol se refusait à ce qu'elle fût pratiquée. La seule inspection des lieux me prouva le contraire : les pentes continuelles et les détours des routes modernes qu'on m'indiqua, et que je parcourus, me convainquirent qu'elles ne représentaient pas l'ancienne route des Romains. Un cocher du château de Maslacq m'apprit que, quand le temps était propice, il conduisait ses voitures de fourrage par une route différente de celles qu'on suivait ordinairement, et qui allait directement de Maslacq à Oloron ; mais il ajoutait que les conducteurs de bestiaux seuls la suivaient quelquefois. D'après les détails qu'il me donna, j'entrepris cependant de traverser cette route en voiture ; j'y parvins à l'aide d'un seul cheval, et d'un jeune Béarnais de douze ans, qui m'aidait à retirer mon léger cabriolet des ornières, ou à le conduire lorsque le danger de verser, ou le désir d'examiner de plus près la nature de la chaussée, me forçait d'en descendre. Je trouvai, à ma grande satisfaction, des vestiges de la voie romaine subsistant encore dans plusieurs endroits, et notamment sur les confins des communes de Luc et de Lagor, où, ayant été coupée perpendiculairement par les habitans d'une maison voisine, à laquelle cette chaussée plus élevée nuisait, il était facile d'en observer l'encaissement et les diverses couches. La route moderne, en sortant d'Orthez pour se diriger sur Maslacq, circulant sur les hauteurs qui séparent les rivières de Laa et de Lageu, paraît représenter la route ancienne, et c'est dans ce trajet qu'on voit se déployer devant soi dans un lointain immense, à droite, les plaines de Navarreins, et à gauche, celles d'Orthez et les hauteurs pittoresques du Gave de Pau. Après avoir passé Maslacq et franchi les limites de cette commune, le chemin moderne fait un détour, que n'a pas dû faire la route ancienne; aussi je vis un sentier qui coupait plus directement, mais entre des coteaux, et praticable seulement par des bouviers ou des hommes à cheval. Cette portion de route, qui doit représenter l'ancienne, abrège encore, m'a-t-on dit, le trajet d'une demi-heure. On passe ensuite à Sauvelade ou Saubalade, village dont les maisons sont éparses. L'abbaye célèbre de ce nom (*Silva Lata* du moyen âge) est située en bas du coteau et à l'écart de la route, dans une belle prairie. On entre ensuite dans la commune de Lagor; on laisse Villesegure à droite, et le village de La Hourcade à gauche, que l'on ne voit pas. La route s'embellit beaucoup en approchant de Luc, où était une célèbre abbaye qui avait une grande puissance, et joue un rôle important dans l'histoire du moyen âge; c'est aujourd'hui un bourg qui exploite les forêts voisines, et qui fait un grand commerce de tannerie. L'abbaye était de l'ordre de saint Benoît. De Marca, dans sa savante Histoire de Béarn, s'est souvent aidé de la charte de *Sancti Vincenti de Luco*. Les restes de cet abbaye m'ont présenté une sacristie curieuse par une architecture romaine du IXe ou Xe siècle, qui contraste avec celle de l'église qui est en ogive. Sauvelade ou Saubalade [1] était de

---

[1] De Marca, lib. v, cap. 22, p. 419-421, et liv. vi, cap. 11, p. 499. La Charte de Silva Lata ou de Sauvelade est datée de l'église de Sainte-Marie-de-Mured, le même jour que Gaston épousa la fille de Bernard, comte de Saint-Bertrand-de-Comenge. « Datum est « hoc apud Sanctam Mariam de Mured, eadem die, qua Gasto « duxit in uxorem filiam Bernardi comitis Convenarum. » Et ce fut Bernard, abbé de Silva Lata, qui célébra le mariage.

l'ordre de Citeaux : lorsqu'on a franchi la moitié de l'espace qui sépare Luc d'Oloron, on rejoint la route moderne de Moneins, qui se dirigeant du nord au sud, droit sur Oloron, se confond alors avec la route ancienne. Les communes de Lagor et de Luc sont fort étendues, et remplissent presque tout l'espace que l'on parcourt entre Maslacq et Luc.

L'autre voie romaine qui, de Nay, *oppidum Novum*, se dirigeait sur *Beneharnum*, n'est pas entièrement représentée par la route moderne : elle se dirigeait droit sur Lagor, le long de la rive gauche du gave de Pau, au midi de ce gave, et ne passait pas par la ville de Pau : des routes de traverses, qui sont très bonnes et très belles, mais fermées par des barrières, conduisent directement d'Arbus à Lagor [1]. La route antique ne me paraît pas non plus avoir été pratiquée, comme la route moderne, sur la hauteur de Lagor, mais passait entre le coteau et le Gave, où on a le projet de la rétablir [2].

Le siége épiscopal a été transféré de *Beneharnum* à Lescar ou Lascar, mais à une époque très récente, cette ville n'ayant été commencée qu'en 980, sur un terrain auparavant non habité, et *Beneharnum* subsistait encore au VIIe siècle, puisque Grégoire de Tours en fait mention [3].

---

[1] Conférez l'*Analyse des Itinéraires*, tom. III de cet ouvrage.

[2] Cette rive du Gave est assez élevée pour être garantie des inondations qui ont lieu de l'autre côté du Gave ; et comme les matériaux d'entretien et de construction sont les cailloux même du Gave, il y aurait une grande économie à faire passer la route en bas.

[3] Gregor. Turonensis, lib. IX, cap. 20. — De Marca, *Hist. de Béarn*, lib. I, cap. 11, p. 45.

Provincia Narbonensis prima. — N° VI.

Diocèses de

Metropolis civitas Narbonensium. . . . Narbonne.
— *Tolosatium*. . . . . . Toulouse.
— *Beterrensium*. . . . . Béziers.
— *Nemausensium*. . . . Nîmes.
— *Lutevensium*. . . . . Lodève.
Castrum Uceciense, alias *civitas*
Uceciensis. . . . . . Usez.

Provincia Narbonensis secunda. — N° VII.

Metropolis civitas Aquensium. . . . . . Aix.
— *Aptensium*. . . . . . Apt.
— *Reiensium*. . . . . . Riez.
— *Foro Juliensium*. . . Fréjus.
— *Vappincensium*. . . Gap.
— *Segesteriorum*. . . . Sisteron.
— *Antipolitana*. . . . . Antibes.

Provincia Alpium maritimarum. — N° VIII.

Metropolis civitas Ebrodunensium. . . Embrun.
Civitas Diniensium. . . . . Digne.
— *Rigomagensium*. . . . . Chorges.
— *Solliniensium*, ou *Salinensium*. Castellane.
— *Sanitiensium*. . . . . Senez.
— *Glannativa*. . . . . Glandève.
— *Cemelenensium*. . . . . Cimiez.
— *Vintiensium*. . . . . Vence.

In provinciis XVII, *civitates* CXV.

Cette fin de la Notice confirme ce que j'ai annoncé précédemment. La récapitulation annonce cent quinze cités et diocèses, et on en compte cependant cent vingt, ce qui prouve qu'il y en a au moins cinq qui doivent en être retranchés et qui n'existaient pas, comme diocèses, au temps d'Honorius, où la Notice fut dressée.

Civitas Rigomagensium, et *civitas Solliniensium*, présentent seuls, dans cette dernière province, des motifs de doute relativement à leur emplacement et à leurs limites. Valois et d'autres rapportent *Rigomagensium* à Rie ou Rogen, qui me paraît trop près de Senez. Contre ceux qui veulent changer ce mot en celui de *Brigantium* ou *Caturigomagensium*, on doit remarquer que les Notices imprimées dans la collection des historiens de France portent toutes, sans variantes, *Rigomagensium*. Si on rapporte *Solliniensium* au *Salinæ* de Ptolémée, il n'y aura plus de difficulté, puisque nous avons déterminé l'emplacement de ce dernier lieu. Un des manuscrits de la Notice porte, en effet, *civitas Salinensium*[1], ce qui autorise à considérer le lieu nommé *Salinæ* comme le chef-lieu de ce diocèse.

Ainsi que je l'ai déjà dit, la division politique établie par les Romains dans les Gaules subsista après la conquête des Francs, comme division ecclésiastique. Les rois francs ne purent parvenir à changer ces divisions pour les mettre d'accord avec les limites de leurs territoires. Chilpéric voulut ériger en évêché Melun, mais le métropolitain, l'archevêque

[1] Voyez *Recueil des Hist. de France*, tom. II, p. 3, C.

de Sens, s'y opposa. Le clergé se souleva de même contre l'érection d'un nouveau siége à Châteaudun [1], et il n'eut pas lieu.

DIVISIONS CIVILES ET MILITAIRES DE LA GAULE TRANSALPINE.

La Notice des dignités de l'Empire, dans laquelle on peut puiser des notions très exactes sur les divisions administratives, tant civiles que militaires, de l'empire romain, est le dernier monument historique qui nous reste à examiner [2]. Il a été dressé à la même époque que la Notice des provinces de la Gaule, et le Livre des provinces de l'empire romain [3], c'est-à-dire au commencement du règne d'Honorius, vers l'an 401. La copie qui nous en reste contient quelques intercalations qui ont induit en erreur plusieurs savans modernes qui ont voulu attribuer ce catalogue à Théodose II, vers 450 [4] : d'autres en ont fixé la date vers 430 [5]; et d'autres, en 437 [6]. Mais il est évident, qu'il a été dressé lorsque l'empire d'occident était encore intact, et, par conséquent, avant l'an 406.

---

[1] *Recueil des Hist. franç.*, tom. v, p. 60. — Labbe, v, 918 à 921. — Guérard, *Essai*, p. 81-85.

[2] Voyez *Notitia dignitatum imper. Roman.*, edit. Pancirol ; Lugdun., in-folio, 1608. — Edit. Labbe, in-12 ; Parisiis, 1651.

[3] *Libellus provinciarum Romanar.*, dans Gronovii *Varia Geogr.*, p. 25.

[4] Pancirol., in *Præfatione ad Notit.*, p. 2 à 5.

[5] Ægidius Bucherius, in *Belg. Roman.*, lib. xvi, cap. 5, p. 495. — Laguillus, *Hist. d'Alsace*, lib. iii, p. 36.

[6] Albertus Fabricius, *Bibliotheca latina*, tom. i, lib. iv, cap. 5, n° 6, p. 752. — Longuerue, *Description de la France*, lib. ii, p. 223.

Nous trouverons des preuves incontestables de cette vérité dans ce qui s'y trouve relativement à la Gaule seule. Nous lisons dans cette Notice qu'il y avait deux fabriques d'armes à Trèves, et, en 430, Trèves avait été pillée trois fois, et presque entièrement détruite. Le commandement militaire de Mayence se trouve détaillé dans cette Notice, et, dès l'an 409, ainsi que nous l'apprenons par saint Jérôme, cette ville avait été prise et pillée par les Vandales. Toutes les troupes du préfet de la Germanie seconde et de la Belgique sont détaillées, quoique ces provinces, en 430, fussent, depuis bien long-temps, au pouvoir des Francs. Les dix-sept provinces des Gaules sont énumérées dans cette Notice, comme intactes, aussi bien que la Rhætie, tandis que cette dernière avait été prise par les *Allemani*, et que la Narbonnaise et l'Aquitaine avaient été occupées par les Goths, sans compter d'autres parties des Gaules, dont les Barbares s'étaient emparés. La Notice détaille encore les officiers et les troupes qui se trouvaient dans la Grande-Bretagne, l'un des diocèses de la préfecture des Gaules ; et, dès l'an 410, les Romains avaient retiré leurs officiers et leurs troupes de cette île.

Il est étranger au but de cet ouvrage de discuter la nature des différentes dignités, et des différens emplois, dont il est question dans la Notice de l'Empire ; cette tâche, d'ailleurs, a été exécutée avant moi par plusieurs hommes très habiles, mais je dois faire connaître les divisions administratives, tant civiles que militaires, relatives aux Gaules, qui s'y trouvent détaillées, aussi bien que les villes ou peuples de ce pays qui y sont mentionnés, et dont il n'a point été fait mention dans les écrits qui nous restent de l'antiquité, antérieurs à celui-ci.

La préfecture des Gaules, à l'époque dont nous traitons, était divisée en trois diocèses [1].

1. Le diocèse des Gaules, contenant dix-sept provinces.

2. Les Espagnes, composées de sept provinces présidiales.

3. L'île de la Grande-Bretagne, composée de cinq provinces.

Ainsi la préfecture des Gaules renfermait vingt-neuf provinces.

Avant Constantin, l'administration civile et l'administration militaire étaient réunies, et étaient exercées, dans tout l'Empire, par deux et quelquefois trois préfets du prétoire, qui ne recevaient d'ordres que de l'empereur. Constantin, pour prévenir les révoltes, et diminuer la trop grande puissance des préfets du prétoire, en doubla le nombre, et sépara le pouvoir civil du pouvoir militaire, en créant un maître de la cavalerie et un maître de l'infanterie, qui avaient le commandement des troupes, et dont les fonctions furent indépendantes de celles du préfet du prétoire. Ces changemens, qui sont l'objet des lamentations de l'historien Zosyme [2], et auxquels il attribue, en partie, la décadence de l'Empire et le succès des Barbares, nous obligent à détailler séparément les divisions relatives à l'administration civile, et celles qui sont relatives à l'administration militaire. Dans les idées des Romains qui, d'abord, s'étaient gouvernés en ré-

[1] *Notitia*, sect. 34 et 36, p. 57 et 62, edit. Labbe, et p. 115 et 117, edit. Pancirol.
[2] Zosymus, *Hist.*, lib. II, cap. 23 et 34, p. 141 et 159, edit. Reit.

publique, le pouvoir civil était supérieur au pouvoir militaire : nous commencerons donc par donner le détail des divisions qui résultent de l'administration civile.

***

A. Divisions civiles de la Gaule.

Du préfet du prétoire des Gaules.

Le préfet du prétoire des Gaules, *præfectus prætorio Galliarum*, était le premier magistrat de la préfecture des Gaules, et son pouvoir s'étendait sur les vingt-neuf provinces de cette préfecture [1].

Le préfet du prétoire, de la préfecture des Gaules, résidait à Trèves, *Treviris,* que l'historien Zosyme [2] nous apprend avoir été dans le v° siècle, avant sa destruction par les Barbares, la plus grande ville qui fût au-delà des Alpes. Suivant le témoignage d'Eumène, Constantin avait donné à la ville de Trèves une forme nouvelle et digne de la résidence des empereurs [3]. Entre l'an 313 et l'an 390, le nombre des lois rendues par les empereurs, et datées de cette ville, se monte à cent sept, et ce nombre est le double de celles qui ont été rendues à Rome dans le même intervalle de temps [4]. Ausone parle de Trèves comme de la capitale des Gaules [5] : il y avait une école célèbre, et la loi de Gratien accorde un traitement plus fort à

---

[1] *Notitia dignit. imper.,* edit. Pancirol., pars 2, p. 79. — Edit. Labbe, sect. 34, p. 57.

[2] Zosymus, lib. III, cap. 7, p. 211, edit. Reit.

[3] Hertzrodt, Notice sur les Trévirais, p. 96, 106. — Hontheim, *Podrom.,* p. 154 et suiv. — Eumène, D. Bouquet, tom. I, p. 8. — Amm. Marcellin, lib. xv, cap. 11, p. 103.

[4] D. Bouquet, tom. I, p. 716.

[5] Auson. *Opera, Grat. act.,* p. 537. — *Gregor. filio,* p. 275; *Treviri,* p. 288, edit. *ad usum Delph.,* 1730, in-4°.

ceux qui enseignaient l'éloquence et la langue latine à l'école de Trèves, comme la ville la plus illustre [1]. Lors de l'irruption des Barbares, le préfet des Gaules, incapable de défendre le chef-lieu de son diocèse, se retira dans l'intérieur. Sa retraite paraît avoir eu lieu vers l'an 402, lorsque les Francs saccagèrent Trèves [2].

Les Francs saccagèrent et brûlèrent Trèves une seconde fois, en l'an 411 [3].

Trèves, l'an 440, fut encore dévastée deux fois [4].

Ce ne fut qu'en 464, après une cinquième destruction, que cette ville passa définitivement sous la domination des Francs [5]. Nous voyons dans la Vie de saint Germain, que, vers l'année 414, le préfet des Gaules se tenait à Autun [6]. Il se transporta ensuite à Arles, qui avait reçu le surnom de Constantine. Cette ville s'était considérablement agrandie et enrichie par le commerce, et l'auteur anonyme, qui a écrit sous les empereurs Constance et Constant, dit que la ville d'Arles expédiait pour celle de Trèves les marchandises qui lui arrivaient, pour cette dernière, de toutes les parties du monde [7]. Le préfet y convoqua les états de la Gaule; mais

---

[1] Voyez Pagi, *Crit. in Annal. Baronii*, à l'an 402, n° 32. — Dom Bouquet, tom. 1, p. 766.

[2] Gregor. Turon., *Recueil des Hist. de France*, liv. 11, cap. 9.

[3] Salvianus, *de Gubern. Dei*, Bouquet, tom. 1, p. 780 et 781.

[4] *Anonym. auct.*, Duchesne, *Script. Franc.*, tom. 1, p. 692. — Hontheim, *Podrom.*, p. 63 et 419. — Hertzrodt, p. 126.

[5] Lacarry. *Hist. Gall. sub. Præf. Prætorio*, p. 126. — Dubos, *Hist. crit. de l'établiss. de la Monarchie franç. dans les Gaules*, tom. 1, p. 389, édit. in-12.

[6] D. Bouquet, tom. 1, p. 98.

[7] *Recueil des Hist. de France*, tom. 1, p. 766. — Sirmondus, in *Notis ad Sidonium*, p. 245.

son édit étant resté sans effet, l'empereur Honorius publia ce célèbre édit de 418, adressé à Agricola, préfet des Gaules, dans lequel il justifie le choix qu'il a fait de la ville d'Arles, dans les termes suivans[1] :

« Il reviendra encore à nos sujets (dit Honorius), un avantage du choix que nous avons fait de la ville Constantine (*Constantina urbs*), pour le lieu de l'assemblée que nous voulons être tenue annuellement.... L'heureuse assiette d'Arles la rend un lieu d'un si grand abord, et d'un commerce si florissant, qu'il n'y a point d'autre ville où l'on trouve plus aisément à vendre, à acheter, et à échanger, le produit de toutes les contrées de la terre. Il semble que ces fruits renommés, et dont chaque espèce ne parvient à sa perfection que sous le climat particulier qu'elle rend célèbre, croissent tous dans les environs d'Arles. On y trouve encore, à la fois, les trésors de l'Orient, les parfums d'Arabie, les délicatesses de l'Assyrie, les denrées d'Afrique, les nobles animaux que l'Espagne élève, et les armes qui se fabriquent dans les Gaules. Arles est enfin le chef-lieu que la mer Méditerranée et le Rhône semblent avoir choisi pour y réunir leurs eaux, et pour en faire le rendez-vous des nations qui habitent sur les côtes, et sur les rives qu'elles baignent. Que les Gaules aient donc de la reconnaissance de l'attention que nous avons eue de choisir, pour le lieu de leur assemblée, une semblable ville. »

C'est à tort que l'on a suspecté l'authenticité de

---

[1] Voyez Dubos, *Établ. de la Mon. franç.*, tom. 1, p. 371, édit. in-12. — D. Bouquet, *Recueil des Hist. de France*, tom. 1, p. 766. — Ch. Giraud, dans les notes de sa *Notice sur Fabrot*, p. 196.

l'édit d'Honorius, à cause de son style déclamateur. Dans le déclin des empires, plus l'autorité s'affaiblit, plus elle s'exprime avec emphase; la pompe des titres, et la vanité de ceux qui en sont pourvus, augmentent dans la même proportion : on ne doit donc pas s'étonner non plus de cette qualification de *viro illustri*, donnée au préfet des Gaules. Quant à l'objection tirée de l'assertion de la chronique d'Idace, qui dit qu'en 418, l'année même de l'édit, Honorius avait cédé aux Goths deux des sept provinces, on pourrait dire, que l'édit fut antérieur à cette cession, et que ce fut elle qui en empêcha l'exécution, ou que cette antique autorité des empereurs romains eut encore assez d'ascendant pour que les rois barbares, auxquels on était obligé de céder des provinces de l'Empire, se regardassent comme les délégués de l'empereur, et qu'à l'égard de leurs compatriotes turbulens et insoumis, ils fondassent leur puissance sur ce titre. Enfin, de ce que Hincmar, en parlant de cet édit, mentionne la Lyonnaise, au lieu d'une des deux Viennaises, il ne faut pas en inférer, comme l'a fait Dubos, que les sept provinces convoquées à Arles n'étaient pas les mêmes que les sept provinces de la Notice de l'Empire. C'est une erreur manifeste du copiste d'Hincmar, qui, ignorant que la Viennaise était subdivisée en deux, aura cru bien faire, en voyant ce nom deux fois répété, de lire Lyonnaise, et Viennaise [1].

---

[1] Voyez Hincmar, *Epist.* 6, cap. 17, edit. Mog., p. 311. — L'abbé Dubos, *Hist. critique de la Mon. franç*, tom. I, p. 383, édit. in-12. — Voyez Tillemont, *Hist. des Emp.*, tom. V, p. 641. — *Codex Theodos.*, loi 15 du liv. I, tom. XV, et ci-dessus, p. 350 et 370.

Du vicaire des dix-sept provinces.

Le préfet des Gaules avait sous lui trois vicaires pour chacun des diocèses de la préfecture des Gaules. Le vicaire du diocèse des Gaules était aussi appelé le vicaire des dix-sept provinces, parce que ce diocèse était, ainsi que nous l'avons vu, divisé en dix-sept provinces. Six de ces provinces étaient gouvernées par des proconsuls, c'est-à-dire par des gouverneurs qui primitivement, et selon ce qui avait été réglé par Auguste, étaient censés être nommés par le sénat, et onze étaient administrées par des présidens nommés par l'empereur. Ces consulaires et ces présidens recevaient les ordres du vicaire des dix-sept provinces et étaient, selon les expressions de la Notice, « *sub dispositione spectabilis viri vicarii* « *decem septem provinciarum* [1]. » Ce qui partageait toute la Gaule en

Provinciæ consulares. — VI.

Viennensis.
Lugdunensis prima.
Germania prima.
Germania secunda.
Belgica prima.
Belgica secunda.

---

[1] *Notitia dignitatum imper. rom.*, edit. Pancirol; Lugd., 1608, tom. II, p. 156 et 157. — Edit. Labbe, sect. 48, p. 94. — Dans l'édit. de Pancirol, Genevæ, 1623, part. II, p. 95 et 99. — Labbe ne paraît pas avoir connu cette édition de 1623; il parle à la fin de son Index de celle de 1608 comme de la dernière. Sur les diverses éditions de la *Notice*, voyez Böcking, *Ueber die Not. dign: imp.*, p. 41-74.

Provinciæ præsidiales. — XI.

Alpes maritimæ.
Alpes penninæ et graiæ.
Maxima Sequanorum.
Aquitania prima.
Aquitania secunda.
Novempopulana.
Narbonensis prima.
Narbonensis secunda.
Lugdunensis secunda.
Lugdunensis tertia.
Lugdunensis senonia.

Du trésorier général de l'Empire.

Sous les ordres du préfet du prétoire et du vicaire des dix-sept provinces étaient les quatre préposés du comte des largesses impériales, ou trésorier général de l'empire d'occident, ainsi distribués [1] :

Sub dispositione viri illustris comitis sacrarum largitionum Imperii.	Sous les ordres de l'illustre comte trésorier de l'Empire.
Præpositi Thesaurorum in Galliis.	Préposés du Trésor dans les Gaules.
Præpositus Thesaurorum per Gallias...... Lugdunensis.	Un préposé du Trésor en Gaules.......... à Lyon.
— — *Arelatensium.*	— — à Arles.
— — *Nemausensium.*	— — à Nîmes.
— — *Trebirorum.*	— — à Trèves.

Il y avait encore sous les ordres du même chef

---

[1] Voyez *Notitia dignitatum imper.*, edit. Pancirol. Lugd., part. II, p. 140. — Edit. Labbe, sect. 42, p. 83.

trois procurateurs ou directeurs des monnaies, ainsi distribués :

Procuratores Monetæ [1].	Directeurs des Monnaies
Procurator monetæ .... Lugdunensis.	Le directeur des Monnaies, ... à Lyon.
— — Arelatensis.	— — à Arles.
— — Triberorum.	— — à Trèves.

Trois préposés ou directeurs d'ateliers d'orfèvres impériaux ou damasquineurs, ainsi distribués :

Præpositi brambaricariorum sive argentariorum [2].	Directeurs des ateliers d'orfèvres et de damasquineurs.
Præpositus brambaricariorum sive argentariorum.......... .... Arelatensium.	Le directeur des orfèvres et damasquineurs............ .... d'Arles.
— — Remensium.	— — de Reims.
— — Triberorum.	— — de Trèves.

Un seul procurateur pour les achats de lin, mais six inspecteurs des ateliers d'étoffes de laine, ainsi distribués :

Procurator linificii Viennensis Galliarum.	Inspecteur des Gaules pour le lin dans la province Viennaise.
Procuratores gyneciorum [3].	Inspecteurs des ateliers en laine.
Procurator gynecii Arelatensis, provinciæ Viennensis.	L'inspecteur des ateliers en laine, à Arles, dans la province Viennaise.
— Lugdunensis.	L'inspecteur des ateliers en laine de la province Lyonnaise.

[1] *Notitia dignitat. imperii*, edit. Pancirol. Lugd., p. 141. — Edit. Gen., 1623, tom. II, p. 63, 65 et 67. — Edit. Labbe, sect. 42, p. 84.

[2] *Ib.*, edit. Pancirol. Lugduni, p. 141.— p. 65 et 67. — Edit. Labbe, p. 86.

[3] *Ib.*, edit. Pancirol. Lugduni, p. 141; edit. Gen., p. 65 et 66. — Edit. Labbe, sect. 42, p. 84.

— *Remensis, Belgicæ secundæ.*	— à Reims, dans la Belgique seconde.
— *Tornacensis, Belgicæ secundæ.*	— à Tournay, dans la Belgique seconde.
Procurator gynecii Triberorum, Belgicæ primæ.	L'inspecteur des ateliers en laine, à Trèves, dans la Belgique première.
— *Augustoduni, translati Metis.*	L'inspecteur des ateliers en laine d'Autun, transporté à Metz.

Deux inspecteurs des teintureries, ainsi distribués :

Procuratores baphiorum [1].	*Inspecteurs des teintureries (pour teindre en pourpre les étoffes de laine et de soie).*
Procurator baphi Telonensis Galliarum.	Inspecteur des teintureries des Gaules..... à Toulon.
— — *Narbonensis.*	— — à Narbonne.

Il n'est question de Toulon que dans cet endroit de la Notice, et dans l'Itinéraire maritime sous le nom de *Telo martius*. Les mesures que fournit cet Itinéraire en déterminent bien la position [2]. Toulon devint siége épiscopal dès le vi^e siècle, ainsi que le prouve la souscription de plusieurs évêques.

Il y avait encore, pour toute la Gaule, un inspecteur des transports, *præpositus bastagæ primæ Gallicanorum et quartæ.*

[1] *Notitia dignit.*, edit. Pancirol Lugdun., p. 140. — Edit. Gen., tom. II, p. 85. — Edit. Labbe, sect. 42, p. 85.

[2] Voyez l'*Analyse des Itinéraires maritimes*, tom. III de cet ouvrage.

De l'intendant de l'empereur.

Sous les ordres de l'intendant de la maison de l'empereur, il y avait dans les Gaules deux receveurs des deniers impériaux, trois inspecteurs ou procurateurs des biens de l'empereur, et un directeur des transports de la maison impériale, distribués ainsi :

Sub dispositione viri illustris comitis rerum privatarum [1].	Sous les ordres de l'illustre comte intendant de l'empereur.
Rationales rei privatæ.	Receveurs des domaines impériaux.
Rationalis rei privatæ per Gallias.	Receveur général des domaines impériaux pour toute la Gaule.
Rationalis rei privatæ per quinque provincias.	Receveur particulier des domaines impériaux pour les cinq provinces.

J'ai déjà observé que les cinq provinces étaient synonymes des sept provinces.

Procuratores rei privatæ.	Inspecteurs des domaines impériaux.
Procurator rei privatæ per Sequanicum et Germaniam primam.	Procurateur des domaines impériaux pour la Séquanaise et la Germanie première.
Procurator rei privatæ gynæciorum Triberorum.	Procurateur des ateliers en laine appartenant au domaine impérial, dans la ville de Trèves.
Procurator gynæcii Juvarensis rei privatæ, Metis translati Anhelas.	Procurateur des ateliers en laine de Juvarensis, transporté de Metz à Anhelas.

[1] *Notitia dignit. imper.*, edit. Pancir. Lugdun., p. 144; Genev., tom. II, p. 71 et 72. — Edit. Labbe, sect. 43, p. 87 et 88.

Je n'ai pu découvrir quel était le lieu nommé *Juvarus* (si toutefois c'est un nom de lieu), et celui qu'on appelait *Anhelas*. D'Anville ni Valois n'en font pas mention ; mais Ortelius, dans son Dictionnaire, a été plus exact : il veut qu'*Anhelas* ait été en Belgique ; peut-être faut-il le placer à Douai, près duquel est Anhiers, et *Juvarus* à Juvardeil.

B. Divisions militaires de la Gaule.

Les troupes, dans chaque diocèse, étaient commandées par deux chefs : un maître de la cavalerie et un maître des soldats présens, c'est-à-dire un généralissime de la cavalerie, et un généralissime de l'infanterie. Les soldats présens étaient la garde de l'empereur, instituée par Constantin lorsqu'il eut cassé les cohortes prétoriennes. Les régimens de ce nouveau corps conservaient toujours leurs titres lorsqu'ils étaient en campagne ; ceux qui accompagnaient les généraux étaient nommés soldats accompagnans ; ceux qui gardaient l'empereur, soldats palatins. (*Milites præsentales, milites comitantes, milites palatini.*)

On ne sait guère quel était celui des deux chefs subordonné à l'autre lorsqu'ils étaient en campagne. C'est sans doute pour éviter tout conflit d'autorité que, dans les Gaules, les empereurs ont presque toujours réuni les deux commandemens : ainsi l'histoire nous apprend qu'Aetius, sous Valentinien III, et Egidius sous Majorien, étaient à la fois généralissime de la cavalerie, et généralissime de l'infanterie.

Dans la Notice des dignités de l'Empire, on lit les

noms de plusieurs corps de troupes auparavant inconnus[1], parce que les empereurs prirent à leur solde un grand nombre de ces étrangers barbares, qui seuls soutenaient, contre les attaques des autres Barbares, l'État qui penchait vers sa ruine. Dans la liste des trente-deux légions accompagnantes qui ne résidaient point dans la Gaule, et qui étaient sous les ordres du maître des soldats présens, j'observe des *Brisigavi seniores* et des *Brisigavi juniores*. Ceci nous fait connaître qu'avant la chute de l'empire romain les environs de Freyburg, au nord de l'Helvétie, étaient habités par un peuple nommé *Brisigavi*[2] et que le nom de Brisgau moderne en est provenu. Après ces observations préalables, donnons les divisions militaires qui se trouvaient dans la Gaule.

1. *Du généralissime de la cavalerie.*

Sous les ordres du maître de la cavalerie, étaient le général du commandement Armorique et Nervien, le duc de la province Séquanaise, le duc de la seconde Germanie, le duc de Mayence, le duc de la Belgique seconde et le comte militaire du district d'Argentine ou de Strasbourg.

Intra Gallias cum viro illustri magistro equitum Galliarum[3].	Dans les Gaules, avec l'illustre maître de la cavalerie des Gaules.

[1] Voyez le nom du petit nombre des légions qui existaient sous Dioclétien, d'après une ancienne inscription, dans Pancirol, *Not. dignit.*, edit. in-folio, 1623, p. 61 et 62.

[2] *Notit. dignitat.*, edit. Pancirol. Lugdun., 1608, p. 126. — Genevæ, 1623, tom. II, p. 34 et 40. — Edit. Labbe, sect. 38, p. 66.

[3] *Ib.*, edit. Lugd., p. 135; Genevæ, tom. II, p. 49. — Edit. Labbe, sect. 39, p. 74 et 75.

La Notice donne sous ce titre une longue suite de légions dont nous ne répèterons point ici les noms ; nous observerons seulement que, dans le nombre de ces noms, on en remarque quelques uns qui intéressent la géographie de la Gaule ; ce sont les suivans :

Cortoriacenses, qui désigne ceux de Courtray et nous offre la première mention de cette ville. Il est parlé du *Curtrisus pagus* dans un capitulaire de Charles-le-Chauve dès l'an 853 ; et j'ai déjà observé que c'était dans les environs de cette ville qu'Auguste établit des *Suevi*, dont le village de Sueveghem, situé dans ce canton, retient encore le nom [1].

Les *Valentinianenses* (dont le nom est dérivé de l'empereur Valens, ou est une interpolation faite à la Notice, s'il provient du nom de l'empereur Valentinien) ont peut-être donné naissance à Valenciennes, où ils se trouvaient cantonnés ; le nom de cette ville est *Valentinianœ* ou *Valentianœ*, dans le moyen âge. On remarque encore les *Andereniciani*, qui sont peut-être les *Anderitiani* ou les *Gabali*, dont la capitale était *Anderitum* ou Anterrieux ; les *Garronenses*, qui désignent peut-être ceux du district de la Garonne ; les *Abrincateni*, qui paraissent être ceux d'Avranches ; les *Musmagenses* ou *Mosomagenses*, qui désignent probablement ceux des environs du lieu nommé *Mosomagus* dans l'Itinéraire, qui est Mouson [2]. Les *Trecisemani* tiraient probablement leur nom de la *legio trigesima*

---

[1] Voyez Wastelain, *Description de la Gaule belgique*, p. 404. — *Vita Eligii*, in Spicil., t. II, p. 91. — Hensch., *de Episc. traject.*, p. 16.

[2] Voyez l'*Analyse des Itinéraires*, tom. III de cet ouvrage. Il a été trouvé près de là des antiquités : Caylus, *Antiquités*, tom. VII, Pl. 93, n° 3.

428   GÉOGRAPHIE ANCIENNE DES GAULES.

Ulpia cantonnée à Alpen, et mentionnée dans l'Itinéraire.

Enfin, on remarque encore les *Bructeri*, les *Salii seniores*, les *Tungri*, les *Batavi*, les *Nervii gallicani*, les *Menapii*, les *Sequani*, les *Osismiaci*, corps de militaires qui devaient les noms qu'ils portaient à des peuples bien connus de la Gaule transalpine.

Parmi les régimens de cavalerie immédiatement sous les ordres du généralissime, il n'y en a aucun qui ait quelque rapport avec la géographie de la Gaule.

Sub dispositione viri spectabilis ducis provinciæ Sequanici.	Sous les ordres de l'honorable duc de la province Séquanaise.
Milites Latavienses, Olinone.	Les Latavienses, campés à Olons, près Châlons-sur-Saône.

Olino se trouve figurée dans la Notice par un grand édifice [1], tel que celui qui est consacré aux villes considérables : aussi Valois voulait-il substituer *Vesontio* à *Olino*. Plusieurs savans ont adopté la conjecture de Rhenanus [2], qui prétend que ce lieu est Holé, près de Bâle, où l'on a découvert quelques antiquités, et qu'une tradition populaire veut avoir été la demeure d'un roi. Il nous paraît plus probable que ces *Latavienses* étaient placés à Olons, près Châlons-sur-Saône, et que l'édifice de la Notice représente *Cabillonum*.

[1] *Notitia*, edit. Pancirol. Lugd., p. 173. — Edit. Genev., tom. II, p. 135. — Edit. Labbe, sect. 60, p. 113.
[2] Beatus Rhenanus *Rer. German.*, lib. I, p. 14. — Schœpflini, *Alsatia illustrata*, tom. I, p. 197. — D'Anville, *Notice de la Gaule*, p. 503.

PARTIE III, CHAP. VI.

Sub dispositione viri spectabilis ducis tractus Armoricani et Nervicani [1].	Sous les ordres de l'honorable duc de la division Armoricaine et Nervicane.
Tribunus cohortis primæ Novæ Armoricæ, Grannone in littore saxonico.	Le tribun de la première cohorte de la Nouvelle-Armorique (la Bretagne), sur le rivage où est Brest, et dans les environs de la forêt de Grannon.
Præfectus militum carronensium, Blabia.	Le commandant des soldats carronenses, à Blaye, sur la Garonne.
— *Maurorum venetorum, Venetis.*	— des Maures vénètes, à Vannes.
— *militum maurorum osismiacorum, Osismiis.*	— des soldats maures osismiens, à Saint-Pol-de-Léon.
— *militum superventorum* [2], *Mannatias.*	— des chasseurs, à Matignon.
— *Martensium,* — *Aleto.*	— des soldats de Mars, à Alet (près Saint-Malo).
— *primæ Flaviæ,* — *Constantia.*	— de la première légion Flavienne, à Coutances.
— *ursariensium,* — *Rothomago.*	— des soldats ursarienses, à Rouen.
— *Dalmatarum,* — *Abrincatis.*	— des Dalmates, à Avranches.
— *Grannonensium,* — *Grannone.*	— des Grannonenses, à Granville.

A la suite de ce détail des lieux où résidaient des troupes, dans le *tractus Armoricanus et Nervicanus*, il est écrit :

[1] *Notitia*, edit. Pancirol. Lugd., p. 174. — Genev., tom. II, p. 137. — Labbe, sect. 81, p. 113 et 114.

[2] Ceux qui désireraient connaître l'exacte signification de cette dénomination *de milites superventores* peuvent consulter Vegetius, lib. III, cap. 19. — Amm. Marcellinus, lib. XIX.

« *Extenditur tamen tractus Armoricani et Ner-
« vicani limitis per provincias quinque;*

« *Per Aquitanicam primam et secundam, Seno-
« niam, secundam Lugdunensem et tertiam.* »

C'est-à-dire, la division qui forme le commandement Armorique et Nervicain renferme cinq provinces, qui sont :

1. L'Aquitaine première;
2. L'Aquitaine seconde;
3. La Lyonnaise quatrième, ou Sénonaise;
4. La Lyonnaise seconde;
5. La Lyonnaise troisième.

On voit par-là que cette grande division était une vaste circonscription qui comprenait toute la Gaule occidentale, située en général entre la Garonne et la Seine, et cette partie de la chaîne des montagnes des Cévennes qui se dirige du nord au sud. On a prétendu qu'il y avait ici erreur dans la Notice, parce que, sur les cinq provinces, il y en avait deux dans l'intérieur, ce qui ne pouvait convenir, dit-on, à un commandement maritime, et que d'ailleurs la Belgique seconde, où se trouvaient les *Nervii*, n'y était point mentionnée. Ce qui a trompé tous les modernes à cet égard, c'est qu'ils n'ont point observé que les *Nervii* n'étaient nullement compris dans le *tractus Armoricanus et Nervicanus*. Ce qui le prouve c'est que la Notice, dans le détail des lieux renfermés dans cette division, n'en indique aucun qui ne soit placé sur les côtes des provinces qu'elles a mentionnées comme en faisant partie, et que, d'un autre côté, elle établit dans la Belgique seconde un commandement militaire particulier et distinct de celui du *tractus Armoricanus et Nervicanus* : donc les *Nervii*, peuple de la Belgique seconde, ne faisaient point partie du commandement Armoricain et Nervien.

D'un autre côté, nous lisons dans la Chronique de l'évêque Idace [1] qu'en 463 Frédéric, frère de Théodoric, roi des Goths, fut tué dans l'Armorique, *in Armoricana provincia;* or nous savons par Marius [2], évêque d'Avranches, que la bataille où ce prince perdit la vie fut donnée près d'Orléans, entre la Loire et le Loiret, c'est-à-dire dans la Lyonnaise quatrième ou dans la Sénonie, et dans le centre de la Gaule. Voilà donc une preuve de l'exactitude de la Notice, et que le commandement Armoricain s'étendait dans l'intérieur : si ce commandement fut aussi appelé *Nervicanus* ou *Nervien*, c'est qu'antérieurement à cette division, tout le rivage nord de la Gaule avait pris le nom de *Nervicanus* ou de *Belgicanus ;* et lorsque les Saxons y multiplièrent leurs incursions, on le désigna sous le nom de *Saxonicus*, qui me paraît synonyme de *Nervicanus*. Toute la côte ouest jusqu'au cap de La Hogue, extrémité du pays des *Unelli*, fut nommée *Armoricanus*. Alors, pour désigner la petite portion des côtes de la Lyonnaise seconde, comprise dans le commandement Armoricain qui s'étendait depuis le cap de La Hogue jusqu'aux limites du territoire des *Caleti*, faisant

---

[1] *Idatii Chronicon.— Recueil des Hist. de France*, tom. I, p. 622 et 623.

[2] *Marii Aventici Chronicum*, ad ann. 463. — *Recueil des Hist. de France*, tom. II, p. 13, B.

partie du *Nervicanum* ou *Saxonicum littus,* on ajouta le nom de *Nervicanus* à celui d'*Armoricanus*, afin de ne laisser aucune prise à l'ambiguité; mais dans l'usage ordinaire on ne se servait guère que de ce dernier nom, ainsi que nous le voyons par nos annalistes, qui parlent souvent du commandement Armoricain, des villes Armoricaines, et jamais du commandement Nervien et des villes Nerviennes.

Nous voyons dans Pline [1] que le pays nommé Aquitaine avait été primitivement connu sous le nom d'Armorique, probablement à l'époque où les Phéniciens et les Grecs avaient seulement commencé la découverte des côtes occidentales de la Gaule. Mais César et Hirtius Pansa désignent généralement sous le nom d'Armoriques les peuples situés entre la Garonne et la Seine, et les réduisent au nombre de six; ils en distinguent formellement les *Nervii*, les *Morini*, et autres peuples des côtes septentrionales de la Gaule [2] : ce qui s'accorde avec la division établie par la Notice. Cependant César et Hirtius Pansa, conformément à l'usage primitif du mot Armorique, nous avertissent que tous les peuples qu'ils mentionnent sous ce nom sont situés sur les bords de la mer : aussi les *Lemovices armorici*, dont il est fait mention dans César, sont évidemment différens, ainsi que je l'ai démontré, des *Lemovices* de l'intérieur. Mais ce n'est point par erreur, comme

---

[1] Plin., lib. IV, cap. 31 (17), tom. II, p. 356, edit. Lemaire : « Aquitanica, Aremorica antea dicta. »

[2] Cesar, *de Bello gallico*, lib. v, cap. 53; lib. vii, cap. 75, tom. I, p. 225, 378, édit. de Lem. César, énumérant les nations de la Gaule, nomme les Nervii et les Morini avec les autres, et il passe ensuite à ceux qu'il appelle Armorici.

l'a cru Valois, et uniquement pour avoir lu dans le texte de César les *Lemovices* au nombre des peuples de l'Armorique, que saint Ouen, dans la Vie de saint Éloi, et Flodoard [1], en parlant de saint Basile, nomment les *Lemovices* de l'intérieur comme un peuple de l'Armorique : c'est qu'à l'époque où écrivaient saint Ouen et Flodoard l'ancienne division indiquée par la Notice, qui met l'Aquitaine première, et par conséquent les *Lemovices*, dans l'Armorique, ou dans le *tractus Armoricanus*, subsistait encore. C'est pour avoir rejeté le témoignage positif de la Notice de l'Empire, et pour avoir méconnu les limites de cette grande division de l'Armorique, que des hommes très savans, tels que Valois et autres, ont supposé dans nos premiers annalistes et dans plusieurs auteurs du moyen âge des erreurs qui n'y sont pas. La Chronique d'Idace, pour l'année 463, nous apprend que Frédéric, frère de Théodoric, roi des Goths, fut tué *in Armoricana provincia*, et nous savons par Marius, évêque d'Avenche, que ce prince perdit la vie près d'Orléans, *juxta Aurelianis;* donc Orléans était à cette époque dans l'Armorique [2].

Ausone met les *Baiocasses* dans l'Armorique [3] : dans un autre endroit il désigne la mer qui baigne

---

[1] Idatii et Marii *Chronic.*, dans le *Recueil des Hist. de France*, tom. 1, p. 622; tom. 11, p. 13.

[2] Audœnus, *Vita S. Eligii.* — Fodoardus, *Hist. eccles. rem.*, lib. 11. — Valesii *Notitia*, p. 269.

[3] Au sujet du rhéteur Attius.... *Doctor potentum rhetorum,*

Tu Bajocassis stirpe Druidarum satos.

et dans le Carmen 10, sur les Professeurs de Bordeaux, il dit du même : *Stirpe satus Druidum, gentis Armoricæ.* — Auson., *Com-*

les côtes des *Santones* et des *Pictones* sous le nom de *mer Armorique* [1]. Le moine Jonas, dans la Vie de saint Columban, met *Constantia*, Coutances, au nombre des cités de l'Armorique [2]. Le moine Gervasius [3] appelle la Bretagne *Armoricana;* et cette province ayant par la suite exclusivement conservé ce nom, plusieurs auteurs modernes ont cru à tort qu'à elle seule appartenait le nom ancien d'*Armorique;* mais Bernard, évêque de Lodève, même dans le commencement du XIVe siècle, appelle encore Armorique toute la province ecclésiastique de Tours. Dans une lettre synodique adressée aux habitans de Vannes par Perpétue, évêque de Tours, en 465, au nom de tous les évêques de la province Armoricaine, on remarque, outre la signature des évêques de la province de Tours, celle des évêques de la province de Rouen, c'est-à-dire de la Lyonnaise seconde, que la Notice comprend dans l'Armorique. D'un autre côté, aucun auteur ancien, ou du moyen âge, ne cite de peuples ou de villes, dans l'Armorique ou dans le *tractus Armoricanus et Nervicanus*, situés hors des limites des cinq provinces indiquées par la Notice. Ainsi la Notice se trouve d'accord avec tous les monumens historiques qui la précèdent et qui la suivent, qui tous confirment son exactitude. J'en rapporterai cependant encore une dernière preuve. J'ai déjà remarqué que

---

memor. profess. carm. 4 et 10, p. 139 et 150, edit. *ad usum Delph.*, in-4°.

[1] *Epistola* 13.
[2] *Valesii Notitia*, p. 43.
[3] *Ibid.*, p. 44. — Conférez *Recueil des Hist. de France*, tom. III, p. 449, 463, 552, 681.

les lieux mentionnés dans la Notice sont situés entre les embouchures de la Garonne et de la Seine, et l'on sait que, dès le temps de César, la Seine était regardée comme traçant, en général, la limite des Belges et des Celtes, quoique les *Caletes* et les *Veliocasses*, peuples de la Celtique, et ensuite de la Lyonnaise seconde, et par conséquent de l'Armorique, dépassassent un peu cette limite. C'est par cette raison que Erric, dans le livre v^e de la Vie de saint Germain [1], en prodiguant des injures aux Armoricains, dit qu'ils sont situés entre deux fleuves très connus, c'est-à-dire entre la Garonne et la Loire :

> *Gens inter geminos notissima clauditur amnes,*
> *Armoricana prius veteri cognomine dicta,*
> *Torva, ferox, ventosa, procax, incauta, rebellis,* etc.

En général, sauf la partie qui se trouve à l'orient, ou est voisine de la chaîne des montagnes qui trace la limite du bassin occidental de la Saône, c'est-à-dire sauf les *Ædui* et les *Sequani*, cette division de l'Armorique était l'ancienne Celtique de César rétablie.

Mais à quelle époque cette division a-t-elle été faite? je pense que sa première origine est antérieure même à Constantin, et qu'on commença à la former sous Dioclétien. En effet, nous voyons qu'en 286, Dioclétien donna à Carausius, qui se trouvait à Boulogne, le soin de nettoyer la mer des pirates francs et saxons qui pour lors infestaient les côtes du commandement Armorique et Belgique, *per tractum Belgicæ et Armoricæ* [2]. Ceci nous expli-

---

[1] Valesii *Notitia Galliarum*, p. 43.
[2] Eutrop., lib. ix, cap. 21 : « Carausius.... cum apud Bononiam

que pourquoi toute cette côte fut appelée *Saxonicus littus*, et la Notice nous apprend par quelle raison ce commandement ne comprenait point, au temps où elle fut dressée, toutes les côtes occidentales et septentrionales comme au temps de Dioclétien : c'est qu'à cause de la fréquente invasion des Barbares par mer et par terre, on créa une division particulière pour la Belgique seconde, et que le duc qui la commandait avait aussi des flottes stationnées sous ses ordres. L'ancien commandement maritime n'en conserva pas moins l'ancien nom de *Nervicanus*, quoique les *Nervii* n'y fussent plus compris. Toutefois on doit observer que, dans les manuscrits de la Notice, les figures des enseignes du commandement de cette division portent seulement : *Notitia dux tractus Armoricani ejusque insignia* [1].

Aussi une des erreurs les plus considérables qu'a occasionées cette partie de la Notice, mal entendue, a été de prolonger, contre toute raison, le territoire des *Nervii*, et de méconnaître les limites des *Menapii* : ce qui a brouillé, ainsi que je l'ai prouvé précédemment, toute cette partie de la géographie ancienne.

Disons actuellement un mot sur chacun des lieux situés sur la côte où se tenaient en station les vaisseaux et les troupes de ce vaste commandement.

Blabia ou *Blavia*, Blaye, sur la Garonne. La position de ce lieu, dont il est aussi fait mention dans

---

« per tractum Belgicæ et Armoricæ pacandum mare accepisset, quod
« Franci et Saxones infestabant. » — P. 709, edit. Tzschuck; p. 462,
edit. Verheyk.

[1] *Notit. dignit.*, p. 174, edit. Pancirol., Lugd., ou p. 136, edit. Pancirol., Genev.

Ausone, est démontrée par les mesures de la route ancienne qui va de *Burdigala* à *Mediolanum,* Saintes, dont on trouve le détail dans l'Itinéraire et dans la Table¹. Ausone en parle comme d'un poste militaire², et nos premiers annalistes, Grégoire de Tours, Aimoin, l'Appendix de la Chronique de Frédégaire, les Annales de Metz³, s'accordent avec la Notice et avec Ausone, et désignent toujours ce lieu comme une citadelle ou un lieu fortifié, en l'appelant *castrum Blavium,* ou *castrum Blaviam.* Valois, et après lui d'Anville⁴, ont donc eu tort de vouloir rapporter ce lieu de la Notice à Blavet, dans la Bretagne, qui est un lieu moderne et dont il n'est question dans aucun monument de l'antiquité. Le nom de la rivière Blavet, appelée en latin *Blavetum flumen,* est mentionné pour la première fois dans un titre du vi⁰ siècle, à l'occasion de saint Gildas, premier abbé de Ruis, mort en 570, et qui construisit un oratoire à l'endroit de la chapelle qui se trouve sous l'invocation de saint Gildas, et près de la fontaine que l'on voit dans la presqu'île de Gavre. Sur la rive opposée, dans le lieu où est actuellement Port-Louis, il n'y avait encore, en 1486, qu'un petit hameau nommé Loc-Péran, lieu de pierre⁵. Cette erreur de Valois et

---

¹ Voyez l'*Analyse des Itinéraires romains*, tom. III de cet ouvrage.

²   *Aut iteratarum qua glarea trita viarum,*
    Fert militarem ad Blaviam. . . . . .
             Auson., Epist., x, 16, p. 464.

³ Gregor. Turon., in *Libro confessor.* — Aimoin., *Gesta Franc.* — *Annal. Met.* — Fredeg., *Chron. contin.* Dans le *Recueil des Hist. de France*, tom. II, p. 455, 560, 574, 668, 684.

⁴ D'Anville, *Notice de la Gaule*, p. 164, et Valesii *Notitia*, p. 89.

⁵ La Sauvagère, *Recherches sur l'ancienne Blabia des Romains,*

de d'Anville provient de la fausse idée qu'ils s'étaient faite de la véritable signification de *tractus Armoricanus*, et de l'étendue du commandement ainsi désigné.

Grannona, Gray, près du havre de Bernière, et *Grannonum*, à Granville. Je m'accorde entièrement avec d'Anville[1] pour distinguer ces deux lieux, ainsi que pour l'emplacement qu'on doit leur assigner. La position du dernier n'est fondée que sur une ressemblance entre les noms anciens et les noms modernes, qui déjà avait frappé Sanson. Quant à *Grannona*, comme il est ajouté à ce nom dans la Notice *in littore Saxonico*, on a observé qu'il y avait des Saxons établis sur la côte voisine de Bayeux, qui y subsistaient encore au temps de Grégoire de Tours[2]. Cet historien en fait mention sous le nom des *Baiocassini Saxones*, dont le nom s'est conservé dans celui de Saintes de Bayeux, près de Gray et du havre de Bernière : les antiquités trouvées dans ce dernier lieu[3] donnent encore une nouvelle force à cette conjecture.

La mention faite, par la Notice, de la capitale des *Osismii*, confirme, par le rang qu'elle occupe, la position que nous avons assignée à cette ville ancienne. Quant au lieu nommé *Mannatias*, on en ignore la position ; ce qui a porté à substituer le nom

dans le *Recueil d'antiquités de la Gaule* ; Paris, in-4°, 1710, p. 293 à 326. — Voyez encore Alta-Serra, *Rer. Aquitanic.*, p. 54.

[1] D'Anville, *Notic.*, p. 359 et 360.

[2] Gregor. Turon., *Hist.*, lib. v, cap. 27, et lib. x, cap. 9. — S. Gregor., *Epist.*, cap. 80. — Fortun., lib. iii, carm. 9.

[3] Caylus, *Ant.*, tom. v, p. 113, Pl. 512. — De Caumont, *Cours d'Ant. monum.*, tom. ii, p. 80. — *Recueil des Hist. de France*, tom. ii, p. 250, 368-397.

de *Namnetas*, sans qu'on y soit autorisé par aucun manuscrit, qui tous portent *Mannatias*, et l'ordre conservé par la Notice porte ce lieu sur la côte de Saint-Brieux, probablement à Matignon. *Aleto*, Alet, est mentionné ici pour la première fois ; ce lieu est devenu siége épiscopal. Dans le xiie siècle, ce siége fut transféré dans l'île d'Aaron ou Saint-Malo ; l'ancien emplacement d'Alet, sur une pointe de terre près de la ville de Saint-Servan, est appelé dans le pays Guich-Alet [1]. Les positions des autres lieux ont été suffisamment démontrées précédemment.

Sub dispositione viri spectabilis ducis Belgicæ secundæ [2].	Sous les ordres de l'honorable duc de la Belgique seconde.
Præfectus Dalmatæ, Marcis, in littore saxonico.	Le préfet des Dalmates, à Mardick, sur le rivage saxon.
Præfectus classis Sambricæ, in loco Quartensi sive Hornensi [3].	Le préfet de la flotte sur la Sambre, dans le lieu nommé Quart (au midi de Bavay), ou à Hargnies.
Tribunus militum Nerviorum, portu Æpatiaci.	Le tribun du corps des Nerviens, à l'ancien port de Scarphaut, non loin d'Ald-Borg.

[1] Il y a même dans le diocèse de Saint-Malo un archidiaconé que l'on nomme aujourd'hui Poulet, et qui tire son nom de *pagus Aletensis*, parce qu'en Bretagne le nom de *pagus* est remplacé par celui de *Pou*. — Voyez d'Anville, *Notitia*, p. 51.

[2] *Notitia*, edit. Pancirol : Lugdun., p. 174 ; Genevæ, 1623, part. ii, p. 139. — Edit. Labbe, sect. 62, p. 115.

[3] Sur le passage de la route romaine : on y trouve des antiquités romaines. Voyez Bast., *Recueil d'Antiquités*, p. 290, édit. in-4°. — En 1777, il a été trouvé une sorte de borne milliaire près de Quart, avec une inscription qui nous apprend qu'elle fut posée par Vipsanius Agrippa, préfet des flottes, proconsul de la *Nervie* et gouverneur de la Gaule belgique, l'an 12 avant la naissance de Jésus-Christ (Bast, *Recueil d'antiquités romaines et gauloises*,

On a formé diverses conjectures sur *Marcis*; mais il me semble que la route romaine tracée par la Table de Peutinger jusqu'à *castellum Menapiorum*, ou Cassel, et dont on a suivi ensuite les vestiges jusqu'à Mardick, porte dans ce dernier lieu le *Marcis* de la Notice. Cette position me paraît préférable à celle de Merk ou Mark, à quelque distance de la mer, entre Calais et Gravelines, indiquée par Valois et par d'Anville. D'Anville met avec raison *Quartensis* à Quart, sur la route romaine, et juste à quatre milles romains de distance de *Bagacum*, Bavay, sur les bords de la Sambre, près Pont-sur-Sambre. La position de *Hornensis* est plus difficile à déterminer : il y a beaucoup de lieux nommés Horn dans les Pays-Bas; mais comme celui du chef-lieu du comté de Horn, qui ne date que du XIIIe siècle, ces lieux ne sont pas sur la Sambre, ni dans les limites de la seconde Belgique : d'Anville [1] place *Hornensis* au confluent d'une petite rivière qui se jette dans la Meuse, et qu'on nomme Heur ou Hour; mais, d'après sa propre Carte, ce lieu n'est pas même renfermé dans les limites de la Belgique seconde. Je préfère de beaucoup la conjecture de Wastelain, qui place *Hornensis* à Hargnies, tout près de Quart.

second supplément, p. 48; Gand, in-4°, 1813). — *Mém. de l'Acad. de Bruxelles*, tom. v, *Hist. de l'Acad.*, p. xxxix et suiv. — *Item*, des Roches, *Hist. ancienne des Pays-Bas*, in-4°, p. 508.

[1] D'Anville, *Notice*, p. 373. — M. Henri, dans son *Essai sur Boulogne*, p. 81, veut rapporter le *classis Sambricæ* à Sombres, petit village près de Wissant, et *Hornensis*, à la pointe d'Hornez, dans la baie de Quanches; mais il suffit d'observer que ce lieu est dans le commandement Armoricain et non dans la Belgique seconde.

PARTIE III, CHAP. VI. 441

On n'a aucune donnée pour déterminer avec certitude la position du *portus Æpatiaci* : d'Anville [1] le place, avec quelque degré de vraisemblance, à Scarphaut non loin d'Ald-Borg, détruit en 1334. — On voit, par la flotte stationnée à Quart, près de Bavay, que le duc de la seconde Belgique résidait habituellement dans cette capitale des *Nervii* : ce qui prouve bien que ces peuples ne faisaient point partie du *tractus Armoricanus et Nervicanus*; et on conçoit facilement comment il a pu, dans un tel état de choses, exister un régiment de Nerviens stationné dans un des ports les plus voisins de ce peuple, sans que ce port et la côte où il se trouvait situé fussent sous la juridiction des conservateurs des limites.

Sub dispositione ducis primæ Germaniæ [2].	Sous les ordres du duc de la Germanie première.

Je mets ici le duc de la Germanie, pour montrer la gradation des rangs et l'ordre géographique; car ce duc est indiqué dans la Notice comme sous les ordres du généralissime de l'infanterie, ainsi que nous l'allons voir dans un instant; mais dans les Gaules ces deux commandemens se trouvaient réunis : de là les répétitions qu'on observe dans la Notice. Ce duc des limites de la Germanie première, dont les attributions étaient différentes de celles du duc de Mayence, étendait sa juridiction dans la Germanie seconde, dont il était le chef militaire [3]. On

---

[1] D'Anville, *Notice*, p. 529.
[2] *Notitia dignit.*, edit. Pancirol, Lugdun., p. 115; edit. Labbe, §. 34, p. 58.
[3] Il n'y a donc pas lieu à corriger le texte de la Notice, ni à penser

ne peut pas dire qu'à l'époque où fut dressée la Notice, la Germanie seconde était au pouvoir des Barbares : la preuve qu'elle était encore intacte, c'est qu'on trouve dans la Notice un corps de Lætes stationné à Tongres. *Præfectus Lætorum lagensium, prope Tungros Germaniæ secundæ.*

Sub dispositione viri spectabilis ducis Mogontiacensis [1].	*Sous les ordres de l'honorable duc de Mayence.*
Præfectus militum Pacensium, — Saletione.	Le préfet de la légion de la paix, à Seltz.
— *Menapiorum, — Tabernis.*	— des Ménapiens, à Rhein-Zabern.
— *Anderecianorum, — Vico Julio.*	— des Anderecians à Gemersheim.
— *Vindicum, — Nemetes.*	— des Vindics, à Spire.
— *Martensium, — Alta Ripa.*	— des Martenses, à Alt-Rip.
— *secundæ Flaviæ, — Vangiones.*	— Flavienne seconde, à Worms.
— *Armigerorum, — Mogontiaco.*	— des Belliqueux, à Mayence.
— *Bingensium, — Bingio.*	— des Bingenois, à Bingen.
— *Balistariorum, — Bodo-Briga.*	— des Balistaires, à Boppart.
Præfectus militum Defensorum, — Confluentibus.	Le préfet de la légion des défenseurs, à Coblentz.
— *Acincensium, — Antonaco.*	— des Acinois, à Andernach.

On voit que ces lieux sont mentionnés dans un ordre parfaitement géographique, et qu'à partir de

qu'il y a, dans cet endroit de ce texte, une omission, comme le prétendait le savant Dubos, *Hist. de l'établiss. de la Mon. franç.*, tom. I, p. 101, édit. in-12.

[1] *Notitia*, edit. Pancirol : Lugd., p. 78 et 79 ; Genev., p. 145 — Edit. Labbe, sect. 64, p. 119. — *Recueil des Hist. de France*, tom. I, p. 128.

Saletione, Seltz [1], limite du *tractus Argentoratensis,* ce commandement militaire s'étendait sur la rive du Rhin jusqu'à Andernach. On voit aussi clairement, comme je l'ai remarqué précédemment, pourquoi on enleva aux *Treviri* cette portion de leur territoire qui avoisine le Rhin, pour la joindre à la Germanie supérieure ou première, qui se trouvait ainsi partagée en deux commandemens militaires : *tractus Moguntiacus* et *tractus Argentoratus.*

Si on excepte *vicus Julius* et *Alta Ripa,* tous les autres lieux sont mentionnés dans l'Itinéraire d'Antonin et dans la Table de Peutinger, sur la route romaine qui suivait les bords du Rhin, entre *Argentoratum,* Strasbourg, et *colonia Agrippina,* Cologne [2]; et les mesures de cette route déterminent exactement ces positions. La convenance de localité, et les antiquités trouvées à Gemersheim, situé entre Zabern et Spire, y ont depuis long-temps fait placer le *vicus Julius* de la Notice [3]; quant à *Alta Ripa,* ce lieu conserve encore son nom dans celui de Altrip. On trouve dans le Code Théodosien une loi de l'an 369, adressée par Valentinien au préfet des Gaules, et datée d'*Alta Ripa,* Altrip; celle d'ensuite est datée de *Brisiaci,* le *Mons-Brisiacus* de l'Itinéraire, ou Vieux-Brisach : ce qui prouve que ce fut dans cette année 369 que Valentinien fit

---

[1] Le *Saletione* de la Table; *Saliso,* dans Ammien Marcellin. Le Rhin, en se portant à l'ouest, a couvert une partie de cet ancien lieu. — Voyez Schœpflin, *Alsatia illustr.*, tom. I, p. 228. — D'Anville, *Notic.*, p. 567.

[2] Voyez l'*Analyse des Itinéraires romains,* t. III de cet ouvrage.

[3] Cluverius, *German.*, lib. II, cap. 12, p. 45. — Cellarius, *Geogr.*, tom. I, lib. II, cap. 3, p. 310. — Schœpflin, p. 231.

construire sur les bords du Rhin ces forts, dont il est question dans Ammien Marcellin [1].

Sub dispositione viri spectabilis comitis Argentorentensis [2].	Sous les ordres de l'honorable comte de Strasbourg.
Tractus Argentoratensis.	Le district de Strasbourg.

La Notice ne donne point le détail des lieux renfermés dans cette division, qui comprenait tout le territoire des *Triboci* : peut-être n'y avait-il d'autres troupes que celles qui étaient stationnées à Strasbourg même : les autres lieux, tels qu'*Elcebus,* Elle, *Argentovaria,* Artzenheim, et *Brocomagus,* Brumat, dont il est question dans les Itinéraires, se trouvent beaucoup plus éloignés du Rhin que ceux de la division précédente. Schœpflin démontre assez bien que le comte de Strasbourg n'était point soumis à la juridiction du duc de la Séquanaise ni à celle du duc de Mayence, mais que, comme comte des limites, son rang était égal au leur [3].

2. Du généralissime de l'infanterie.

Non seulement les empereurs de l'Occident séparèrent le pouvoir civil du pouvoir militaire dans le gouvernement des provinces; mais, par la même raison, ils voulurent encore diviser le pouvoir mi-

---

[1] *Codex Theodosianus*, tom. IV, p. 282, et tom. II, p. 242. Toutes les autres de la même année sont datées de Trèves; il y en a une datée d'Alteio, qui est probablement Eltz ou Altzheim, près de Trèves. — Voyez Gothofr., tom. III, p. 408, et *Recueil des Hist. de France*, tom. I, p. 754.

[2] *Notitia*, edit. Pancirol., 1608, p. 162; edit. 1623, part. II, p. 115. — Edit. Labbe, sect. 53, p. 100.

[3] Schœpflin, *Alsatia illustrata,* cap. 2, sect. 55, p. 309.

litaire entre deux chefs égaux par le rang : cela ne se pouvait qu'en temps de paix; et dans les Gaules, qui étaient continuellement menacées et envahies par les Barbares, cela était tout-à-fait impossible. Aussi les chefs militaires des Gaules paraissent-ils avoir réuni les deux titres. C'est probablement par cette raison que l'on voit certaines dignités, telles que celles de duc de l'Armorique, de la Belgique seconde, de Mayence, de Strasbourg, de la Séquanaise, répétées deux fois.

Sub dispositione viri illustris magistri peditum præsentalis [1].	Sous les ordres de l'illustre maître des fantassins présens.
Comites tractus Argentoratensis.	Le comte de la division de Strasbourg.
Duces limitum infra scriptorum :	Les ducs des limites, savoir :
Dux Belgicæ secundæ;	Le duc de la Belgique seconde;
— *Germaniæ primæ;*	— de la Germanie première;
— *Mogontiacensis.*	— de Mayence.

Tous ces commandemens, ainsi que nous l'avons observé, sont les mêmes que ceux dont on trouve le détail dans ce qui concerne le généralissime de la cavalerie. Il semblerait, d'après l'ordre adopté ici par la Notice, que le comte de Strasbourg, seul comte des limites dans la Gaule, surpassait par le rang les ducs des limites. Serait-ce parce qu'il commandait des soldats présens, sorte de troupe choisie, comme était notre garde impériale?

Il y a, dans les diverses éditions de Pancirol, *Se-*

---

[1] *Notitia*, edit. Pancirol : Lugd., p. 126 et 127; Genev., p. 27 et 33. — Edit. Labbe, sect. 38, p. 64.

quanici Armoricani sur une seule ligne[1], avant *Belgicæ secundæ*. Labbe a retranché ces mots de son édition sans en prévenir, et même sans les indiquer dans les variantes. Il est vrai que, dans le titre général des ducs des limites pour tout l'empire romain, la Notice n'en indique que dix, et que ces deux en porteraient le nombre à douze; et nous avons vu d'ailleurs que ceux-ci étaient sous le commandement du maître de la cavalerie; mais ils se trouvent, dans certains manuscrits, récapitulés de nouveau, pour compléter la liste de ceux qui, dans la Gaule, avaient le titre de duc, et peut-être aussi pour indiquer qu'ils joignaient à leurs autres titres celui de duc des limites, pour eux secondaire.

Præpositure magistri militum præsentalium a parte peditum.	*Sous le commandement du maître des soldats présens dans la division de l'infanterie.*
1. In provincia Gallia ripariensi[2].	*Dans la province dite Gaule riveraine.*
Præfectus classis fluminis Rhodani, Viennæ sive Arelati.	Le préfet de la flotte sur le Rhône, à Vienne ou à Arles.
Præfectus classis Barcariorum, Ebreduni Sapaudiæ.	Le préfet de la flotte des Barcariens, à Iverdun en Savoie.
Præfectus militum Musculariorum, Massiliæ Græcorum.	Le préfet des sapeurs, à Marseille des Grecs.
Præfectus cohortis primæ Flaviæ, Sapaudiæ Calarone.	Le préfet de la cohorte Flavienne première, à Grenoble en Savoie.

Ceci nous fait connaître une division intéressante

---

[1] Conférez *Notitia dignit.*, §. 38, p. 65, édit. Labbe, et p. 126 et 127, édit. de Pancirol; Lugd., 1608.

[2] *Notitia*, edit. Pancirol., Lugdun., p. 179; Genevæ, p. 147. — Edit. Labbe., sect. 65, p. 121.

qui, depuis Marseille, s'étendait sur tout le cours du Rhône, dans la contrée située à l'orient de ce fleuve, et qui se prolongeait au nord jusqu'à Iverdun. Nous voyons que le commandant de la flotte se tenait tantôt à Vienne, tantôt à Arles, et qu'il avait une seconde flotte sur le lac de Neuchâtel, qui communiquait avec le Rhin par l'Aar, et avec le Rhône et le lac de Genève par la rivière d'Orbe et la Venoge. Il y a plusieurs inscriptions qui font mention du corps des nautonniers du Rhône [1] : ce corps est évidemment celui qui faisait le service de ces flottes dont il est question dans la Notice.

Nous voyons aussi paraître ici pour la première fois le nom de *Sapaudia*, qui, ainsi que je l'ai observé, désignait toute l'Allobrogie et une partie de l'Helvétie, jusqu'à *Ebredunum*; la position de ce dernier lieu à Iverdun est démontrée par les stations d'une route ancienne dont la table nous fournit les mesures [2]. Nous avons vu aussi précédemment qu'il en était question dans la Notice des provinces, sous le nom de castrum *Ebredunense*. J'ai démontré précédemment la position de *Cularo* à Grenoble.

2. In provincia Novempopulana [3].   2. Dans la province Novempopulane.

Tribunus cohortis Novempopu-   Le tribun de la cohorte de
lance, Lapurdo.   Novempopulane, à Bayonne.

[1] Gruter, *Inscript.*, p. 418, n° 3, et p. 471, n° 9.
[2] Voyez l'*Analyse des Itinéraires*, tom. III de cet ouvrage. — Au-delà d'Iverdun on a trouvé une colonne milliaire qui marquait vingt-un milles, à l'égard d'Avenche, ce qui n'est pas une raison pour corriger la Table, ainsi qu'a fait d'Anville, p. 284. — Voyez Durandi, *dell' Antico stato d'Italia*, p. 23.
[3] *Notitia*, edit. Pancirol : Lugdun., p. 179; Genev., p. 147. Edit. Labbe, sect. 65, p. 121.

Cet endroit de la Notice est le premier monument historique où il soit fait mention de *Lapurdum*, qui est Bayonne. Sidoine Apollinaire parle des *locustæ Lapurdenses*¹, qui sont les langoustes, et Grégoire de Tours fait mention de *Lapurdum*, dans l'accord fait entre les rois Childebert et Gontran². Cette ville a pris depuis le nom de *Bajona*³, qui en langue basque signifie port; mais, ainsi que nous l'avons observé, le nom de Labourd est resté au pays.

3. In provincia Lugdunensi prima.	3. *Dans la province dite la Lyonnaise première.*
Præfectus classis Araricæ, Caballoduno.	Le préfet de la flotte de la Saône, à Châlons-sur-Saône.

Il est aussi question, dans plusieurs inscriptions, du corps des nautonniers de la Saône⁴ ; ce sont ceux qui faisaient le service de cette flotte, et l'on voit, par ces inscriptions, qu'ils se réunissaient souvent avec ceux du Rhône et de la Loire. — Dès le temps d'Ammien Marcellin, l'Arar avait pris le nom de *Sauconna*, d'où est venu celui de Saône : *Ararim quem Sauconnam appellant*, dit cet historien⁵.

---

¹ Sidonius Apollinaris, lib. VIII, *Epist.* 12. — *Recueil des Hist. de France*, tom. I, p. 81.

² Gregorius Turon., lib. IX, cap. 20. — *Rec. des Hist. de France*, tom. II, p. 344.

³ Oihenarti *Notitia Vasconiæ*, p. 401, 539, 540, 541 et 542.

⁴ Gruter, p. 471, n° 9, p. 485, n° 9, et 418, n° 3.

⁵ Ammian. Marcell., lib. XV, cap. 11, p. 107, edit. Vales., 1681, in-folio.

In provincia Lugdunensi, Senonia [1].	Dans la province Lyonnaise, Sénonaise.
Præfectus classis Anderetianorum, Parisiis.	Le préfet de la flotte d'Anderesis, à Paris.
Præfectus Lætorum Teutonicianorum, Carnunto, Senoniæ Lugdunensis.	Le préfet des Lætes Teutons, à Chartres, dans la province Sénonaise ou Lyonnaise.

Cette partie de la Notice qui nous indique une flotte en station à Paris est d'autant plus intéressante qu'elle se trouve confirmée par une inscription qui porte *nautæ Parisiaci*, et qui a été bien souvent rapportée [2]. — J'adopte l'ingénieuse conjecture de d'Anville [3], que le surnom d'*Anderetiani*, donné aux mariniers de la flotte de Paris, provient du nom d'Andrezy, village avantageusement situé au-dessous de la jonction de l'Oise avec la Seine. D'autres ont pensé, avec quelque degré de vraisemblance, que c'est Andrezy qui a tiré son nom du séjour des nautonniers de la flotte de Paris nommés *Andereciani*, d'*Anderitum*, Anterrieux, capitale des *Gabali* [4]. — Au lieu de *Carnunto*, il faut lire *Carnuto* dans la Notice.

---

[1] *Notitia*, edit. Pancirol, 1623, p. 147. — Labbe, sect. 65, p. 121.

[2] Muratori, *Inscript.*, tom. II, p. 1066, n° 5, et p. 1067, n°ˢ 1, 2 et 3. — Sur d'autres antiquités trouvées à Paris, voyez Caylus, tom. III, Pl. 106 à 112, et p. 389 à 409; et *Académ. des Inscript.*, *Hist.*, tom. III, p. 242.

[3] D'Anville, *Notice*, p. 427. — Lebeuf (*Hist. du diocèse de Paris*, tom. IV, p. 153) rapporte cette opinion à Lancelot, dont il cite seulement le manuscrit.

[4] Lebeuf, *Hist. du diocèse de Paris*, tom. IV, p. 153.

In provincia Lugdunensi secunda.

Præfectus Lætorum Batavorum et gentilium Suevorum, Bajocas et Constantiæ, Lugdunensis secundæ.

Dans la seconde Lyonnaise.

Le préfet des Lætes Bataves et des Suèves, à Bayeux et à Coutances, dans la Lyonnaise seconde.

Cet endroit de la Notice est celui où il est fait mention pour la première fois de Coutances, car nous avons déjà observé que c'était à tort qu'on voulait appliquer à cette ville ce qui est dit des *castra Constantia*, dans Ammien Marcellin, au sujet de l'expédition de Constance dans l'île de Bretagne, qui eut lieu l'an 296, avant J.-C.¹, c'est-à-dire plus d'un siècle avant l'époque où la Notice fut dressée.

In provincia Lugdunensi tertia ².

Præfectus Lætorum gentilium, Suevorum, Cenomannos, Lugdunensis tertiæ.

Præfectus Lætorum Francorum, Redonas, Lugdunensis tertiæ.

In provincia Belgica prima.

Præfectus Lætorum lingonensium, per diversa dispersorum Belgicæ primæ.

Præfectus Lætorum Actorum, Epuso, Belgicæ primæ.

Dans la Lyonnaise troisième.

Le préfet des Lætes bataves et de la légion des Suèves gentils, au Mans, dans la Lyonnaise troisième.

Le préfet des Lætes Francs, à Rennes, dans la troisième Lyonnaise.

Dans la Belgique première.

Le préfet des Lætes langrois, dispersés dans divers lieux de la Belgique première.

Le préfet des Lætes Astores³, à Yvoy, dans la Belgique première.

¹ *Notitia dignit.*, edit. Pancirol.; Lugd., p. 179. — Edit. Labbe, §. 63, p. 122. — Voyez Eum. *Panegyricus in Constantium*, cap. 15, et ci-dessus, p. 352.

² *Notitia*, edit. Pancirol. : Lugd., p. 179; edit. Genev., p. 147. — Edit. Labbe, §. 65, p. 122.

³ Pancirol (edit. Lugd., p. 181), corrige *Astorum*, et avec raison, selon nous.

Epusum est évidemment l'*Epoïssum* de l'Itinéraire d'Antonin [1], et la position de ce lieu à Yvoy, aujourd'hui Carignan, sur les limites de la Belgique première, est démontrée par les mesures de la route qui conduisait de *Durocotorum*, Reims, à *Augusta Trevirorum*, Trèves.

In provincia Belgica secunda [2].	Dans la Belgique seconde.
Præfectus Lætorum Nerviorum, Fano-Martis, Belgicæ secundæ.	Le préfet des Lætes Nerviens, à Fammars, dans la Belgique seconde.
Præfectus Lætorum Batavorum nemetacensium, Atrebatis, Belgicæ secundæ.	Le préfet des Lætes Bataves artésiens, à Arras, dans la Belgique seconde.
Præfectus Lætorum Batavorum Contraginensium, Noviomago, Belgicæ secundæ.	Le préfet des Lætes Bataves de Condren, à Noyon, dans la Belgique seconde.
Præfectus Lætorum gentilium, Remos et Sylvanectas, Belgicæ secundæ.	Le préfet des Lætes gentils, à Reims et à Senlis, dans la Belgique seconde.

Nous voyons ici dans ces mots, *nemetacensium, Atrebatis*, le nom primitif de la capitale des *Atrebates* (*Nemetacum*), employé comme un surnom de peuple, et le nom même des *Atrebates*, servant à désigner la capitale de ce peuple, suivant l'usage de ce temps.

Le surnom de *Contraginenses* vient de *Contra-Aginnum*, lieu dont il est fait mention dans l'Itinéraire d'Antonin [3]. Je ne nie pas, ainsi que le dit

---

[1] Voyez l'*Analyse des Itinéraires romains*, tom. III de cet ouvrage. — Wesseling, p. 366.

[2] *Notitia*, edit. Pancirol.; Lugd., p. 179, et Genev., p. 147. — Edit. Labbe, §. 65, p. 122. Au lieu de *Fanomantis*, lisez *Fano-Martis*.

[3] Voyez Wesseling, p. 379, et l'*Analyse des Itinéraires*, tom. III de cet ouvrage.

d'Anville[1], que Condren n'ait tiré son nom de *Contra Aginensum;* mais l'exactitude des mesures démontre que *Contraginum* était situé à environ deux milles romains au-delà de Condren, du côté de Soissons, à Amigny-Rouy.

Ce n'est que dans la Notice qu'il est question de *Fano-Martis;* mais la ressemblance du nom de ce lieu avec celui de Famars, les antiquités qu'on a trouvées à Famars[2], et enfin le nom de *pagus Fanomartensis,* dont Famars était le chef-lieu dans le moyen âge, ne laissent aucun doute sur l'identité de position entre le lieu ancien et le lieu moderne, qui est environ à deux mille toises au sud de Valenciennes. Le *pagus Fanomartensis,* ou le canton de Famars, était distingué du Hainaut dès le milieu du VIIe siècle; il était renfermé entre l'Escaut, le Cambrésis, la Fagne et le Hainaut[3]. L'historien Éginhard[4], les diplômes des rois francs[5] et les anciens titres[6] font mention de Valenciennes, de Solèmes, de Maroilles près de Landrecies, et de Fichau près d'Avènes, comme situés *in pago Fanomartensi.* Folquin, qui écrivait

---

[1] D'Anville, *Notice,* p. 244.

[2] On n'en a touvé aucune à Fan, à 11 milles de Valenciennes, où Cluverius, *Germania antiqua,* lib. II, cap. 22, p. 433, veut placer Fano-Martis.

[3] J. Desroches, *Mém. sur les dix-sept provinces des Pays-Bas et la principauté de Liége,* p. 43

[4] *De Transl., SS. Mart., Petri et Marc.*

[5] Un diplôme du roi Lothaire, de l'an 850. — *Dipl. Belg.,* lib. II, cap. 9. — Un diplôme de Childebert, de l'an 705. — *Dipl. Belg.,* lib. II, cap. 5.

[6] Donation de saint Humbert, de l'an 667. — Voyez *Cod. Don. Pior.,* cap. 5.

dans le xe siècle, nous apprend que, de son temps, *pagus Fanomartensis* était synonyme de Hainaut [1].

In provincia Germania secunda.	Dans la Germanie seconde.
Præfectus Lætorum Lagensium [2], *prope Tungros, Germaniæ secundæ.*	Le préfet des Lætes de Luaige, à Tongres, dans la Germanie seconde [3].
In provincia Aquitania prima.	Dans l'Aquitaine première.
Præfectus Lætorum gentilium Suevorum, Arvernos, Aquitaniæ primæ [4].	Le préfet des Lætes gentils Suèves, à Clermont, dans l'Aquitaine première.
In Gallia.	Corps de Sarmates répandus dans toute la Gaule.
Præfectus Sarmatorum et Taifalorum gentilium, Pictavis, in Gallia.	Le préfet des Sarmates et de la légion des gentils du pays de Tiffauge, à Poitiers, dans la Gaule ;
Præfectus Gentilium à Chora, Parisios usque.	Le préfet de la légion des Gentils, depuis la Ville-Auxerre, près Saint-Moré, jusqu'à Paris.
Præfectus Sarmatorum gentilium, inter Remos et Ambianos, provinciæ Belgicæ secundæ.	Le préfet des Sarmates gentils, entre Reims et Amiens, dans la Belgique seconde.

[1] Fulcuinus, *de Gestis Abbat. Lobiens.*, apud d'Achery, *in Spicil.*, tom. II, p. 731. — Voyez aussi *Description de l'ancienne ville de Famars, Fanum-Martis* dans Bast, *Second supplément ou Recueil d'antiquités gauloises trouvées dans la Flandre proprement dite*, p. 151.

[2] *Lagum* est Luaiges, sur la rivière de Jare ou Jecker, où le père Boucher a vu d'anciennes constructions romaines. (Bucherius, *Belg. rom.*, p. 473 et 492.) — *Notitia*, edit. Pancirol., p. 179. — Edit. Labbe, §. 65, p. 123.

[3] *Notitia dignit. imper. occident.*, edit. Pancirol., Lugd., p. 179 ; Genev., p. 147. — Edit. Labbe, sect. 65, p. 123.

[4] *Notitia dignit.*, edit. Pancirol., p. 179. — Edit. Labbe, §. 65, p. 124.

Præfectus Sarmatorum gentilium, *per tractum Segalaunorum*.	Le préfet des Sarmates gentils, dans le diocèse de Valence.
Præfectus Sarmatorum gentilium, *Lingonas*.	Le préfet des Sarmates gentils, à Langres.
Præfectus Sarmatorum gentilium, *Augustodunum*.	Le préfet des Sarmates gentils, à Autun.

Les *Teifali* sont mentionnés par Ammien Marcellin et par l'historien Zosime [1], qui nous apprend qu'ils sont Scythes d'origine. La légion des *Sarmates Taïfali*, dans les environs de Poitiers, forma une peuplade particulière qui y subsista long-temps sans se mêler avec les habitans, et le canton qu'elle habitait fut nommé *Taïfali;* ce nom a duré jusqu'à nos jours dans celui de Tiffauges. Grégoire fait plusieurs fois mention du peuple et du canton [2] : il faut donc, sur une carte de la Gaule ancienne, inscrire les *Taïfali*, aux environs de la ville moderne de Tiffauges dans l'ancien Poitou, actuellement dans le département de la Vendée, et à trois lieues deux tiers à l'est de Montaigne.

J'ai déjà observé que Pasumot, d'après des titres et des monumens historiques, avait démontré la position de *Chora* aux ruines de l'ancien lieu nommé

---

[1] « Adeo quidem ut Thaifalis natione scythica. » — Voyez sur les Taïfali, Pancirol in *Notit. imper. orient.*, edit. 1623, p. 58. — Adrien de Valois, *Notit. Galliar.*, 543. — Dubos, *Hist. critique de la Monarchie française*, tom. I, p. 284, et tom. IV, p. 196 et 197, édit. in-12.
[2] Gregorius Turon., *Hist.*, lib. IV, cap. 18; lib. V, cap. 7. — Recueil des Hist. de France, tom. II, p. 212, D, et p. 237, D. — Ibid, *de Vitis patrum*, cap. 15. « Igitur beatus Senoch, genere « Theifalus Pictavi pagi quem Theïfaliam vocant, oriundus fuit. » Voyez encore Glaber Rodolfus, lib. V.

la Ville-Auxerre vis-à-vis Saint-Moré[1] : on plaçait à tort auparavant ce lieu à Cravan ou à Cure.

Du maître des manufactures d'armes.

Sub dispositione viri illustris magistri officiorum [1].	Sous les ordres de l'illustre maître des manufactures d'armes.
Fabricæ in Galliis VIII.	Les manufactures d'armes sont au nombre de huit dans les Gaules.
Argentoratensis, — *armorum omnium;*	Manufactures de toutes sortes d'armes, — à Strasbourg;
Matisconensis, — *sagittaria;*	— d'arcs et de flèches, — à Mâcon;
Augustodunensis, loricaria;	— de cuirasses loricaires, — à Autun;
Suessoniensis, — *scutaria, balistaria, clibanaria;*	— de boucliers, de balistes, de cuirasses clibanaires, — à Soissons;
Remensis, — *spatharia;*	— d'épées larges, ou sabres spatules, — à Reims;
Triberorum, — *spatharia et balistaria;*	— de sabres et de balistes, — à Trèves;
Ambianensis, — *spatharia et scutaria.*	— de sabres et de boucliers, à Amiens.

Dans la Notice, *Triberorum* se trouve répété deux fois, ainsi :

1. *Triberorum spatharia.*
2. *Triberorum balistaria.*

D'après cela, il semblerait que *Suessoniensis* devrait

---

[1] Pasumot, *Mém. géogr. sur quelques antiquités de la Gaule*, p. 57. — Voyez Lebeuf, *Hist. d'Auxerre*, tom. I, p. 116. — *Acad. des Inscript.*, tom. I. — Jonas de Bobio, *de Vita sancti Columbani*, cap. 22. — *Annales Benedict.*, secul. IV, tom. II, lib. I, *sub finem;* lib. II, *ineunte.* — Edit. Pancirol, p. 60. — Labbe, sect. 41, p. 81.

[2] Pancirol., edit. Lugdun., p. 138; edit. Genev., p. 60. — Edit. Labbe, sect. 41, p. 81.

être répété trois fois, et *Ambianensis* deux fois; cette variation est due à un caprice, ou à une erreur, de copistes.

J'observerai qu'il y avait cette différence entre la *lorica* et le *clibanus*, que la première sorte de cuirasse était composée d'anneaux de fer ou de parties détachées, et répondait à ce qu'on appelait cotte de mailles, avant l'invention des armes à feu; au lieu que *clibanus* était une cuirasse formée par un seul morceau de fer solide qui couvrait le corps comme un vaste bouclier[1]. Ces deux sortes d'armures, exigeant un travail tout différent, ne se fabriquaient pas dans les mêmes manufactures. Tout le monde sait que la baliste était une machine à lancer des pierres. Les *sagittaria* fabriquaient probablement aussi des arcs : car nous ne voyons pas que, dans la Notice, il soit question d'*arcuaria* ou de fabricateurs d'arcs pour le vicariat d'Italie, tandis qu'il est parlé des *sagittaria*.

[1] Voyez Facciolati, *Totius latinitatis Lexicon*, tom. i, p. 479, et tom. ii, p. 733.

CHAPITRE VII.

De la Gaule cisalpine au commencement du second siècle de l'ère chrétienne. — Détails géographiques donnés par l'inscription gravée sur cuivre, nommée Table alimentaire véléiane, dite de Trajan.

Plusieurs auteurs ont voulu attribuer à Trajan une partie des changemens qu'on observe dans les divisions des provinces romaines après Dioclétien et Constantin; leur opinion est destituée de preuves, et n'est qu'une conjecture sans aucune base. Mais un monument du temps de cet empereur rompt, en quelque sorte, le long silence de l'histoire relativement à la géographie de la Gaule cisalpine, et nous donne quelques notions précieuses sur la topographie de cette contrée. C'est une inscription qui est au nombre des plus longues et des plus intéressantes de toutes celles qu'on a découvertes jusqu'à ce jour : cette inscription nous initie en quelque sorte dans les subdivisions les plus minutieuses d'une grande partie de la Ligurie et de la Gaule cispadane, et même dans le partage des propriétés particulières.

Elle contient deux [1] obligations de deux sortes :

---

[1] Cette inscription a été trouvée, en 1747, dans les environs de Macinesso, à 18 milles de Plaisance, dans le torrent de Chero ; les morceaux en furent réunis par Rocca et Roncovieri ; Muratori en publia, en 1749, une explication intitulée : *Esposizione dell' insigne Tavola di Firenze*, in-8°, qui a été imprimée de nouveau dans le tom. III de ses œuvres; Arezzo, 1767. — Maffei, dans son *Museum Veronense*, 1746, a aussi donné cette inscription. — Masdeu l'a donnée et commentée dans son *Historia critica de España*, tom. v, p. 129 à 270 ; — enfin, Pitarelli a fait paraître son explication, qui sert de base à notre travail; elle est intitulée :

la première est un don d'un million quarante mille sesterces, la seconde de soixante et douze mille sesterces. Le donateur de la première de ces sommes est anonyme ; celui de la seconde est *Cornelius Gallicanus*, Cornelius le Gaulois. Ces deux actes, revêtus de l'approbation de l'empereur Trajan, vers l'an 104 de J.-C.[1], ont pour objet de fournir des alimens à des enfans pauvres. Ils contiennent la désignation des fonds engagés, et sur lesquels se trouvaient hypothéquées les sommes destinées à cette œuvre de charité, les noms des *pagi* et des *vici*, c'est-à-dire des cantons et des communes où se trouvent les fonds, et les noms de ceux qui en étaient propriétaires. En ne considérant cette inscription que relativement à l'objet qui nous occupe, nous voyons que tous les biens fonds qui s'y trouvent désignés étaient partagés entre cinq cités ou districts : les Véléiens, les Placentins, les Liburnéens, les Parméens et les Lucquois. Nous avons déjà déterminé l'emplacement de ces différens peuples et districts

---

Della Tavola alimentaria di Trajano spiegazione, etc., in-4°; Torino, 1760, p. 262. — Depuis, il a paru un autre ouvrage où l'auteur, P. Lama, s'est attaché à reproduire cette inscription avec plus de correction, mais sans chercher à donner aucune interprétation géographique ; cet ouvrage est intitulé : *Tavola alimentaria Velejate detta Trajana, restituita alla sua vera lezione da Pietro de Lama, prefetto del Ducal Museo, con alcune osservazioni del medesimo; in Parma*, 1819.

[1] Trajan a commencé à prendre le surnom de *Dacicus* vers l'an 103, après son premier triomphe sur les Daces. Pendant cette année et la suivante il paraît avoir résidé à Rome, et s'y être occupé de divers objets d'administration. En l'an 106 il triompha de nouveau des Daces, et réunit la Dacie à l'empire romain ; mais il partit presque aussitôt pour faire la guerre aux Parthes. — Conférez Mannert, *Res Trajani imperatoris ad Danubium gestæ*, p. 41.

particuliers, et nous avons déjà observé que les positions de leurs chefs-lieux étaient prouvées par les mesures des Itinéraires.

Les *pagi*, communes ou cantons dépendans de ces cinq cités, qui se trouvent désignés dans la *Table alimentaire* (c'est ainsi que nous nommerons notre inscription), sont au nombre de trente-sept, et le nombre des *vici* ou villages mentionnés dans l'inscription ne sont qu'au nombre de sept, et tous désignés comme étant situés sur le territoire des *Velejates*. Un très grand nombre de biens fonds désignés par des noms particuliers sont mentionnés comme appartenant aux territoires de ces trente-sept *pagi* ou cantons. Les noms des biens fonds paraissent avoir été, dans beaucoup de cas, les mêmes que ceux des villages et autres petits endroits dont ils faisaient partie, et c'est de la réunion de ces villages et petits lieux qu'étaient composés les *pagi* ou cantons. Une recherche attentive et suivie, faite dans le pays, a dû faire découvrir un assez grand nombre de noms modernes presque semblables à ceux que mentionne la Table alimentaire [1]. De la multitude de ces noms presque identiques est résultée une présomption raisonnable de l'identité de la plupart des positions anciennes et modernes. La réunion de ces positions détermine ainsi l'emplacement, l'étendue et les limites de chacun des pays ou cantons sur lesquels les Itinéraires et les monumens géographiques de l'antiquité ne fournis-

---

[1] M. Pitarelli a commencé à développer cette idée en 1785, et publia en 1788 une petite brochure in-4°, intitulée : *Idea della spiegazione della Tavola alimentaria di Trajano*; Torino, 1788. — Son ouvrage a paru deux ans après, en 1790.

sent aucun renseignement; mais la réunion de ces *pagi* ou cantons ne détermine pas de même l'étendue et les limites des cantons, cités ou districts, auxquels on les attribue, ainsi que l'a cru le savant Pitarelli. Il résulterait en effet de ce système que le district des *Velejates* se serait étendu à la droite et à la gauche du Pô, depuis le mont Vésule jusqu'au lac Garda, et qu'il aurait renfermé les marquisats de Saluces, de Ceva, les provinces d'Alba, d'Acqui, d'Alexandrie, de Tortone, le Bobbièse, la Novarèse, le district de Pavie, le Brescian ; que les Placentins auraient étendu les limites de leur territoire dans le district de Verceil et les environs de Valenza, et peut-être même jusque dans les environs de Florence, en Toscane, ce qui contredit toutes les notions qui nous ont été transmises par les géographes, et tous les monumens de l'antiquité, sur les divisions de la Gaule cisalpine, et même sur les divisions de l'Italie en général. Il est bien plus naturel de penser que les Romains établirent à différentes époques des colonies à *Parma*, à *Placentia*, à *Luca*, à *Velleja* et à *Libarna*; qu'après la conquête de la Ligurie et de la Gaule cispadane, ils distribuèrent d'abord, suivant leur usage, aux nouveaux colons, une partie des terres des vaincus, et qu'à mesure qu'ils étendirent leurs conquêtes au-delà du Pô ils firent à ces mêmes colons, ou aux nouveaux qu'ils y transportèrent, de nouvelles distributions, afin de les intéresser à la défense des nouvelles conquêtes. Ce qui confirme cette conjecture, c'est que l'histoire nous apprend que Parme et Plaisance furent les premières colonies romaines dans la Gaule cisalpine, et pendant long-temps les seules : de là, est résulté

en faveur de ces colonies des enclaves ou des portions de territoire qui en dépendaient, et qui cependant se trouvaient situées dans les limites d'autres districts ou cités. Pour désigner avec moins de circonlocutions ces nombreuses enclaves, la Table alimentaire a fait figurer les diverses cités ou *pagi* où ces enclaves se trouvaient situées, comme des dépendances des colonies romaines qui en étaient propriétaires. On voit d'après cela que cette inscription ne peut fournir aucun document certain sur les grandes subdivisions de la Gaule cisalpine, et sur l'étendue et les limites de ses différens districts; mais elle nous fait connaître le nom et la situation d'un grand nombre de bourgs et chefs-lieux de cantons, qui ne nous sont point connus d'ailleurs ; elle nous instruit des territoires plus ou moins nombreux que les cités de Parme et de Plaisance, celle des *Vellejates,* des *Libarnenses* et des *Lucenses,* possédaient sur le territoire des autres cités. Ainsi, par exemple, ces mots : « *et obligare obsi-*
« *dianum Arrianum, qui est in Velleiate, pago Va-*
« *lerio,* » signifient que ce territoire d'Arrian situé dans le *pagus Valerius* ressortait des *Vellejates,* mais nullement que les *Vellejates* étendissent les limites de leur territoire jusque au-delà de Parme, où paraît avoir été situé le *pagus Valerius* [1].

Après cette explication préalable, nous allons of-

---

[1] Ce qui démontre encore mieux la vérité de cette explication, c'est que la Table alimentaire attribue quelquefois un même pagus à deux peuples ou districts différens. Ainsi on y trouve « Fundum « Antonianum in Velleiate pagis Venerio; fundum Cornelium, qui « est in Placentino pag. Venerio : » ce qui prouve que les *Vellejates* et les *Placentini* possédaient tous les deux des fonds de terre dans le pagus Venerius. — Voyez Pitarelli, p. 153.

frir un court extrait de ce qui nous a paru le moins incertain dans les recherches que M. Pitarelli a consignées dans son volumineux ouvrage, et nous disposerons cet extrait dans un ordre méthodique et conforme au but que nous nous proposons.

Les *pagi* mentionnés dans la Table alimentaire de Trajan se montent au nombre de trente-sept [1].

16 sont attribués aux *Vellejates*.
16 . — aux *Placentini*.
2 — aux *Parmenses*.
2 — aux *Libarnenses*.
1 — aux *Lucenses*.

Les *Lucenses* appartenant à la Toscane, semblent sortir des limites de notre sujet; mais ils y tiennent, puisqu'ils sont mentionnés dans cette inscription comme possédant des terres sur le territoire des *Vellejates*.

VELLEJATES.

Voici les noms des seize *pagi* dans le territoire desquels les *Vellejates* possédaient des fonds de terre.

1. *Albensis pagus*, città d'Alba [2].

J'ai déjà précédemment parlé de cette cité, et on peut consulter sur ce qui la concerne les inscriptions

---

[1] Conférez Lama, *Tavol. alim.*, indic. 3, p. 167, et Pitarelli, *Della celebratissima Tavola alimentaria di Trajano*, in-4°, 1790. — A la page 103 M. Pitarelli donne dix-sept pagi aux Vellejates, et à la page 35 il ne leur en donne que seize : cela provient de ce qu'on ignore si le *Bragontium pagus* appartenait aux Vellejates : même doute sur l'*Apollinaris*. J'ai suivi Lama pour ces nombres.

[2] Pitarelli, p. 107.

rapportées dans la dissertation de Durandi sur les villes de *Pedona*, de *Caburro* et de *Germanicia*.

Les fonds qui en dépendaient sont au nombre d'environ quarante et un.

Voici quelques uns des noms anciens avec les noms modernes correspondans :

Atilianus, Atii ; ce territoire est situé entre Alberetto Serravalle, et Bossolasco [1].
Bassilianus, Mombasilio.
Blondelia, mentionné comme *vicus in Albense Velleiate* dans l'inscription, mais dont la position est inconnue.
Cornelianus, di Cornigliano ; l'antiquité de la terre de Cornigliano se trouve attestée par d'anciennes chartes citées par Durandi [2].
Lætianus, di Lezegno.
Leucomelius saltus, di Lecquio d'Alba.
Lubello, mentionné comme *vicus in Albense Velleiate* sur l'inscription, Montelupo.
Munatianus, di Mulazzano.
Paternus, Perno, au midi d'Alba, à l'est de Cherasco.
Rodelius, Rodello.
Secenia vicus, mentionné comme *vicus in Albense Velleiate* sur l'inscription, il vico di Scinio.
Serranellianus, di Serravalle.
Valerianus, di Vaglierano, à l'occident d'Asti, et près de cette ville ; il en est fait mention dans une charte de l'an 899.

[1] Pitarelli, p. 181.
[2] Durandi, *Piemonte cispadano antico*, p. 291.

Vetulianus [1], *Vetutianus*, } della Vezza, au nord-ouest d'Alba, entre le Tanaro et le Borbore.
Virianus, Vicanianus, Varilie.
Virtianus, Lucanianus, di Verdun, au sud-ouest d'Alba.

On voit, d'après ces positions, que l'*Albensis pagus* renfermait le territoire moderne de la ville d'Alba et une partie de la province d'Asti. Alba avait le droit de ville latine, et était une ville considérable : elle avait reçu une colonie romaine, et appartenait à la tribu Camille [2].

2. *Ambitrebius pagus* [3].

Ce *pagus,* ainsi qu'il paraît d'après les fonds qui lui sont attribués, était situé entre Asti et Alexandrie, et divisé en deux par le Tanaro.

Parmi les fonds qui en dépendaient, se trouvaient :

Attianus saltus, di Azano, à la droite du Tanaro, dans le voisinage d'Asti.

Messianus, di Masio, à la droite du Tanaro, dans le voisinage du Tion, entre Asti et Alexandrie.

Metellianus, } di Migliandolo, dans le voisinage *Metilianus,* } d'Asti.

---

[1] Ils sont nommés dans l'inscription *Acutiani Vetuliani*. Voyez l'édit. de Lama, col. 4, ligne 26, p. 126, et ligne 51, *Vetulianus secundianus,* et non *Vetutianus,* comme il est dit dans l'Index de D. P. Lama, p. 188, qui contient une faute en cet endroit.

[2] Voyez Pitarelli, p. 104. — Durandi, *Delle antiche città di Pedona, Caburro e Germanicia,* p. 77. — Gruter, p. 214. — Cluverius, *Ital. antiq.,* lib. 1, p. 86. — Poggiali, *Storia Piacentina.*

[3] Pitarelli, p. 108.

Ovilia, Oviglio, à la droite du Tanaro, non loin de Redabuè dans le territoire d'Alexandrie; les habitans du pays appellent ce lieu *Ovii,* mais dans les titres il est nommé *Oviliæ* [1].

Paspidianus, \} di Piepasso, à la gauche du Tanaro
Passenianus, \} et à l'ouest d'Alexandrie.

Valeriana prædia, Poderi di Valio.

3. *Vagiennus* ou *Bagiennus pagus,* città di Bene [2].

Ce *pagus,* d'après les fonds qui lui sont attribués, s'étendait depuis le mont Vésule jusqu'au mont Zemolo, et de là jusqu'à l'Apennin; il était arrosé par le Pelice, le Pô, l'Uraïta, la Maïra, la Grana, la Stura, le Gesso, le Pesio et le Tanaro, et, dans une partie de son cours, par le Belbo. J'ai déjà dit qu'*Augusta Vagiennorum,* capitale des *Vagienni* ou *Bagienni,* était le lieu nommé città di Bene; le *Bagiennus pagus* de la Table alimentaire nous représente évidemment le territoire de cette ville, ou des *Vagienni* proprement dits : d'après l'interprétation que j'ai fait connaître plus haut, il ne s'ensuit pas que les *Vagienni* se trouvassent confondus avec les *Vellejates,* et renfermés seulement dans leurs limites, mais seulement que les *Vellejates* avaient des biens-

---

[1] Durandi, *Piemonte cispadano,* p. 290 et 291. *Ovilia* signifie une étable ou une clôture où l'on fait parquer des troupeaux, ce qui n'empêche pas que ce mot n'ait pu être un nom géographique. D. Lama (p. 20 et 40) a donc tort de reprocher à M. Pitarelli de vouloir le considérer ainsi. D. Lama ne s'est pas aperçu que c'est M. Durandi, et non M. Pitarelli, qui, le premier, a appliqué le nom de l'*Ovilia* de la Table alimentaire à Oviglio.

[2] Pitarelli, p. 110.

fonds situés sur le territoire des *Vagienni* ou dans le *pagus Vagiennus*.

Parmi les fonds qui dépendaient de ce *pagus*, on trouvait :

Albianus, di S.-Albano, entre la città di Bene, et Fossano.

Atilianus, Agliano.

Bivelius, Belvedere, au sud-est de Dogliani, appelé Bervei par les habitans.

Didianus, di Dogliani ? — Cependant Pitarelli avoue que ce lieu est nommé *Dulianum* ou *Dolianum* dans les chartes du moyen âge.

Ivanelius vicus, il vico di Lavelio, à l'ouest de Bra.

Minicianus, di Minusiglio. — On a trouvé dans ce lieu une inscription où la tribu Camilla se trouve mentionnée. Il a été trouvé aussi, dans un lieu nommé Mellia, une inscription qui constate l'existence des *Minicii* dans le *pagus Bagiennus* [1].

Atilianus Nitielius [2], la Niella di Bene, entre Bene et Ceva.

Vibianus, di Bibiana, au sud-ouest de Turin vers Lucerna.

Vibullianus, di Revello, où Pline indique le *forum Vibii* [3].

---

[1] Pitarelli, *Lettera al signor A. Car. Atan. Walckenaer, dell' Accademia delle Scienze di Torino.* — Torino, in-8°, 1810, p. 18 : brochure de 34 pages.

[2] L'inscription, col. 3, lig. 35, porte *Atilianus Nitielius*. L'Index de D. Lama, p. 172, porte à tort *Nitiolus*. M. Pitarelli ajoute à ce mot le surnom de *vicus*, qui ne se trouve pas dans l'inscription, et écrit à tort *Nitelius*.

[3] M. Pitarelli place dans ce *pagus Viamunus* Rocca di Vion, où

4. *Dianus pagus* [1].

Ce petit *pagus* s'étendait dans la partie occidentale du Placentin, et était arrosé par le Tidone, le Tidoncello et la Bardinezza.

Parmi les fonds qui lui sont attribués dans l'inscription, se trouvent :

Nævianus, di Nibiano, à la gauche du Tidone, mentionné dans une charte du xe siècle.

Taxtanulæ, di Tassara, à la gauche de la Bardinezza.

Tudinus, del Tidone (ponte).

Valerianus, di Valerenia, à la droite du Tidoncello et à l'orient de Nibiano.

5. *Domitius pagus* [2].

Ce *pagus* s'étendait assez irrégulièrement à la droite du Tanaro, où est Viano et Blangero ; Asti s'y trouvait compris.

Les fonds qu'on y remarque sont :

Claris, monte Chiaro, au nord-ouest d'Asti.

Cornelianus, di Corneliano, non loin d'Alba.

Hilvonus saltus, i boschi di Avuglione, entre Turin et Vernea, au nord-ouest de Villanova d'Asti.

Eborelia, Burio. — Ce lieu nous indique la posi-

l'on a trouvé une inscription portant *Vibius Veamonius, Iemmi Fil.*; mais le mot *Viamunus* ou *Veaminus,* ni autre semblable, ne se trouve pas dans la Table alimentaire, ni comme nom de lieu, ni comme nom d'homme.

[1] Pitarelli, p. 114.
[2] *Id.*, p. 116.

tion des *Eburiates* de Pline et de l'*Eporedia* des *Vagienni* de Paterculus. Burio est nommé *Eburlas*, au lieu d'*Euburia*, dans une ancienne charte rapportée par Ughelli [1].

Macatianus, di Magliano, Majan, à la gauche du Tanaro près de la ville d'Alba.

Messianus, Massé, à l'ouest de Villanova d'Asti.

Paternus, di Perno.

Petilianus, di Piea.

Rubacostus,
Rubacottius, } di Roatto, au nord-ouest d'Asti.

Scantiniacus, di Santena, au sud-est de Turin.

Soliceli colonia, di Sciolze, au nord-est de Turin.

Valerianus, di Valierano, à l'occident, et à peu de distance de la ville d'Alba : ce fonds se trouvait aussi en partie situé sur ce dernier *pagus*.

Vettutianus, della Vezza.

Virianus, di Varilie.

Volumnianus saltus, di Valminiè.

6. *Florejus pagus* [2].

Ce *pagus* s'étendait entre le mont Vésule et le duché de Mantoue; il occupait le Brescian, le Crémasque, et une partie du Milanais jusque vers la Lambro.

Dans le nombre des fonds qui sont attribués à ce *pagus* dans l'inscription, on remarque :

Calidiani, di Calignano, au nord de Cremo, entre l'Oglio et le Serio.

---

[1] Conférez Pitarelli, p. 210, et Durandi, *Piemonte cispadano antico*, p. 284.

[2] Pitarelli, p. 119.

Carveanianus, di Cavegnano, à l'orient di Orchi-Vecchii dans le Brescian.

Cassianus, di Cassiano, près des rives de l'Adda.

Cornelianus, di Cornegliana, au midi de Cassano et à la droite de l'Adda, au-dessus de Lodi.

Dellianus, di Dello, au nord de Crémone, sur la rive gauche de l'Oglio.

Ferramianus, di Farra, au midi de Bergame, et à la gauche de l'Adda.

Flavianus, di Fianello, à la droite du fleuve Mella, vers le confluent de l'Oglio : ce lieu est marqué dans la Carte du duché de Milan, par Giovanni Settala.

Petronianus, Pedergnano.

Marianus, di Mairano, au nord de Crémone, et à peu de distance de Dello et de Offraga.

Tricellianus, di Trecella, sur la rive gauche de l'Adda, entre Lodi et Bergame, à l'orient de Milan.

7. *Junonius pagus* [1].

Ce *pagus* comprenait les territoires de Tortone et des environs de Novi ; il s'étendait entre l'Orba et la Staffora : Tortone se trouvait au milieu.

Dans le grand nombre de fonds attribués à ce *pagus* dans l'inscription, sont :

Albonianus, *Alboneæ vicus* ou *plebs Alboneæ*, du moyen âge, aujourd'hui Vicobiano, à un mille du torrent de Rotorbio.

Arsuniacus, di S.-Arosio, au sud-est de Tortone, entre les torrens d'Ossona et de Grie.

[1] Pitarelli, p. 122.

Brætianus, di Berzano, à l'orient de Tortone, et à la droite du torrent de Cru.

Cassianus, di Cassano-Spinola, au midi de Tortone; ce lieu est nommé *Cassianum* dans une charte de l'an 896 [1].

Cornelianus, di Corniasco, au midi de Tortone, à la droite et à peu de distance de la Scrivia.

Egnatianus, di Nassano, ou riva di Nassano, lieux placés à la rive gauche de la Staffora, au midi de Voghera, et au nord-est de Tortone.

Julianus, di S. Giuliano, à l'ouest de Tortone, près de Marengo.

Manlianus Hostilianus, di Moliano, près de Vigozzolo.

Manlianus Storacianus, di Moliano vers Starezzano; ces deux lieux sont situés dans le district de Tortone, entre la Scrivia et le torrent de Curone, au sud-est de la ville.

Novianus, di Novi : ce fonds dérivait son nom de la ville à l'occident de Tortone, entre l'Orba et la Scrivia.

Statianus, di Stazzano, au midi de Tortone, et à la droite de la Scrivia.

Suigianus, di Suizan. Pitarelli [2] dit que Jacob Hondius, dans sa Description de l'Italie, fait mention d'un lieu nommé Suizan, qu'il n'a pu retrouver sur les cartes. Après une longue recherche, je n'ai pas été plus heureux que Pitarelli. Ce lieu, suivant Hondius, est dans le district de Tortone.

---

[1] Voyez Pitarelli, p. 197.
[2] *Ib.,* p. 256.

8. *Lureate pagus*[1].

Ce *pagus* paraît avoir été situé entre la Lambro et la Gogna, dans les environs de Milan, où l'on trouve Lurate et Basiano. L'inscription ne mentionne que deux fonds; un des deux est :

Blassianus, Bersano, à la gauche de l'Onsina.

9. *Medutius pagus*[2].

Ce *pagus* était situé à l'ouest de Bobbio, entre les rivières de Borbera et Curone; il était baigné en partie par la Staffora, et il s'étendait vers la Scrivia. On y remarque les fonds suivans :

Crædelius, di Credolo, sur les confins méridionaux de la province de Tortone, à la source du Curone.

Julianus, di S.-Giuletta.

Nævianus, di Nivione, au nord de Credolo, entre la Staffora et le Curone, au sud-est de Tortone, nommé *Nivionum* en latin.

Senianus, di Senzani, à la droite de la Staffora, et vers sa source, à l'orient de Credolo.

Valerianus, di Valera, près de Bobbio.

Varianus, di Vairano, à la gauche de la Borbera, dans l'ancienne province de Tortone.

Vippunianus, Vigoponzo, au nord-est de Tortone, entre les torrens de Borbera et de Curone.

---

[1] Pitarelli, p. 124.
[2] *Ib.*, p. 126.

10. *Salutaris pagus*[1].

Situé dans le bas Novarais, entre la Sesia, le Tésin et le Pô.

Parmi les fonds qui en dépendaient, on remarque :

Cotiasanus, di Cozzo, dans la Lumelline.

Geminiani, di Zeme, à la droite de la Gogna et de la Mortara.

Pisuniacus, di Pisnengo, dans le Novarais, à l'ouest de Novare.

Vecalenius, di Valeggio, à l'est de Lumello.

Virogæsius, di Vignarello, au sud-est de Novare.

11. *Salvius pagus*[2].

Ce *pagus* occupait une partie de la province moderne d'Acqui ; il s'étendait à l'occident des *Statielli*, vers les confins des *Bagienni* et du *pagus Alba*; il était borné par ceux d'*Ambitrebius* et de *Marzius*.

Les fonds qu'on y remarque sont :

Cæsiani, di Cesole.

Carigenus, del Caïro.

Ferrania colonia, Ferrania, abbaye située près de la Bormida orientale, dont les chartes remontent au XIe siècle.

Marianus, di Meïrano, à la gauche de la Bormida orientale, dans la province d'Acqui, nommé Camaraïna dans des chartes du Xe siècle.

Magimagiana colonia, il Mango.

---

[1] Pitarelli, p. 127.
[2] *Ib.*; p. 128.

Metilianus, Cortemiglia, mentionné sous le nom de Curte-Milia dans une charte du xe siècle.

Velleianus, di Valio, à la droite de la Bormida orientale.

12. *Statiellus pagus* [1].

Ce *pagus* était le district d'*Aquæ Statiellæ* ou d'Acqui. Il s'étendait vers le Tanaro; il était coupé par la Bormida, et baigné par la Belbo.

Parmi les fonds qui lui sont attribués, on remarque :

Betutianus, di Bestagno.
Lucilianus, di Lussi, au midi de la ville d'Acqui.
Vibianus, delle Vibie, au midi d'Acqui, sur les bords de la Bormida, et à la gauche du torrent de Ravanasco.
Undigenus, del piano d'Undici, au nord d'Acqui; cette plaine est mentionnée dans d'anciens titres.

13. *Valerius pagus* [2].

Ce *pagus* était situé entre les fleuves Taro et Enza, dans la partie méridionale de Parme.

On y remarque les fonds suivans :

Caruccia, di monte Chiarugolo, au sud-est de Parme, sur la rive gauche de l'Enza.
Luciliani, di Lucignano, au sud-est de Parme.

---

[1] Pitarelli, p. 130.

[2] *Ib.*, p. 132. Nous omettons le *Sulcus pagus*. La Table alimentaire ne lui donne qu'un seul fonds, et sa situation est inconnue. Le nom de ce fonds est *Nevidunus*.

14. *Vellejus pagus* [1].

Ce *pagus* était situé dans les environs de Nibbiano, vers les sources du Tidone, et au nombre de ses fonds étaient :

Satrianus, di Sarturana, entre le Tidone et la Trebbia.
Vettianus, di Vidiano.

PLACENTINI.

Voici les noms des *pagi* qui ressortaient des *Placentini*, et ceux des fonds qui leur appartenaient dont il est possible de conjecturer la situation.

2. *Cerealis pagus* [2].

Ce *pagus* était situé à l'entour de Ceriano, entre Plaisance et borgo San-Donnino.
Voici les fonds qu'on y remarque :

Antonianus, di Antognano, aux sources du fleuve Chiavenna. On y a trouvé une ancienne inscription.
Cornelianus, di Corniano, au nord-ouest de Ceriano.
Tirenteani, Tranrano, au midi de Ceriano, et au sud-est de Plaisance.

2. *Farraticanus pagus*.

Ottavio Rossi assure qu'une inscription trouvée à

[1] Pitarelli, p. 134.
[2] *Ib.*, p. 177. La position de l'*Apollinaris pagus* (p. 135), qui dépendait des Placentini, sur le territoire duquel la Table n'indique qu'un seul fonds, les *Vibulliani agelli*, est inconnue, ainsi que celle du *Briagontinus pagus*, auquel la Table attribue quatre fonds.

la terre de Pedegnana [1], nommée *Pederiana* en latin, près de l'Oglio, établit que *Farratica* était un *pagus* dépendant du territoire de *Brixia*, sur les confins du Crémonais; la terra di Farfengo paraît avoir été le centre de ce *pagus*, où la Table alimentaire n'indique qu'un seul canton, savoir :

Polionianus, di Polengo, dans le Crémonais.

3. *Herculanius pagus* [2].

Ce *pagus* s'étendait dans le territoire de Plaisance, arrosé par la Trebbia, la Nure et la Piacenza.

Parmi les fonds qui lui sont attribués, on distingue :

Ligusticus, di Ligurzano, au midi de Plaisance, et à la gauche de la Nura.

Marcilianus, di Marsola, près de Bobbio, au sud-est.

Marianus, di Majano, près de Saffignano, vers Plaisance, mais au midi de cette ville.

Matellianus, di Mittea, entre la Trebbia et la Nure, au sud-est de Bobbio; dans la Description du diocèse de Plaisance, par l'évêque Siga, ce lieu est nommé *Mitelia*.

Messianus, di Missano.

Mestrianus, Mistriano; ce lieu est au-dessus de Castel Arcuato, il est nommé *Mistriano*, dans les anciens titres, et l'abbaye de Tolla possédait un prieuré nommé *S.-Maria di Mistriano* [3].

---

[1] Pitarelli, p. 140, rapporte cette inscription; elle a été donnée aussi par beaucoup d'autres auteurs. — Conférez Holstenius, *Annot. in Ortelium*, p. 80.

[2] Pitarelli, p. 142.

[3] *Ib.*, p. 233.

Oclavianus, di Oltavello, au nord-est de Travi, entre la Trebbia et la Nure.

Pescennianus, di Pescarola.

Saffinianus, di Saffignano, au midi de Plaisance, entre la Trebbia et la Nure.

Sevonianus, di Sevino, à peu de distance de Plaisance, au midi, au-delà d'Ancarano.

Velleianus, di Viano, au midi de Plaisance.

Vicrianus, Vizzerano [1].

4. Pagus Julius.

Le centre de ce pagus est représenté par la terra di Giulio, qui est à gauche de la rivière de Parme. On y distingue les fonds suivans :

Littonianeus, della Latta, au sud de Parme.

Ucubatianus, di Cubinara, entre les rivières de Parme et de l'Enza.

5. Minervius pagus [2].

A l'entour de la villa di Travi, où l'on a découvert beaucoup d'inscriptions relatives à Minerve [3], à la gauche de la Trebbia.

Les fonds qu'on y remarque sont :

Cabardiacus, di Caverzago, à la gauche de la Trebbia, et dans le voisinage de Travi; c'est près de ce lieu que l'on a trouvé une inscription en l'honneur de *Minervæ Cabardiæ*.

Scrofulanus, di Scrivellano, à la gauche de la Trebbia, sous Travi, vers Statto ; il est ques-

---

[1] Pitarelli, *Addiz.*, p. 524.

[2] *Ib.*, p. 145.

[3] Pitarelli, p. 189 et 190. — Gruter en a publié une autre, *Minervæ Cabardiacensi*.

tion de ce lieu dès le xi⁰ siècle, dans l'histoire du diocèse de Plaisance.

Succonianus, di Cicogni, au nord de Bobbio, entre la Trebbia et le Tidone.

6. *Sinnensis pagus* [1].

Ce *pagus* s'étendait entre Lucques et Florence. La *terra di Signa*, nommée *curtus Sinna* dans un diplôme de l'empereur Bérenger, au commencement du x⁰ siècle, prouve incontestablement que ce lieu était le centre ou la capitale du *Sinnensis pagus*.

Dans le nombre de ses fonds, on y remarque :

Æriani, ponte di Era, sur la rivière de ce nom.
Calventianus, di Calenzano, au nord de Signa, à l'ouest, et à peu de distance de Florence.
Salvianus, di col Salvietto.
Titiolanus, di Tizzano, à la droite de l'Ombrone, entre Florence et Pistoja.

7. *Valentinus pagus* [2].

Ce *pagus* a dû tirer son nom de *forum Valentinum* ou Valenza. La Table alimentaire n'y indique qu'un seul fonds, nommé *Largonianus*. Pitarelli veut trouver entre ce nom ancien et le nom moderne de Mugarone quelque analogie : cette analogie est bien faible.

---

[1] Pitarelli, p. 147. — Nous supprimons ici le *Noviodunus pagus*, dont M. Pitarelli n'a pu indiquer la position que par une conjecture très vague, dans les environs de Fornovo, près du Taro. Les fonds qui en dépendaient sont : *Campianus* et *Statianus*. Voyez Lama, v, 71, 72, p. 122.

[2] Pitarelli, p. 151.

8. *Venerius pagus*[1].

Ce *pagus* était placé entre la Nure et la Chiavenna, en prenant depuis Vernosa; il touchait au *pagus Cerealis*.

Parmi les fonds de ce *pagus* se trouvaient :

Caturniacus, di Catursano.

Clennanus, à l'orient de Plaisance, est Chiavenna; la rivière d'où ce lieu a tiré son nom portait anciennement le nom de *Clena*.

Cornelianus, di Corniano.

Furianus, di Fulignano.

9. *Vercellensis pagus*, canton de Verceil [2].

Ce *pagus* est mentionné onze fois dans la Table alimentaire, et il est toujours attribué aux *Placentini*, ce qui démontre évidemment la vérité de l'explication que j'ai donnée; car il est impossible d'imaginer, avec quelque degré de vraisemblance, comme le fait M. Pitarelli, que Verceil, ville considérable située au nord du Pô, ait été renfermée avec toutes ses dépendances dans le territoire de *Placentia*, Plaisance, qui en est très éloignée, et est située au midi du Pô : au lieu qu'il est facile de concevoir que *Placentia*, où fut transportée la première colonie romaine dans la Cisalpine, reçut en partage une grande quantité de terre, lorsque la domination romaine s'étendit par les progrès de la conquête au nord du Pô, et que les *Libici*, dont Verceil était la capitale, eurent été obligés de se soumettre. D'a-

[1] Pitarelli, p. 153.
[2] *Ib.*, p. 190.

près le détail des fonds mentionnés dans le *Vercellensis pagus*, nous voyons qu'il étendait ses limites au midi du Pô et dans la province de Casale.

Voici les noms des fonds les plus remarquables :

Aconianus pagus, di Ogogna; ce lieu était nommé *Aconia* et *Agonia* dans le moyen âge.
Alfiamunatianus, d'Alfiano, dans le Montferrat, entre le Montechiaro et le Moncalvo.
Bæbianus, di Colobiano, au nord et dans le voisinage de Verceil.
Cæcilianus, di Asigliano, entre Trino et Verceil.
Cærellianus, di Cerretto, près de Mortara.
Calidiani, di Caliano, entre Asti et Casale.
Castricianus, di Castelletto.
Epicandrianus, di Candiliano, entre Biella et Salluzola.
Fabianus, di Fabiano, dans le voisinage de Casale, non loin de la Stura.
Flavianus, di Flevia, au nord de Mosso.
Lopistus, di Posta, à l'ouest de Borgosesia.
Marianus, di Camaïrano, entre Verceil et Novare.
Moschianus, di Mosso, dans le nord et sur les limites du val de Sesia.
Paternus, di Piarna.
Picianæ silvæ, le selve di Pizzana, au sud-est de Verceil.
Rosianus, di Rosignano, à la droite du Pô, dans le district de Casale.
Satrianus, di Sartirana, au nord de Valenza.
Vennulejanus, di Vignale, au sud de Casale.
Vitulianus, di S. Vito.

10. *Veronensis* ou *Verontensis pagus*, Varano [1].

Il ne faut pas confondre ce *pagus*, dont la situation est peu certaine, avec le territoire de la ville de Vérone ; la Table n'indique que trois fonds dans ce *pagus* : *Avillianus*, que Pitarelli rapporte à Vianino, sur la gauche du Zeno, au sud-ouest de Parme; *Plautianus*, di Piantano; *Solianus*, di Solignano : ce dernier lieu est à la gauche du Taro. Ces positions portent le *Veronensis pagus* dans les environs de *Varano*. Ughelli fait mention d'une charte du XI° siècle, où une paroisse du diocèse de Plaisance est nommé *Verrone*; mais on ignore la situation moderne de cette paroisse.

PARMENSES.

Aux *Parmenses* ou ceux de Parme appartenaient les *pagi* suivans :

Mercurialis pagus.

Ce *pagus* était au sud-ouest de Parme.
Les noms des fonds qu'on y remarque sont :

Arbistrianus, di Arbazzano, au midi de Parme, à la droite de la rivière de ce nom.

Putuanus, di Patuino, au midi de Parme, à l'ouest du mont Bello.

LIBARNENSES.

Aux *Libarnenses* appartenaient les *pagi* qui suivent :

1. Eboreus pagus.

Dans les environs de l'antique Libarna, dans le

[1] Pitarelli, p. 158.

voisinage de Serravalle, entre Tortone et Gênes;
la Table alimentaire n'indique qu'un fonds.

Caudajascus, di villa Calde o di val Calde.

Les *Caudajasci* sont mentionnés dans l'inscription comme ayant, avec les *Areliasci* (Revigliasco, nommé vulgairement Arviasch, près d'Asti), un droit de pâturage ou d'affouage dans les bois ou les prairies d'une partie des Apennins [1].

2. *Martius pagus* [2].

Ce *pagus* était situé dans le voisinage de Savone et de Noli, dans les environs de Culiano, qui est le *Culianus fundus*, l'unique fonds que la Table alimentaire nous indique.

3. *Moninates pagus* [3].

Ce pagus était situé dans le voisinage de Ceva, et était évidemment limitrophe du *Bagiennus pagus*, des *Vellejates*, puisque le *Blæsolia saltus* se trouve indiqué dans la Table alimentaire comme appartenant à la fois à ce *pagus* et aux *Moninates* : « *Saltum Blæsoliam qui est in Vellejate, pagis Bagiennos et Moninates.* » (Col. 7, lig. 45.)

Les fonds qu'on remarque dans ce *pagus* sont :

Blæsolia saltus, i boschi d'Ilia.

Cornelianus, di monte Cornio; ce lieu est appelé dans les actes de saint Dalmazzo, *mons Cornelia-*

---

[1] Conférez Lama, *Tavol. aliment.*, p. 34, et Pitarelli, p. 178.
[2] Voyez Jacopo Durandi, *Piemonte cispad.*, p. 87, et Pitarelli, p. 161 et p. 203.
[3] Pitarelli, p. 163.

nus, et dans des chartes du ixe et du xe siècle, *mons Cornius.*

Virtianus, di Versi, près de Noli.

LUCENSES.

Tite Live nous dit que le district des *Lucenses* ayant été enlevé aux *Liguri,* on y conduisit de Rome deux mille colons. Il est probable qu'ils reçurent alors des terres de l'un et de l'autre côté de l'Apennin; car la Table alimentaire nous apprend qu'ils avaient hypothéqué des biens qu'ils possédaient dans les *pagi* d'*Alba,* de *Florejus,* de *Medusius,* de *Minervius,* de *Salutaris,* de *Statiellus,* de *Valerius,* de *Vellejus ;* ce qui ajoute encore aux preuves nombreuses de l'explication que j'ai donnée de cette inscription. Elle n'indique aucun *pagus* particulier, relativement aux fonds appartenant aux *Lucenses ;* mais parmi les fonds dont elle fait mention, et qui en dépendaient, on remarque :

Bargæ, di Barga, au nord de Lucca, à la gauche du Serchio ; le *castrum de Bargha* est mentionné dans des actes du xiiie siècle, et le vicariat de Barga, dans le xive siècle, avait sous sa dépendance vingt-six lieux principaux.

Berusetis, di Berceto, aux sources de la Baganza, dans le district de Parme.

Betunias, Bistagno, dans le *pagus* des *Statielli.*

Biœlis, di Biliolo, dans le voisinage de la Magra.

Cæliana, di Cella, près du fleuve Baganza, au midi de Parme.

Dinium saltus et prædia, di Denia, sur la rivière orientale de Gênes, à l'est de Moneglia.

Læveli saltus prædiaque, di Levei, au midi de Macinesso, dans le Placentin, à peu de distance du chef-lieu des *Vellejates*, et par conséquent dans le *Vellejus pagus*.

Latavio saltus prædiaque, di Lavia, à la gauche de la Magra, au-dessus de Sarzana.

Mettiæ saltus prædiaque, Meja, entre Sarzana et Lerici [1].

Poptis saltus prædiaque, Alpe di Pobbia, à la droite de la source du Serchio, vers Carrara.

Tarboniæ saltus prædiaque, di Tribonia, près de Porto-Fino.

Tigulliæ saltus prædiaque, Trigosa; il est fait mention de *Tigulia* dans Mela, dans Pline, dans Ptolémée, comme d'une ville de la Ligurie, et l'Itinéraire maritime en détermine la position [2].

Varisio saltus prædiaque, au nord de Brugnetto dans l'Apennin, vers la source de la rivière Verra.

Vellanium saltus prædiaque, Vellano, à la gauche du ruisseau de Pescia, au nord-est de Lucques et du lac Bientina.

En parcourant la liste précédente avec attention, on a pu observer que la ressemblance des noms anciens et des noms modernes est souvent presque identique, et que la position des lieux qu'ils servent

---

[1] Pitarelli, p. 254.
[2] Voyez l'*Analyse des Itinéraires*, tom. III de cet ouvrage. — Ptolem., lib. III, cap. 1, p. 68 (61). — Mela, lib. II, cap. 4, p. 61, edit. Tzschuck. — Plin., lib. III, cap. 7, tom. II, p. 74, edit. Lem., et ci-dessus, tom. II, p. 107.

à désigner concorde avec cette ressemblance pour établir d'une manière précise l'emplacement des différens *pagi* dont il est fait mention dans l'inscription. Trop de facilité à faire des rapprochemens forcés pour étendre la concordance des noms anciens et des noms modernes, des conséquences erronées des résultats obtenus, qui blessaient certaines localités dans leurs vaniteuses prétentions, ont valu à M. Pitarelli des critiques acerbes et injustes qui n'ont pu lui ravir l'estime due à son utile travail.

Je dois, en terminant, observer que l'inscription désigne le territoire propre des *Vellejates*, des *Placentini* et des *Lucenses*, par le mot de *respublica*, qu'elle ajoute au nom de ces peuples : ce qui prouve encore la vérité de l'explication que j'ai donnée, et démontre que ces mots si souvent répétés *in Velleiate*, ne signifient point que tous les *pagi* attribués de cette manière aux *Vellejates* étaient situés dans l'étendue de leur territoire, mais seulement qu'ils leur appartenaient : peut-être même qu'ils ne servaient qu'à exprimer le droit de propriété des citoyens *Vellejates*, sur les fonds renfermés dans ces *pagi*. En un mot, *in Velleiate* est une sorte d'ellipse pour *in Velleiatorum potestate* [1].

[1] D. Lama, *Tavola alimentaria*; Parme, 1819, in-4°, p 42, 134, 135-137, 153 *et passim*.

CHAPITRE VIII.

De la Gaule cisalpine, depuis le règne de Trajan, ou l'an 117 de J.-C., jusqu'à la chute de l'empire romain en Occident, l'an 410.

Quoiqu'il ait été souvent impossible de déterminer l'année précise de quelques unes des divisions qui ont eu lieu dans la Gaule transalpine, cependant nous sommes parvenu à fixer à peu près l'époque où elles ont été faites, et les intervalles de temps durant lesquels elles ont été en usage.

Il n'en est pas de même de la Gaule italienne ou cisalpine : aussitôt après la conquête qui en fut faite par les Romains, les divisions dont il est question dans les auteurs sont plutôt des divisions naturelles ou chorographiques, que chaque écrivain établit pour la clarté du discours, que des divisions absolues, reconnues et décrétées par l'autorité, pour l'ordre de l'administration. Nous avons déjà observé que la division de l'Italie en onze régions, par Auguste, dont Pline nous a conservé le détail, n'était pas suivie par Strabon, et qu'elle paraît seulement avoir été faite pour donner plus de clarté à la description de l'Italie dont cet empereur était l'auteur. Il ne paraît pas que cette division ait occasioné aucun changement dans l'usage habituel; du moins on n'en retrouve plus de trace dans les écrits et les monumens de l'antiquité qui nous restent, et il n'en est absolument question que dans Pline.

Il n'est fait ensuite aucune mention de changemens dans les divisions de la Gaule cisalpine, si ce n'est après la translation de l'empire romain à Constantinople. Les diverses divisions qui la composent se trouvent dès lors désignées par des noms ou entièrement nouveaux, ou qui du moins avaient une tout autre signification que celle qu'on avait habitude de leur donner.

Ainsi la Gaule cispadane se trouve partagée entre trois provinces nommées : *Flaminia, Æmilia* et *Picenum;* et la Gaule transpadane, en deux provinces appelées : *Venetia et Istria,* et *Liguria.* De chaque côté du Pô, vers ses sources, tout le district montagneux qui forme la limite de l'Italie composa la province des *Alpes cottiæ* : enfin on réunit à l'Italie les Alpes qui sont au nord, et on en forma les deux provinces de *Rhætia prima* et *Rhætia secunda*. La Maurienne et le val de Suze paraissent avoir formé une petite province particulière, sous le nom d'*Alpes graiæ*.

On devine, plutôt qu'on ne prouve, l'époque de ces différentes divisions, ainsi que leur étendue et leurs limites respectives : sans entrer dans le détail des longues discussions qui ont eu lieu à ce sujet, nous exposerons l'opinion que nous nous sommes formée après la lecture attentive de tous les historiens anciens, et nous l'appuierons de quelques citations.

Le partage de l'empire romain en deux portions, orientale et occidentale, déjà commencé par Dioclétien et entièrement achevé par Constantin, produisit une nouvelle division en provinces, et ensuite en préfectures, diocèses, vicariats, etc. : on en trouve les élémens dans la Notice des dignités de l'Empire, dans le Code Théodosien, et dans le Livre des provinces de l'empire romain [1].

Ce dernier monument, qui est antérieur à la Notice des provinces de la Gaule transalpine, nous présente l'Italie divisée en dix-sept provinces; et la Gaule cisalpine, avec les Alpes qui la bornent, renferme les provinces suivantes :

Æmilia. — L'Æmilie, dont la capitale paraît avoir été *Placentia*, Plaisance, ou *Bononia*, Bologne ; mais à l'est du Bolonais, commençait la province nommée *Flaminia*. — L'*Æmilia* occupait toute cette portion de la Gaule cispadane qui était au midi du Pô, qui avait été autrefois habitée par les *Anamani* et les *Boii*, et avait formé la portion la plus occidentale de la huitième région d'Auguste. Le territoire de l'Æmilie répond aux divisions suivantes du moyen âge : portion du *ducatus Paviensis* au midi du Pô; le *gastaldatus*[2] *Placentinum*; le *gastaldatus Parmensis*; le *gastaldatus civitatis Novæ*; la partie orientale de l'exarchat de Ravenne, dans le

---

[1] *Libellus provinciarum Romanarum*, dans Gronovii *Varia geographica*, p. 25, et dans l'*Eutrope* de Verheyk, p. 761.

[2] Diverses ont été les étymologies données à ce mot de *gastaldus* ou *guastaltus*, pour désigner le chef ou possesseur d'un *gastaldatus* ou *guastaldatus*. Sous la domination lombarde *gastaldus* signifiait, dit-on, dans la langue des Lombards, un homme fort, digne de commander aux autres hommes, *custos hominum* (voyez *de Italia medii ævi dissertat.*, p. xxxix ; dans Muratori, *Rer. Ital. script.*, tom. i). D'autres font dériver *gastaldatus* du mot *gualdus*, qui ne signifie pas seulement un bois, un pays désert, comme l'explique Du Cange, mais une grande étendue de pays (voyez Galutti, *Antica città di Sabina*, p. 51). *Gast*, dans notre ancien langage roman, est sans doute le même mot que *gastaldus*, et de là proviennent les mots Gastinois dans l'Orléanais, Gastine dans le bas Poitou, Guastalla en Italie.

moyen âge, ou le Pavèse. Ces contrées correspondent aux *Feudi imperiali*, à la portion de la province d'Alexandrie qui est au midi du Pô, à l'État de Parme, à celui de Modène, à la portion occidentale de la province de Bologne.

L'Æmilie tirait son nom de la voie Émilienne qui la traversait dans toute sa longueur.

FLAMINIA, *in qua est Ravenna.* — *Flaminia*, dont la capitale est Ravenne. — Cette province ne renfermait que le territoire qu'avaient habité les *Lingones*, ou la partie orientale de la huitième région d'Auguste : elle répondait à la portion orientale et maritime de l'exarchat de Ravenne, et se trouve représentée aujourd'hui par la portion orientale de la légation de Bologne, par celles de Ferrare et de Ravenne, et par la portion de la légation de Forli qui s'étend jusqu'à l'*Aprusa fluvius* ou l'Ausa, renfermant dans ses limites le Rubicon et *Ariminium*, Rimini. Cette province avait pris son nom de la voie Flaminienne.

PICENUM. — *Picenum*, dont la capitale était *Sena Gallica*, Sinigaglia. Cette division était autrefois occupée par les *Senones* : elle répond à l'*ager Gallicus* des premiers temps de la conquête de la Gaule cisalpine par les Romains ; elle formait la partie orientale de la sixième région d'Auguste [1], qui renfermait aussi l'Ombrie : le district connu dans le moyen âge sous le nom de *Decapolis* la représente en partie : il en est de même du duché d'Urbin, dans les temps modernes ; et aujourd'hui elle se trouve représentée par la légation d'Urbin et de Pesaro, et par celle d'Ancône.

[1] Voyez Plin, lib. III, cap. 19, tom. I, p. 292, édit. de Brottier.

Il faut se garder de confondre ce *Picenum*, surnommé *Annonarii* dans la Notice, avec le véritable *Picenum*, nommé *Picenum suburbarium*, parce qu'il appartenait au vicariat de Rome. Ce dernier se trouve représenté par la légation de Macerata et Camerino, et par celle de Fermo et Ascoli. Comme jamais cette province n'a été mêlée avec les divisions de la Gaule cisalpine, elle n'appartient pas à notre sujet.

LIGURIA, *in qua est Mediolanum*. — La Ligurie, dont la capitale est Milan. — Cette province renfermait tout le pays au nord du Pô, autrefois occupé par les *Insubres*, les *Libici* et les *Taurini*, et tout le pays au midi du Pô supérieur, occupé par les *Vagienni*, les *Statielli*, les *Appuani*, ou l'ancienne et primitive Ligurie, dont la capitale était Gênes; ce qui comprenait la neuvième région d'Auguste et toute la partie de la onzième région située à l'ouest de l'Adda. Dans le moyen âge, cette province fut divisée en différens duchés : le *ducatus Mediolanensis*, le *ducatus Julii*, *Eborejensis*, *Taurinensis*, le *Vercellensis*, le *ducatus Astensis*, *Aquensis*, et enfin, sur la côte de Gênes, le *ducatus Liguriæ*. Dans nos temps modernes cette province se trouve représentée par la légation de Milan, celle de Côme, celle de Sondrio ou la Valteline, le Piémont, le Montferrat et l'État de Gênes, ou les intendances de Novare, d'Aoste, de Turin, d'Alexandrie, de Nice, et le duché de Gênes. On distingua cette nouvelle Ligurie en Ligurie plane et en Ligurie montagneuse. Ce ne fut que postérieurement au vi^e siècle que la Ligurie montagneuse, ou l'ancienne et primitive Ligurie, fut réunie à la province des Alpes cottiennes, ainsi que nous l'allons bientôt démontrer. Procope semble restreindre ce nom de Liguriens aux habitans des moutagnes au nord de Gênes, et nous apprend que, de son temps, les plaines situées au sud-ouest de Gênes jusqu'au Tanaro formaient un district particulier qui avait pris le nom de *Langenses*, nom d'un peuple situé aux environs de Langasco, qui subsistait encore sous ce nom cent soixante ans avant J.-C., ainsi que le démontre l'inscription trouvée dans la vallée de Polcevera, dont nous avons donné l'explication géographique [1].

VENETIA, *cum* HISTRIS, *in qua Aquileia.* — La Venétie et l'Istrie, dont la capitale est *Aquileia.* — Cette province, la plus grande de toutes, comprenait l'*Istria*, le pays des *Carni*, l'ancienne *Venetia*, et tout le pays des *Cenomanni*, c'est-à-dire toute la dixième région d'Auguste et la portion de la onzième, située à l'est de l'Adda. Dans le moyen âge, l'*Histria* conserva son nom [2]; le pays des *Carni* forma l'*Austria*, qui comprenait le *ducatus Forojuliensis*, le *ducatus Tarvissinus*, le *ducatus Feltrinus*. La *Venetia* proprement dite, et le pays des *Cenomanni*, furent divisés en trois duchés principaux : le *ducatus Veronensis*, le *ducatus Brixiensis*, et le *ducatus Bergomensis*. Toute la bande marécageuse de la côte forma un autre duché sous le nom de *ducatus Venetus*. Dans les temps modernes, ce pays se trouve

---

[1] Voyez Procope, *Guerre des Goths*, liv. 1, chap. 15, tom. 1, p. 585, et ci-dessus, tom. 1, p. 165, et Serra, *Discorso, etc.*, cap. 7, p. 35.

[2] *Della Costituzione geografica e civile dell' Istria, Friuli, e Dalmazia*, p. 110.

représenté par l'Istrie, le Frioul, le Trévisan, le Vicentin, le Padouan, le Véronais et le Brescian. Nous voyons, par la Notice de l'Empire, que la Carniole et l'Istrie étaient désignées sous le nom particulier de *Venetia inferior*, dans laquelle se trouvait *Aquileia*, la capitale de toute la province.

Alpes cottiæ. — Les Alpes cottiennes. — Cette province ne renferma d'abord, au temps où fut écrit le *Libellus provinciarum*, que la vallée de Suze, le Briançonnais, le val de Pragelas. Les limites de cette province, au sud et à l'est, sont peu connues; mais, ainsi que nous l'allons démontrer, elles ne passèrent pas le Tanaro. Il est probable qu'elles ne s'étendaient pas beaucoup au-delà de la Stura. *Ocelum*, Uxeau, et Suze, appartenaient à cette province : il parait que par la suite Turin en devint de bonne heure la capitale, et cette circonstance fut peut-être une des causes de la grande extension que nous verrons prendre plus tard à la province des Alpes cottiennes.

Alpes graiæ. — Les Alpes graies renfermaient la Maurienne, le val d'Aoste, du côté de l'Italie, et paraissent avoir eu pour capitale Aoste ou *Augusta prætoria*. Ainsi cette province se composait du territoire des *Medulli* et de celui des *Salassi*. Comme cette province est mentionnée la dernière dans le *Libellus provinciarum*, et qu'on trouve dans le même catalogue une autre province d'*Alpes graiæ*, dans la Gaule, on a cru que c'était ici une erreur ou une addition faite par les copistes; mais cela ne peut être, puisque, si l'on retranchait cette province, le nombre de dix-sept, qui est annoncé dans le titre, serait incomplet : d'ailleurs, tous les manuscrits sont d'accord sur ce point. Il faudrait aussi supposer qu'*Alpes cottiæ*, qui était primitivement synonyme d'*Alpes maritimæ*, est aussi un double emploi. Si l'on se rappelle les motifs qui ont présidé à la formation des provinces, et que j'ai développés précédemment, on concevra facilement pourquoi on conserva à deux districts montagneux assez restreints, mais importans par les passages qui s'y trouvaient, le titre fastueux de province. Ce fut pour augmenter le nombre des provinces de la Gaule que l'on détacha des Alpes cottiennes et des Alpes graies toute la partie du revers des Alpes tournée du côté de la Gaule, qui auparavant appartenait à l'Italie; et en même temps, pour ne pas diminuer le nombre des provinces de l'Italie, on dut conserver le titre de province à ce qui restait de celles qu'on venait de démembrer; seulement, la portion italienne d'une de ces provinces retint le nom d'*Alpes cottiæ*, tandis que la portion gauloise fut nommée *Alpes maritimæ;* et, dans l'autre, on nomma *Alpes graiæ* la portion italienne; et, la portion gauloise, *Alpes graiæ et penninæ*.

RHÆTIA PRIMA. — La Rhætie première, ayant pour capitale *Cura*, Coire, dont la position est démontrée par les Itinéraires, et renfermant aussi *Teriolis*, castel Tirolo, dont il est fait mention dans la Notice, et *Bregantium*, Bregentz. Cette province renfermait l'ancienne *Rhœtia* de Ptolémée [1], c'est-à-dire le pays des Grisons, la Valteline et une partie du Tyrol, jusqu'au lac de Constance et aux montagnes

[1] Ptolem., *Geogr.*, lib. II, cap. 12, p. 61 (55, 56).

qui sont au nord d'Inspruck : cette division renfermait le territoire des *Brixentes*, des *Nannes*, des *Venostes*, des *Camuni*, des *Sarunetes*, des *Brenni* et *Genauni*, des *Lepontii*, et autres peuples des Alpes dont nous avons précédemment assigné les positions.

RHÆTIA SECUNDA. — La Rhætie seconde, ayant pour capitale *Augusta Vindelicorum*, Augsbourg, dont la situation est démoutrée par les Itinéraires. Cette province renfermait l'ancienne *Vindelicia* [1], c'est-à-dire une partie de la Souabe et de la Bavière jusqu'au Danube, où se trouvaient anciennement les peuples nommés *Brigantii*, *Licatii*, *Æstiones*, *Claudinatii*, *Rucinates*, *Launi*, *Cenni* [2].

Nous ne nous arrêterons pas davantage à fixer les limites précises de ces deux dernières provinces, qui faisaient aussi partie, dans la dernière division de l'Empire, du vicariat d'Italie, mais qui sortent pourtant des limites de l'Italie, et n'appartiennent qu'indirectement à notre sujet. D'ailleurs la géographie de ces montagneuses régions n'est que faiblement éclaircie par les auteurs qui nous restent. Le Lech paraît avoir formé la limite des deux Rhæties [3]. Les Lombards formèrent, d'une portion de la Rhætie première, le duché de Trente, *ducatus Tridentinus*, qui devint *Marcha*, ou marquisat sous la domination des Francs.

---

[1] Ptolem., *Geogr.*, lib. ii, cap. 12, p. 61 (56).

[2] Strabo, *Geogr.*, lib. iv, p. 206.

[3] Fortun., *Vit. S. Mart.* — Paul. Diac., *Rerum Longobard.*, lib. ii, cap. 13. — Mannert, *Geogr. der griechen und Roemer*, iii th., p. 620, 628.

Toutes ces provinces étaient bornées, au nord, par le Danube et par les déserts de la Germanie; au midi, elles avaient pour limites une seule province qui s'étendait dans toute la largeur de l'Italie, et qui, sous le nom de *Tuscia* et *Umbria*, comprenait aussi le vrai *Picenum* ou le *Picenum suburbarium* de la Notice. A l'ouest, ces provinces touchaient à la Grande-Séquanaise, aux provinces des Alpes graies et pennines et à celles des Alpes maritimes. A l'est, était la Dalmatie, qui faisait partie de la grande division nommée Illyrie, renfermant dix-neuf provinces, c'est-à-dire une partie de l'empire d'Orient; ce qui prouve que ce Livre des provinces est antérieur à l'an 395 après J.-C., époque à laquelle le diocèse d'Illyrie fut divisé, et dont une portion forma le diocèse de l'Illyrie occidentale, qui ne contint plus que six provinces, et fut adjoint à la préfecture d'Italie.

On a dû observer que dans les huit provinces dont nous venons de déterminer les limites, il n'y en a que six qui paraissent avoir eu une étendue convenable; les deux autres n'étaient que des districts montagneux très restreints. Aussi, dans la Notice des dignités de l'Empire, nous voyons que les Alpes cottiennes, aussi bien que les deux Rhæties, étaient gouvernées par de simples présidens, tandis que l'Æmilie, la Ligurie, la Flaminie, à laquelle on joignit le *Picenum annonarium*, étaient régies par des consulaires. Les Alpes graies ne sont plus mentionnées, dans la Notice des dignités de l'Empire, au nombre des provinces de l'Italie, parce que le district montagneux auquel on avait accordé ce titre fut incorporé aux Alpes cottiennes. Cette province des Alpes cottiennes fut d'abord restreinte, ainsi que je l'ai dit, aux vallées de Suze, de Briançon et de Saint-Jean-de-Maurienne ; elle fut ensuite, sous Honorius ou sous Valentinien III, étendue jusqu'au Tanaro [1] ; mais elle n'outrepassa pas cette rivière durant tout le règne du grand Théodoric, puisque Cassiodore [2] nous apprend qu'Asti était située dans la Ligurie. Si donc Cassiodore et Jornandès, son continuateur, désignent, à propos de la défaite de Stilicon par les Goths en 40?, *Pollentia* aujourd'hui Pollenza, comme une ville de la province des Alpes cottiennes, ils parlent de l'état des choses tel qu'il existait de leur temps, et non tel qu'il était à l'époque de l'événement qu'ils racontent. D'un autre côté, le père Beretti [3] et Oderico ont tort de prétendre que la province des Alpes cottiennes fut établie par Justinien après qu'il eut repris l'Italie; qu'elle n'existait pas auparavant, et qu'il n'en est pas fait mention durant la domination des Goths en Italie. Une lettre de Théodoric-le-Grand [4] parle des tributs remis aux provinciaux des Alpes cottiennes. Tout concourt donc à prouver, ainsi que je l'ai dit précédemment, que cette province des Alpes cottiennes était une portion de celle qui était autrefois

---

[1] Voyez Durandi, *Marca di Torino*, p. 33.

[2] Cassiodorus, *Variar.*, lib. xi, lettre 15.

[3] Beretti, apud Muratori, *Italic. scriptores*, tom. x. — Chor., *Ital. med. æv.*, col. xvii.

[4] Cassiodor., lib. iv, epist. 36; dans cette lettre, écrite vers l'an 495, ou au plus tard en 510, Théodoric remit le tribut de la troisième indiction, *Provincialibus Alpium cottiarum*. — Voyez *Piemonte traspadano*, p. 33.

renfermée en entier dans l'Italie, avant qu'on en eût détaché la plus grande partie pour la réunir à la Gaule.

Le nom de Ligurie continua encore à rester attaché au pays qu'il avait toujours servi à désigner ; mais il s'étendit aussi au nord du Pô, et comprit enfin tout le vaste pays des *Insubres*, des *Libici* et des *Lævi*, jusqu'à l'Adda, ou la neuvième région d'Auguste. Son chef-lieu *Mediolanum*, Milan, devint aussi la capitale de tout le vicariat d'Italie. Cette nouvelle province se trouva divisée en deux portions : celle des plaines et celle des montagnes. La première fut appelée *Ligurie plane*, et l'autre reçut le nom de *Ligurie montagneuse*. Le Livre des provinces, qui, ainsi que nous l'avons vu, donne *Mediolanum* pour capitale à la *Ligurie*, n'est pas la seule preuve que nous ayons de cette grande extension de la *Ligurie* au nord du Pô. Saint Jérôme [1] appelle Verceil, ville des Ligures, *civitas Liguriarum*. Dans la Notice de l'Empire, *Comum*, Côme, ainsi que nous le verrons, est placé dans la *Liguria* [2], et Cassiodore appelle cette ville le rempart de la Ligurie plane [3]. Cet auteur, qui écrivait du temps de la domination des Goths, nomme deux fois *Hasta*, Asti, dans le recueil de ses lettres, écrites entre les années 534 et 538, et toujours il en parle comme d'une ville de la Ligurie. *Mediolanensium*, Milan, et *Pollentia*, Pollenza,

---

[1] Hieronymi *Epistola ad Innocent.*

[2] *Notitia*, p. 179.

[3] Cassiodor., *Var.*, lib. x, 14. « Montium devia et laci purissimi « vastitatem quasi murus quidam *Planæ Liguriæ*, qua licet muni- « mentum claustrale probetur esse provinciæ. »

sont mentionnées plusieurs fois dans la Notice de
l'Empire comme villes de la Ligurie [1].

NOTICE DES DIGNITÉS DE L'EMPIRE.

A. Divisions civiles.

L'empire d'Occident, après Constantin, fut divisé
en deux préfectures prétoriales : la préfecture des
Gaules et la préfecture d'Italie. Nous avons donné
les divisions de la préfecture des Gaules, subdivisée
en trois diocèses, et dont le préfet faisait sa résidence
à Trèves. — Au temps de la Notice, le préfet d'Italie
résidait à Rome, et sa préfecture était divisée en
plusieurs vicariats [2]. De ces diverses divisions il n'y
a que le vicariat d'Italie qui soit de notre sujet. Ce
vicariat renfermait les provinces dont nous venons
de donner le détail d'après le *Libellus provinciarum*,
mais un peu différemment divisées.

Du vicaire d'Italie.

Les provinces gouvernées par le vicaire d'Italie
étaient au nombre de sept, tandis que celui de Rome
en avait dix sous ses ordres [3] : ce qui complétait le

---

[1] *Notitia*, edit. Labbe, §. 65, p. 121, 124; sect. 42, p. 83, 84;
sect. 42, p. 121. — Edit. Pancirol., 1608, p. 140, 179.

[2] *Notitia*, §. 35, p. 60, edit. Labbe. — Edit. Pancirol., 1608,
p. 115.

[3] *Notitia imp. occident.*; edit. Pancirol., Genev., 1623, p. 79.
— Labbe, sect. 34, p. 58.

nombre des dix-sept provinces qui partageaient toute la préfecture d'Italie. Des sept provinces qui composaient le vicariat d'Italie, quatre étaient régies par des consulaires, et trois par des présidens : ce qui partageait le diocèse d'Italie de la manière suivante :

PROVINCIÆ CONSULARES [1].

Venetia *et* Histria.
Æmilia.
Liguria.
Flaminia *et* Picenum annonarium.

PROVINCIÆ PRÆSIDIALES.

Alpes cottiæ.
Rhætia prima.
Rhætia secunda.

On voit que le nombre des provinces, qui était auparavant de neuf, fut réduit à sept pour l'ordre de l'administration : on réunit le *Picenum annonarium* à la province *Flaminia*, et les *Alpes graiæ* aux *Alpes cottiæ*. On sentit sans doute le ridicule et les inconvéniens de divisions trop exiguës.

Il paraît, d'après une inscription citée par Pancirol [2], mais qu'il ne rapporte pas, que l'Æmilie, c'est-à-dire toute la Gaule cispadane, à la réserve

---

[1] Pancirol., *Not. imp. occident.*, edit. 1608, p. 79. — Edit. Labbe, sect. 34, p. 58, 59.
[2] Ibid, *Not.*, cap. 57, p. 151.

des côtes, avait d'abord été réunie au vicariat de Rome, et qu'elle ne fut adjointe au vicariat d'Italie qu'à cause de l'estime singulière qu'on eut pour la vertu d'un certain Cranius Eusèbe, vicaire d'Italie. Une autre inscription, rapportée en entier par le même auteur [1], prouve que les provinces de Vénétie et d'Istrie furent d'abord gouvernées par de simples correcteurs, *correctores*. Souvent aussi l'Æmilie était réunie à la Ligurie, et ces deux provinces étaient confiées à un seul consulaire : c'est ainsi que Constantin les donna toutes deux à gouverner à Ulpien Flavien; et Valentinien II, ainsi que Théodose II, à Romulus.

Il est fait mention dans Sozomène [2], dans Nicéphore de Calliste [3] et dans Olympiodore, cité par Photius [4], d'un certain lieu nommé *Liberona*, situé dans la Ligurie, à l'occasion de Constantin, tyran de la Gaule, qui, s'étant rendu en Italie en 410, arriva de Suze à *Liberona*, dans la Ligurie. Plusieurs auteurs, ignorant les changemens de nom et les nouvelles divisions qui, à cette époque, avaient prévalu dans la Gaule cisalpine, n'ont pas fait difficulté de rapporter ce lieu au *Libarnum* de l'Itinéraire et de la Table, dans l'ancienne et primitive Ligurie : ce qui s'écartait tout-à-fait de la route parcourue par Constantin. Cluverius était trop instruit pour commettre cette faute ; et, se fondant sur la ressemblance des noms, il a voulu rapporter ce lieu à

---

[1] Pancirol, p. 151, cap. 58.
[2] Sozomen., *Hist. ecclesiast.*, lib. vi, cap. 11 et 12.
[3] Nicephori Calixtii, lib. xiv, cap. 5.
[4] Olympiodor., apud Phot., p. 182.

Viverone, au nord du lac du même nom, entre Verceil et Ivrea; mais Durandi [1] a très bien observé que ce lieu s'éloignait aussi du chemin qu'a dû suivre Constantin, et qu'il fallait chercher *Liberona* sur la voie romaine qui conduisait de Suze à Verceil; or, précisément sur cette voie romaine il se trouve un lieu nommé Livorno, dont il est question sous le nom de *Libarnum* ou *Livurnum* dans les monumens des xe et xie siècles [2]. Il n'y a donc pas de doute que ce lieu n'occupe la même position que le *Liberona* de Sozomène, de Nicéphore de Calliste et d'Olympiodore.

Du trésorier général de l'Empire [3].

Sub dispositione viri illustris comitis sacrarum largitionum.	Sous les ordres du comte trésorier général de l'Empire.
Præpositus thesaurorum per Italiam, Aquileiæ;	Préposé du trésor, à Aquileia;
— *Mediolanensium, Liguriæ;*	— à Milan, dans la Ligurie;
— *Augustæ vindelicensis, Rhætiæ secundæ.*	— à Augsbourg, dans la Rhétie seconde.
Procuratores monetæ.	Les directeurs des monnaies.
Procurator monetæ Aquileiensis.	Directeur des monnaies à Aquileia.
Procuratores linificiorum.	*Inspecteurs des Gaules pour les achats de lin.*
Procurator linificii Ravenatium, Italia.	Le directeur des ateliers pour le lin, à Ravenne, en Italie.

[1] Durandi, *dell' Antica condizione del Vercellese*, p. 94.
[2] Ibid, *della Marca d'Ivrea*, p. 77.
[3] *Notitia dignit. imp.*, p. 62. — Edit. Labbe, sect. 42, p. 83 et 85. — Edit. Pancirol., 1608, p. 140 et 142.

Procuratores gyneciorum.	Inspecteurs des ateliers en laine.
Procurator gynecii, Aquileiensis, Venetiæ inferioris.	Le directeur des ateliers en laine, à Aquileia, dans la Vénétie inférieure.
— *Mediolanensis, Liguriæ.*	— à Milan, dans la Ligurie.
Procuratores baphiorum [1].	Les directeurs des teintureries.
Procurator baphii Cissensis, Venetiæ et Histriæ.	Le directeur des teintureries dans l'île Bissa, sur la côte ouest d'Istrie, au sud de Pola [2].

La Notice, suivant nous, par ces mots *baphii Cissensis*, fait mention de l'île *Cissa* dont parle Pline, et cet auteur indique la position de cette île près de la côte d'Istrie, et d'un autre groupe d'îles qu'il nomme *Pullaria*; ces dernières sont le petit groupe d'îles qui, près de Pola, sont nommées Brioni, du nom de la principale; et l'île *Cissa* est l'île Bissa, sur la même côte, entre Pola et le cap Promontoire [3].

[1] Pancirol, edit. Genev., *Notit. dignitat.*, part. II, p. 65; edit. Lugdun., p. 141. — Edit. Labbe, sect. 42, p. 85.

[2] Conférez *Carta del regno d'Italia, costrutta nel deposito della guerra*, 1811, feuille 5. — *Dissert. prima della cost. dell' Istr., del Friuli e Dalmazia*, p. 6. — Plin., lib. III, cap. 30, tom. II, p. 208 : « Juxta Istrorum agrum, Cissa Pullaria. » Cissa ne doit donc pas être placé à l'isola del Pago, sur la côte de la Croatie, comme le veut d'Anville. — *Geogr. anc.*, tom. I, p. 65, et Carte de l'Italie ancienne.

[3] *Notitia dignit.*, Pancirol., edit. 1608, p. 140. — Edit. Labbe, §. 42.

Divisions militaires.

Généralissime de l'infanterie [1].

Sub dispositione viri illustris magistri peditum præsentalis.	Sous les ordres de l'illustre maître des soldats présens.
Comites tractus Italiæ circa Alpes [2].	Le comte des limites pour le district des Alpes.

Comme il y avait un duc des limites pour la Rhætie première et seconde, il me paraît évident que le *tractus circa Alpes* comprenait toute la partie occidentale des Alpes, c'est-à-dire toute la province des Alpes cottiennes et la portion montagneuse de la Ligurie : ainsi cette division s'étendait dans toutes les vallées des Alpes, du côté de l'Italie, depuis le lac Côme jusqu'au Var.

La liste des légions ou corps de troupes qui se trouvaient sous les ordres de ce comte, au nombre de 28, ne fournit rien de relatif à la géographie.

Duces limitum infra scriptorum [3] :	Les ducs des limites, savoir :
Dux Rhætiæ primæ et secundæ.	Le duc de la Rhétie première et seconde.
Sub dispositione :	Sous les ordres de ce duc étaient :
Equites stablesiani seniores Augustani.	Les cavaliers *st. sen.*, à Augsbourg [4].

[1] *Notitia dignit.* Pancirol., p. 27 et 35. — Edit. Labbe, sect. 38, p. 64.
[2] *Notit. dignit.*, edit. Pancirol., 1608, p. 163. — Edit. Labbe, sect. 53, p. 100.
[3] *Notit. dignit.*, edit. Pancirol., 1608, p. 172. — Labbe, sect. 59, p. 110.
[4] Voyez l'*Analyse des Itinéraires*, tom. III de cet ouvrage, et Vinc. V. Palhausen, *Bajoariæ topographia*, p. 269 à 368.
[5] Mannert, *Geogr. der Griechen und Römer;* dritter theil, p. 687.

Equites stablesiani juniores Ponte-OEni, nunc Fabianis.	Les cavaliers *st. jun.*, à Vœkareit, sur l'Inn.
— *stablesiani juniores,* — *Submontorio.*	—, à Schraben Hausen [1], sur la rivière Par.
Præfectus legionis tertiæ Italicæ partis superioris, castra Reginea, nunc Vallato.	Le préfet de la troisième légion Italique supérieure, à Ratisbonne, maintenant à Reicherzhofen [2].
Præfectus legionis tertiæ Italicæ partis superioris deputatæ ripæ primæ Submontorio.	Le préfet de la troisième légion Italique supérieure, à Schraben Hausen.
Præfectus legionis tertiæ Italicæ pro parte media prætendentis a Vimania Cassiliacum usque Cambiduno.	Le préfet de la troisième légion Italique moyenne répartie dans l'espace qui se trouve entre Immenstadt et Kempfen.
Præfectus militum ursariensium, — *Guntiæ.*	Le préfet des soldats ursarienses, à Gunzburg [3].
Præfectus legionis tertiæ Italicæ transvectioni specierum deputatæ, Fœtibus.	Le préfet de la troisième légion Italique en station à Pfaeten [4] pour protéger les transports.
Præfectus legionis tertiæ Italicæ transvectioni deputatæ Teriolis.	Le préfet de la troisième légion Italique en station pour les transports à Castel-Tirolo [5].
Præfectus alæ primæ Flaviæ, Retorum Quintanis.	Le préfet du premier escadron de la légion Flavienne, à Kintzen.
Tribunus cohortis novæ Batavorum Batavis.	Le tribun de la nouvelle cohorte des Bataves, à Passau et Instadt [6].
Tribunus cohortis tertiæ Brittorum, Abusina.	Le tribun de la troisième cohorte des Bretons, à Neustadt, sur le Danube [7].

[1] *Ibid*, p. 701.
[2] Mannert, *loco citato*.
[3] Leichtlen, *Schwaben*, p. 206.
[4] *Bajoriæ topographia*, von Vinzens V. Palhausen Munch, in-8°. p. 79. — Mannert, III, p. 717. — Palhausen, p. 89.
[5] Mannert, p. 701. — [6] *Ibid*, III, p. 699. — [7] Mannert, III, p. 701.

Præfectus alæ secundæ Valeriæ singularis, Vallato.	Le préfet de la seconde brigade de la légion Valérienne, à Reicherzhofen [1].
Tribunus cohortis sextæ Valeriæ Rethorum Venaxamodoro.	Le tribun de la sixième cohorte de la légion Valérienne, à Venaxamodoro.
Tribunus cohortis primæ Herculeæ Retorum Parroduno.	Le tribun de la première cohorte de la légion des Rhètes, dite Herculéenne, à Parthen-Kirch [2].
Tribunus cohortis quintæ Valeriæ Frigum Pinianis.	Le tribun de la cinquième cohorte de la légion Valérienne [3], à Finingen.
Tribunus cohortis tertiæ Herculeæ, Pannoniorum Cælio.	Le tribun de la troisième cohorte de la légion Herculéenne, à Kelmuntz [4].
Tribunus gentis per Retias deputatæ, Teriolis [5].	Le tribun des gentils ou païens en station à Castel-Tirolo.
Præfectus numeri Barbaricariorum, Confluentibus sive Brigantiæ.	Le préfet de la corporation des damasquineurs, à Coblentz ou à Brégentz.
Præfectus alæ secundæ Valeriæ Sequanorum, Vimania.	Le préfet de la seconde brigade de la légion Valérienne des Séquanais, à Immenstadt.
Tribunus cohortis Herculeæ Pannoniarum, Arbore [6].	Le tribun de la cohorte herculéenne de la Pannonie, à Arbon, dans l'Helvétie.

[1] Mannert, III, p. 701.
[2] Voyez l'*Analyse des Itinéraires*, tome III de cet ouvrage, et Mannert, III, p. 714.
[3] Leichtlen, *Schwaben*, p. 206.
[4] Conférez d'Anville, *Géogr. ancienne*.
[5] Conférez Vinzen V. Palhausen, *Bajoariæ topographia;* München, 1816, in-8°, p. 89 et 90.
[6] Voyez l'*Analyse des Itinéraires*, tom. III de cet ouvrage.

Præposituræ magistri militum præsentalium parte peditum in Italia [1].	Commandemens des diverses flottes d'Italie sous les ordres du maître des soldats fantassins présens.
In provincia Venetia inferiore.	Dans la province de la Vénétie inférieure.
Præfectus classis Venetum, Aquileiæ [2].	Le préfet de la flotte, à Aquileia.
In provincia Flaminia.	Dans la province flaminienne.
Præfectus militum juniorum Italicorum, Ravennæ.	Le préfet du corps des cadets de la légion Italique, à Ravenne.
Præfectus classis Ravennatium, cum curis ejus de civitate Ravenna.	Le préfet de la flotte de Ravenne, auquel est confiée la garde de la ville de Ravenne.
In provincia Liguria.	Dans la province de la Ligurie.
Præfectus classis comensis cum curis ejusdem civitatis Como [3].	Le préfet de la flotte de Côme, auquel est confiée la garde de la ville de Côme [4].

[1] *Notit. dignit. imper. occid.* — Labbe, sect. 65, p. 121. — Edit. Pancirol., 1608, p. 179.

[2] Voyez l'*Analyse des Itinéraires*, tom. III de cet ouvrage.

[3] Dans la province de la Pannonie et de la Norique maritime, *Norici ripenses*, il est fait mention d'un commandement de flotte transporté de *Carnunto*, qui est Zuglio, à *Vindomana*, qui est Vienne. — Voyez Labbe, sect. 58, p. 109; edit. Pancirol., p. 170.

[4] Côme, ainsi que Milan, étaient alors *in provincia Liguria*. Voyez ci-après, chap. IX, p. 513 et 515.

In provincia Italia mediterranea [1].	Corps des Sarmates répandus dans tout le vicariat d'Italie et dans une partie de celui de Rome, dans la division nommée Italie méditerranéenne.
Præfectus Sarmatarum gentilium.. Foro Juliensis.	Le préfet des Sarmates païens, à città di Friul.
— — Opitergio.	— — à Oderzo [2].
— — Patavio.	— — à Padoue.
— — Veronæ.	— — à Vérone.
— — Cremonæ.	— — à Crémone.
— — Taurinis.	— — à Turin.
— — Aquis, sive Tertonæ.	— — à Acqui ou à Tortone.
— — Novara.	— — à Novare.
— — Regionis Samnitis.	— — dans la principauté de Bénévent.
— — Vercellis.	— — à Verceil.
— — Bononiæ, in Æmilia.	— — à Bologne, dans le Bolonais [3].
— — Quadratis et Eporizio [3] (Eporedia).	— — à Saint-Michel Quadradrula, au passage de la Doria et à Ivrea.
— — in Liguria, Pollentiæ.	— — dans la Ligurie, à Pollenzo [4].

La Notice nous fait connaître ici que, sous le rapport militaire, l'Italie était quelquefois divisée

---

[1] *Notitia dignit.*, edit. Labbe, §. 65, p. 123. — Pancirol, edit. 1608, p. 147.

[2] Pour cette position et celles qui précèdent, voyez l'*Analyse des Itinéraires*, tom. III de cet ouvrage.

[3] Quadrates est déterminé par les mesures de la route de *Taurini*, Turin, à *Mediolano*, Milan. — Voyez l'*Analyse des Itinéraires*, tom. III de cet ouvrage; aussi Durandi, *Marca d'Ivrea*, p. 32.

[4] Voyez l'*Analyse des Itinéraires*, tom. III de cet ouvrage, et Durandi, *Piemonte cispadano antiquo*, p. 143, et *del Collegio degl' antichi cacciatori Pollentini*, 1773, in-8°, p. 16 à 26, et p. 54 à 72.

en deux grandes portions : l'Italie proprement dite, *provincia Italia,* qui comprenait l'Apulie, la Calabre, le pays des *Brutii* et la Lucanie; car la Notice place des corps de Sarmates dans une division ainsi établie. Elle oppose cette division, qui comprenait ce qu'on appelait autrefois la grande Grèce, à celle de *provincia Italia mediterranea;* et comme, dans cette province, elle comprend *regio Samnitis,* il est évident que tout ce qui n'était pas compris dans la division de *provincia Italia,* elle le désignait sous le nom de *provincia Italia mediterranea.* C'est cette division que la Table [1] désigne par les mots *Media provincia* écrits en gros caractères, entre *Bergomum* et *Verona.*

Dans la province de *Valeriæ Ripensis,* qui paraît avoir compris le pays des *Sabini* et des *Vestini,* ou les Abruzzes modernes, la Notice indique un escadron de cavaliers placés à *Altinum,* qu'on a mis à Altino dans la Vénétie; mais alors cet escadron n'aurait pu être, comme le dit la Notice, *sub dispositione ducis provinciæ Ripensis.* Il est évident qu'il faut lire *Aterno,* au lieu d'*Altino. Aternum* est Pescara, sur la côte de l'Abruzze ultérieure, et bien loin des limites des contrées soumises à nos recherches.

Comme, dans la liste des légions qui se trouvaient sous les ordres du grand-maître de la cavalerie, il n'y en a aucune qui nous donne des renseignemens géographiques sur ces contrées, nous passons leurs noms sous silence [3].

---

[1] Tabula Peuting., segment., 5, D et F.
[2] Edit. Labbe, sect. 57, p. 106.
[3] *Notitia dignit. imper.,* edit. Pancirol., 1608, p. 168 et 169. — Edit. Labbe, §. 57, p. 106.

Du maître des manufactures d'armes.

Sub dispositione viri illustris magistri officiorum [1].	Sous les ordres de l'illustre maître des manufactures d'armes.
Fabricæ Italiæ.	Fabriques d'Italie.
Concordiensis [2], *sagittaria*.	Fabrique de flèches, à Concordia.
Veronensis, *scutorum et armorum*.	— de boucliers et d'armures, à Vérone.
Mantuana, *loricaria*.	— de cuirasses loricaires, à Mantoue.
Cremonensis, *scutaria*.	— de boucliers, à Crémone.
Ticinensis, *arcuaria*.	— d'arcs, à Pavie.
Lucensis, *spatharia*.	— d'épées larges ou de sabres, à Lucques.

Honorius, vers l'an 404, quitta Milan pour se réfugier à Ravenne, afin d'être plus en mesure de pourvoir par la fuite à sa sûreté [3]. Cet exemple fut suivi par ses faibles successeurs, et après, par les exarques de Ravenne, qui occupaient le palais et le trône des empereurs; de sorte que depuis cette époque Ravenne fut considérée, jusqu'au milieu du VIIIe siècle, comme le siége du gouvernement et la capitale de l'Italie.

Depuis cette année 404, les dates du Code Théodosien deviennent sédentaires à Constantinople et à Ravenne [4].

---

[1] Pancirol., *Notit. dignit. imper. occid.*, edit. 1623, p. 60; edit. 1608, p. 138. — Edit. Labbe, sect. 41, p. 81.

[2] Pour la correspondance de ce lieu et de ceux qui précèdent, voyez l'*Analyse des Itinéraires*, tom. III de cet ouvrage.

[3] Gibbon, *Hist. of the Decline and Fall of the Rom. Emp.*, cap. 30, tom. v, p. 210, edit. London, in-8°, 1797.

[4] Godefroy, *Chronologie des Lois*, tom. I, p. 148.

On trouve encore, à la vérité, en 554, un certain Antiochus nommé préfet de Rome par un rescrit de Justinien ; mais depuis 395, sous Honorius, époque à laquelle le diocèse d'Illyrie fut partagé en deux, il n'y eut qu'un seul préfet pour ce diocèse et le vicariat d'Italie [1].

Cependant les divisions romaines subsistèrent encore long-temps en Italie, et même cette contrée éprouva un nouveau partage, qu'il est nécessaire de faire connaître.

---

[1] Lacarry, *Hist. christian. imper.*, p. 125 et 126.

CHAPITRE IX.

De la Gaule cisalpine depuis l'an 410 jusqu'au ix⁰ siècle.

Lorsque les cités armoricaines de la Gaule transalpine se furent révoltées; que, dans l'impossibilité de défendre les provinces du nord, on se vit obligé de transporter de Trèves à Arles le siége de la préfecture des Gaules, la puissance romaine déclina rapidement dans cette contrée, y fut bientôt anéantie, et ne se rétablit jamais. Il se forma d'autres États; et dès les premières années du v⁰ siècle commencent pour la Gaule transalpine, ainsi que nous l'avons observé, de nouvelles dénominations et une nouvelle géographie politique.

Il n'en est pas de même pour la Gaule cisalpine. Protégée par les Alpes, et par cette crainte que Rome inspirait encore, l'Italie lutta plus long-temps contre les incursions des Barbares; et après qu'elle eut succombé, les successeurs des Césars à Constantinople ne l'abandonnèrent point entièrement aux vainqueurs, comme ils avaient fait de la Gaule. En 537 Justinien envoya Bélisaire en Italie; et le royaume des Goths dans cette contrée, après avoir duré soixante-quatre ans, fut entièrement anéanti, l'an 553. L'Italie ne fut plus à la vérité le centre d'un empire d'Occident, mais elle fut réunie à l'empire grec. Narsès la gouverna en qualité de duc jusqu'en 567, sous le règne de Justinien II, neveu et successeur de Justinien.

Il en est résulté que les divisions romaines établies en Italie subsistèrent long-temps après que celles qui étaient établies dans la Gaule transalpine avaient disparu. Il est donc nécessaire, pour compléter ce travail relatif aux deux Gaules, de franchir l'époque assignée pour la géographie ancienne de la Gaule transalpine, et de suivre dans la Gaule cisalpine la géographie romaine jusqu'à son extinction, comme nous l'avons fait pour la Gaule transalpine.

De la division de Constantin, détaillée dans la Notice de l'Empire que nous avons fait connaître, il résulta un effet singulier relativement à la dénomination générale de la Gaule cisalpine : c'est que cette contrée qui, dès les premiers temps de l'histoire, avait été toujours distinguée de l'Italie, dans l'Italie même, reçut le nom particulier d'Italie, comme composant le *vicariat d'Italie*, tandis que les autres portions de l'Italie qui formaient le vicariat de Rome, se désignaient par les noms particuliers de chaque province. On en voit un exemple dans saint Athanase, dans la lettre de saint Synodus, évêque de Sardaigne, aux Alexandrins, où il est parlé des assemblées faites par Rome, l'Italie, la Campanie, la Calabre et l'Apulie [1].

Lorsque Justinien eut reconquis le vicariat d'Italie, vers 553, il agrandit la province des Alpes cottiennes de toute la Ligurie montagneuse, de sorte que depuis cette époque, l'ancienne et véritable Ligurie porta le nom d'Alpes cottiennes, tandis que cette partie de la Gaule transpadane, pays des *Insubres*, des *Libici*, des *Lævi*, qui, dans les temps anciens, n'avait jamais

---

[1] Voyez Symmachus, lib. VII, epist. 21.

fait partie de la Ligurie, en conserva seule le nom. Justinien créa en outre une autre province composée de tout le territoire occupé par les monts Apennins, qui fut nommée *Provincia apennina*, et qui était située entre *Tuscia*, la Toscane, et *Flaminia*, la province Flaminienne.

Pour bien comprendre la raison de ces changemens, il faut se rappeler que l'ancienne province des Alpes cottiennes était restée en partie au pouvoir des Francs, et que Suse, qui en était une portion, fut, ainsi que nous l'avons dit, cédé par les Lombards avec *Augusta*, Aoste, à Gontran roi de Bourgogne[1] : ainsi donc, pour n'avoir pas l'air d'avoir perdu une province, on appliqua à la Ligurie montagneuse cet ancien nom d'*Alpes cottiæ*, et on en forma une nouvelle province séparée du reste de la Ligurie transalpine. D'un autre côté, les Rhéties se trouvant aussi au pouvoir des Francs, on créa la province des Apennins afin d'avoir toujours à peu près le même nombre de provinces[2].

Cette division de Justinien subsista long-temps après la chute de la puissance romaine, jusque dans le x° siècle. Paul Diacre, écrivain du neuvième, nous la fait connaître en détail comme étant encore en vigueur de son temps[3], et Liutprand de Pavie[4], qui existait dans le x° siècle, parle de Gênes comme d'une ville située dans les Alpes cottiennes *in Alpibus cot-*

---

[1] Voyez Fredeg., in *Chron.*, cap. 45.
[2] Voyez ci-dessus, tom. II, p. 363.
[3] Paul Diacre, *Mur. script. Rerum. Italic.*, tom. I, part. 2.
[4] Voyez *Oderico, Lettere ligustiche*, p. 89. — Liutprand, lib. IV, cap. 2.

tiis. Pierre d'Amiens, dans son épître XVII, écrivant à la marquise Adhélaïs, femme d'Amédée Ier, comte de Maurienne, et fille de Mainfroy, lui donne le titre de duchesse des Alpes cottiennes et subalpines [1]. Il y a même des preuves que la Ligurie transpadane conserva son nom jusque dans le XIIIe siècle [2]. Le père Beretti [3] a donc eu tort, dans sa dissertation chorographique sur l'Italie du moyen âge, de dire que la Ligurie reprit son nom sous les Lombards. Elle conserva au contraire toujours le nom d'*Alpes cottiennes,* et le duché de Ligurie, que posséda Rotarus, était la Ligurie transpadane dont Milan était la capitale, et non l'antique Ligurie, qui ne cessa point de porter le nom d'Alpes cottiennes [4]. D'Anville, qui paraît avoir suivi le père Beretti, a, par cette raison, commis une faute en donnant, sur sa Carte de l'Europe dans le moyen âge, le nom de *Liguria* à la *Ligurie maritime,* qui alors portait le nom d'*Alpes cottiennes* [5] : c'était au nord du Pô et dans le duché de Milan qu'il devait inscrire le nom de *Liguria.*

[1] Honoré Bouche, *Chorographie de Provence,* tom. I, p. 111.
[2] Pelleg., apud *Muratori script. rerum italicar.*
[3] Muratori, *Rerum italicar.*, tom. X.
[4] Oderico, *Lettere Ligustiche,* p. 91 et 92. — Durandi, *Cacciatori Pollentini.*
[5] Voyez d'Anville, *des États formés en Europe après la chute de l'empire romain en occident,* p. 111. C'est surtout la carte qui accompagne cet ouvrage qui est fautive ; car, dans le texte, il dit bien que la *Liguria* prit alors plus d'extension que primitivement. Dans une autre carte dressée par ce grand géographe, pour l'ouvrage de Gibbon, intitulée : *A general Map of the roman empire according to the divisions under Constantine and its successors,* les divisions des provinces sont fort exactement tracées, et cette carte prouve que d'Anville avait alors bien étudié son sujet. Cette carte, dont je possède une épreuve, n'a jamais été publiée.

Paul Diacre est le seul auteur qui nous ait donné une description détaillée de cette dernière division romaine de la Gaule cisalpine; et comme elle a établi un usage qui, dans les dénominations géographiques, survécut à tous les déchiremens, à toutes les révolutions du moyen âge, et qui subsista long-temps, il est important de la connaître. Nous terminerons donc par la traduction littérale de la description de cet auteur [1], et nous l'accompagnerons de quelques éclaircissemens.

1. *La Vénétie.*

« La *Vénétie* ne consiste pas seulement dans ce
« petit nombre d'îles que nous nommons Véni-
« tiennes, mais elle s'étend depuis les confins de la
« Pannonie jusqu'à l'Adda. Ceci est prouvé par les
« anciennes annales, où nous lisons que *Bergame* est
« une ville des *Vénètes*. L'*Histrie* est liée à la *Véné-*
« *tie*, et l'une et l'autre contrée ne forment qu'une
« seule et même province [2]. »

Je n'ai pas besoin de remarquer combien ces indications de Paul Diacre sont conformes au *Libellus provinciarum*.

---

[1] Muratori, *Script. rer. ital.*, tom. I, part. II. — Paulus Diaconus, *de Gestis Langobardorum* in *Eutropio*; Basileæ, in-folio, 1532. — *De Gest.*, lib. II, c. 10 et 11, p. 371. — *Recueil des Hist. de France*, tom. II, p. 635, B.

[2] Paul Diacre nous apprend ailleurs que de son temps (lib. IV, cap. 40) *Zellia provincia*, qui est le comté de Cilley, entre la Drave et la Save, à l'ouest de Schiavona, était possédé par les ducs de Frioul, ce qui prouve que, dans sa description de l'Italie, il a donné l'ancienne division et non la moderne, car il eût étendu plus loin la Vénétie vers l'est. — Voyez Jacopo Durandi, *Dissert. sopra Errico conte d'Asti*, dans les Mémoires de l'Académie impériale de Turin, pour les années 1809 à 1810, in-4°, 1811, p. 664.

« *Aquileia*, la capitale de la *Vénétie*, subsiste en-
« core, mais elle a été remplacée par *forum Julii*,
« città di Friuli. »

On sait que Venise ne dut son origine qu'aux habitans d'Aquileia, qui, lors de l'invasion d'Attila, se
réfugièrent dans les îles de la côte [1].

Ligurie.

« Après la Vénétie, vient la Ligurie, dans laquelle
« se trouve *Milan* et *Ticinum*, que l'on nomme aussi
« *Papia* (Pavie) : cette province s'étend jusqu'aux
« confins de la Gaule. »

Observons que Procope, qui écrivait dans le VIe siècle, confirme tout ce que le Livre des provinces, la
Notice, et Paul Diacre, nous apprennent de la Ligurie, quand il nous dit que les Ligures habitent la
gauche du Pô, et que l'*Æmilia* est à la droite [2].

Les deux Rhéties.

« Entre cette province et la Suévie des Allemands,
« qui est au nord, on trouve deux provinces appar-
« tenant à l'Italie : la Rhétie première et la Rhétie se-
« conde, toutes deux situées dans les Alpes, et dans
« lesquelles habitent les Rhètes. »

Les *Juthungi*, qu'Ammien Marcellin nous dit avoir
été une tribu des Allemands situés proche du Rhin,
avaient fait une invasion dans la Rhétie dès l'an 358 [3].

---

[1] Constantin Porphyrogénète, cap. 28. — Procope, lib. III.

[2] Procope, lib. I, cap. 15. — Les deux provinces d'Alpes cottiennes
et de Ligurie, dans le moyen âge, sont celles qui correspondent
le mieux avec le Piémont des temps modernes. — Voyez Durandi,
Académ. imp. de Turin, pour les années 1809 et 1810. Turin,
1811, in-4°, p. 682.

[3] Schœpflin, tom. I, p. 407.

La *Suevia Alemanorum* a donné naissance à la Souabe moderne.

Alpes cottiennes.

« La cinquième province est appelée province des
« Alpes cottiennes : cette province s'étend depuis la
« Ligurie jusqu'à la mer Tyrrhénienne vers l'est; au
« couchant, elle confine à la Gaule; on y trouve
« *Aquis*, Acqui, qui a des eaux chaudes minérales,
« *Dertona*, Tortone, *monasterium Bobium*, le mo-
« nastère de Bobbio, ainsi que les villes de *Ginna*,
« Gênes, et *Savona*, Savone. »

L'auteur décrit ensuite la *Tuscia*, l'*Umbria*, la *Campania*, la *Lucania*, et la *Brutia*, qui forment la septième et la huitième province. Il continue ensuite ainsi :

Province des Apennins.

« La neuvième province est située dans les Alpes
« surnommées *Apennins*, qui commencent à l'endroit
« où se terminent les *Alpes cottiennes*. Ces Alpes
« *Apennins* s'étendent dans le milieu de l'Italie, et
« divisent la *Tuscia* de l'*Æmilia*, et l'*Umbria* de la
« *Flaminia*. On trouve dans cette province les villes
« suivantes : *Ferronianum, Bovium, Urbinum*, et la
« ville qu'on nomme *Verona*. »

On a remarqué avec raison que la *Verona* dont parle ici Paul Diacre était un lieu obscur, différent de la ville si connue de Vérone, ou bien que ce nom était corrompu : je pense qu'il ne l'est pas, et qu'on doit rapporter cette ville de *Verona* à Vernio dans les Apennins, au nord-est de Pistoja, qui forme encore un petit district particulier sous le nom de *contea di Vernio,* au midi du contea di Castiglione¹. Les autres lieux mentionnés par Paul Diacre pourraient servir à déterminer les limites de la province Apennine, mais la position de ces lieux est malheureusement inconnue. Je crois cependant qu'*Urbinum* doit être Urbania, un peu à l'est d'Urbino, et plus dans les montagnes. — Le père Beretti rapporte *Ferronianus* à Frignano : je pense que c'est Faniano, dans le val du castel Gorgo ². *Mons bellus* est Monvi, suivant le père Beretti ; quant à *Bovium,* quelques auteurs placent ce lieu près de Bagno, au midi de Savio.

Après avoir défini la position, l'étendue et les limites de la province des Apennins, Paul Diacre commet ensuite une erreur grossière relativement à l'étymologie du nom qu'elle porte. Cette erreur ne doit influer en rien, quoi qu'on en ait dit³, sur l'exactitude de sa description. Paul Diacre ajoute ensuite :

« Il y en a qui prétendent que les Alpes cottiennes
« et apennines ne forment qu'une seule province,
« mais l'histoire démontre que les Apennins forment
« une province distincte et séparée. »

La situation de cette province, indiquée par Paul Diacre, ne permet pas en effet de la confondre avec celle des Alpes cottiennes. Les limites de la province des Alpes cottiennes vers l'occident paraissent

---

¹ Voyez la Carte de la Lombardie, par Zannoni, feuillet 4.
² Muratori, *Rerum. italic.*, tom. x, p. 19.
³ Voyez Durandi, *Dissertazione delle antiche città di Pedona Caburra, Germanicia,* p. 139. — Idem, *dell' Antica condizione del Vercellese,* p. 45. — Durandi a été très bien réfuté par Oderico, *Lettere Ligustiche,* p. 78.

avoir été celles de toute l'Italie, et les mêmes qui étaient reconnues par les Romains du temps d'Auguste, c'est-à-dire le Var; car nous lisons dans la Vie de saint Pons, dont l'église subsiste près de Cimiez (*Cemelium*) les mots suivans : « *Fines* « *Italiæ transiens (sanctus Pontius), urbem, sub* « *Alpium jugo procul sitam, petiit, nomine Ci-* « *melam* [1]. »

Émilie.

« La dixième province est l'Émilie, qui est située « entre la *Ligurie*, les *Alpes pennines* et le *Pô*, et « qui s'étend vers *Ravenne*. De très belles villes dé- « corent cette province : on y remarque surtout *Pla-* « *centia*, Plaisance, *Parma*, Parme, *Regio*, Reggio, « *Bononia*, Bologne, *foro Cornelii*, dont le château « est appelé *Immola* (*foro Cornelii, cujus castellum* « *Immola appellatur*). »

Flaminie.

« La onzième des provinces d'Italie est la Flami- « nie; elle est située entre les Apennins et la mer « Adriatique : c'est dans cette province que se trouve « *Ravenne*, la plus noble des villes. La réunion de « cinq villes forme ce qu'on nomme en grec la *Pen-* « *tapolis*. »

Nous voyons évidemment que la Pentapole était renfermée dans la province Flaminienne. Blondus dit que les cinq villes de la Pentapole étaient *Ravenna, Cesarea, Classis, forum Livii*, et *forum Popilii* [2]. —

---

[1] Baluzii *Miscell.*, tom. ii, cap. 15.
[2] Voyez Beretti, *Tabula chorographica*, §. xvii, col. clxviii. — Dans Muratori, tom. x.

L'épithète de *nobilissima urbium* que Paul Diacre donne à Ravenne doit aussi être remarquée, et nous prouve que, ainsi que je l'ai observé, le séjour des empereurs d'Occident avait donné à cette ville le premier rang dans l'Italie. — Paul Diacre termine sa description par une remarque que nous avons déjà faite.

« L'Æmilie et la Flaminie sont ainsi appelées d'après
« les noms de deux voies romaines qui conduisent à
« Rome, et qui traversent ces provinces. »

Servius nous apprend que Salluste, dans ses écrits, avait parlé d'une ville nommée *Cale* prise par Perpenna. La manière dont Servius s'exprime nous prouve que de son temps la dénomination de *Gallia* était encore en usage, et que la Flaminie était considérée comme faisant partie de la Gaule; et comme la province Flaminienne contenait une portion du *Picenum*, où cette position se trouve, la ville de Cale est évidemment le *Calem*[1] de l'Itinéraire : c'est Cagli sur la voie Flaminienne.

Telle est la partie de la description de l'Italie par Paul Diacre qui est relative à notre sujet. Cette description, où les divisions anciennes et les anciens noms de villes sont conservés et mêlés de quelques noms modernes, est une des plus importantes, en ce qu'elle termine en quelque sorte la géographie romaine de l'Italie, et qu'elle commence celle du moyen âge. Cependant, quoique les anciens noms aient subsisté long-temps, il se forma de nouveaux États et de nouvelles divisions. Dans le viie siècle il ne restait plus aux empereurs grecs que l'Istrie et

---

[1] *Vetera Rom. itiner.*, Wesseling, p. 421.

l'exarcat de Ravenne [1]. Aristulfle ou Astolfe prit Ravenne vers l'an 752, et mit fin à la domination des exarques, qui, depuis Justinien, avaient gouverné ce pays au nom des empereurs d'Orient. Ce territoire ayant été le dernier possédé par les empereurs romains en Italie, reçut, par cette raison, le nom de Romagne ou Romanie, qui lui est resté.

Entre 774 et 802 la *Vénétie*, la *Ligurie*, les *Alpes cottiennes* et l'*Émilie*, ainsi qu'une partie de la *Tuscia* ou Toscane, formèrent un seul et même royaume sous le nom de *Longobardie* ou *Lombardie*, qui lui est resté; mais ce royaume fut divisé en plusieurs provinces ou districts. Les plus petites de ces divisions ou provinces eurent le nom de *gastaldatus;* les plus grandes, celui de *ducatus*, duchés, dont quelques uns reçurent, sous la domination des Francs, les noms de *marches*, ou provinces frontières, marquisats. La Marche ou province de Turin retint le nom pompeux de *marca d'Italia*, marquisat d'Italie. La connaissance de ces différentes divisions appartient à la géographie du moyen âge et des temps modernes.

---

[1] Gibbon, *Hist. of the fall and decline of the Rom. Empire*, cap. 49, tom. IX, p. 29. — Paulus Diacon., *de Gest. Langobard.*, lib. VI, c. 49, 54. — In Muratori, *Script.*, tom. I, part. I, p. 509 et 508.

FIN DU SECOND VOLUME.

www.ingramcontent.com/pod-product-compliance
Lightning Source LLC
Chambersburg PA
CBHW051123230426
43670CB00007B/658